科学出版社“十四五”普通高等教育研究生规划教材
中药学/药学研究生系列教材出版工程

中药药理学专论

MONOGRAPH ON PHARMACOLOGY OF CHINESE MEDICINE

戴　敏　陆　茵　主编

科　学　出　版　社
北　京

内 容 简 介

《中药药理学专论》坚持中医药理论指导，结合最新研究进展，突出提高研究生的创新思维、科研思路、逻辑推理能力和思辨探究能力，力求满足中药药理研究的高层次创新型人才的培养目标。本教材由总论和各论组成，总论引导研究生开展从文献阅读到科研问题的提出、从研究内容到研究方法的合理设计，对中医药理论进行科学的诠释。各论以中药对各系统疾病的药理研究的案例为牵引，从疾病的中医学认识与现代医学认识出发，解析经典复方/单味中药/有效成分对该系统某典型疾病的研究思路与方法。

本教材主要供高等中医药院校中药学专业、药学专业、中西医结合专业、中医专业等相关专业研究生选用，也可作为相关专业的自学和教学参考书。

图书在版编目（CIP）数据

中药药理学专论 / 戴敏，陆茵主编. -- 北京 : 科学出版社，2025. 9. -- (科学出版社“十四五”普通高等教育研究生规划教材). -- ISBN 978-7-03-082136-2

Ⅰ. R285

中国国家版本馆 CIP 数据核字第 2025DD1684 号

责任编辑：周 倩 / 责任校对：谭宏宇
责任印制：黄晓鸣 / 封面设计：殷 靓

科学出版社 出版
北京东黄城根北街 16 号
邮政编码：100717
http：//www.sciencep.com

南京展望文化发展有限公司排版
上海颛辉印刷厂有限公司印刷
科学出版社发行 各地新华书店经销

*

2025 年 9 月第 一 版 开本：889×1194 1/16
2025 年 9 月第一次印刷 印张：17
字数：478 000

定价：98.00 元

（如有印装质量问题，我社负责调换）

中药学/药学研究生系列教材出版工程
专家指导委员会

《中药药理学专论》
编委会

主　　编　戴　敏　陆　茵

副 主 编　李后开　聂　红　王小莹　吴鸿飞

特邀编委　韩晶岩　魏　伟　高　月　李建生
李　梢　郝海平

编　　委　（以姓氏笔画为序）
马增春　中国人民解放军军事科学院军事医学研究院
王小莹　天津中医药大学
王爱云　南京中医药大学
田燕歌　河南中医药大学
刘　建　北京大学
刘继平　陕西中医药大学
刘雅蓉　安徽中医药大学
孙妩弋　安徽医科大学
李　梢　清华大学
李后开　上海中医药大学
李建生　河南中医药大学
吴鸿飞　安徽中医药大学
张　鹏　清华大学
陆　茵　南京中医药大学
郑宁宁　上海中医药大学
郝海平　中国药科大学
费　嘉　暨南大学

聂　红　暨南大学
徐　颖　上海中医药大学
高　月　中国人民解放军军事科学院军事医学研究院
梁　艳　中国药科大学
葛广波　上海中医药大学
韩晶岩　北京大学
戴　敏　安徽中医药大学
戴永娜　天津中医药大学
魏　伟　安徽医科大学

学术秘书　刘雅蓉　安徽中医药大学

总　序

研究生教育处于国民教育体系的顶端，是教育、科技、人才的关键载体，是国家创新体系的重要组成部分，是深入推进科教兴国战略，加快建设教育强国、科技强国、人才强国的重要支撑。党的二十大首次把教育、科技、人才进行“三位一体”统筹安排、一体部署。党的二十大报告中指出，“我们要坚持教育优先发展、科技自立自强、人才引领驱动，加快建设教育强国、科技强国、人才强国”，强调要“全面提高人才自主培养质量，着力造就拔尖创新人才”，要“深化教育领域综合改革，加强教材建设和管理”，为研究生教育改革发展指明了前进方向，提供了根本遵循。

教材作为教育教学的基本载体和关键支撑、教育核心竞争力的重要体现、引领创新发展的重要基础，必须与时俱进，为培育高层次人才提供坚实保障。研究生教材建设是推进研究生教育改革、培养拔尖创新人才的重要组成部分。教育部、国家发展和改革委员会、财政部联合印发的《关于加快新时代研究生教育改革发展的意见》（教研〔2020〕9 号）中明确提出，要“加强课程教材建设，提升研究生课程教学质量”“编写遴选优秀教材，推动优质资源共享”。中药学、药学专业研究生教育肩负着高层次药学人才培养和创新创造的重要使命。为了进一步做好新时代研究生教材建设工作，进一步提高研究生创新思维和创新能力，突出研究生教材的创新性、前瞻性和科学性，打造中药学、药学研究生系列精品教材，科学出版社邀请全国 12 所中医药院校和中国中医科学院的 13 位中药学、药学专家，组成“中药学/药学研究生系列教材出版工程”专家指导委员会，共同策划、启动了“中药学/药学研究生系列教材出版工程”（以下简称教材出版工程）的遴选、审定、编写工作。教材出版工程入选了“科学出版社‘十四五’普通高等教育研究生规划教材”。

本教材出版工程包括《中药药剂学专论》《分子药理学》《中药药理研究思路与方法》《药用植物生物技术》《中药分析学专论》《仪器分析专论》《中药化学专论》《现代药物分离技术》《中药监管科学》《中药系统生物学专论》《中药质量评价研究与应用》《中药新药研究与开发》《中药功效研究思路与实践》《中药资源化学专论》《生物药剂学与药代动力学专论》《天然药物化学专论》《药学文献检索》《中药炮制学专论》《中医药统计学专论》《中药药效物质研究方法学》《中药药代动力学原理与方法》《中药鉴定学专论》《中药药性学专论》《中药药理学专论》及《临床中药学专论》（第二版）等核心教材，采用了“以中医药院校为主，跨校、跨区域合作，出版社协助”的模式，邀请了全国近百所院校、研究所、医院及个别药企的中药学、药学专业的 400 余名教学名师、优秀学科带头人及教学一线的老师共同参与。本教材出版工程注重加强顶层设计和组织管理，汇集权威专家智慧，突出精品意识，以“创新培养方式、突出研究属性、关注方法技术、启发科研思维”为原则，着力打造遵循研究生教育发展规律、满足研究生创新培养目标、具有时代精神的高品质教材。

在内容上，本教材出版工程注重研究生个性化需求，从研究生实际需求出发，突出学科研究的新方法、新理论、新技术，以及科研思维。在编写风格上，既有丰富的图表，也有翔实的案例，体现了教材的可读性，大部分教材以二维码的形式呈现数字资源，如视频、知识拓展等，以方便学生自学、复习及课后拓展。

本教材出版工程仍有不少提升空间，敬请各位老师和研究生在使用过程中多提宝贵意见，以便我们不断完善，提高教材质量。

2023 年 12 月

前　言

教育部、国家发展改革委、财政部联合发布的《关于加快新时代研究生教育改革发展的意见》和国务院办公厅发布的《关于印发中医药振兴发展重大工程实施方案》对我国研究生培养和中医药高层次特色人才培养提出了要求，中医药研究生的培养是中医药高层次特色人才培养的基础，也是我国实现中医药振兴发展的重要保障。立足于中医药特色优势，培养具有创新意识、创新思维、创新能力并取得创新成果的创新型人才，为中医药的守正创新和现代化、国际化提供人才支撑，是高等中医药院校研究生培养的重要任务，也是《中药药理学专论》这本教材编写目的所在。

中药药理研究如何体现中医药理论指导和现代多学科技术应用？研究生如何找准研究的切入点和思路方法？通过中药药理学研究如何厘清中医药防病治病的科学道理、研发有价值中药新药、指导临床用药？这些都是研究生的困惑和需要解决的问题。本教材突破既有同类教材的编写体例，坚持中医药理论指导，结合最新研究进展，突出提高研究生的创新思维、科研思路、逻辑推理能力和思辨探究能力，力求满足中药药理研究的高层次创新型人才的培养目标及学科前沿、临床和产业需求。

本教材由总论和各论组成，共十四章。总论共六章，分别从中药药理研究的内容和任务及发展历程、中药药理研究的科研选题、中药药效研究思路与方法、中药药代动力学研究、中药毒理学研究、中药药理研究与系统生物学研究等方面，引导研究生开展从科研问题的提出、研究内容到研究方法的合理设计的科研逻辑思维训练，注重利用生命学科及现代医学的科学成果，对中医药理论进行科学内涵的诠释从而为未来的中医药研究提供坚实的基础。各论共八章，以中药对呼吸系统疾病、消化系统疾病、心脑血管系统疾病、神经系统疾病、代谢性疾病、血液系统疾病、免疫系统疾病、肿瘤转移的药理研究案例为牵引，从疾病的中医学认识与现代医学认识出发，解析经典复方或单味中药或有效成分对该系统某典型疾病的研究思路与方法，力求以图文并茂的形式展现，触发研究生思考的始动，为研究生的课题研究提供科研思维与方法上的借鉴，这是本教材撰写的初衷。

"中药药理学专论"是中医药及药学类等专业研究生的专业课或选修课。本教材主要供高等中医药院校中药学专业、药学专业、中西医结合专业、中医专业等相关专业研究生选用，也可作为相关专业的自学和教学参考书。

本教材内容汇聚国内外顶尖专家团队多年来的中药药理研究成果，注重探讨中药药理研究如何体现中医药理论的指导，其研究成果如何可以回归临床，指导临床用药。授人以鱼不如授人以渔,编写本教材的良苦用心也在此。本教材凝聚了编委的集体智慧和心血,并得到了安徽中医药大学、南京中医药大学及各兄弟院校的全力支持,在此深表敬意和谢意!

本教材是研究生课程改革的一种全新探索,编写难度极大,若存在不足和错误,请同行学者、师生及读者们予以指正赐教,以便在重印或再版时修正。

2024 年 10 月

目　录

上篇　总　论

下篇 各 论

上篇 总论

第一章
绪　　论

第一节　中药药理研究的内容和任务

一、中药药理研究的内容

中药药理学(pharmacology of traditional Chinese medicine,PTCM)是在中医药理论的指导下,运用现代科学技术方法,研究中药与机体(人体、动物及病原体)的相互作用、作用机制及药效物质基础的科学。

中药药理研究的内容主要包括3个方面:一是中药药效学(pharmacodynamics of TCM),研究中药对机体的作用、作用机制及产生作用的物质基础。二是中药药动学(pharmacokinetics of TCM),研究中药在机体内吸收、分布、代谢、排泄的动态变化过程及特点,揭示中药(成分)在体内量-时-效的关系。三是中药毒理学(toxicology of TCM),研究中药对生物体的有害效应与机制,包括中药毒理的成分、表现、机制、靶器官及对生物体的安全性评价和危险度评定。

中药药理学的知识体系既包含传统中医药内容,也涉及现代医学及生命科学研究前沿知识;是沟通中西医药,衔接临床和基础的桥梁学科;在中医药的学术创新、临床疗效提高、产业发展等方面肩负着重要的使命。

二、中药药理研究的基本原则

(一) 以中医药理论为指导

中医药理论体系的特点是整体观和辨证论治,中医治病不仅是针对某个病因或病灶进行治疗,而是立足于调整人的整体,对疾病不同进展阶段辨证论治,使整体功能达到平衡状态,从而治愈疾病。不同于化学药物"一个药物一个疾病一个靶标"的作用方式,中药及其复方是多成分、多靶标、多途径协同起效,中药药理研究若过分强调病理致病因子的改变,或过分注重中药有效成分对某一局部的作用,则不能真正地体现中药的作用特点和价值,结合功效主治及标本同治的整体评价进行中药药理作用的研究,是体现中医药理论指导的关键点。中药药理研究是否遵循这一原则,关系着中药学的继承与发展问题。

(二) 利用现代科学技术方法

受历史条件限制,有些中医药理论的科学内涵尚不清楚,有些术语的表述模糊抽象难懂,因生活方式改变疾病谱也在发生新的变化。中药药理研究既要坚守中医原创思维内核,保持中医药理论和临床应用的特征、特色和优势,这是"守正"的要义所在;更要推动中医药与现代科学相结合,吸收利用现代科学技术成果发展中医药。加强多学科的交叉融合,利用系统生物学、蛋白质组学、基因组学等高通量技术及大数据、人工智能(artificial intelligence,AI)等前沿技术研究中药作用机制和物质基础及创新中药的研发;用现代科学解读中医药学原理,阐明中医药理论的科学内涵,包括中药的主治功效与药理作用的内在关系、中药及复方治疗疾病的内在规律和科学原理等,促进中药传统智慧在与现代科技交融中焕发新的活力，丰富中医药理论和指导中医临床实践，促进中医药走向世界。是否充分利用现代科学技术手段进行研究，关系着中药学的守正与创新问题。

三、中药药理研究的任务

（一）阐释中药防病治病的科学内涵

利用现代科学技术对中药药性、功效、主治予以科学的表述，有助于将中医药厘清，有助于发展中医药理论。例如，肾气丸是治疗肾阳虚的名方，现代研究表明肾气丸具有促进内分泌功能、调节免疫功能、改善循环等药理作用，这些结果反过来证明肾阳虚的实质与机体内分泌功能衰退、免疫功能低下等有密切关系。此外，通过滋阴方药研究阴虚证，通过活血方药研究血瘀证，通过解表方药研究表虚证等，是阐明中医证候理论科学内涵的重要途径。

（二）指导临床科学合理用药

中药药理研究可以指导中药的合理组方、炮制、制剂工艺的优化、生物利用度检测，相关有毒成分的限量标准、用法用量，不良反应监测方案和临床科学的合理用药。例如，研究发现大黄泻下作用的有效成分是结合型蒽醌，该成分久煎或炮制后易水解而含量减少，由此可以证实临床应用大黄“生用导泻，久煎止泻”是有科学依据的。再如，中药毒理研究发现马兜铃酸具有肾毒性，含有马兜铃酸的中药（细辛、青木香等）在处方用药时，应注意剂量及监测患者的肾功能，从而指导临床合理用药。

（三）发现、研究与开发有价值的中药新药

从中药中发现活性成分及先导化合物或有效成分群是中药新药创制的重要途径，如青蒿素、紫杉醇等单体成分；银杏叶制剂、西红花总苷等，基于中医经典名方、临床有效方剂、名优中成药的创新药物研发，如复方丹参滴丸、六味地黄丸等中药复方新药的研发。并进一步利用化学成分分析技术及现代生物技术从分子及基因水平明确中药单体成分及中药复方的作用机制，为临床精准定位及适应证提供重要参考。

（四）推动中药现代化进程

中药现代化要解决两个重要问题：一是实现中药材质量标准化，二是解读中医药理论和开发中药新药。中药的质量关系着临床疗效，鉴定和评价中药材质量优劣的方法除了基源鉴定、性状鉴定、显微鉴定和理化鉴定以外，还应关注其有效成分的含量、药理作用及毒性反应，中药药效物质基础研究是中药质量控制的基础与核心，是中药材及安全有效和质量可控的保障。例如，基于中药谱效关系的研究及多靶标筛选技术、现代组学技术等现代科学手段，将中药中化学成分的变化与中药药效联系起来，进而筛选出与药效关联密切的成分，确定中药质量标志物，为中药材、中药制剂的质量评价提供科学支撑。阐释中医药理论，中药及复方的药效物质基础及作用机制，研发中药创新药物，是中药现代化的重要途径。

第二节　中药药理研究的发展历程

一、中药药理研究的历史沿革

中药应用于临床已有几千年的历史，中药药理学是中华民族在长期与疾病作斗争的实践和现代药理的研究过程中，不断形成的知识和技术体系，凝聚了中华民族的医药学成就。其研究主要经历了基于临床的中药作用原理探索、中药有效成分筛选研究、中药药效学研究及中医药理论研究、中药复方及毒理研究、多学科交叉的系统研究等阶段（图 1－1）。

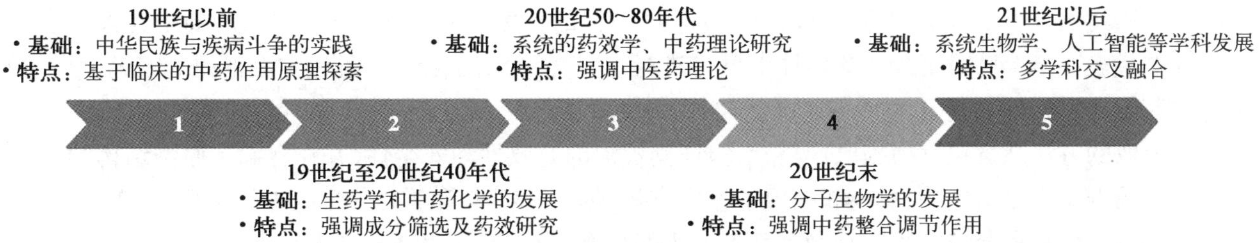

图 1-1　中药药理研究的历史沿革

(一) 基于临床的中药作用原理探索

中药临床应用及其性能功效、作用原理的探究，早在《神农本草经》中就有记载。现存世界上最早的药学专著《神农本草经》(成书于东汉末年)，载药 365 种，其中对中药四气五味、有毒无毒、七情和合等性能功效理论进行了探索。北宋末(1118 年)，宋徽宗时期赵佶所撰《圣济经》中专门设有“药理篇”，是中医药学术著作中最早的药理专论，其中记载的“性味”和“法象”分别说明药物的内在性质和作用原理。金元时期医药学家以药物形、色、气、味、体为主干，利用气化、运气和阴阳五行学说，建立了法象药理模式，如刘完素所撰《素问药注》和《本草论》、朱丹溪所撰《本草衍义补遗》等本草著作。明代医药学家李时珍(1518~1593 年)编成《本草纲目》，载药 1 892 种，附方 11 096 个，是中国本草史上伟大的药学著作，也对世界医药学做出了巨大贡献。

除了对中药功效应用及其作用原理进行了探索，我国古代医药学家已有实验药理和临床药理的萌芽。如早在公元前《国语》中就记载，以含乌头的肉喂狗以验其毒性；《智囊全集》记载“公乃买鱼作饭，投荆花于中，试之狗彘，无不死者”；又如，唐代《本草拾遗》记载“黍米及糯，饲小猫、犬，令脚屈伸不能行，缓人筋故也”，是中药药理动物模型最早的记载；“赤铜屑主伤寒，能焊人骨，及六畜有损者，细研酒服，直入骨损处，六畜死后，取骨视之，犹有焊痕，可验”是人性化的中药药理实验；宋代《本草衍义》记载，通过建立大雁骨折动物模型，观察自然铜对动物模型的影响，从而得出自然铜有接骨的功效；宋代苏颂所撰《本草图经》中记载，应用对比法进行临床药理试验，鉴别人参的真假，具有现代科学实验的思想。

(二) 中药有效成分筛选研究

19 世纪末至 20 世纪初，西方医药体系传入我国，出现了中西医两大医学体系的碰撞和渗透，中医药学者不再仅仅利用经验和理论指导用药，开始尝试用实验药理学的方法研究中药、用现代科学技术手段解读中药，积累了一定的研究资料，自此中药药理的现代研究逐渐形成并不断发展。

20 世纪 20~40 年代，生药学和中药化学的发展为中药药理研究奠定了基础，研究者对一大批常用中药进行了不同程度的化学和药理研究，代表性的成果是我国学者陈克恢等对中药麻黄进行了化学成分和药理作用的研究，发现与麻黄平喘作用有关的主要化学成分是麻黄碱，具有拟肾上腺素样作用，可使颈动脉压升高、心肌收缩力增强、血管收缩、支气管舒张，并具有口服有效、作用时间长、毒性更低的特点，该研究结果在国内外医药界引起巨大反响，为研究和开发中医药宝库指明了道路，由此开启了中药药理研究的新篇章。此后，国内学者相继对川芎、人参、当归、延胡索、黄连、黄柏、柴胡、乌头、蟾酥、仙鹤草、防己、贝母、使君子、常山、鸦胆子等常用中药进行了化学和药理研究，并逐渐形成了一种延续至今的中药药理研究思路，即从天然药材中提取其化学成分，筛选研究其药效，再进行相关药理毒理研究。但由于受客观条件的限制，研究中药的品种不多、成果有限；并将部分中药当成天然药物来研究，药理实验不参考中药传统功效，缺乏中医药理论的指导。

(三) 系统的中药药效学及中医药理论研究

20 世纪 50~60 年代，中国政府高度重视中医药的发展，中药药理现代研究进入了新的阶段，研究者对部分常用药物进行了系统的药效学研究,"545 种中药的抗菌作用筛选"堪称这一时期中药大规模筛选研究的代表。至今已对至少 250 余种中草药进行了较为详细的化学和药理方面的研究,确定了 600 余种中药的药理活性成分。例如,屠呦呦从东晋葛洪所撰《肘后备急方》中获得灵感,带领团队采取乙醚低温提取的方法从黄花蒿中提取青蒿素,验证其抗疟的有效性和安全性,并在青蒿素原型结构的基础上合成和筛选了多个衍生物,提高和拓展了临床疗效,创新药物青蒿素被世界卫生组织称为"20 世纪世界上唯一有效的疟疾治疗药物",挽救了数百万人的生命,每年治疗患者数亿人。

20 世纪 70~80 年代,中药药理研究开始重视揭示中药的用药特点,强调在中医药理论的指导下进行研究。如中医证候、中药药性理论、治则治法的药理研究,均获得了有价值的成果。形成了"以药测方、以方探法、以法说理",逆向探索中医"理、法、方、药"的辩证思维模式,在活血化瘀、扶正固本、通里攻下、清热解毒等重要治法研究方面取得重大进展。1985 年,国家颁布了《中华人民共和国药品管理法》及与之配套的《新药审批办法》,开启了中药药理学研究的一个新阶段,开始从基础研究转向研制新药的应用研究。

(四) 中药复方及毒理研究

20 世纪末,有关中药复方研究的思路和方法渐成体系,明确了中药复方的药理作用是多靶标、多途径、多环节,强调了中药复方作用的综合效应,突出了中药的整合调节和中医治病整体观的特点。在复方丹参片、血府逐瘀汤、桃红四物汤、四君子汤、补中益气汤、六味地黄汤等常用方剂的药理研究方面取得了显著的成果。例如,采用拆方的方法研究经典名方六味地黄汤,阐明了其滋补肾阴的组方配伍原理。六味地黄汤的六味中药按"三补"(熟地黄、山茱萸、山药)、"三泻"(泽泻、牡丹皮和茯苓)的配伍原理组成,以补肾为主,兼补肝脾,使"三补"和"三泻"合为一体。研究者将六味地黄汤按"三补"和"三泻"分成两个药对,以在药理学研究中所揭示的主要药效(神经-内分泌-免疫网络的功能)为指标与全方进行比较,由此阐明其"三补"和"三泻"的药理学特点及其在全方中的药理作用。

此外,中药药代动力学研究和中药毒理学研究也备受关注。在研究方法方面,中药血清药理学、中药脑脊液药理学方法及现代分子生物学技术的应用,使中药药理研究水平从整体深入组织器官和细胞分子层面。

(五) 多学科交叉的系统研究

进入 21 世纪,随着系统生物学、网络药理学、化学生物学、计算机化学等新学科的兴起,中药药理研究内容更丰富、研究方法更多样。以多学科交叉融合为基础,以大数据和算法为支撑,以多层次、多环节整合研究为特色,开辟中药整合药理学的研究思路。例如,利用网络药理学及计算机生物信息学技术,研究中药药效的中药多成分、多靶标、多环节整合效应;采用药物高通量筛选技术和高内涵筛选技术,筛选、研发中药创新药物;应用蛋白质组学技术和基因芯片技术,明确中药及其复方不同有效成分调控的基因及蛋白质靶标;利用高通量测序技术与代谢组学技术结合,探讨肠内微生物生态平衡与中药调节宿主健康之间的关系;将药效学与药动学研究结合,确定中药复方有效成分浓度-效应-时间的三维关系。中药药理研究引入 AI、同位素技术、细胞重组技术、超微技术、微透析技术、单细胞与活体分析技术等多学科前沿技术,有助于为中医药的特色内涵赋予新的理解和发展。

二、中药药理研究路径的拓展

(一) 从中药单一成分的研究拓展到组分中药的研究

传统的中药物质基础及药理作用研究沿袭了天然药物的研究模式,多是先进行系统的化学成分分离,分离出单体化合物后,再进行生物活性或药效作用研究,取得一系列研究成果,如研究麻黄有效成分麻黄碱的平喘作用、青蒿(黄花蒿)有效成分青蒿素的抗疟作用、黄连有效成分小檗碱的抗菌作用等。

但这一研究思路只关注中药单一成分的药理作用，未能突显中医药特色和系统论原则。

中药复方的作用方式是多靶标、多层次的整体调节方式，复方中药的药理作用是其中众多有效分子组合对机体生物分子网络进行调节的结果。由此，研究者提出组分中药的概念，是以中医药理论为指导，遵循中药方剂配伍理论与原则，吸收现代药物研制方法和技术，由有效组分配伍而成的现代中药，是创新中药研究的一种途径。例如，复方丹参方的组分配伍研究，明确了其治疗冠心病的药效物质及作用机制，阐明了组分配伍的君臣佐使关系。首先，在活性导向下进行化学成分的分离筛选，将活性成分的主次按其作用性质与含量加以区分，使得方剂的药效物质、作用机制基本清楚；其次，利用心肌缺血、缺氧等整体动物模型，研究复方丹参及其各活性成分治疗冠心病的作用途径、主次靶标及其相关规律；同时对冰片在复方中的"佐使"作用进行了研究、评价，揭示了冰片的作用机制和靶标；最后，对中药有效组分进行配伍、配比两个层次的优化，以筛选较优的配伍和配比。组分中药研制是中药现代化的重要方向，是中药走向国际医药市场的重要途径，对中药产业发展、国际化及产学研结合具有重要意义。

（二）从中医药理论的再认识拓展到中药的创新研究

中药药理学的学科任务之一，即用现代科学技术阐明中医药理论的科学内涵，从而指导中医临床更为科学、合理地用药，是对中医药理论的再认识。例如，桂枝汤的"解肌发表"功效，现代医学将中医的"肌表"理解为外邪侵犯机体及机体抵抗外邪的第一道屏障，而桂枝汤具有抗炎、解热、抗过敏、提高机体的免疫功能、抗应激等药理作用，是桂枝汤"解肌发表"的药理学基础。

基于中医药理论，借助现代先进的技术和理论推动中药的创新研究，包括发现中药作用新方式、揭示中药作用新机制、研发中药创新药物等。例如，黄连有效成分小檗碱生物利用度低，大部分小檗碱肠道不吸收，通过恢复肠道菌群平衡、促进菌群产生有益的代谢产物，发挥治疗糖尿病的作用；根据古方安宫牛黄丸研制成治疗热病神志异常的清开灵，具有抗菌、抗炎、抗病毒等药理作用，还能改善血液循环、清除体内自由基，其应用范围日渐拓宽。又如，根据《太平惠民和剂局方》所记载的苏合香丸研制成治疗心绞痛的麝香保心丸等，从现代循证医学角度证实了其有效性和安全性。

（三）从中药药效作用的研究到中药作用机制的深入探讨

在中药药效作用研究中，整体实验是最常用、最基本的药理实验方法。通过中药及复方对不同动物模型的作用，结合细胞因子或神经递质等生物活性物质、基因或蛋白质功能的检测，观察整个机体、器官、组织和细胞对药物的反应，揭示中药及复方的药理作用。例如，采用整体实验探讨中药复方配伍规律，观察川乌与白芍配伍前后对 3 种疼痛动物模型的影响，发现药对配伍后与各单药单独作用相比，显著增强镇痛作用、延长镇痛持续时间，由此明确药对配伍的意义。

随着现代科学技术的发展，中药药效研究已不再局限于利用传统常见的药理学方法，更引入计算机与生物信息学技术、AI、基因芯片、蛋白质组学、代谢组学、分子雷达、同位素技术、细胞重组技术、超微技术、微透析技术、单细胞与活体分析技术等新技术，通过计算机自动控制、图像分析处理和多媒体等多种现代科技手段，引领药效学研究由宏观向微观方向深入，由整体、器官水平进入更深层次的细胞和分子水平，从而开拓整体与局部、综合效应与单一靶标相结合的中药药理研究新路径。例如，复方黄黛片具有清热解毒、益气生血的功效，由雄黄、青黛、丹参、太子参四味中药配伍而成，四硫化四砷、靛玉红、丹参酮ⅡA 分别是雄黄、青黛、丹参的主要活性成分，建立急性早幼粒细胞白血病多个动物模型及细胞模型，采用分子生物学技术结合定量药理学等方法，发现四硫化四砷能明显促进致病性标志蛋白的降解，从根本上逆转白血病细胞的增殖；丹参酮ⅡA 和靛玉红通过促进该蛋白质的泛素化加快其降解，进一步加速白血病细胞的分化成熟；丹参酮ⅡA 和靛玉红能增加运送四硫化四砷的通道蛋白数量，显著提高进入白血病细胞的四硫化四砷浓度，从而提高疗效。复方黄黛片通过各组分的联合应用，产生大于 3 个组分相加的协同效应，从细胞分子水平阐明了其治疗急性早幼粒细胞白血病的分子机制。

（四）从单一化学成分分离-药理学研究拓展到多学科交叉的多元研究思维和方法

化学-药理学的研究思路是将中药看作天然药物，借助化学分析手段将其中所含的有效成分作为研究对象，筛选研究其药效，再进行有关药理毒理研究。随着化学分析技术和方法的发展，中药及复方中的化学成分被准确地检测并定量，有利于进一步从细胞、分子水平深入解析中药成分在治疗疾病中的作用原理。通过这种方法发现的活性成分，一般在药材里的含量较高或活性非常强。然而，中药的特色是"多成分、多靶标、多途径"，很多中药可能难以找到活性显著的单一成分。另外，中药通常具有多效性，不同的化学成分发挥不同的药理作用，单一成分显然不能完全代表中药的药效物质，因此需要建立符合中药多成分特点的研究手段。

随着医学与生命科学研究步入大数据时代，系统生物学、组学技术、高通量分析技术的发展和应用为中医药在整体水平上的系统研究开辟了一条新途径。例如，网络药理学基于系统生物学的理论，融合"疾病-表型-基因-药物"多层次信息，阐明化合物之间的协同作用及多组分和多靶标药物在分子水平上的潜在机制；多组学的综合分析为揭示系统范围的复杂生物过程和中药复方中多种化合物的功能提供新的视野；基于质谱成像的空间代谢组学新技术，能够解析中药复杂化学成分空间分布异质性及其体内外空间代谢规律；AI 在中药数据挖掘、分析及中药新药研发、优化等方面展现出强大能力，帮助研究者对海量的中药数据进行高效、准确的挖掘和分析；基于亲和色谱、生物素标记、靶向代谢组学等技术，构建复合式靶标"垂钓"研究策略，以中药活性分子为探针，揭示中药多靶标作用的特点。在继承和发扬中医药理论和特色的基础上，充分利用先进科学技术手段，结合现代医学的发展成果，使中药药理研究有了质的飞跃，有力地推动了中医药现代化。

思考题

（1）如何理解中药是个复杂的物质体系，多成分的协同整合发挥对机体功能的调节作用？

（2）结合你的课题研究方向，在检索文献的基础上，选择某一中药复方或有效成分，以此为例展示中药药理研究的进展性成果。

（3）以实例说明哪些现代科学新技术的融入，推进了中药药理研究的创新性发展。

（戴　敏　陆　茵）

第二章
中药药理研究的科研选题

科研选题是科学研究中最重要的一个环节，是决定科研成果表达与学术方向的重要因素。中药药理研究的科研选题通常涉及经典中药复方、单味中药或中药活性成分的药效机制阐释。相较于化学药物的药理学研究，中药药理研究需要考虑的因素更加复杂，不仅需要结合中医药学理论，还要采用现代技术，尤其是能够反映中药通过多成分、多途径、多靶标发挥药效的作用特点。中药药理研究的科研选题不仅要遵循科学研究选题的基本原则，也要充分考虑中药药理学所承担的学科任务，密切关注学科发展动态，确定具有高度科学价值与实际应用价值的科研选题。

第一节　中药药理研究的科研选题原则与研究类型

一、中药药理研究的科研选题原则

（一）科学性原则

科研选题需要符合科学方法和科学思维的要求。科学方法是指通过观察、实验、推理等手段，对自然界和社会现象进行研究和解释从而得出科学结论。科学思维是指以理性、客观、严谨的态度对待问题，进行科学探究的思维方式。科学性原则是衡量科研工作的首要标准，研究者必须遵守以科学理论和事实作为依据，尊重客观规律，符合科学逻辑。只有符合科学性原则的选题才能够进行科学研究，从一定程度上保证研究结论的可靠性和科学性。

中医药是以中医药理论为指导思想，临床中医学为核心，通过个体化的辨证论治从而制定适当配伍的方剂，对患者进行预防或治疗。因此，在中药药理学研究中，应遵循中医药治疗疾病的整体观原则，重视方剂配伍中各组分之间的协同关系，结合方剂效应的多组分、多靶标特征，开展既符合中医药整体性特征，又遵循科学性原则的中药药理学研究。

（二）创新性原则

创新性是科研选题的关键。中药药理学科研选题要遵循创新性原则，该原则要求研究者提出科学问题时，需要在已有研究的基础上，对实验现象进行深入思考，提出具有前瞻性和创新性的科学问题。创新性原则要求研究者选择具有一定研究价值的课题，通过研究产生新理论，或解决应用领域所面临的科学或技术问题。如果科研选题缺乏创新性，可能会导致研究结果的重复或缺乏学术价值。创新性是评价科研选题好坏的关键和主要标志之一，更是科学研究的生命力所在。

中医药是中华文化的瑰宝，传承与创新是开展中医药现代化研究的核心思路。青蒿素的发现是从中医药典籍中传承与创新中药研究的最好典范。因此，在中医药科研中，既要坚持创新性原则，也要深入领会中医药传统理论所蕴含的科学内涵，秉持在传承中创新，在创新中发展的宗旨。

（三）应用性原则

科研选题须具有实际应用价值，即科研选题须与社会、经济、科技等方面的实际需求相联系，能够解决或改善某些问题，满足社会发展的需求，具有一定的现实意义和实用价值。这种选题原则对研究者具有较高的应用性要求和责任心要求，要求研究者关注社会热点问题，关注行业和领域的实际需求，并根据需求进行研究，取得实践成果。

中药药理学研究科研选题的应用性原则突显了中药药理学作为一门应用性学科的特点，要求研究选题能够结合中药在维护人类健康、防病治病上的实际应用，开展务实有效的科学探索，最终为确保中药的安全、合理应用与源于中药的新药研发提供科学依据。2020年，新型冠状病毒感染疫情席卷全球。在疫情大考中，中医药能够为患者提供一种较为安全有效的治疗方式，减轻西药的负担，降低不良反应，提高康复效率。因此，基于应用性原则中医药人从古典医籍中寻找灵感，贡献出了中医药科技创新成果——“三方三药”，不仅有效地缓解了疫情集中暴发、医疗资源不足的压力，而且在提高治愈率、降低病死率方面发挥了重要作用。

（四）可行性原则

科研选题应对完成研究课题所必需的主客观条件进行评估，包括研究水平、研究方法、研究技术、研究资源成本、研究时间等方面评估研究的实施难度，开展可行性论证。在确定科研选题时，可行性原则要求研究者注重实际，避免不切实际的空想，并切实做好研究的过程管理，确保研究能够顺利进行。

（五）效能性原则

科研选题的效能性原则是指所选的研究课题应该具有产生显著效益的前景，可以对社会、经济、环境等方面产生积极的影响。在研究选题时，需要考虑研究的实际影响，预测研究结果可能带来的贡献，分析其实现难度和前期必要的投入，以评价该研究的价值。科研的效益包括技术进步、社会发展、产业升级等多个方面，因此研究者需要结合技术水平和社会需求等各方面的因素进行全面评估，最终确定符合效能性原则的科研选题。对于研究者来说，效能性原则是对研究意义的一种衡量方式，也是社会对研究价值的一种肯定。

中药药理学研究课题的效能性体现：① 中药及其复方的实用价值，阐释该中药的药理机制，进一步促进中医药的现代化和国际化；② 研究结果具有显著的临床意义，推动该中药在临床实践中的应用，对促进人类健康具有积极意义。

（六）可持续原则

科研工作是一个不断迭代和发展的过程。一个研究课题的开展通常是基于前人的理论研究和实验成果，因此在确定研究选题时，需要关注前人的科学思想和研究成果，发现其存在的问题和不足，并在此基础上提出新的问题。此外，科研选题还需要考虑社会发展和时代进步的需求，选择具有可持续性的研究主题，能够为研究领域的长期发展作出贡献。例如，一项研究中药治疗胃肠道疾病药理作用的科研选题，可以延续为研究中药治疗胃部疾病的分子机制，再进一步延续为联合其他药物发挥增效减毒作用的研究课题。随着研究的深入，这些选题的延续性不断加强和深入，有助于完善针对特定疾病的中药治疗体系及科学内涵阐释。通过可持续的研究，更加精准地了解中药在治疗疾病方面的作用及机制，推动中药药理学的发展。

（七）兴趣性原则

科研选题的兴趣性原则是指选题应符合研究者的研究兴趣，从而能够激发研究者的工作热情和动力，有利于研究者长期坚持做好研究工作。一个研究者对所研究的课题充满兴趣，往往更容易产生出色的研究成果。另外，科研选题的兴趣性原则也能够促进学术创新和发展。一个研究者对所研究的课题有独到的见解，能够积极地挖掘出新的研究方向，产生创新性的研究成果。不过，在科研选题中，研究者需要将其个人兴趣与专业背景、实际需求和实用价值相结合，选取具有应用前景和社会需求的课题，发挥主观能动性，充分发掘研究人员的学术潜力，从而产生更多具有创新性的成果。中药药理学研究的领域广泛，涵盖中药复方、单味中药、中药来源活性部位/成分的药理机制，以及中药学学科的核心科学问题，如中药药性、中药配伍规律的科学内涵阐释等。上述不同研究方向的课题研究涉及的研究策略与方法种类多样，研究人员可以结合自己的科研兴趣，选择适合的研究方向。

总体而言，科研选题原则之间相辅相成，合理的研究选题应考虑科学性、创新性、应用性、可行性、效能性、可持续性、兴趣性等多方面原则，确保研究选题有较高的学术价值，能够推动学科发展，创造良好的社会价值（图 2-1）。

图 2-1　中药药理研究的选题原则

二、假说驱动与假说产生的中药药理研究

（一）假说驱动的中药药理研究

假说驱动的科学研究是基于研究者所关注的研究背景为指向，运用科学思维对已知的科学现象和规律进行概括并提出新的科学假说。为了验证科学假说的正确性，设计相应的科学观察、科学实验或科学调查等研究方案，并分析收集到的数据和信息，不断修正和验证科学假说，最终得出科学结论。假说驱动的科学研究体现了科学探索的本质和特点，即基于客观事实、实验现象和严密逻辑推理，通过提出、验证和修正假说，逐步深入探究事物本质，为人类认识和改造客观世界提供理论基础。

假说驱动的科学研究在中药药理研究中也是比较常见的。例如，四妙方出自清代张秉成所撰的《成方便读》，具有清热利湿功效，为治疗痛风等痹症的中医经典方剂。现代药理学研究证实其具有良好的降尿酸作用。非酒精性脂肪肝在传统医学中属于“肝癖”的范畴，与痛风等痹症具有相似的中医证型，即湿热蕴结证。此外，高尿酸血症也被认为是引起非酒精性脂肪肝的独立危险因素。因此，研究者基于非酒精性脂肪肝与痛风在中医证型和病理学基础上的共性特征，提出了“四妙方对非酒精性脂肪肝可能具有干预作用”的科学假说。基于该科学假说的指导，研究人员通过大量的实验研究验证了该假说，并进一步阐释了其干预非酒精性脂肪肝的药效机制和药效物质基础。

（二）假说产生的中药药理研究

假说产生的科学研究是基于研究者正在进行的科学研究为指向，通过对实验过程中所出现的现象、数据、模型等的观察和分析,获得规律性或关联性认识,进而提出新的科学假说。这些假说通常是初步的或概括性的,需进一步的检验和验证,旨在发现新的现象或规律,引导后续的科学研究。假说产生是科学研究中至关重要的一步,是科研人员基于前人的研究基础及研究数据提出的新假说。基于新假说的指引,开展进一步的科学实验检验新假说的正确性,最终提出新的学术观点或理论。假说产生是科学研究中一个非常重要的过程,但需要注意的是,不是所有的科学假说都能够被验证和证实,因此需要研究者不断地进行科学实验和数据分析,最终获得准确和完善的结论。假说产生与假说驱动的两种科学研究之间并不是孤立的,两者在科学研究中是相辅相成,并呈螺旋式递进关系。

整体性与复杂性是中医药研究的主要特征。中药药效作用往往是通过多成分、多靶标途径发挥,因此,人们越来越多地借助于高通量的组学技术,包括转录组学、蛋白质组学、代谢组学、宏基因组学等探索中药药效作用机制。在中药药理研究中,假说产生的科学研究更多地体现在各种以组学技术为主要手段的研究中。例如,研究人员可以通过开展针对特定中药药效机制的组学研究,在基因、蛋白质、代谢或微生物组层面获得中药干预生物体之后所发生的广泛性、系统性变化,并利用生物信息学手段解析出与中药药效密切相关的生物调节过程,筛选出潜在的作用靶标,提出新的科学假说,指导后续的科学研究,并在研究中对科学假说进行检验和修正,最终获得可靠的实验结论。

第二节　中药药理研究的科研选题思路

一、面向人民生命健康国家战略需求的科研选题

中医药在中华民族数千年文明的繁衍生息中发挥了不可磨灭的贡献,在各类疾病的预防和治疗中展示了明确的疗效,发挥了重要的作用。习近平总书记提出科学研究要坚持“四个面向”,即面向世界科技前沿、面向经济主战场、面向国家重大需求、面向人民生命健康,希望广大科学家和科技工作者肩负起历史责任。中药药理研究作为中医药学的重要组成部分,不仅承担了把传统中医药临床疗效机制“说清楚,讲明白”的任务,而且也是连接从传统中药到创新药物研发的关键桥梁,是保障人民生命健康国家战略的重要组成部分。因此,面向人民健康国家战略需求是开展中药药理科研选题的重要出发点和落脚点。

在中药药理学发展历史上,青蒿素抗疟、砒霜治疗急性早幼粒细胞白血病及清肺排毒汤抗击新型冠状病毒感染的中药药理研究等典型案例都是体现面向人民生命健康这一重大关切,展示了在中医药理论指导下的中药药理研究所发挥的价值。以清肺排毒汤为例,该方源自中医经典古籍《伤寒杂病论》,由麻杏石甘汤、射干麻黄汤、小柴胡汤、五苓散等经典方剂优化组合而成,在新型冠状病毒感染的临床实践中展示了明确的疗效,但是现代药理学机制不清楚。中药药理系统的研究揭示了清肺排毒汤治疗新型冠状病毒感染的调节免疫、抗感染、抗炎及多器官保护机制,为其在新型冠状病毒感染的临床应用提供了科学依据。该案例体现了中医药研究与面向人民健康国家战略需求紧密结合的重要性。中药药理研究不仅体现传承,更要利用现代科学技术手段促进创新,为实现中医药现代化、国际化和维护促进人民生命健康作出更大贡献。

二、源于经典古籍与中医药理论的科研选题

经典方剂是中医药体系中具有重要历史和文化价值的珍贵资源,是在中医药理论指导下包含了长期的人用经验,具有合理的组方配伍和辨证论治的应用基础。因此,针对经典方剂组方配伍的科学内涵、临床疗效机制及方剂药效物质基础的研究,不仅是对中医药经典的传承,更是寻找创新药物的重要

来源，对中医药的现代化发展具有十分重要的理论与实践价值。

如何从经典古籍中选取合适的方剂作为研究对象，可从以下3个方面考虑。

1. *方剂的临床疗效*　经典古籍中的方剂大都在临床上经过长期实践，并取得良好疗效。因此，首先应该从古代著作中筛选出已经被临床证明确有疗效的经典方剂，如《伤寒杂病论》《金匮要略》《千金要方》等。

2. *方剂的药物组成*　经典方剂是由数量不等的单味中药按照君臣佐使配伍原则进行组方，方剂中的单味中药是构成方剂的物质基础，也是评价方剂质量优劣的关键。因此，选取方剂作为研究对象的时候，需要考虑方剂中的药味组成数量、配伍关系及药材的可获得性等因素。

3. *方剂的制备方法*　制剂方法是方剂应用的基础，也是方剂的效果和质量的保障。因此，在选取方剂时，需考虑方剂制备方法的合理性与适用性，并结合现代制剂技术的原理，对方剂的药效物质基础开展分析。

在确定了研究对象之后，通过中药化学成分分析、中药药理学实验、临床中药研究等多种方式对中药方剂进行系统深入研究，以阐明其配伍规律的科学内涵、药效作用机制及物质基础，并进行方剂配伍优化与药剂学研究，获得更加安全有效、机制清晰、质量可控的现代中药。以麝香保心丸为例，该复方源于900多年前宋代著名典籍《太平惠民和剂局方》所记载的苏合香丸。苏合香是其中芳香温通的代表方剂，是治疗卒心痛的重要方剂，被历代医家奉为“圣药”。然而，该方的配伍中药匮缺稀有，供不应求。以复旦大学附属华山医院戴瑞鸿教授为首的专家们运用现代药理研究方法，历时8年，苏合香丸几经变更，最终研发出麝香保心丸，该方共由七味药组成，包括麝香、人参提取物、牛黄、肉桂、苏合香、蟾酥、冰片。麝香保心丸具有芳香温通，益气强心的功效，被广泛应用于心脑血管疾病的临床治疗。

三、源于中医药临床实践的科研选题

中医药临床实践是中医药科学研究的基础，也是中药方剂研究和创新的主要来源。在中医药临床实践中，医生通过对患者的望、闻、问、切四诊观察和中医病证辨析，以中医基础理论为指导，选用特定的中药方剂对患者进行干预或治疗，达到改善机体功能，恢复健康的目的。因此，临床疗效是中医药临床实践的核心，是支撑中医药发展的关键。中药方剂研究是通过临床试验、中药药理学、分子生物学、药代动力学、网络药理学或化学生物学等系统方法，探究中药方剂的主要药效成分、配伍规律、作用机制与分子靶标等，从而为中医药临床实践提供科学依据。

中医药科研选题是在中医药临床实践中提出有待解决的关键科学问题，基于这些问题开展科学研究并寻求解决方案。基于中医药临床实践的科研选题一般具备以下特点。

（1）解决临床实践中的难点问题：科研选题应紧密结合临床实践，针对临床治疗中存在的关键问题展开研究，解决临床实践中的难点问题，包括诊断、治疗、预防、康复等方面。

（2）建立或完善中医药理论和诊疗体系：科研选题要能够扩展或完善中医药理论、诊疗体系和药方剂型等方面的内容，以期发扬和传承中医药学的优良传统和经典理论。

（3）探索中西医结合的新疗法：针对一些顽固疾病或特殊病种，开展中西医结合的新疗法和新技术，对中西医结合的理论和实践进行深入探讨和研究。

（4）立足临床需求，满足人们日益增长的健康需求：科研选题要紧密围绕人民群众的健康需求，为患者提供更加安全、有效、便捷、经济的中医药诊疗服务。

围绕以上4点开展科研选题对于中医药的发展具有重要意义，既能不断推动中医药学向前发展，又能提升中医药临床应用水平，让中医药更好地造福人类。2020年初出现的新型冠状病毒感染疫情后，国务院应对新冠肺炎疫情联防联控机制科研攻关组筛选出的“三药三方”在疫情防控中发挥了重要作用。围绕

“三方三药”在临床上对新型冠状病毒感染患者的疗效特色,如何用现代科学的语言把“三方三药”的临床疗效“说清楚,讲明白”是摆在中医药科研人员面前的重要科学问题。因此,源于中医药临床实践的科研选题不仅要符合以临床疗效为基础的客观要求,也要尊重中医药传统理论及其指导下的中医药疗效特色,最终阐释中医药理论的科学内涵,把复杂的中医药临床疗效的机制“讲清楚,说明白”。

四、源于大数据挖掘与生物信息分析的科研选题

当前,随着各种高通量组学技术在生物医学领域的广泛应用,产生了海量的生物数据和各类信息数据库,为基于大数据挖掘和生物信息分析的科研选题奠定了基础。利用大数据分析和生物信息学方法从大量的生物学数据中挖掘整理,提出有潜在研究价值的科学问题是指导科研选题的重要新策略。在中药复方研究中,研究人员借助网络药理学等方法,构建中药复方药效成分与疾病分子靶标网络,筛选潜在的复方药效成分与疾病作用靶标,进一步利用体内外模型进行验证,挖掘中药复方药效成分与可能的疾病作用靶标或信号通路,进而阐释中药复方可能的药效物质基础及其在体内的多靶标作用机制。

源于大数据挖掘的科研选题策略要求科研人员首先要面对如何处理和分析海量的生物学数据。因此,需要选择合适的生物信息学算法,包括机器学习和 AI 等,从而能够提高数据分析的效率和准确度。其次,研究人员需要根据研究目的,选择合适的数据库和工具进行挖掘和分析。常用的数据库见表 2－1,包括中药有效成分数据库 TCMSP、TCM－ID 等,天然化合物数据库 Pubchem、COCONUT、SuperNatural 3.0 等,靶标预测数据库 PharMapper、SwissTargetPrediction、STITCH、PDB 等,疾病靶标数据库 GeneCards、OMIM、DisGeNET、TTD、pharmGKB 等,代谢组数据库 HMDB、KEGG 等,蛋白质－蛋白质相互作用数据库 BioGRID、STRING 等。利用这些数据库资源和数据挖掘技术,研究人员可以寻找中药复方发挥药效的核心成分群和潜在分子靶标。

表 2－1　常用的数据库及网址

数据库名称	网　址
Traditional Chinese Medicine Systems Pharmacology Database and Analysis Platform (TCMSP)	https://old.tcmsp-e.com/tcmsp.php
Traditional Chinese Medicine Information Database (TCM－ID)	https://bidd.group/TCMID/index.html
Pubchem	https://pubchem.ncbi.nlm.nih.gov/
the COlleCtion of Open NatUral producTs (COCONUT)	https://coconut.naturalproducts.net/
SuperNatural 3.0	https://bioinf-applied.charite.de/supernatural_3/index.php
PharMapper	http://lilab-ecust.cn/pharmmapper/index.html
SwissTargetPrediction	http://swisstargetprediction.ch/
STITCH	http://stitch.embl.de/
PDB	https://www.rcsb.org/
GeneCards	https://www.genecards.org/
Online Mendelian Inheritance in Man (OMIM)	https://omim.org/
DisGeNET	https://www.disgenet.org/

续　表

数据库名称	网　址
Therapeutic Target Database (TTD)	https://db.idrblab.net/ttd/
pharmGKB	https://www.pharmgkb.org/
Human Metabolome Database (HMDB)	https://hmdb.ca/
Kyoto Encyclopedia of Genes and Genomes (KEGG)	https://www.genome.jp/kegg/
BioGRID	https://thebiogrid.org/
STRING	http://string-db.org/

此外，源于大数据挖掘所获得的研究结果是对既往科学研究所产生数据的再利用，其研究结果仍需要利用恰当的生物学模型进行实验验证。例如，针对预测的活性成分或作用靶标，研究人员可以利用化合物或基因敲除/过表达等手段，验证预测结果的准确性和可靠性。

总之，源于大数据挖掘与生物信息分析的科研选题需要具备全面的数据处理、分析和解读能力，这种选题是当前中医药复杂系统研究的常用手段，属于典型的“干法”研究策略。然而，研究人员也应对其局限性有清醒的认识，如数据库选择所造成的数据源偏差、不同生物信息学方法所造成研究结果的偏向性，以及缺乏“湿法”验证的研究结论可靠性低、易出现假阳性结果等。

五、源于中药现代研究的科研选题

中药现代研究是指运用现代科学技术和方法对中药及其复方的化学成分、药效学、药效物质基础、药理机制、中药品质和质量控制等方面进行深入研究，最终揭示中药药效物质基础与作用机制，获得有活性的中药来源新化合物，为提升中药的临床应用水平和源于中药的新药研发提供科学依据。随着现代生物技术的发展，中药现代研究正逐渐走向多学科交叉、多层次深入的趋势，特别是随着生命组学概念和技术的不断革新，以及化学生物学方法在小分子化合物靶标发现中的广泛应用，中药现代研究产生了大量创新性成果。中药现代研究不仅更加系统地加深了对中药药理机制的认识，还进一步推动了中药的质量控制、安全性及临床高质量应用。

小檗碱是黄连等清热类中药材中的主要活性成分，具有明确的消炎、杀菌功效。近年来，随着肠道微生物与各种人类疾病之间的关系逐步被揭示，研究表明，小檗碱经胃肠道给药后，其对人体肠道菌群的调节作用被广泛证实，并且，大量研究证实小檗碱通过对人体肠道菌群的调节，在多种慢性代谢性疾病的治疗中发挥了预想不到的作用。因此，围绕着小檗碱调节人体肠道菌群的机制、人体肠道菌群与小檗碱之间的互作关系、小檗碱调节肠道菌群所产生的代谢物功能等科学问题，研究人员借助于各种现代生物学手段对小檗碱的新功能和药理机制开展了系统的研究，产生了一系列的创新性学术成果。这些研究不仅丰富了人们对来源于黄连等中药的活性成分小檗碱功效的认识，也进一步拓展了其在临床上治疗疾病的应用范畴。类似于小檗碱这类活性成分新功能与新机制的探索，是中药现代研究的典型案例，由此产生的研究成果不仅具有原创性学术价值，而且具有高度的应用转化潜力。

六、源于最新研究热点趋势的科研选题

研究热点指的是当前科学领域和社会中备受关注，亟待解决和广泛讨论的课题，通常具有重要性、紧迫性、挑战性及前沿性的特征。一般来说，研究的热点领域常表现为以下几个方面。

1. 学术界的关注度　当前学术界对某个领域或问题的关注度越高，说明这个领域或问题是一个研究热点。

2. 社会需求的引导　一些重要的社会需求问题，如医疗、教育、能源等，往往都是研究热点。这些领域的问题不仅与学术研究相关，也与人们的实际生活息息相关。

3. 新技术和新方法的应用　新技术和新方法的涌现，往往会带动一些新领域或新问题的产生，这些领域或问题也可能成为研究热点。

4. 国家政策的推动　国家政策的引导和支持，可以促进某些领域和问题成为研究热点，同时也会把学术研究和解决实际问题结合起来。

作为研究生，发现和把握相关研究领域的热点趋势的途径主要有以下几个方面。

1. 文献阅读　是研究生了解学术前沿动态最直接的途径。研究生应尽早学习掌握 PubMed 等学术检索工具和数据库的使用方法，结合自己所在团队的学术方向，及时关注国际上相关领域的最新学术论文，寻找学术前沿热点方向。

2. 参加学术会议　学术会议是了解同行学术成果与最新动态的良好机会。研究生应积极主动参加高水平学术会议和讲座，并积极思考主动交流，克服胆怯和自卑心理，勇于发言和提问，在学术会议上了解前沿动态和趋势。

3. 导师交流　导师是研究生在学期间最重要的学习对象。研究生导师大多是相关领域的资深专家，对于本领域的学术发展方向有深刻的认识和积累。研究生应该充分利用与导师交流的机会，主动向导师请教，对于导师关注的问题勇于表达自己的观点，在与导师的互动中寻找有价值的科学问题。

总之，研究热点不仅可以反映某个领域的研究现状和发展趋势，还可以作为选择科研选题的一个重要参考。同时，随着技术的进步和社会的发展，研究热点也会不断发生变化。同时，也要认识到跟随研究热点进行科研选题的弊端。一方面，科研热点往往也是学术竞争最激烈的领域，往往需要研究者在更短的时间内完成研究并发表成果，对团队的科研创新能力提出了更高的要求；另一方面，有些研究方向可能会因为风向突变或产业变迁而失去市场前景，从而让研究成果得不到实际应用。因此，研究人员需要在关注研究热点的同时，也应对中药学学科所面临的关键科学问题积极思考，如中药药性、复方配伍规律的科学内涵等。科研选题应注重课题本身的学术价值，选择适合自己和感兴趣的研究方向，不应盲目追逐热点，鼓励瞄准学科的重大科学问题开展长期深入的探索，甘于坐冷板凳，培养十年磨一剑的科学精神。

思考题

（1）在中药药理研究中如何将传承与创新有机结合？

（2）以清肺排毒汤的研究为例，你如何理解科研选题的面向人民生命健康国家战略需求？

（3）在中药药理研究过程中如何应用假说驱动与假说产生的两种类型科学研究策略？

（李后开）

第三章
中药药效研究思路与方法

中药对机体的作用及作用机制因其成分繁多、体内过程复杂，导致其作用方式和作用特点有别于单一化合物。

中药作用方式主要有（图 3－1）：① 中药单体成分以原型方式吸收入血，直接作用于特定靶标；② 中药化学成分进入体内经机体或微生物代谢为活性代谢产物，后者再作用于特定靶标；③ 中药活性成分群作用于机体不同靶标并发生相加、协同或拮抗作用，从而发挥整体药理效应；④ 中药进入体内后，通过调控内源性物质间接地发挥药理作用；⑤ 中药通过调控肠道微生物，经由肠道微生物或其产生的代谢物发挥药理作用。中药药理作用特点有：① 中药的作用具有多效性与广泛性；② 中药的生物效应相对缓和；③ 中药的量效关系具有复杂和非线性特征；④ 中药的时效关系难以用时效曲线来表述。因此，中药药理研究具有一定的挑战性。

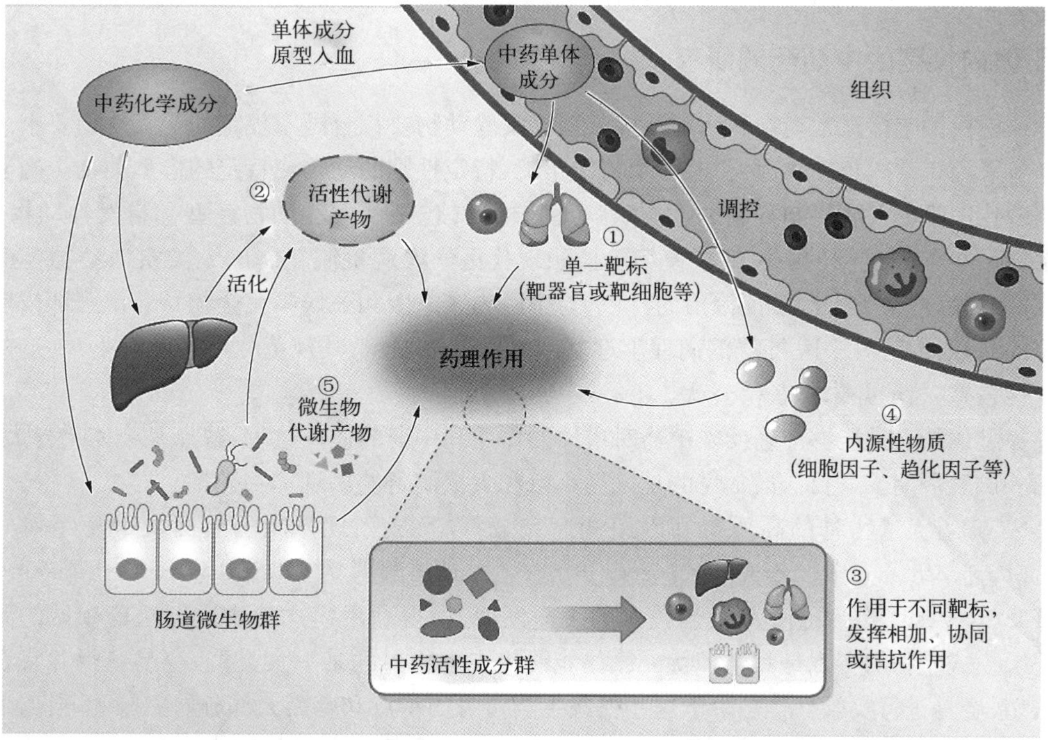

图 3－1 中药作用方式示意图

本章从整体到细胞及分子水平的中药药效研究方法、单味中药及中药复方的药效研究思维和路径（正向药理学和逆向药理学研究、中药复方研究的国际化路径）等方面进行阐述。并通过学习中药研究的基本方法，解析国内外顶尖团队在中药药理研究思路与方法的案例，培养研究生的研究思维从而达到“授人以鱼，不如授人以渔”的目的。

第一节　中药药效研究方法

中药药效研究是借助现代科学阐释中医药理论科学内涵的关键。生命科学、生物化学、生物物理学、计算生物学、材料学等多学科的快速发展，极大提高了中药药理工作者对中医药理论的科学认知，创新了中药药效研究的手段和方法，使中医药研究更好地回归临床并指导临床用药。但中药药理学还是一门年轻的学科，目前的研究成果还是冰山一角，利用现代科学手段研究中药的药理作用，更加科学合理地阐明中医药的基本理论、为构建现代医学和中医学融于一体的新医学作贡献。

中药药效研究主要是采用体内外实验或临床试验的方法来进行。相较于体外实验，体内实验比较接近临床状态，研究结果较为客观，但容易受到体内神经体液调节和各种复杂因素的干扰，因此体内实验往往还需要结合体外实验，包括离体器官、组织、细胞等，从不同层次和深度开展研究。需要注意的是，体外实验研究也存在局限性，如缺少机体内环境的调控，与临床状态相距甚远，易受到外环境因素干扰等。因此在开展中药药效研究时要权衡利弊，设计合理的实验研究方案，才能合理确证中药的药效。中药临床药效学研究是通过临床试验考察中药的疗效，一般涵盖在中药新药研发Ⅱ期和Ⅲ期临床试验中，很少单独进行药效研究；Ⅱ期临床试验是药物有效性和安全性的探索阶段，会初步评价药物对目标适应证患者的治疗作用和安全性，同时为Ⅲ期临床试验的研究设计和给药剂量方案提供依据；Ⅲ期临床试验是治疗作用的确证阶段，通过更大规模的人体临床试验全面评价药物的疗效和安全性，为药物获准上市提供足够依据。本章对中药临床药效研究不作专门介绍。

一、基于体内模型的中药药效研究

动物体内模型包括正常动物和病理动物模型。实验动物要符合国家规定的等级动物要求。正常动物模型一般采用正常成年动物，必要时可用特定年龄、特定性别的动物或特定的模型动物。病理动物模型是按照现代医学的发病机制复制的人类疾病动物模型（包括诱发性动物模型和自发性动物模型）和根据中医“证”的特点复制的中医证候模型。按照现代医学发病机制复制的人类疾病动物模型复制方法较为成熟可靠，但缺乏中医辨证论治的特色，与中医临床病因和证候不完全相符。中医证候模型符合中医理论的特点，但因为中医“证”的病理生理基础尚未完全揭示，其规范化研究相对不足，造模方法和模型重复性较差，目前并未能获得公认。

体内模型的特点是能够准确反映中药对机体的作用和中药的体内过程，缺点是个体差异大、用药量大、成本高、试验周期长。目前最常见的是采用小鼠和大鼠制备的病理动物模型。

近年来，随着大量物种的高质量基因组测序完成，以及成簇规律间隔短回文重复序列（clustered regularly interspaced short palindromic repeats，CRISPR）/Cas 核酸酶 9（CRISPR associated protein 9，Cas9）（简称 CRISPR/Cas9）、单细胞组学等新技术的飞速发展，使得利用模式生物进行医药领域的研究成为发展趋势。模式生物的特点是其生理特征往往能够代表生物界的某一大类群，容易获得并宜在实验室内饲养繁殖，容易进行实验操作。由于这些模式生物自身的特点和基因大部分研究较为透彻，通常被制作成基因工程动物，使用转基因、基因敲除等技术来模拟特定基因变化与疾病相关，如敲除或敲入关键基因以研究该基因在疾病中的功能。目前这些模式生物主要是用于药物筛选阶段，常见的模式生物有真菌中的酵母、原核生物中的大肠杆菌、低等无脊椎动物中的线虫、昆虫纲的果蝇、鱼纲的斑马鱼、哺乳纲的小鼠及植物中的拟南芥等。如人类对果蝇的遗传背景、基因定位与表型效应的认识远胜于其他实验动物，同时有较成熟的各种遗传分析方法，果蝇在过去百余年来的生物学研究中发挥了突出且不可替代的作用，通过对果蝇的系统研究，发现了现代遗传学的很多重要规律。斑马鱼具有个体小、养殖费用低、生命周期短、身体透明，以及易于基因操作等优势，是比较常用的一种模式生物。近年来，许多复杂的人类疾病，如癌症、糖尿病、感染、肥胖、心血管疾病等已通过斑马鱼成功建模。利用模式生物筛选具有用药量少、周期短、成本低、研究技术稳定、容易进行实验操作（特别是遗传操作及表型分析）、构建的多种疾病模型公认度高、体内分子过程明确、体内生理网络相对清晰、能充分模拟体内微环境的复杂性等突出优点，因此近年得以迅速推广应用。

二、基于体外模型的中药活性成分筛选

体外模型包括体外细胞模型和组织器官模型，其中组织器官模型包括离体组织器官、类器官、器官芯片等。近年随着微流控技术的发展，器官芯片在中药研究领域的探索性应用也受到越来越多的关注。

体外细胞模型可以用于筛选有明确作用靶标的中药有效成分，进而发现其构效关系，阐明作用机制。细胞模型具有药物用量少、成本低、速度快、适合高通量筛选的优点，可以在平行的条件下比较研究多种成分对同一分子的生物学作用。值得注意的是，体外细胞实验不能反映药物对机体的内环境和神经体液的调控作用，缺少药物体内代谢的过程，且靶标单一，容易出现假阳性或假阴性结果。对于作用靶标不明的有效部位或成分则会产生信息偏倚，结果可信度较低，还需要结合其他实验进行验证。

离体组织器官模型是将动物的特定器官或组织从体内取出，放入生理代用液中，根据实验目的和动物种属特点，采用通氧、恒温、灌流等措施模拟体内环境以维持组织器官正常活动，然后检测药物对其生理活动或病理变化的影响。

类器官是利用成体干细胞或多能干细胞进行体外三维培养而形成的具有一定空间结构的组织类似物，2013 年被《科学》（*Science*）杂志评为年度十大技术之一。三维培养的类器官包含多种细胞类型，突破了细胞间单纯的物理接触联系，形成了更加紧密的细胞间生物通信，细胞间相互影响、诱导、反馈，协作发育并形成具有功能的微型器官或组织，能更好地用于模拟器官组织的发生过程及生理病理状态，因而在基础研究及临床诊疗方面具有广阔的应用前景。

器官芯片，即微流控器官芯片，是采用微流控技术在体外构建器官的核心组织结构，精准模仿器官周边细胞、分子和力学因素在内的微环境，是一种在芯片上构建的器官生理微系统。除了研究药理作用外，还可以研究药物代谢、器官之间的相互作用等。美国国立卫生研究院、美国食品药品监督管理局和美国国防部 2011 年牵头推出“微生理系统”计划，把器官芯片技术的开发和应用上升到国家战略层面。2022 年，美国食品药品监督管理局批准了第一个基于器官芯片研究获得临床前数据进入临床试验的新药。

组织器官模型能更好地模拟体内环境，但用药量比较大且稳定性一般。目前处于该研究最前列的是将器官芯片技术与类器官相整合而形成的类器官芯片技术。两种技术相结合产生的类器官芯片，取长补短，互相补充，使其成为更有用且更具预测性的临床前实验模型。

体内研究模型和体外研究模型各有特点，因此，在寻找中药活性成分的研究时，应当在体内证实有确切疗效的前提下，根据体内研究模型的结果，采用体内和体外筛选模型相结合的方法，尽可能地选择多个不同模型进行研究。

中医药学强调“整体观”，重视宏观控制与调节，在进行中药药效研究时，应该以体内实验为主，必要时配合体外实验，互相补充。整体与局部，分析与综合相结合，是中药药效研究的主要研究方法。

三、基于分子生物学等手段的中药药效机制研究

在明确中药药效的基础上，可以通过多种分子生物学手段联合的方式进行分子机制研究，明确中药的作用机制。

分子生物学是在分子水平上研究核酸、蛋白质等生物大分子的结构与功能，将分子生物学手段与中

药研究相结合，有助于揭示中药发挥作用的机制。常用的分子生物学方法包括经典分子生物学技术、正向和反向遗传学研究法，以及各种组学（基因组学、转录组学、蛋白质组学、代谢组学等）手段。

1. 经典分子生物学技术　主要是采用多种分子生物学实验方法研究中药对特定基因或蛋白质的影响，常用方法包括蛋白质印迹法、聚合酶链式反应、免疫组织化学法、免疫荧光法、流式细胞术、酶联免疫吸附试验、免疫共沉淀法、凝胶扩散试验、下拉试验等，这些实验方法已经在中药药效研究中得到了广泛应用。随着生物物理学、化学生物学的迅猛发展，光声成像技术、荧光分子探针和生物发光成像等各种成像手段逐渐在生物医学领域大放异彩，生命科学研究日渐进入动态、可视化时代。这些现代科技手段也被越来越多地应用于中药药效机制研究。

2. 正向和反向遗传学研究法　正向遗传学是从表型变化研究基因变化，反向遗传学则是从基因变化研究表型变化。中药药效正向遗传学研究法是用中药干预自发突变、人工诱变或转移 DNA 插入突变产生的疾病模型动物、组织或细胞，探索中药干预疾病模型动物、组织或细胞的基因或蛋白质改变，寻找潜在的作用靶标及分子机制。中药药效反向遗传学研究法则是利用已知的基因组序列信息，通过分子生物学手段改变动物、组织或细胞中的特定基因或蛋白质的表达，结合中药干预观察动物、组织或细胞表型改变，考察中药对该蛋白质或基因及表型的影响，明确中药的作用靶标和分子机制。例如，黄芩素是中药黄芩中含量最高的一种黄酮类化合物，近年来不断证实黄芩素不但抗炎作用显著，而且也具有抗癌作用，但其具体机制不明。研究者首先利用 KrasG12D/p53flox/flox 原位肺癌小鼠模型确证了黄芩素对早期肺癌治疗的药效；通过多组学分析结合体内外实验，发现黄芩素逆转了癌变过程中组织内氧化磷酸化水平的下降与 DNA 传感途径的激活；进一步的机制研究发现黄芩素通过减少线粒体 DNA 的释放，并能直接与 DNA 受体环状 GMP－AMP 合酶（cyclic GMP－AMP synthase，cGAS）结合，诱导 cGAS 由液-液相分离向液-固相分离过渡，以阻碍 cGAS 的进一步激活，抑制 cGAS 介导的炎症对肿瘤发展的促进作用。该研究阐述了中药活性分子黄芩素有效抑制早期肺癌的疗效和作用机制，是一种经典的基于正向遗传学策略的天然产物药理机制研究案例。此外，采用逆向遗传学方法研究莪术醇的抗肿瘤机制。首先通过分子对接模拟和化学蛋白质组学分析，确认莪术醇能够与核仁素结合，核仁素是最丰富的非核糖体蛋白之一，其在癌细胞的增殖、血管生成、肿瘤侵袭和转移中发挥重要作用，抑制肿瘤细胞中的核仁素被认为是癌症治疗的潜在靶标；进一步通过敲低核仁素，发现可显著逆转莪术醇对人鼻咽癌细胞 CNE－2 的增殖抑制作用，表明莪术醇通过与核仁素结合，从而发挥抗癌作用。该研究为基于逆向遗传学的中药药理研究提供参考。

中药具有多成分、多靶标的特点，单一信号通路研究往往难以诠释中药“整体观”的治疗思想。近年来，组学技术的快速发展为解析中药对机体调节机制提供了强大支撑，以多组学驱动的系统生物学研究也带来了中药药理研究的新范式。以网络药理学联合多组学技术的四逆汤治疗脓毒症的机制研究为例。四逆汤具有缓解炎症、改善微循环、调节免疫状态的作用，但其潜在机制尚不清楚。研究首先通过加权基因共表达网络分析（weighted gene co-expression network analysis，WGCNA）发现 CX3CR1 是影响脓毒症预后的关键基因，再利用中药系统药理学数据库与分析平台（Traditional Chinese Medicine Systems Pharmacology Database and Analysis Platform，TCMSP）和 Cytoscape 软件构建四逆汤药物活性成分-靶标网络，然后通过 GEO 数据库发现四逆汤和 CX3CR1 高表达基因模块之间的共享靶标，最后对脓毒症患者进行无监督聚类，并使用免疫浸润分析工具 CIBERSORT、单细胞测序和细胞间通信分析来探索免疫细胞相互作用和机制，发现 CX3CR1 的高表达可提高脓毒症患者的生存率，并与免疫细胞信号通路有关，免疫细胞间的相互作用主要通过巨噬细胞迁移抑制因子、半乳糖凝集素和 IL－16 信号通路的旁分泌和自分泌机制发生，调节脓毒症中的免疫炎症微环境。最终确认四逆汤中活性成分槲皮素和山柰酚可靶向 HMOX1，通过相关信号通路调节血红素代谢，减轻炎症，抑制铁凋亡，改善免疫麻痹，从而改善脓毒症的预后。

3. *主流研究方法* 药物靶标是药物作用于人体最直接、初始和重要的生物学基础，是药物发挥治疗作用的源头。药物靶标的识别和功能研究对于阐明药物的作用机制具有重要意义。化学生物学常使用小分子作为工具解决生物学的问题或通过干扰/调节正常过程了解蛋白质的功能，化学生物学驱动的靶标发现已经成为中药靶标发现的重要方法。目前主流研究方法是利用化学手段在天然药物的结构中引入一个生物素标签，得到带有生物素标记的分子探针，利用分子探针与细胞或组织裂解液进行孵育，捕获靶标蛋白并进行高分辨质谱鉴定。例如，有学者针对中药野马追活性成分野马追内酯 B 构建了生物素标记的分子探针；再利用该探针从人类蛋白质组芯片上筛选到去泛素化酶 7（ubiquitin specific peptidase 7，USP7）为野马追内酯 B 的直接作用靶标；然后进行机制探索发现，野马追内酯 B 通过诱导 USP7 的泛素样结构域构象变化，导致 USP7 失活并促进下游 HO－1 及 NQO1 等相关蛋白的表达，发挥抗神经炎症作用。

随着生物学技术的快速发展，需要在中医药原创理论指导下，让传统医学借助于现代科学技术手段，整合多学科技术方法，推动中药作用机制的解析，不断促进中药药理学的发展。

第二节 单味中药药效研究路径与方法

由于中药复方成分和疗效机制复杂，使得中医药的现代化及推广存在困难。与复方中药相比，单味中药研究难度有所降低，因而很多中药研究从单味药切入。单味药药理作用的研究，需要结合药物的药效特点，选择合适的疾病模型、指标、效应评价指标体系和方法。

一、采用正向药理学基于传统中药功效开展单味药药效的研究策略

正向药理学是传统的药理研究模式，以药物的基本药理作用或药效学作用为基础，应用体内外等方法研究药物作用。传统中医药知识和临床实践非常丰富，从传统中药出发研究中药的药效作用是充分发挥这一优势的重要途径。因此，目前单味中药药效研究大部分是来源于传统中药。一般遵循以下研究路径。

（1）根据文献古籍调研，从民族/民间药物、临床名方/经验方中选择植物、矿物、动物，进行基源鉴定，样品收集后进行提取，或采用溶剂粗分成几个部位，得到粗提物。基于中药传统功效和临床经验的中药新药研发，遵循从临床到实验室再回到临床的规律，因而成功率高。

（2）根据拟开发药物的适应证，采用体外或体内的方法对提取物进行活性筛选，如果提取物有明显的活性，采用溶剂方法或色谱方法对粗提物进一步分离；对分离后的各个部分进行进一步地活性筛选，发现活性部位；采用色谱方法对活性部位进行化合物分离和结构鉴定；对分离的化合物进行活性筛选。在此筛选过程中，有时会发现某一部位活性很强，但进一步分离成单体化合物后活性没有提高，反而出现降低的现象，这可能是由于中药的各成分之间存在协同作用所致。这提示进一步纯化分离意义不大，取该部位开发新药可能更有前景，即有效部位新药。

（3）如果从中药中获得的某一单体化合物的活性很强，具有临床应用前景，就可将单体化合物研发成为新药，即有效成分新药。但在活性成分研究中，大部分情况是分离的化合物具有一定的活性，但活性不太强，或毒性很大，可进入结构改造程序，这类化合物称为活性先导化合物。

我国科研人员从中药青蒿中首先发现并成功提取的特效抗疟药青蒿素，就是遵循了这条新药研发的路径。该案例所处的时代背景与研发历程主要体现在以下几个方面。

1）抗疟药需求迫切：自第一次成功地人工合成奎宁后，科学家们对抗疟药不断改进，并形成了以奎宁等为代表的芳、杂环甲醇类，以氯喹等为代表的 4－氨基喹啉类，以及以阿莫地喹等为代表的杂环氨酚类抗疟药。这些抗疟药在人类防治疟疾方面起到了重要作用。但随着药物大量长期使用，疟原虫的

耐药性问题逐渐凸显出来。随着东南亚和撒哈拉沙漠以南非洲地区疟疾的再次暴发，人们对于新型抗疟药物的需求变得十分迫切。

2）药物筛选与提取：我国疟疾防治药物研究工作协作组研究人员在抗疟药物的开发和筛选过程中，初步选择了2 000多种草药（包括古代文学、民间传说和中医从业者的口头采访），其中640种被认为是可能有效的中草药，并从其中200多种草药（包括青蒿/青蒿提取物）中提取了380多种提取物进行测试，大多数结果都不能令人满意。1971年，青蒿的提取物引起了他们的特别关注，因为它产生了理想但不稳定的抑制率。这一发现促使他们对文献进行了修正，这可能是发现青蒿素过程中最重要的突破。屠呦呦注意到，我国东晋葛洪所著《肘后备急方》这一最早使用青蒿治疗疟疾的著作中记载："青蒿一握，以水二升渍，绞取汁，尽服之"，并未使用中医处方中常见的需煎煮加热的汤剂，因此提出了低温条件提取有效成分的想法。以低沸点溶剂乙醚冷浸法提取，得到青蒿乙醚中性提取物，并进一步提纯分离获得活性单体——青蒿素。随后的实验中，该物质对鼠类疟疾显示出了100%的惊人疗效，并且在猴疟疾实验中得到了重现，从而确认了青蒿提取物的有效性。

3）活性成分分离与改构：虽然已经取得突破性进展，但作为药物开发的征程还远未结束。1972年11月，屠呦呦所在的中药研究所团队从青蒿中分离出活性成分青蒿素。随后，研究团队与全国其他研究所合作，开展了一系列药物开发的基础工作。通过将其醇羟基醚化或酯化后，提高溶解度和药效，使其可供口服或注射给药，从而研发出蒿甲醚、青蒿琥酯、复方蒿甲醚等系列高效、低毒的抗疟新药，不仅有效解决当今疟疾治疗的耐药性问题，还为进一步设计合成新的抗疟药指明方向。

通过以上路径发现的新药还有川芎嗪、丹酚酸B、紫杉醇等。但是，需要指出的是，并非传统中药通过以上过程均可成为中药新药，因为在由传统中药演变成中药新药研究的过程中会遇到各种问题，如白藜芦醇作用靶标广泛，具有抗癌、抗氧化、诱导细胞凋亡等广泛的生物活性，但其半衰期短和生物利用度低，导致成药性低。因此，白藜芦醇面临的挑战是在确证其发挥生物活性的靶标及关联机制的同时，还需提高生物利用度。

虽然从中药中发现新药困难重重，但据统计，目前世界畅销的25种药品中，12种为天然产物或其衍生物。1981年至2019年9月间全球批准的小分子药物共计1 394个，其中天然产物及其衍生物占比33.6%。我国50年来研制的新药中，90%以上与天然产物有关。全世界有约35万种植物，而《中华本草》中收载8 980味中药，其中仅有约10%被研究过生物活性，进行过高通量筛选的更是微乎其微。因此，从有临床应用经验的中药中发现新药要比天然植物更有潜力，在未来相当长的时间内可能仍是产生新药的主要途径之一。

二、采用逆向药理学基于药物靶标开展中药有效成分药效研究

受研究技术所限，传统的药物发现是化学和药理学驱动的，随着生命科学技术的飞速发展，以药物靶标为基础的药物发现成了目前化学药物研制的重要路径，也可成为中药新药发现的新途径，其实质是从现象到本质去揭示疾病原理从而发现新药。逆向药理学就是从药物作用机制开始研究药物作用的特点和规律，高通量筛选的广泛开展促进了逆向药理学的发展。随着科技的发展，药物靶标的内涵从传统意义上的蛋白质已经扩展到包括核酸、蛋白质、多糖和脂类在内的多种类型的生物分子。以药物靶标为基础的中药新药发现过程（图3-2），具体包括以下几个主要步骤。

1. *选定药物作用靶标* 生物靶标的选定是以靶标为基础发现中药新药的关键。通过现代研究发现的一些新颖的重要的酶和受体等都有潜力成为研制具有独特作用机制的药物新靶标。

2. *虚拟筛选中药有效成分* 基于PDB数据库获取靶标分子的三维结构，利用中草药数据库TCMSP、TCMID、SymMap、YaTCM等获取中药化学成分信息，使用分子对接软件（AutoDock、Dock等）将

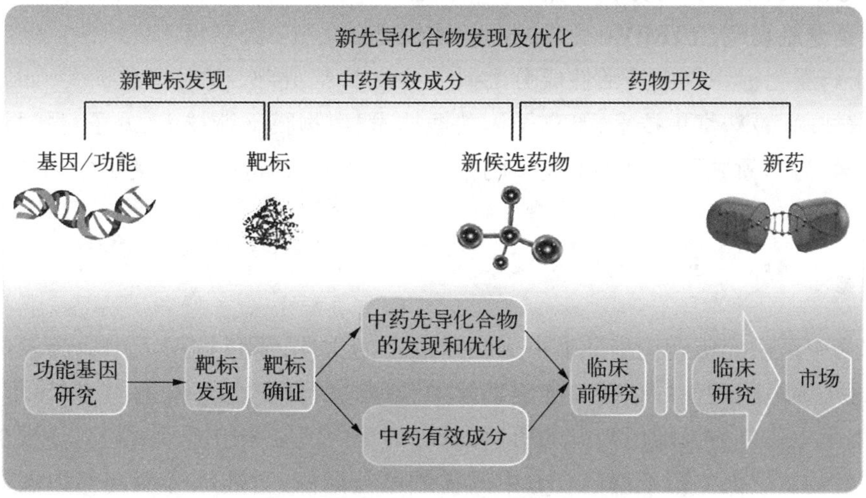

图 3-2　以药物靶标为基础的中药新药发现过程

数据库中的小分子逐一放在靶标分子的活性位点处，通过不断优化和寻找配体小分子与靶标大分子作用的最佳构象，并预测其结合模式、亲和力，从中遴选出既能选择性作用于靶标又具有药理活性的中药有效成分。

3. 体内外活性评价　建立分子、细胞或离体器官水平的生物模型进行体外活性评价，在体外筛选的基础上用动物的病理模型进行体内试验，从而确定中药有效成分作为候选药物或先导化合物。

4. 先导化合物结构与性质优化　先导化合物可能活性不强，化学结构不稳定，特异性不高，药代动力学性质不理想或毒性较大，不能直接作为新药来开发。可以将其作为新的结构类型和先导化合物，并通过计算机辅助进行优化设计，对结构进行修饰和改造，即先导化合物的优化，来改善化合物生物活性、完善构效关系，得到有价值的候选化合物。

5. 候选药物确证　从这些优化的化合物中选出候选药物进行临床前研究，再进行Ⅰ、Ⅱ、Ⅲ期临床研究，最终获得创新型中药新药。

对于以靶标为基础的中药研究，高通量筛选也并非必经之路。例如，中药龙血竭的研究所采用的逆向药理学模式就是基于中药研究的经验筛选。

（1）选定药物靶标：河豚毒素不敏感型（tetrodotoxin-resistant，TTX-R）钠通道在神经病理性疼痛和炎症介质所致的伤害性感受器致敏中扮演重要角色，瞬时受体电位香草醛亚家族 1（transient receptor potential vanilloid 1，TRPV1），也称辣椒素受体，已成为一个开发新型外周镇痛药物的靶标。

（2）筛选中药有效成分：中药龙血竭是百合科龙血树属植物剑叶龙血树含脂木材的醇提物，具有活血化瘀、消肿止痛、收敛止血等功效，近年来被广泛应用于临床，并在止血、镇痛方面取得了很好的疗效。应用膜片钳技术发现龙血竭对 TTX-R 钠电流的调制可能在其干预痛觉信息传入中占据了更重要的地位，为此对龙血竭的黄酮部位及其分离成分开展研究，最终确定了龙血竭调制 TTX-R 钠电流的有效部位是其黄酮部位，药效物质基础则是 3 种活性成分剑叶龙血素 A、剑叶龙血素 B 和龙血素 B 的组合，且 3 种成分之间存在协同作用。

（3）作用机制与物质基础探讨：为进一步研究这 3 种成分协同调制钠通道的机制，对其化学结构进行了分析。发现剑叶龙血素 B 和辣椒素具有共同特征基团，而辣椒素能够调制初级感觉神经元电压门控性钠通道，也能激活 TRPV1 受体。采用膜片钳技术发现，剑叶龙血素 A、剑叶龙血素 B、龙血素 B 均能够抑制 TRPV1 受体激活，且以龙血素 B 的效果为最优，但仍不及这 3 种成分组合的效果。研究人员推测与调控钠通道类似，3 种成分在调制 DRG 细胞 TRPV1 受体时可能也存在协同作用。因此，3 种成分的组合可能是龙血竭调控 TRPV1 受体的药效物质基础。

近年来，基于药物靶标识别中药活性成分的研究方法日趋成熟，应用日益扩大，如亲和超滤质谱技术、分子生物色谱技术、磁珠富集技术、等离子体共振技术、生物膜干涉技术、分子对接技术、药效团模型和机器学习等技术，为本领域研究提供了更多的技术手段和方法，进一步推动了中药药理研究。

第三节　中药复方药效研究思路与方法

中药复方作为中医药配伍理论指导下中医临床用药的主体，不仅占据了中成药及医院制剂的绝大多数，更深刻体现了中医药理论的精髓。准确理解中医理论的真实意蕴，把握其独特的治病思维方式和理论方法，深入揭示中药复方及配伍规律的科学内涵，对于中医临床组方具有极其重要的指导意义。这不仅有助于在药效物质层面上精准确定复方中药物的最佳配伍，更能够全面阐释中医药理论的科学价值，推动中医药理论的现代化进程。在此基础上，致力于研发质量可控、疗效显著的高效中药新药，这与习近平总书记在南阳考察调研时的重要讲话精神不谋而合，充分体现了对中医药研究的高度要求和殷切期望。以下选用具有代表性的中药复方研究成果，旨在介绍如何运用现代科学技术手段，深入研究中药复方对机体的作用机制及其规律，为中医药学科的发展提供有力的学术支持和实践指导。

一、饮片配伍过渡到组分配伍的研究思路与方法（以复方丹参方为例）

组分配伍是坚持中医药理论，以复杂性科学思想为指导，以临床有效的名优中药二次开发为切入点，遵循传统方剂的配伍理论与原则，在基本厘清方剂药效物质和作用机制的基础上，以组效关系为基础，优化设计，针对临床适应证，筛选有效的中药处方。如复方丹参方的研究实现了从饮片配伍到组分配伍，明确了药效物质与作用机制，阐明了组分配伍的君臣佐使关系，基本思路如下。

1. *遴选合适的中药小复方*　遴选基本原则是：① 临床疗效确切的常用经典方；② 组成复方的药味数量适中，涉及的药材品种比较明确；③ 防治常见病、多发病，且能体现中医用药特色。如复方丹参片由丹参、三七、冰片组成，治疗冠心病疗效确切。

2. *有效组分的提取分离*　中药有效组分的提取分离是中药有效组分配伍的基础。可采用提取手段从中药材或饮片中提取不同极性或不同类别化学成分群标准提取物，再利用色谱技术，将标准提取物精细分离得到所需标准组分。如复方丹参方建立了规范的提取方法，进行有效成分的指纹图谱识别和指标成分的定量分析，在主要药效学导向下，制定药材和方剂的质控标准。

3. *药效学指标的选择*　为更好地阐明复方的现代药理作用及其与主治、功效的相关性，在研究中应注意复方的临床主要疗效与实验药效学研究的评价指标相一致。如复方丹参方具有活血化瘀、理气止痛的功效，用于气滞血瘀所致的胸痹，临床治疗冠心病，疗效可用现代药理学的指标评价（抗心肌缺血、抗血栓、改善微循环等），并且能够在整体与细胞水平建立相应的评价模型。

4. *复方的药效物质基础与作用机制*　在活性导向下进行活性成分的分离筛选，将活性成分的主次按其作用性质与含量加以区分，使得方剂的药效物质基础、作用机制基本清楚。如明确丹参中的丹参素、丹酚酸 B 等丹参水溶性成分，丹参酮类丹参脂溶性成分，三七中的三七皂苷类成分等的化学结构，再利用心肌缺血、缺氧等整体动物模型，研究复方丹参方及各活性成分治疗冠心病的作用途径、主次靶标及其相关规律。同时对冰片在复方中的佐使作用进行研究、评价，揭示冰片的作用机制和靶标。

5. *组分配伍、配比的优化*　如何获得各有效组分在某种效应上的最佳组合，是研究组分配伍至关重要的一步。应针对临床适应证，对中药有效组分进行配伍、配比 2 个层次的优化设计，以筛选较优的配伍、配比。如复方丹参方研究采用模糊数学、AI、聚类分析等方法与传统的数理统计同步进行数据处理，明确丹参、三七全成分治疗冠心病的最佳比例范围在10/6～10/3，确定丹酚酸B和丹参酮ⅡA的2/8～8/2最佳比例范围，以实现从饮片配伍过渡到组分配伍，从而组建新方。

6. *组分中药的机制阐明*　复方丹参方中的丹参素、丹酚酸B等丹参水溶性成分主要作用是扩张冠状动脉，增加冠状动脉血流量，具有起效快的特点，立足于活血止痛，治标；三七皂苷类成分（人参皂苷Rg_1、人参皂苷Rb_1等）主要作用是启动内源性保护物质的释放，加强心肌缺血预适应，保护心肌，具有起效较慢的特点，立足于补益气血，治本；而丹参脂溶性成分主要是协同以上两类组分，改善心脏功能；冰片通过调节单胺类神经递质和血管活性物质含量，影响神经内分泌，调节机体的生理病理活动。该研究不仅说明了复方丹参方治疗冠心病的药效物质基础和作用机制，诠释了复方丹参方标本兼治的科学内涵，而且形成了从饮片配伍到组方配伍的示范性策略。

二、从药对出发探讨方剂整合调节作用（以六味地黄丸为例）

药对，是指临床上两味药组成的相对固定的配伍组合，是中药复方配伍的最小单位，也是复方的重要组成部分。了解药对的作用规律，不仅可以揭示复方作用的特点及其配伍的科学内涵，而且可为重组高效、安全的新复方提供科学依据。

1. *选择合适的方剂*　六味地黄丸由地黄、山萸、山药、牡丹皮、茯苓、泽泻组成，有滋阴补肾的功效。全方包含了多个配伍特色明显的药对：地黄-山萸（补肝益肾）、地黄-泽泻（一补一泻）、山药-山萸（肝脾并补，协同增效）、茯苓-泽泻（利水健脾）等。上述药对在方剂中出现频率较高，地黄、山萸、山药、牡丹皮、茯苓、泽泻六味中药的化学成分研究较为明确，便于物质基础及复方配伍规律的探讨。

2. *建立接近临床病理机制的动物模型*　作为滋阴补肾的常用方，六味地黄丸对2型糖尿病、骨质疏松、末梢神经病变、糖尿病肾病等均有疗效，体现了中医异病同治的思想。链脲佐菌素（streptozotocin，STZ）诱导的糖尿病模型方法简单，然而并不能模拟2型糖尿病的肥胖、高血糖、脂代谢紊乱等症状，而KK－Ay小鼠由*Ay*基因突变+环境因素影响引起小鼠代谢紊乱，出现肥胖、高血糖、脂代谢紊乱、高胰岛素血症等代谢综合征而诱发糖尿病，与人类2型糖尿病的表现极其相似，其后期的高肾脏糖蛋白、肾小球系膜细胞增殖和细胞外基质积聚会进一步恶化形成糖尿病肾病。利用该模型可以更好地探究药物对2型糖尿病及其肾脏并发症的作用。

3. *药对配伍规律研究*　生地黄-山茱萸药对及其有效成分梓醇-马钱苷可改善非酶糖基化终末产物过表达后糖尿病肾病小鼠一般症状，改善肾脏固有细胞受损，也能抑制肾脏巨噬细胞的炎性浸润，下调炎症因子IL－6及趋化因子MCP－1等的分泌，下调M1型巨噬细胞极化标记蛋白iNOS及CD16/32的表达，上调M2型巨噬细胞极化标记蛋白Arg－1及CD206的表达，且生地黄-山茱萸药对组及梓醇-马钱苷配伍组作用最佳。体外实验结果表明，生地黄-山茱萸及梓醇-马钱苷可改善AGE刺激巨噬细胞介导的肾固有细胞损伤标志物蛋白的表达。进一步探索发现，生地黄-山茱萸及梓醇-马钱苷可调控肾固有细胞RAGE/RhoA/ROCK信号通路，抑制巨噬细胞向肾固有细胞的迁移和M1/M2型巨噬细胞表型极化失衡。同时，也能通过调控巨噬细胞RAGE/RhoA/ROCK信号通路，进一步抑制M1型巨噬细胞活化及炎症因子的分泌，改善肾脏固有细胞的损伤，且生地黄-山茱萸药对组及梓醇-马钱苷配伍组效果最优，能更好地发挥中医药"滋阴清热，补益肝肾"的作用。

三、从系列化合物出发探讨方剂整合调节作用（以桂枝汤苯丙烯类化合物为例）

系列化合物即具有共同母核结构而功能团有某些差异的一类化合物，如人参皂苷、大黄蒽醌类。中药（方剂）中的化学成分常以系列化合物形式存在。这种在结构上略有差异的各成分在活性或其活性程度上常呈现差异，甚至相左，它们对体内某一"级联反应"的一些节点或呈拮抗或呈协同，并具结构特异性，其终末效应为该类成分的“整合”调节作用。以桂枝汤的苯丙烯类化合物研究为例，基本研究思路如下。

1. 系列化合物的选择　选取桂枝汤解热活性部位 A 中主要活性成分苯丙烯类化合物作为工具系列化合物，包括桂皮醛、桂皮醇、桂皮酸、邻甲氧基桂皮醛、邻甲氧基桂皮醇、邻甲氧基桂皮酸(图 3－3)。

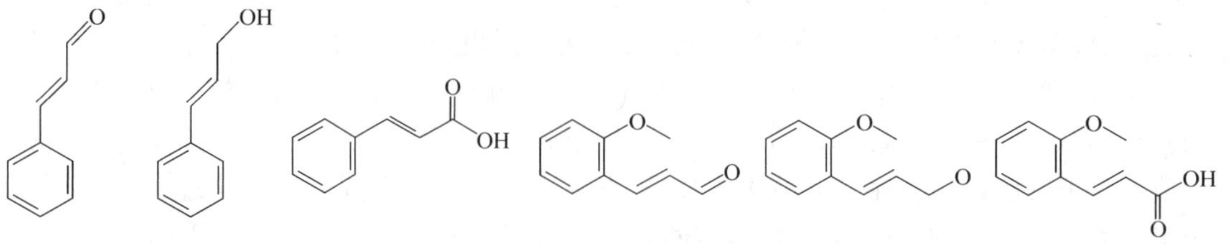

桂皮醛　桂皮醇　桂皮酸　邻甲氧基桂皮醛　邻甲氧基桂皮醇　邻甲氧基桂皮酸

图 3－3　苯丙烯类化合物的基本结构

2. 效应指标　选择 PGE_2 的释放作为苯丙烯类化合物解热的终末效应。

3. 筛选模型　选择以 IL－脑血管内皮细胞组成体外反应体系，考察苯丙烯系列类似化合物对 PGE_2 系列代谢酶的影响，并按它们的自然比例组方，比较对脑血管内皮细胞分泌 PGE_2 的影响。

研究发现在活性部位 A 含量较高的 6 个化合物中，以桂皮醛、邻甲氧基桂皮醛、桂皮醇作用最强，邻甲氧基桂皮醇、桂皮酸作用次之，邻甲氧基桂皮酸未显示作用；若将该 6 个化合物按它们在活性部位 A 中的比例混合，混合物对 PGE_2 释放的抑制作用还略强于桂皮醛，呈现协同效果。进一步分析上述 6 个化合物对细胞内合成及分解 PGE_2 相关酶类的影响，发现不同化合物对酶的作用不同。如桂皮醛主要抑制胞质型磷脂酶 A_2(cytosolic phospholipase A_2，$cPLA_2$)和 COX－2 的活性，邻甲氧基桂皮醛主要抑制 $cPLA_2$ 活性，而桂皮醇主要抑制 p38MAPK 活性和 COX－2 的基因转录，桂皮醛、邻甲氧基桂皮醛、桂皮醇、邻甲氧基桂皮醇、桂皮酸及邻甲氧基桂皮酸均能够抑制内皮细胞 15－羟基前列腺素脱氢酶(15－hydroxyprostaglandin dehydrogenase，15－PGDH)的活性。如将它们按上述比例混合，可抑制 COX－2 活性和基因转录，表现出协同作用。此外，桂皮醛、邻甲氧基桂皮醛、桂皮醇分别对不同亚型的分泌型磷脂酶 A_2(secretory phospholipase A_2，$sPLA_2$)mRNA 的表达有较强的抑制作用。整体动物实验发现，若改变这 6 个化合物的混合比例，对动物的解热作用将有所减弱，这与体外试验结果一致。上述试验通过对系列化合物的研究，很好地阐释了桂枝汤中活性部位 A 中各活性成分对体温的整合调节作用(图 3－4)。

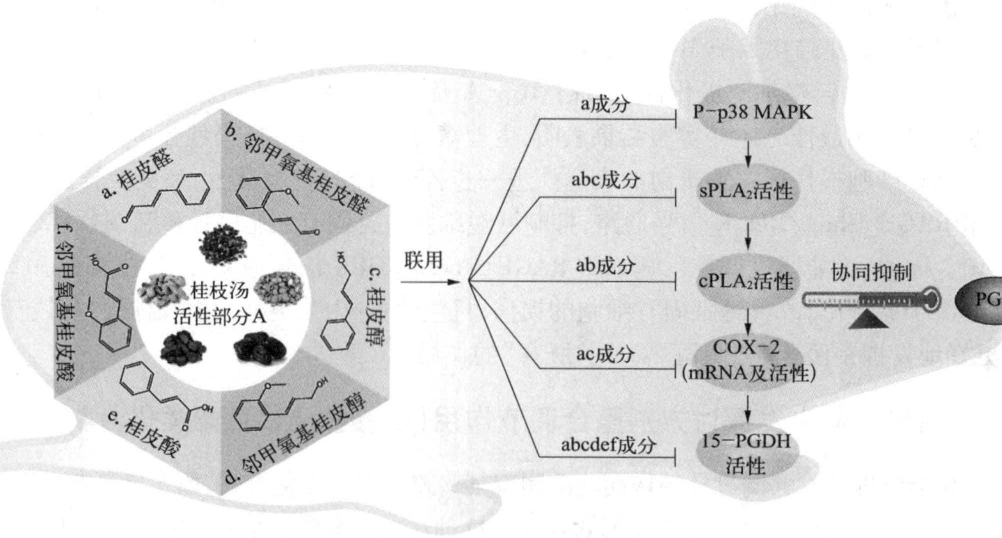

图 3－4　桂枝汤中活性部位 A 中苯丙烯类化合物对体温的整合调节作用

系列化合物仍是活性成分群，其协同、拮抗的整合调节作用体现了中药复方作用的特色，为中药复方研究提供了有益的探索和尝试。

四、在细胞分子水平探讨中药复方的“君臣佐使”配伍关系（以复方黄黛片为例）

在细胞分子水平研究中药复方的配伍规律，可以更深入地了解中药复方组分之间的相互作用，有助于阐释复方“君臣佐使”的配伍关系，提高对中药复方使用的疗效和安全性的认识。在全球化背景下，中医药走向国际已成为必然趋势，在细胞分子水平探究中药复方的“君臣佐使”配伍关系，可以有效地反映中药复方的药效机制，对于中医药走向世界、得到国际认可具有重要意义。

如何从细胞分子水平证明中药复方“君臣佐使”配伍原则的合理性，一直是中药药理研究的热点与难点。以复方黄黛片治疗急性早幼粒细胞性白血病的配伍机制阐释为例，基本思路如下。

1. *选择组方简单、疗效明确、活性成分清楚的小复方*　如复方黄黛片是由青黛、雄黄、太子参及丹参组成，且已知雄黄的主要成分是四硫化四砷、青黛的有效成分是靛玉红、丹参的有效成分是丹参酮ⅡA。多中心临床研究已经证实了复方黄黛片治疗急性早幼粒细胞白血病的确切疗效。

2. *建立与人类疾病相似的动物、细胞模型*　要从分子水平阐明复方黄黛片治疗急性早幼粒细胞白血病多环节、多靶标作用的分子机制，并将该复方中“君臣佐使”的配伍原则用现代分子医学的方法来阐释，构建接近临床的早幼粒细胞白血病动物模型及适合的体外细胞模型是研究的关键步骤。此处构建了早幼粒细胞白血病-维A酸受体α癌蛋白阳性的白血病细胞制备的动物模型；采用了人急性早幼粒细胞白血病细胞系（NB_4）、对全反式维A酸耐药的NB_4-R_2白血病细胞系和新鲜的人源白血病细胞。

3. *明确急性早幼粒细胞白血病发生的分子机制、信号转导*　调控网络及治疗靶标的发现，是从分子水平阐明该复方君臣佐使关系的前提条件。急性早幼粒细胞白血病的发生主要由早幼粒细胞白血病蛋白与视黄酸受体α（*PML－RARα*）基因融合形成的PML－RARα融合蛋白引发，此蛋白质改变了细胞的正常信号传导和基因转录调控机制，阻碍了维A酸受体信号通路的正常功能，进而促使白血病细胞无法分化成正常成熟的粒细胞。因此，目前针对治疗靶标主要涉及两方面：一方面是如何促进PML－RARα融合蛋白的降解和恢复维A酸受体信号通路功能，促使白血病细胞分化为成熟细胞；另一方面是如何促进PML－RARα融合蛋白的异位聚集和诱导细胞凋亡来有效治疗急性早幼粒细胞白血病。

4. *多学科交叉方法的结合应用是揭示中药复方药效机制的关键*　在复方黄黛片的研究中，采用原子吸收光谱技术测定四硫化四砷在细胞内的浓度，并通过RNA干扰技术抑制细胞膜上转运四硫化四砷的水甘油通道蛋白基因的表达等，为阐释复方黄黛片发挥药效的分子机制提供了方法学保障。研究结果显示，四硫化四砷是本方的君药，直接作用于癌蛋白，通过诱导其降解，从根本上逆转癌细胞的增殖，诱导其分化成熟。丹参酮和靛玉红作为辅助成分，主要通过促进癌蛋白的泛素化并加快其降解，进一步诱导白血病细胞分化成熟，抑制癌细胞的细胞周期及分裂增殖来发挥作用。动物实验结果还表明，使用青黛后，雄黄的毒副作用大幅降低，体现出典型的臣药和佐药的配伍减毒功效；丹参酮和靛玉红通过增加运输四硫化四砷的通道蛋白数量，显著升高进入白血病细胞的四硫化四砷浓度，从而提高疗效，两者均发挥了配伍增效作用。复方黄黛片通过各组分的联合应用，产生大于3个组分相加的协同效应。该研究从分子生物学和生物化学角度，揭示了复方黄黛片治疗急性早幼粒细胞白血病的分子机制（图3－5）。

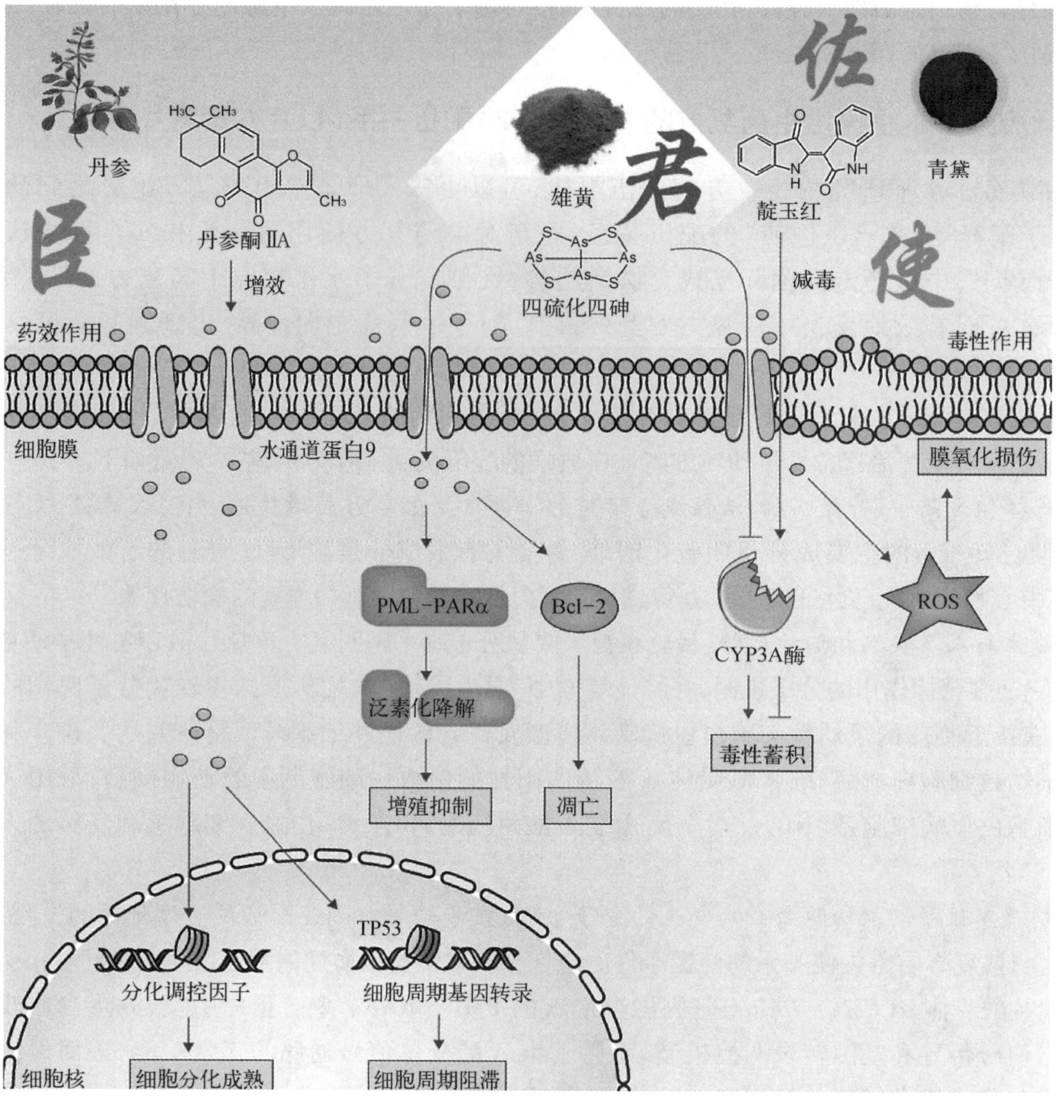

图 3-5 复方黄黛片的“君臣佐使”治疗急性早幼粒细胞性白血病分子机制

五、中药经典名方的研究思路与方法（以麝香保心丸二次开发为例）

经典名方是中药新药研发的重要途径。随着近年来对经典名方的研究日趋深入，源于经典名方的中药新药（包括新剂型、新用途、新品种）不断涌现，使得经典名方的临床应用日益广泛，如源于六味地黄汤、桂枝茯苓丸、生脉散、玉屏风散、藿香正气散等经典名方开发的中成药，六味地黄丸、桂枝茯苓丸或胶囊、生脉饮与生脉注射液、玉屏风颗粒、藿香正气丸与藿香正气口服液已发展为中药大品种。

2023 年国家药品监督管理局发布的《中药注册管理专门规定》中关于经典名方简化注册规定、符合要求的该类中药复方制剂的研制不需要开展非临床有效性研究和临床试验。国家药品监督管理局还制定《古代经典名方目录》并予以公布。这是对经典名方制剂开发，传承中医药经典的政策机遇，对已上市品种进行深入二次开发亦将是传承经典名方的重要途径。

以经典名方苏合香丸改良制成的麝香保心丸的二次开发为例。

1. 选择已上市经典名方　麝香保心丸是由宋代《太平惠民和剂局方》中的名方苏合香丸改良而来，目前在中国被广泛应用于冠心病的治疗。

2. 寻找药效物质基础　采用现代分离技术如气相和液相色谱结合质谱技术解析麝香保心丸中的化学成分，发现麝香保心丸中的70个非挥发性成分和40个挥发性成分，又采用血清药物化学的手段确认了22个原型入血成分和8个代谢产物可能为麝香保心丸的药效物质，从而建立了麝香保心丸的化学指纹图谱。化学成分的分析有利于从药材到产品批次间的稳定性控制，为中药复方制剂临床有效性和安全性提供了重要保障。

3. 解析作用机制　利用代谢组学方法揭示了麝香保心丸对心肌梗死代谢相关通路有明显调节作用，体现了中药复方多成分、多靶标、多途径的协同作用机制；基因组学研究从基因水平揭示麝香保心丸干预心肌缺血的分子机制，并调节了14个主要与心肌能量代谢相关的基因表达，表明麝香保心丸干预可以为急性心肌梗死患者提供保护作用。另外，网络药理学分析发现麝香保心丸的药效物质对冠心病的治疗作用并非全部直接作用于疾病基因，而可能是通过网络调控的方式对机体发挥作用。

已上市品种的深度研究及二次开发可着重于细化工艺、提升标准、明确临床定位、扩展适应证、上市再评价及作用机制等方面的研究，从而提升市场竞争力。围绕大品种培育需求，通过已上市经典名方的二次开发，将有力推动中药产业技术升级换代，使中药大品种不断涌现。

第四节　中药药效物质基础与药理作用关联分析的研究思路与方法

因中药成分繁多、体内过程复杂，且药物成分含量低等特点，给中药药效物质基础研究带来了极大的困难和挑战。当前中药药效物质基础研究的一般思路为有效成分的提取分离、结构解析，再结合药理模型对纯化组分进行药效验证。然而，中药药效并非一定来自单一活性化学成分，该研究思路缺乏体现中药多成分、多靶标的整体观念，忽视了中药多种活性成分间的相互作用，对中药有效成分的认识存在局限性。因此，如何构建中药整体药效物质基础与药理作用合理关联的分析思路，是当前值得探讨的问题。为了更好地探究中药复杂成分与药效的关系，2002年我国首次提出中药谱效关系概念，它是在建立中药指纹图谱的基础上，将指纹图谱的化学信息与药理模型的药效信息有机结合，从而阐明中药发挥药效的潜在药效物质基础。

一、谱效关联研究思路与方法

谱效关联研究思路主要分为以下几步：首先，使用高效液相色谱（high performance liquid chromatography，HPLC）、超高效液相色谱（ultra-high performance liquid chromatography，UPLC）、气相色谱-质谱（gas chromatography-mass spectrometry，GC－MS）、液相色谱-串级质谱（liquid chromatography-tandem mass spectrometry，LC－MS/MS）等现代分析技术获得中药的化学指纹图谱，从而表征其化学信息；其次，选用细胞、组织、动物整体等药理模型结合多种药效指标对中药的体内外药效进行评价，获得能够反映中药药效的信息；最后，结合生物信息学技术将获得的“谱”与“效”的信息进行整合，筛选出相应特征峰并明确其化学结构，结合药理模型验证谱效关系的合理性，从而进一步明确中药复杂成分发挥药效的潜在药效物质基础。

谱效关联研究分为以下几个步骤。

1. 化学指纹图谱的获取　当前，指纹图谱的获取多以HPLC、UPLC、GC－MS、LC－MS/MS等色谱-质谱联用技术为手段。由于中药成分繁多，各类药效成分之间的理化性质差异较大，运用单一分离分析技术获得的指纹图谱往往无法全面表征中药化学成分信息。多维指纹图谱，即使用不同仪器分析方法

(检测器)来获取样品化学信息，通过综合多种仪器分析方法，建立信源不同、信息互补的多张指纹图谱，以便完整地表征复杂物质体系的整体化学特征。此外，中药进入人体后的体内过程十分复杂，其自身成分、代谢物等相互作用增加了中药药效物质基础解析的难度。中药血清指纹图谱是对吸收入血的中药成分及其代谢产物进行全面表征，结合血清药理学的药效实验，有助于筛选和确定中药发挥药效的关键活性成分。如将防己黄芪汤血清指纹图谱与改善肾功能药效进行关联分析，提示粉防己碱- M_2、甘草利酮- M_1、甘草酸、粉防己 F - M_2、甘草查尔酮 B - M_3、粉防己碱、*N* -甲基喹啉粉防己碱、粉防己碱- M_3、粉防己碱- M_4、防己诺林碱、筒箭毒次碱可能是防己黄芪汤发挥改善肾功能作用的主要物质基础。

2. *药效检测* 在中药谱效关系研究上，提出将符合中药治疗疾病多靶标、多环节作用特点的“多指标药效”纳入谱效关系学研究中，探讨各化学成分针对不同药效靶标所发挥的作用，从而综合分析中药治疗疾病的物质基础。此外，中医方证代谢组学提出基于代谢组学技术发现证候生物标志物，并关联动物证候模型，将外源性中药活性成分与内源性证候生物标志物进行关联分析，探讨中药药效的物质基础及协同机制，也为中药药效物质基础研究提出了新的策略。

3. *中药谱效关系的统计分析* 中药谱效关系的研究核心是“谱”和“效”信息的有机结合，需要采用合适的数据处理方法来建立关联。目前常用的方法有双变量相关性分析(bivariate correlation analysis，BCA)、典型相关分析(canonical correlation analysis，CCA)、灰色关联度分析(grey correlation analysis，GCA)、多元回归分析(multiple regression analysis，MLA)、偏最小二乘回归分析(partial least squares regression analysis，PLSR)、主成分分析(principal component analysis，PCA)、聚类分析、神经网络分析等。以上方法均各有优劣，实际研究中常将多种方法联用。

二、利用网络药理学方法预测药效物质基础

网络药理学是集合了高通量数据整合、数据库检索、数据挖掘、靶标预测及模拟实验室等多种研究手段，从系统的角度阐释中药成分靶标间的相互联系和作用。网络药理学能够整体地分析中药复方多成分的作用特点，也能独立呈现某种特定疾病相关的“活性成分—靶标—通路”，其系统性、整体性的特点与中医药整体观的原则相吻合，对于推动中药复方药效物质基础与复杂作用机制解析具有独特价值。网络药理学具体研究方法见第五章中药药理与系统生物学研究。

虽然网络药理学可以弥补中药研究中单靶标、缺乏整体性的缺陷，但在实际运用中仍面临着一些挑战：① 网络药理学是以数据库与分析软件为基础，但由于目前的技术水平，数据库还不太完善，所提供的数据及分析结果可靠性有待进一步验证，筛选成分的标准还有待优化，如目前大多研究是以口服生物利用度值(oral bioavailability，OB)≥30%，类药性(drug - likeness，DL)≥0.18 作为筛选成分的标准，但该标准的科学性尚待确认。② 采用网络药理学针对疾病筛选出的活性成分并非中药材现行标准中的主要质控成分或药材中含量较高的成分。如何评价与处理这种差异有待进一步讨论。③ 药物发挥疗效是以药效物质为基础，药效物质必须要达到一定的剂量或浓度才能起效，而目前网络药理学研究如果不采用动物或细胞实验进行药效验证，其研究结果的准确性值得商榷。④ 现有的实验表明，通过网络药理学筛选得到的部分成分在原药材或原复方中含量较低，这些成分能否作为中药复方的主要药效成分，并在中药的临床应用中具有价值尚不清楚。

目前的中药网络药理学的趋势是将实验验证纳入研究范畴，即将网络药理学的研究流程分为数据收集→网络分析→实验验证，这种将干法分析和湿法研究相结合的策略提高了网络药理学研究结果的可靠性。

思考题

(1) 拟临床疾病模型的建立思路与方法是什么?

(2) 利用模型生物开展药效学研究有何利弊?

(3) AI可以在中药药效研究的哪些方面得到运用?

（陆　茵　王爱云）

第四章
中药药代动力学研究

中药药代动力学研究是近二十年兴起的中药药理学分支，主要研究中药复杂成分在生物体内吸收、分布、代谢和排泄等动态变化规律的一门学科。中药药代动力学研究的重要任务是阐明中药药效物质基础、作用特点和组方机制等方面，是阐明中药作用机制与毒性机制必不可少的环节。然而，由于中药具有多成分、多途径、多靶标的作用特点，且大多中药成分在体内吸收差、生物利用度低、代谢途径复杂，使得中药药代动力学的研究成为制约中药领域发展的瓶颈。近年来，随着新理论、新方法和新技术的不断涌现，尤其是高分辨生物质谱的发展，中药药代动力学的研究得到了快速发展。

目前，中药药代动力学常用的研究方法主要包括"生物效应法"和"有效成分法"等。其中，生物效应法（药理效应法、药物累积法、微生物效应法等）可反映药物的整体作用，但所得参数具有一定的片面性。有效成分已明确的中药药代动力学研究方法与西药类似，但尚有许多中药及其复方因有效成分的化学结构不明，有效成分法很难选择合适的指标性成分。按生物效应法，结合对其中指标成分或有效成分按血药浓度法同时进行药动学研究，则可以避免动物体质、种属、环境等因素对实验结果的干扰，有利于中药体内过程的正确判断和客观分析。

因为中药成分的复杂性、体内难吸收、有效成分的不确定性及其代谢多样性，导致中药药代动力学的研究结果不易被重复。既往中药药代动力学的研究通常建立在中药指纹图谱库的基础上，探索药物吸收入血后相应指纹图谱的变化，并将中药的药代动力学研究与中医理论研究相结合，在体内外模型上考察主要成分的药代动力学特征，从而揭示中药在不同证候时的体内过程（图4-1）。

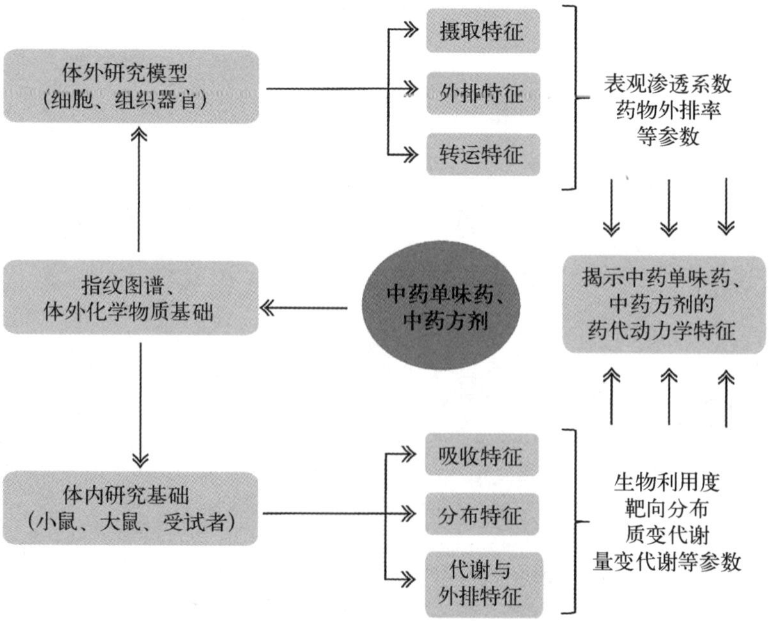

图4-1　中药药代动力学研究内容与方法

第一节 中药的吸收

中药给药后经由用药部位吸收入血，再分布到作用部位对机体产生生物学效应，中药从用药部位进入血液循环的过程称为中药的吸收。中药常见的剂型如汤剂、散剂、丸剂、丹剂等大多通过血管外途径给药，且口服是最常用的给药途径，其吸收过程及其生物利用度研究可以有效地揭示有效成分与作用机制。中药复杂组分吸收的研究内容主要包括有效成分的生物利用度、摄取能力、吸收速度、吸收机制及其影响吸收的因素等。

一、中药吸收研究的内容

（一）吸收速度

吸收速度可以通过中药各组分的血药浓度-时间曲线（以下简称“药时曲线”）来反映，吸收速度快的成分往往达峰时间（peak time，T_{max}）短，且峰浓度（peak concentration，C_{max}）高；吸收速度慢的药物则正好与之相反。因此，药物在体内的 C_{max} 和 T_{max} 是反映药物吸收速度的两个最直观的指标和参数。

（二）吸收程度

吸收程度则可以通过药时曲线下面积（area under the drug concentration time curve，AUC）来反映，AUC 越大表明药物的吸收越好，因此，AUC 是评价药物吸收程度的一个主要的重要指标和参数。

（三）吸收机制

对于口服中药，可采用体外吸收模型（如 Caco－2 细胞模型）及在体或离体组织吸收模型（如离体肠外翻模型、Ussing Chamber 模型及在体或离体肠灌流模型）研究药物吸收特性和机制。目前 Caco－2 细胞模型已经被广泛地用于体外吸收的研究，以研究药物吸收机制及影响吸收的因素，从而了解药物的吸收特点及其影响因素。

二、中药吸收研究的策略

近年来针对中药吸收的研究提出了诸多针对体内过程研究的新技术与新策略，如“中药药代标志物”“中药多组分整合药代动力学研究”“相对暴露法”等。

（一）“稀释比标准曲线法”结合“相对暴露法”

中药成分复杂、组分间含量差异大且标准品严重缺乏，是中药药代动力学研究中的瓶颈性问题。中药材或制剂中组分复杂且各组分间浓度差异大，当需要对这些组分同时进行定量分析时，很难配制满足需要的标准曲线，更无法对检测方法的线性范围、精密度等进行考察。“稀释比标准曲线法”是采用中药材作为“标准品”，在生物基质中配制系列浓度梯度的样品，再以药材的浓度为横坐标，以峰面积为纵坐标，绘制各组分的标准曲线，用于计算各组分的相对浓度，根据各组分的相对浓度计算出其半衰期、清除率、相对生物利用度，该方法被定义为“相对暴露法”。基于“稀释比标准曲线法”结合“相对暴露法”的中药吸收的研究流程如图 4－2 所示。

“稀释比标准曲线法”结合“相对暴露法”在中药吸收研究中具备以下优点：① 可有效地降低复杂组分间浓度差异大而带来的分析上的难度；② 不需要对照品就能达到复杂组分定量的目的；③ 可有效地反映各组分在大鼠体内的相对暴露程度，为中药的吸收研究提供一种简单可行的策略。例如，将五味子木脂素提取物（schisandra lignans extract，SLE）以甲醇逐级倍比稀释成浓度为 1.0～2 000.0 μg/mL 的液体，然后分别取 10 μL 加入 100 μL 空白大鼠血浆中，以制备 SLE 的标准曲线。在对大鼠灌胃给予

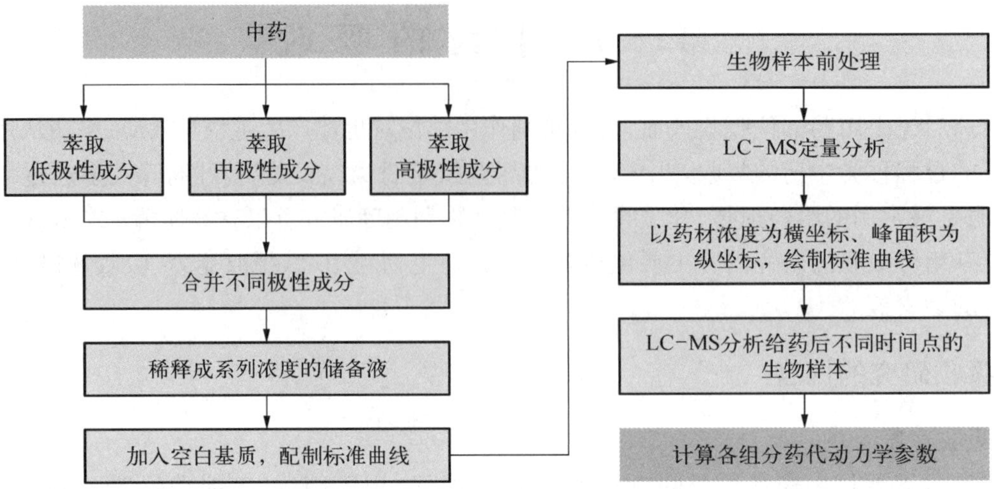

图 4-2　基于“稀释比标准曲线法”结合“相对暴露法”的中药吸收的研究流程

500 mg/kg 的 SLE 后，采用 LC-MS 测定大鼠血浆中各五味子木脂素的峰面积，以各峰面积与血浆中 SLE 的浓度作线性回归，然后以“稀释比标准曲线法”计算各五味子木脂素相对于 SLE 的浓度，最后得出 SLE 中各木脂素成分的药代动力学参数，并结合“相对暴露法”计算出各组分的相对生物利用度。

（二）中药多组分整合研究策略

中药在体内具有多组分、多靶标、弱效应、弱结合的作用特点，通过单一成分或少数几个成分的药代动力学特征来阐明中药方剂的体内过程具有很大的局限性，亟待建立能比较全面反映中药整体药代动力学特征、符合中医药规律与特点的中药药代动力学研究体系。“中药多组分整合药代动力学”研究的思路是，采用 AUC 作为计算各成分药代动力学权重的参数，将各成分进行整合，获得能够最大限度表征复方整体行为的药代动力学参数。例如，将“中药多组分整合药代动力学研究”策略应用于血塞通注射液中三七总皂苷多效应成分整合药代动力学研究，通过测定大鼠血浆中三七皂苷 R_1、人参皂苷 Rg_1、人参皂苷 Rd、人参皂苷 Re、人参皂苷 Rb_1 的浓度，计算各皂苷的药代动力学参数，利用 AUC 百分率作为各成分的百分系数，将各成分血药浓度整合为整体的血药浓度，估算总皂苷的药代动力学参数。

（三）基于药代动力学标志物的研究策略

中药质量标志物是为控制中药产品质量提出的新概念，是存在于中药材和中药产品中固有的或加工制备过程中形成的、与中药的功能属性密切相关的化学物质，作为反映中药安全性和有效性的标志性物质进行质量控制。中药质量标志物的确定原则主要包括：① 与功效有关的化学物质，具有生物学特异性；② 由标准方法制备样品得到；③ 在药材、饮片或提取物的质量标志物基础上确定制剂的质量标志物；④ 应遵循组方配伍，以君药为主，臣、佐、使药兼顾的原则。近年来，又有学者提出药代动力学标志物的概念，其需要满足以下条件：① 与药效相关的原型成分或代谢物；② 可以被现有分析方法检测出且浓度随时间变化；③ 如果有效成分不确定，药物中的主要成分（代谢物）也可以作为药代动力学标志物。

以三七皂苷为例，人参皂苷 Rb_1、人参皂苷 Rg_1 和人参皂苷 R_1 为三七总皂苷中主要皂苷单体成分，其含量分别为 47%、31% 和 10%，各单体进行脑保护作用研究发现人参皂苷 Rb_1、人参皂苷 Rg_1 和人参皂苷 R_1 均具有一定程度的抗脑梗死作用。三七的药代动力学研究发现，在大鼠灌胃给予三七水提液后，人参皂苷 Ra_3、人参皂苷 Rb_1、人参皂苷 Rd 在大鼠体内药物浓度适宜且具有一定的剂量依赖性，个体差异较小，可能适宜作为三七的药代动力学标志物。

三、中药吸收研究的技术

（一）整体动物法

整体动物法包括血药浓度法、药理效应法、毒理效应法、微生物测定法等，其主要是以整体动物为研究对象，给药后在规定时间内采集生物样品，如血清、血浆或尿液等，测定生物样品中的各组分浓度，进行药代动力学研究。然而，整体动物给药后影响因素多、个体差异大、实验操作周期长，导致该方法很少应用于药物吸收机制研究。整体动物法一般选用 5 只以上动物，雌雄各半；药时曲线最好从同一动物多次取样，尽量避免用多只动物合并样品，如采用多只动物合并样品应相应增加动物数量，以减少个体差异对试验结果的影响。一个完整的药时曲线，应包括药物的吸收分布相、平衡相和消除相，采样点的设计应兼顾到这 3 个时相，一般在吸收分布相需要 2~3 个采样点，平衡相至少需要 3 个采样点，消除相需要 4~6 个点。整个采样时间应持续到 3~5 个半衰期，或持续到 C_{max} 的 1/20~1/10。

（二）在体法

在整体动物法基础上发展的在体法主要包括在体肠灌流法、肠襻法、组织流动室法、肠道血管插管法等，在保证肠道神经、内分泌调节完整性的基础上，也保证了血液、淋巴液的供应，测得的吸收速率等指标接近机体内的真实吸收情况。在体肠灌流法应用最为广泛，与整体动物法相比，在体肠灌流法的干扰因素明显减少。其根据灌流方式不同可分为循环灌流法、单向灌流法、振动灌流法等。

（三）离体法

离体吸收模型主要分为两类：一类是分离动物肠黏膜或肠段来评价药物肠吸收；另一类是分离肠细胞并模拟肠环境分析药物的肠吸收。常用的离体法模型主要有外翻肠囊法、尤斯灌流室法、细胞模型法、平行人工膜渗透模型法等。其中，细胞模型法应用最广泛，常用于吸收研究的主要有 Caco－2、HT29－MTX 和 MDCK 的细胞模型。应用最为广泛的 Caco－2 细胞来源于人类结肠癌细胞系，其在培养转运板（Transwell）中培养可分化成与人小肠上皮相类似的单层细胞，并且含有小肠上皮相关的酶，可模拟小肠上皮细胞的吸收转运过程（图 4－3）。该模型的建立需要经过细胞的培养和评价，包括形态学观察、跨膜电阻值测定、稳定性考察、通透性验证等。

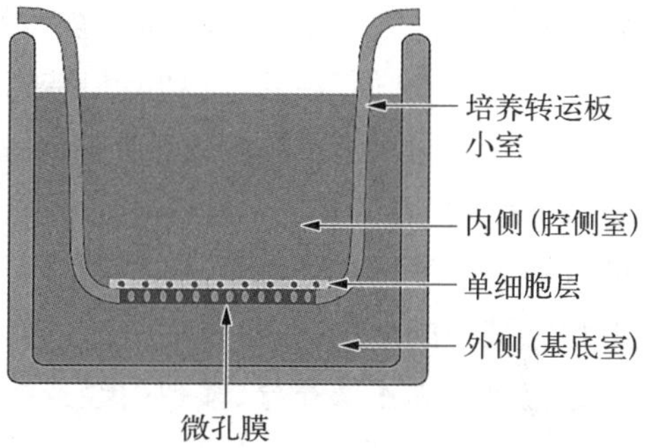

图 4－3　跨膜转运研究的 Caco－2 细胞模型

总之，评价肠道药物吸收能力的策略与模型众多，且各模型方法均能从不同的角度了解中药成分在肠内的吸收情况。但值得注意的是，每种模型及方法均有各自的优缺点，在研究不同的药物时可同时采用两种或两种以上的吸收模型，进而更合理地利用肠吸收模型得出较为客观的结论。

第二节　中药的组织分布

中药给药后可吸收的成分进入血液循环并随血液分布到机体各组织的过程称为中药的分布。中药首先分布于血流速率快的组织，如心脏、肝脏、脾脏、肺脏及胃肠道等，然后再分布到肌肉、皮肤或脂肪等血流速率慢的组织。中药的分布特征主要取决于中药的理化性质和生理因素，包括中药各组分的溶解度、脂溶性、血浆蛋白结合率、与组织的亲和力及组织血流速率、生理屏障等。通常情况下，药物在血液或靶组织中只有达到足够浓度，才能在机体发挥药效，而药物浓度不仅与给药剂量有关，也受到体内处置过程的影响。

一、中药组织分布研究的内容

主要了解各组分在全身各组织的分布情况。一般选用大鼠或小鼠，一个剂量(以药物有效剂量为宜)给药后，以药时曲线作参考，选3个时间点(每个时间点，应至少有5个动物的数据)分别于吸收分布相、平衡相和消除相取样，测定各组分在心、肝、脾、肺、肾脏、胃肠道、生殖腺、脑、体脂、骨骼肌等组织的浓度，以了解药物在体内的主要分布组织，特别应关注药物在靶器官(包括药效学与毒理学)的分布。

若某组织的浓度较高、持续时间长且需要连续用药，应研究其毒理学意义及体内的蓄积情况。对于单剂量给药后有明显的蓄积倾向、半衰期长(给药间期短于4个半衰期)且临床需长期给药的中药，应考虑进行多次给药后的组织分布研究，以便进一步了解多次给药后药物在体内的蓄积情况。

二、中药组织分布研究的策略

(一) 基于引经理论的中药组织分布研究策略

引经理论是历代医药学家长期实践总结而成的一种特殊用药经验，是中药归经理论的发展与升华。《素问·宣明五气篇》中描述："五味所入，酸入肝，辛入肺，苦入心，咸入肾，甘入脾"，其中"入"字具有明确的方向性或趋向性含义。引经的内涵主要包括两方面：一是引导其他药物进入所属的脏腑经络；二是引导其他药物到达疾病所在部位。陈嘉谟《本草蒙荃》中收集的各经引经药有58种之多，引经药可直接引导方中诸药进入所属脏腑经络或直达病所，从而发挥增强疗效的作用，如"引药入肝"的柴胡被证实可以促进大黄中大黄酸和芦荟大黄素在大鼠肝组织中的分布，并显著增强大黄-丹参药对抗肝脏的纤维化程度，从而改善肝脏功能和结构。冰片、麝香、石菖蒲、苏合香和安息香等芳香开窍类中药材具有"引药上行"之功，可通过改善血脑屏障的通透性，提高其他药物的生物利用度和在脑组织中的分布，从而增强药效，起到靶向治疗作用。活血药红花与石菖蒲合用后，活血药红花中主要成分羟基红花黄色素进入脑内的浓度显著升高。"引药下行"的牛膝能显著提高三妙丸中小檗碱在血浆、膝关节、踝关节、肝脏和肾脏中的浓度，改善炎症关节的血液供应，且呈一定的剂量相关性。迄今，基于引经理论的中药组织分布研究尚不够充分，多数引经药物的引经物质基础仍处于推测、筛选和验证阶段；但随着分子示踪技术、液相色谱质谱技术、药动学-药效学结合研究等技术和方法的应用，必将推进引经药物在中药靶向分布研究中的应用。

(二) 基于转运体调控的中药组织分布研究策略

药物的组织分布除了与药物的理化性质、血流量、血浆蛋白结合率等因素相关外，组织表达的药物转运体是影响药物分布的重要因素。药物转运体的功能是介导药物的跨膜转运，摄取转运体转运底物进入细胞，增加细胞内底物浓度，有利于药物向靶组织中的分布；而外排转运体则将底物逆向泵出细胞，降低底物在细胞内的浓度，高表达的外排转运体往往是药物靶组织中暴露程度低的原因。

药物转运体的表达具有组织选择性，肽转运体-1在小肠和肾近曲小管细胞中表达，肽转运体-2在肾近曲小管细胞和脑组织中表达，有机阴离子转运多肽-C表达于肝脏，有机阴离子转运多肽-H表达于肾脏；研究最广泛的外排转运体以ATP结合盒(ATP-binding cassette，ABC)转运体为特征，因此为ABC转运蛋白。至今，在人体中发现48个ABC类转运蛋白，分为A~G 7个亚族，其中对药物在体内生物利用度产生影响的ABC外排蛋白主要包含以下3种：P糖蛋白(P-glycoprotein，P-gp)、多药耐药蛋白(multidrug resistance protein，MRP)及乳腺癌耐药蛋白(breast cancer resistance protein，BCRP)。P-gp高度表达于肾脏、肝脏、肝胆通道、胃肠道及血脑屏障等器官或组织，可将底物排出细胞，从而影响药物的生物利用度及其在组织中的分布。MRP(MRP1~MRP9)主要存在于肝细胞、肠上皮细胞、肾小管细胞等，可利用ATP水解产生的能量将药物泵出细胞。BCRP广泛存在于人乳腺癌细胞、人结肠癌细胞、胎盘、脑微血管的腔面、肝小管膜和肠道上皮细胞的顶侧膜，在内源性和外源性化合物的处置和防止身体或某些组织暴露于毒素中发挥着重要作用。

转运体是控制药物体内处置的决定性因素之一，药物转运体的活性具有可调控性，这是药物间相互作用的重要机制。例如，胆宁片对胆汁淤积小鼠的肝脏转运体有上调其表达的作用，能显著降低胆汁酸在肝脏的蓄积；外排转运体在肿瘤细胞中过度表达，通过外排底物药，降低底物药的生物利用度、药效及增加其耐药性，如丹酚酸 A 能够抑制外排转运体 ABC 结合盒转运体的表达逆转紫杉醇的多药耐药性。机体的病理状态及疾病的严重程度与代谢酶、转运体的表达密切相关，从而对药物的吸收、分布、代谢、排泄有不同程度的影响。因此，基于转运体调控的中药组织分布研究有利于调整临床用药，对于药效和生物利用度的提高有着积极作用。

三、中药组织分布研究的技术

中药成分的组织分布研究与其疗效、毒性作用和药物相互作用密切相关。筛选出关键的药代动力学指标成分，进而开展组织分布等药代动力学研究，对于揭示其发挥药效/毒性的分子机制具有重要意义，并有利于其临床应用或药物开发。

尽管传统小分子药物体内药代动力学过程的检测可以通过放射性同位素方法实现，但由于中药中的每个成分都很难标记和追踪，这种方法难以用于中药的药代动力学研究。随着各种质谱技术的发展，液相色谱-串联质谱(LC－MS/MS)已成为研究中药药代动力学过程的主流方法。

(一) LC－MS/MS 法在中药组织分布研究中的应用

中药成分复杂，进入体内的药物成分含量很低，且检测时有大量干扰，LC－MS/MS 因其灵敏度高和定量重现性好被广泛应用于中药多成分的定量分析。如香连丸由君药萸黄连和臣药木香组成，主治大肠湿热证，临床常用于溃疡性结肠炎、肠易激综合征等消化道疾病的治疗。采用 LC－MS/MS 法对萸黄连的主要成分小檗碱、黄连碱、吴茱萸碱、巴马汀、药根碱和吴茱萸次碱及木香中的主要成分木香烃内酯和去氢木香内酯的体内分布特征进行研究，结果表明，香连丸功效成分在小肠组织具有较高浓度，其中，生物碱类成分主要分布于肠道组织，而内酯类成分主要分布在肺、肠道组织，这与香连丸的肠道抗炎和行气缓急止痛的药理活性相一致。

(二) 质谱成像技术在中药组织分布研究中的应用

LC－MS/MS 技术尽管具有灵敏度高、特异性好、检测动态范围宽等优势，但该技术的生物样品中成分提取、纯化和富集等前处理过程破坏了各组分在组织中的空间分布信息，无法实现各组分的原位分析。质谱成像(mass spectrometry imaging，MSI)技术是一种在组织或细胞水平上研究分子或离子组成及分布的新兴的成像技术，其原理是通过质谱的激光或高能离子束等扫描样品，将样品表面的分子或离子解吸离子化，通过质谱离子扫描技术结合图像处理软件进行重构，对生物组织冷冻切片生成不同 m/z 化合物的二维离子密度图，可以检视组织中化合物的组成、空间分布、富集程度等。随着 MSI 技术的不断发展，已具有免标记、高空间分辨率、高检测特异性的优点，在捕捉、分辨和鉴定各种疾病相关代谢物的组织分布与变化方面具有明显的优势，因而在分子成像领域研究中的应用较为广泛。采用 MSI 技术对红景天苷在小鼠组织中的分布进行了可视化研究，通过在不同时间获取组织中的目标离子强度来反映红景天苷在小鼠不同组织的空间变化规律，发现红景天苷在心脏和肾脏中分布不均匀，这可能是由于各器官中血液分布的差异。

总之，通过中药的组织分布研究可以了解中药各组分在组织器官中的分布情况，用于有效预测中药作用的靶器官并揭示其发挥药理活性的物质基础与作用机制，并能为中药新药研发和临床合理用药提供科学依据。

第三节 中药的代谢与排泄

中药的代谢是指中药成分在体内各种代谢酶的作用下发生一系列的化学反应，导致发生化学结构上的转变，这一过程又称生物转化。介导中药代谢的酶主要包括肝脏中的细胞色素P450（cytochrome P450，CYP450）、葡萄糖醛酸转移酶、*N*-乙酰基转移酶和肠道菌群中糖苷水解酶、氧化还原酶等。中药及其复方体内代谢研究有助于揭示药效物质基础、药效成分的体内动态规律，明确体内药效成分与表观药效间时量与时效的关联。然而，中药的代谢过程极为复杂，受到诸多因素的影响。中药在体内发挥药效的物质可能是中药中的化学成分及其体内代谢产物，产生毒副作用和不良反应的原因也可能与中药成分或与体内代谢产物有关。

中药的排泄是指中药复杂组分及其代谢产物通过各种途径从体内排出的过程，其主要的排泄途径为尿液、胆汁和粪便。通常情况下，中药中被吸收的极性成分和低脂溶性的成分主要是由肾脏排泄消除，也有一些成分由胆汁、乳腺、肺、唾液、汗腺等进行排泄。

一、中药代谢的研究内容

中药的体内代谢研究一般应选用两种或两种以上的动物，其中一种为啮齿类动物，通常选用大鼠；另一种为非啮齿类动物，通常选用犬。选择一定的剂量给药后分别采集血、尿、粪便和胆汁，通常情况下，用于排泄研究的尿、粪便、胆汁样品可用于中药的代谢物发现与代谢程度研究。随后，采用色谱方法分离和分析血、尿和粪便中可能存在的代谢产物，如发现有代谢物则可用色谱-质谱联用及色谱-核磁联用等技术进一步确定主要代谢物的结构。若血药浓度与毒性、疗效缺乏相关性，则应探究是否存在药物活性代谢物，有必要对代谢物的活性和毒性开展进一步研究。

二、中药代谢的酶

（一）肝脏Ⅰ相代谢酶

肝脏CYP450为混合功能氧化酶和单加氧酶，主要存在于肝脏微粒体中，同时也少量分布于小肠、肺、肾、脑中。CYP450系依据酶蛋白一级结构的同源度可分为18个家族，44个亚家族，在人体内已有16个基因家族和29个亚家族被确认是外源性化合物的主要代谢酶。CYP1家族的底物多为多环芳烃类的平面分子化合物，如含氮化合物、多氯联苯等；CYP2家族通常代谢低、中分子质量的极性化合物；CYP3家族是人体内外源性化合物代谢的主要酶，是药物代谢的主要酶类。CYP1A2、CYP2A6、CYP2C9、CYP2C19、CYP2D6、CYP2E1和CYP3A4是CYP450家族最主要的7种亚型，其含量约占肝脏内CYP450总量的80%，在外源性化合物的代谢中发挥着十分重要的作用，亦是药物代谢中的重要研究对象。CYP450有两个主要的生物学功能：一是异源物质代谢，脂溶性药物在肾脏必须进行生物转化才允许排泄，CYP450可以降低化合物的疏水性，形成中间代谢产物以便于排泄；二是生物活性分子的生物合成，包括类固醇、维生素和脂肪酸等的代谢。药物在CYP450的作用下进行氧化、还原、水解等Ⅰ相代谢反应，使分子结构发生了改变，从而极性增加、水溶性增强。

中药的化学成分复杂，物质基础尚不明确，且中药进入体内后，化合物之间会发生相互作用，改变原有的代谢过程。CYP450是引起药物相互作用的关键因素，明确中药对CYP450系代谢作用的影响是研究中药代谢的基础。在中药使用过程中，与代谢相关的药物相互作用主要是由CYP450的抑制或诱导导致的，阐明中药对CYP450的抑制或诱导作用有助于预防不良的药物相互作用发生。例如，丹参、苦参、人参与藜芦合用后显著降低了CYP3A及CYP2E1的表达；海藻、大戟、甘遂、芫花与甘草合用可显著诱导大鼠 CYP3A 的表达；乌头与瓜蒌、白及、半夏、贝母、白蔹合用显著抑制对 CYP3A 和 CYP1A2 的表达与活性；人参、甘草、银杏叶等的提取物及其化学成分可通过抑制人体 CYP450 导致共服药物的代谢速率减缓，其中部分治疗窗狭窄的药物在体内蓄积后会引发严重的不良反应。

（二）肝脏Ⅱ相代谢酶

药物的结合反应常常使其转化为无活性的代谢物，且极性增加，以便药物排出体外，即药物解毒过程，也称作Ⅱ相代谢反应。药物的Ⅱ相代谢结合反应主要包括葡萄糖醛酸结合、硫酸化、乙酰化、甲基化、谷胱甘肽结合、氨基酸结合及缩合反应等。其中以葡萄糖醛酸结合、硫酸化、乙酰化、甲基化反应较为常见。催化Ⅱ相代谢反应的酶有许多，其中主要的有尿苷二磷酸葡萄糖醛酸基转移酶（uridine diphosphate glucuronosyl transferase，UGT）、谷胱甘肽 *S*－转移酶（glutathione *S*－transferase，GST）、磺基转移酶（sulfotransferase，SULT）和乙酰转移酶（acetyltransferase）。UGT 催化的葡萄糖醛酸化反应是Ⅱ相代谢中重要的代谢反应之一，对于维持内源性化合物如胆红素、胆汁酸的动态平衡和药物、致癌物等外源性化合物的处置过程起着至关重要的作用。UGT 是属于膜蛋白结合家族中的一类糖基转移酶，主要以单体、二聚体或具有同源和异源酶的寡聚体的形式存在于内质网中，并广泛分布于各种组织，其中肝脏、胃肠道和肾脏是 UGT 表达的主要器官。近年来，诸多研究亦发现许多中草药提取物及其化学成分可通过强效抑制 UGT 等Ⅱ相代谢酶引发药物-中草药相互作用产生不良反应。

（三）肠道菌群代谢酶

人体肠道中寄生着大量的微生物，成人肠道细菌数量达到 10^{12}～10^{14} 个，其中 99%以上为厌氧菌，如双歧杆菌属、乳杆菌属、枯草杆菌属、肠球菌属、林布氏菌属、链球菌属、粪肠球菌属和厌氧梭菌属等。肠道细菌生长过程中会产生各种各样的酶，这对中药成分生物代谢转化起到至关重要的作用。肠道细菌产生的代谢酶主要包括水解酶、裂解酶、转移酶和氧化还原酶等，对中药有效成分的代谢方式主要是以水解和还原为主。其中 β－糖苷酶是目前研究较多的一种水解酶，可以将外源性的 *β*－糖苷类物质转化为相应的苷元，中药有效成分经 β－糖苷酶或其他糖苷酶作用下，可水解代谢产生出具有较强药理活性的代谢产物。

肠道菌群对黄酮类化合物的代谢作用研究最为广泛，大多黄酮类化合物在自然界中以苷类形式存在，主要包括两种形式：一种为黄酮苷元与糖以 *O*－糖苷键连接的黄酮－*O*－糖苷，另一种为黄酮苷元与糖以 *C*－糖苷键连接形成的黄酮－*C*－糖苷。黄酮苷类化合物在肠道中反应通常是在糖苷水解酶和多糖裂解酶的作用下，糖苷键被水解为糖半缩醛、半缩酮及相应的游离糖苷配基。由于 *C*－糖苷键与 *O*－糖苷键相比具有更高的稳定性，黄酮－*C*－糖苷具有一定的糖苷水解酶耐受能力。目前，关于肠道菌群对黄酮类化合物的去糖基化反应研究均集中于黄酮－*O*－糖苷的代谢。黄芩苷是黄芩中的主要黄酮类成分之一，体外肠道菌温孵研究结果发现，大肠杆菌可水解黄芩苷为黄芩素；大鼠灌胃给予黄芩苷后，在血清中几乎测不到代谢产物，但是在肠道内容物中可以测得大量的代谢产物黄芩素。另有研究显示，在同等剂量下，黄芩素比黄芩苷表现出更高的黄嘌呤氧化酶抑制活性和抗病毒活性。

皂苷是苷元为三萜或螺旋甾烷类化合物的一类糖苷，种类繁多、组成复杂，广泛存在于人参、三七、甘草、柴胡、黄芪、重楼、知母等中药材中，已知至少有 50 个科的 400 种植物含有皂苷类成分。该类成分具有共同的结构特征，即均由疏水性的皂苷元和亲水性的糖基两部分通过糖苷键连接而成，分子质量较大（700～2 000 Da）。根据苷元结构的不同，又可将其分为三萜皂苷和甾体皂苷。通常情况下，中药皂苷吸收较差、生物利用度低、在肠道中滞留的时间也相对较长，容易与肠道菌群产生相互作用；大多数皂苷的生物转化途径主要是在肠道菌群中经糖链水解反应，生成多个含糖基较少的次级皂苷，吸收入血并到达靶器官，发挥治疗作用。例如，人参皂苷 Rb_1 可被人和大鼠的肠道菌群代谢转化为人参皂苷 Rd，再经人参皂苷 F_2 向人参皂苷 CK 转化时糖链断裂，最终形成代谢产物 20(*S*)－原人参二醇。

三、中药代谢的研究模型与方法

其主要有体内和体外两类。体内代谢研究模型是指在动物或人给药后，经过一段时间后收集血液、尿液、粪便、胆汁等生物样品，处理后分离分析样品中的中药原型及其代谢产物。体内代谢研究能全面地反映中药代谢的体内整体特征，但许多中药原型成分及其代谢产物在体内的暴露程度低，内源性物质干扰严重，导致代谢物的检测难度较大。由于肝脏是药物的主要代谢场所，肝细胞及其亚组分如肝微粒体、肝 S9、肝细胞溶胶成为药物代谢研究的主要体外模型，常见的方法有：肝微粒体体外温孵法、肝细胞体外温孵法、离体肝灌流法、肝切片法和重组 CYP450 体外温孵法等。相较于体内代谢研究，体外代谢研究具可以减少体内因素的干扰，直接观察药物与酶或肠道菌群的相互作用过程，目前，已成为药物研发的热门研究方法。

（一）中药体外代谢研究方法

由于中药在大多数情况下是口服给药，胃肠道是中药的主要吸收部位和第一生物转化部位。中药在人体胃肠道中的生物转化主要包括胃酸、肠道细菌的降解，以及肠上皮中代谢酶的生物转化，从而影响其活性。中药成分通过肠上皮吸收到血液中后，首先通过门静脉输送到肝脏。部分中药成分在到达系统循环之前可以被肠道或肝脏代谢有效清除，这一过程被称为首过消除。肝脏是药物的主要代谢器官，富含Ⅰ相代谢酶和Ⅱ相代谢酶，大多数药物进入体内后主要在肝脏进行生物转化，在体内首先在Ⅰ相代谢酶的作用下被氧化还原和水解，然后在Ⅱ相代谢酶的作用下与葡萄糖醛酸等内源性物质或经甲基化、乙酰化等反应，随尿液和粪便排出体外。为了很好地理解中药的代谢过程，需要充分了解以下信息（图 4－4）：① 中药中各主要成分的含量；② 在胃肠道中的降解过程（肠道代谢产物谱）；③ 在肠上皮中代谢稳定性和代谢产物谱；④ 在肠道菌群中的代谢稳定性和代谢产物谱；⑤ 吸收到血液中的成分在肝脏中的生物转化。

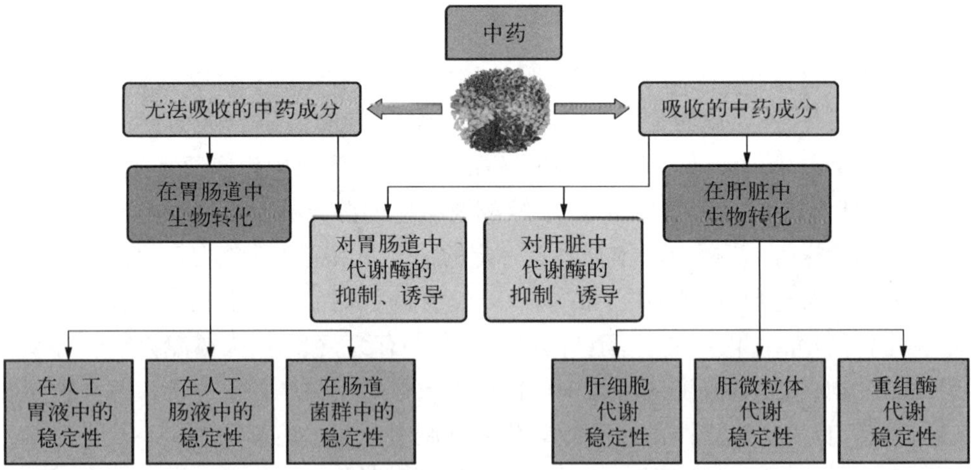

图 4－4　中药在胃肠道及肝脏中的生物转化过程

1. *肝微粒体体外孵育法*　采用差速离心技术从肝脏中提取肝微粒体，加入还原型辅酶Ⅱ再生系统，在体外模拟体内生理环境下进行代谢反应，推荐使用的孵育体系：每个孵育体系总体积为 200 μL，包括 0.1 mol/L pH 为 7.4 的磷酸盐缓冲液，NADPH 再生系统（1 mmol/L NADP，5 mmol/L 的 6－磷酸葡萄糖，1 U/mL 6－磷酸葡萄糖脱氢酶，3.3 mmol/L 的氯化镁）；0.5 mg/mL 的肝微粒体蛋白；加入合适浓度的中药溶液，于 37°C 水浴孵育，每个样品平行 3 次，以不包含 NADPH 发生系统的样品作为阴性对照。于预设的反应时间点加入等体积预冷的乙腈终止反应。采用 HPLC、LC－MS 和 LC－MS/MS 等方法对原药及其代谢产物进行分离分析。该研究模型具有制备简单、代谢时间短、易于重现的优点，是目前应用最广泛的体外代谢研究模型。

2. *大鼠离体肝脏灌流法*　大鼠离体肝脏灌流实验的操作方法如下：将大鼠麻醉后仰放在手术台上，U形剪开腹腔，暴露胆管和肝门静脉，分离胆管，插入胆管导管并固定。分离门静脉、结扎肝脾分支，在门静脉近肝端与幽门静脉分支之间穿入手术丝线并打活套，做门静脉插管，迅速固定后开始灌流。剪断下腔静脉腹腔段，迅速打开胸腔，在靠横膈一侧剪断下腔静脉胸腔段，冲洗肝内残血。将肝脏完整无损地分离出来，转移到灌流仪的脏器托盘上，或置于原位。用37℃灌流液冲洗肝内残存血液。用不含红细胞等添加剂及受试中药的灌流液平衡肝脏10~20 min，换至含有受试中药及其他添加剂的灌流介质，调整灌流速度。与其他体外肝代谢方法相比较，离体肝灌流法可保留完整细胞的营养液供给，能在一段时间内维持肝脏的正常生理、生化功能，并能排除其他器官组织的干扰，定量观察受试物对肝脏的作用。

3. *重组CYP450体外温孵法*　基因重组CYP450酶系即利用基因工程技术将调控人或动物肝脏中的CYP450酶系所表达的基因整合到大肠杆菌或昆虫细胞中，通过细胞培养表达产生高水平的CYP450酶系，并将其分离纯化提取得到高效单一的CYP450同工酶。作为一种新技术，基因重组CYP450酶系具有分子水平的优势，在药酶诱导特异性和选择性研究上优于其他的体外方法，并可为药物与酶在结合位点的相互作用研究提供更多的信息。基因重组CYP450酶系适合研究药物代谢领域微观化和细节化的问题。目前，已应用基因重组CYP450酶系研究药物的体外代谢途径、介导药物代谢的代谢酶鉴定、药物代谢产物的生成及药物的体外清除率等。有研究者采用基因重组CYP450体外温孵法研究发现，吐根碱在CYP450作用下可生成吐根酚碱、9－*O*－去甲基吐根碱和10－*O*－去甲基吐根碱，其中，CYP3A4和CYP2D6介导吐根碱代谢为吐根酚碱和9－*O*－去甲基吐根碱，而CYP3A4特异性地将吐根碱代谢为10－*O*－去甲基吐根碱。

4. *肝细胞/肝匀浆体外温孵法*　原代肝细胞几乎包含了肝脏所有的药物代谢酶及相应辅助因子，代谢功能与体内肝细胞相似，具有高代谢活性，能较好地反映药物在体内代谢的情况，是体外药物代谢研究的经典模型。肝细胞体外温孵法同肝微粒体体外温孵法相似，利用制备的肝细胞辅以氧化还原型辅酶，模拟人体生理温度及生理环境进行的代谢方法，被广泛用于评估药物代谢能力及药物间的相互作用。为了使操作过程更加简便，可直接采用肝匀浆体外温孵法，在此过程中，首先在冰浴条件下制备新鲜的肝组织匀浆液，然后将药物直接加入肝匀浆液中温孵，考察其在肝匀浆中的代谢情况来说明药物在肝脏中的代谢情况。

5. *离体肠道菌群代谢法*　肠道是药物代谢的主要器官之一，很多中药活性成分在肠道菌群作用下会发生代谢反应，采用中药药效活性物质与富含丰富肠道菌群的粪便悬浮液在厌氧条件下温孵，是中药成分代谢研究的有效方法之一。在此过程中，将受试中药加入肠菌培养液中，在适合的条件下（多为厌氧）培养，进行空白对照，采用HPLC、LC－MS/MS等技术检测代谢产物。有研究者在离体肠道菌群中研究了绿原酸的代谢途径，取450 μL大鼠肠菌培养液，置无菌培养皿中，加入50 μL绿原酸溶液（6 mmol/L），与厌氧产气袋、厌氧指示剂一同放入厌氧培养袋，37℃培养箱培养48 h，提取后采用LC－Q－TOF/MS进样分析。结果表明，绿原酸在大鼠肠道菌群中可代谢成奎宁酸、3－羟基苯丙酸、二氢咖啡酸、二氢阿魏酸、咖啡酸、*O*－甲基绿原酸6种代谢产物。

（二）中药体内代谢研究方法

中药的体内代谢研究主要是在整体动物或人水平上进行的，即给予一定剂量的药物后，于不同时间段分别收集血液、尿液、粪便和胆汁样品，再采用HPLC、LC－MS和LC－MS/MS等技术从样品中寻找药物的代谢产物（包括Ⅰ相和Ⅱ相代谢物），并对代谢物进行初步的分析和鉴定，最终确定药物在体内的代谢途径。

1. *中药在血液中的代谢研究* 动物灌胃给药后,经肝门静脉、腹主动脉或眼眶取血,如果需要的血液体积较大时,可采用麻醉后放血处死法;血液在 3 000 r/min 条件下离心 10 min,取其上清。可采用高氯酸沉淀蛋白质、甲醇/乙腈沉淀蛋白质、乙酸乙酯萃取、固相萃取等方法对制备好的含药血清或血浆进行预处理。采用 HPLC、LC－MS 和 LC－MS/MS 等方法来检测血液中的代谢成分。

2. *尿液、粪便中的中药代谢物研究* 在进行尿液和粪便代谢物研究过程中,通常将实验动物置于代谢笼内适应 2 d 后,一定剂量下灌胃给药,收集 0~12 h、12~24 h、24~48 h 等不同时间段尿液的同时,收集 0~24 h、24~48 h、48~72 h 等不同时间段的粪便。尿液混匀后取出一定体积进行前处理,再经 HPLC、LC－MS 和 LC－MS/MS 等方法分析尿液中原型成分及其代谢物。将粪便样本进行研磨、匀浆,将匀浆液通过前处理后采用 HPLC、LC－MS 和 LC－MS/MSS 等方法进行分析。

3. *胆汁中的中药代谢物研究* 在进行胆汁代谢物研究过程中,通常将大鼠禁食不禁水 12 h,麻醉后仰位固定于固定板上,沿腹正中线切开约 2 cm,找到胃幽门部,翻转十二指肠,在十二指肠降部肠系膜中找到黄色有韧性的胆管,在其下穿两根丝线,结扎乳头部,向肝脏方向作"V"形切口,插入引流管,见有淡黄绿色胆汁流出,结扎固定引流管。手术后用止血钳夹闭腹壁,以浸 0.9%氯化钠溶液的纱布覆盖,待稳定 30 min 后,灌胃给予中药,收集 0~2 h、2~4 h、4~8 h 等时间段的胆汁样本,混匀后取出一定体积进行前处理。再经 HPLC、LC－MS 和 LC－MS/MS 等方法分析胆汁中原型成分及其代谢物。

四、中药的排泄研究

中药在尿液和粪便中的排泄研究一般采用小鼠或大鼠,将动物放入代谢笼内,给药后按一定的时间间隔分段收集尿液或粪便的全部样品,包括药物从尿液或粪便中开始排泄、排泄高峰及排泄基本结束的全过程。记录尿液体积,混匀,取一部分样品,测定尿药浓度,计算药物经尿液排泄的速度、总排出量和排泄分数;粪便样品可先制成匀浆,记录总体积,取部分样品进行药物含量测定;也可先称重,后研磨均匀,取一定量进行药物测定,计算药物经粪便排泄的速度、总排出量和排泄分数。中药的胆汁排泄一般用大鼠在麻醉下做胆管插管引流,待大鼠清醒后进行给药,并以合适的时间间隔分段收集胆汁,记录胆汁体积,取一部分样品进行中药各组分的测定,计算药物经胆汁排泄的速度、总排泄量与排泄分数。

中药中未经吸收的成分大部分以原型经粪便排泄,部分可能会在肠道菌群作用下生成可以被吸收的成分或以代谢物形式排出体外。因此,肠道菌群和表达在肾脏、肝脏及肠道等器官中的药物转运体在中药排泄中发挥着重要作用。例如,中药的肾脏排泄主要包括肾小球滤过、肾小管分泌和重吸收等过程。肾小球滤过是对药物直接的超滤作用,此阶段无转运体的参与。分布在肾小管上皮细胞基底侧膜的摄取型转运体,包括有机阴离子转运体(organic anion transporter,OAT)及有机阳离子转运体(organic cation transporter,OCT)等,在肾小管分泌排泄过程中可以将药物由血液侧摄取至细胞内;而位于肾小管上皮细胞刷状缘侧的外排型转运体,如 P－gp、MRP、多药及毒素外排转运蛋白等可将细胞内的药物排入管腔。此外,在肾小管重吸收过程中,位于刷状缘的摄取型转运体,主要是寡肽转运体,可介导药物跨过顶侧膜摄取进入细胞(图 4－5)。

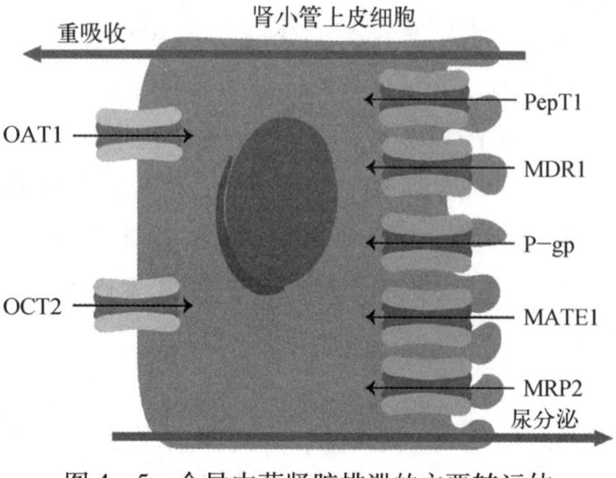

图 4－5 介导中药肾脏排泄的主要转运体

注:寡肽转运蛋白 1(oligopeptide transporter 1, PepT1);多药及毒素外排转运蛋白 1(multidrug and toxin entrusion 1, MATE1)

近年来的研究表明,转运体在介导药物排泄时会受到多种因素影响,如基因多态性、药物相互作用、疾病、性别、种属等，其影响不仅表现在对转运体功能的增强或抑制，也表现在对转运体表达量的调控。总之，转运体在药物的肾排泄中发挥着重要作用。

第四节　中药药代动力学配伍

基于药代动力学的中药药对配伍研究简称中药药代配伍研究。中药药代配伍研究是通过定性定量分析中药药对配伍的化学成分在体内的吸收、分布、代谢、排泄等变化，结合中药各单味药对 CYP450 和转运体的相互作用，用于阐明中药配伍后发挥药效的真正物质基础。中药药代配伍研究对揭示复方的合理性和科学性具有重要意义。此外，从药代动力学角度探讨化学成分与药效作用的相关性，是阐明中药复方配伍规律及其作用机制的关键科学问题。

一、中药药代动力学配伍研究内容

中药提取物药对配伍的药代动力学研究一般是通过比较单味提取物与药对混合提取物分别给药后的体内药代动力学参数的差异，分析存在的药代动力学相互作用，阐述可能的配伍机制。药对配伍的合理性一般表现为“增效减毒”，两味药配伍使用后可能增加药效成分的体内吸收和暴露程度、延长滞留时间，起到增效的作用；也可能降低毒性成分的体内吸收和暴露程度、缩短滞留时间，起到缓和药性、减毒作用。有些药对配伍后对不同成分具有不同甚至相反的药代动力学影响，因此，目前的研究常通过测定药代动力学参数，考察中药配伍后主要成分体内的吸收、分布、代谢、排泄等药代动力学特征的变化来进行配伍机制的研究。此外，还可以通过抑制或诱导药物代谢酶、转运体的活性使药物体内代谢、转运过程及其作用部位的药物浓度发生变化，以揭示药对配伍的科学内涵，为临床的合理用药提供有效依据。

（一）中药药代动力学配伍中的吸收相互作用

通过测定单味药和药对配伍后主要成分在体内的浓度，绘制药时曲线，并比较配伍前后各成分的 C_{max}、AUC、表观分布容积（apparent volume of distribution，V_d）、清除率（clearance，CL），考察药对配伍后对化学成分体内吸收的影响。例如，将川芎、当归、川芎-当归配伍溶液分别灌胃给予正常和血虚模型大鼠，当归-川芎配伍给药后大鼠的体内阿魏酸的 AUC_{0-t} 和 C_{max} 显著升高，CL 显著降低。与单独给予当归组大鼠相比，当归-川芎药对配伍后血虚模型大鼠体内阿魏酸的 V_d、药物半衰期（drug half-life，$t_{1/2}$）、AUC_{0-t} 和 $AUC_{0-\infty}$ 均显著升高。因此，川芎-当归配伍后可以增加阿魏酸分布量，延长半衰期，从而增加血虚模型大鼠对阿魏酸的吸收，起到协同治疗血虚证的作用。中药复方双参通冠方是由人参、延胡索和丹参三味药的有效部位组成的现代方剂，通过测定复方双参通冠中脱氢紫堇碱、四氢帕马丁、丹酚酸 B、人参皂苷 Rg_1、人参皂苷 Re、人参皂苷 Rb_1 和人参皂苷 Rd 7 种主要成分在不同配伍方式下的血药浓度，发现配伍后四氢帕马丁的 AUC 值显著升高，丹酚酸 B、人参皂苷 Rg_1、人参皂苷 Re 和人参皂苷 Rd 的 AUC 值显著降低。

（二）中药药代动力学配伍中的分布相互作用

中药复方有效成分吸收后作用于靶器官和细胞是其整体药效或毒性的最终体现。近年来，随着生物膜转运技术的进步，证明机体中存在许多与药物细胞摄取和外排相关的药物转运体，各转运体在药物的重要处置器官，如小肠、肝脏、肾脏、血脑屏障和胎盘屏障等均有分布，从而影响配伍后各组分在组织中的暴露量。药对配伍后对化学成分体内分布的影响的研究方法是通过测定单味药和药对配伍后主要成分在动物组织的浓度，尤其是需要测定药效靶组织和毒性靶组织的暴露量，计算组织浓度与血浆浓度比（$C_{组织}/C_{血浆}$），从而考察药对配伍后对化学成分体内分布及其靶向分布的影响。

（三）中药药代动力学配伍中的代谢相互作用

诱导和抑制药物代谢酶的活性是药物发生代谢相互作用的主要机制。肠道作为除肝脏外又一个重要代谢场所，口服给药后，主要成分在肠道菌群作用下发生转化是中药发挥药理作用的重要影响因素。药对配伍后对化学成分代谢影响的研究方法是通过测定药对配伍前后代谢物生成量的差异，阐明药对配伍后产生的相互作用对体内代谢的影响。有研究采用大鼠体外肝微粒体温孵法研究了吴茱萸中的主要成分吴茱萸次碱对黄连中生物碱肝代谢的影响，发现吴茱萸次碱可通过特异性地抑制 CYP450 的活性，降低黄连中生物碱成分的代谢速率，使其代谢程度减小，且其对不同生物碱成分的抑制程度存在差异，从而揭示了黄连-吴茱萸药对配伍后产生的相互作用对体内代谢的影响，对二者配伍的临床合理用药起到了指导性作用。

（四）中药药代动力学配伍中的排泄相互作用

通过测定单味药和药对配伍后主要成分在尿液、粪便、胆汁中的排泄量，考察药对配伍后对化学成分体内消除的影响。麻黄具有发汗散寒、宣肺平喘、利水消肿的功效；白术具有健脾益气、燥湿利水、止汗、安胎的功能，二者配伍后，白术能显著促进麻黄生物碱的排泄，减少其在体内的蓄积；而麻黄能够降低白术内酯的排泄速率，增加其在体内的蓄积，从而发挥增效减毒的作用。

二、基于代谢酶、转运体调控的中药配伍规律研究

基于药代动力学的中药配伍与药物相互作用研究的靶标主要包括代谢酶和转运体。其中，代谢酶主要包括 CYP450 酶系、UGT、SULT 及酯酶；转运体主要包括肠道转运体、肾脏转运体、肝脏转运体及脑转运体等。

（一）基于代谢酶的中药配伍规律研究

1. 基于 CYP450 酶系的配伍规律研究　CYP450 酶系是肝脏微粒体混合功能氧化酶系的主要成分，在中药配伍规律中具有较高的相关性。Cocktail 探针法是指同时给予多种相对低剂量的探针药物，应用 LC－MS/MS 测定生物样本中各探针药物的原型成分及其代谢物，考察中药成分对各探针的代谢率或代谢分型的影响，同时获取多个 CYP450 同工酶表型的相关信息的方法。该法具有高通量、高准确性、经济简便的特点。目前，Cocktail 探针法常用于同时评价中药对多种 CYP450 同工酶活性的调控，从而揭示中药的配伍规律。

2. 基于 UGT 的配伍规律研究　尽管国内外对中药-药物相互作用研究多集中在中药化学成分对 CYP450 的表达、功能调控上，而对Ⅱ相代谢酶介导的中药-药物相互作用的研究相对较少。值得注意的是，UGT 等Ⅱ相代谢酶在内源性毒物（如胆红素、类固醇激素、甲状腺激素、胆汁酸及脂溶性维生素）及治疗窗狭窄药物的代谢及其药物相互作用中也发挥着至关重要的作用；中药中富含酚类化合物，这些化合物多为 UGT 等Ⅱ相代谢酶的底物，其极有可能通过竞争 UGT 干扰其解毒过程，进而引发潜在的中草药-药物相互作用，作为一种重要的Ⅱ相代谢酶，UGT 成为药物相互作用研究的重要靶标。例如，甘草查尔酮 A 不仅是 UGT 的底物，还能显著抑制 UGT1A1 和 UGT1A9；黄芩提取物中的黄酮类化合物野黄芩素能够竞争性抑制 UGT1A1、UGT1A6、UGT1A9 和 UGT2B7，黄芩素和汉黄芩素能显著抑制肠道 UGT1A8 和 UGT1A10 活性；五味子提取物中的木脂素类化合物五味子甲素和五味子酯甲可对 UGT1A3 产生浓度依赖性地抑制作用。因此，基于 UGT 的配伍规律研究将有利于揭示中药配伍的科学内涵。

3. 基于 SULT 的配伍规律研究　磺酸化代谢（又称硫酸化代谢）在药物的体内处置中发挥重要作用，人 SULT 包含 4 个家族 13 个亚型，在体内具有广泛的底物，主要分布于肝、小肠、肾和肺等器官。体内磺酸化代谢由 SULT 催化小分子化合物结合 3′-磷酸腺苷-5′-磷酸硫酸酯提供的磺酸基完成。通常情况下，SULT 参与药物、化学致癌物、激素、胆汁酸、神经传导物质、肽类及脂质的磺基转移反应，增大底

物的极性，加速排泄过程。磺酸化代谢介导药物或外源性异物的解毒过程，但在特殊药物代谢中产生毒性或不良反应。例如，雌二醇和白藜芦醇在体内均会发生磺酸化代谢，两药的合用可对 SULT 产生竞争性抑制，从而导致胞内暴露异常和药效的改变。毛蕊异黄酮在小肠部位发生广泛的葡萄糖醛酸化和磺酸化代谢，其中毛蕊异黄酮磺酸化代谢主要由 SULTA1 和 SULT1B1 介导，SULT1E1 次之。因此，基于 SULT 调控的中药配伍规律研究亦可揭示中药配伍的科学内涵。

（二）基于转运体的中药配伍规律研究

由于转运体参与了药物体内吸收、分布、代谢、排泄等多个环节，基于转运体调控的中药配伍规律研究应是中药研究的重要内容。

1. *肝脏转运体*　肝脏转运体负责众多内外源性物质的肝脏摄取［溶质载体（solute carrier，SLC）］和胆汁排泄（ABC 盒转运体），已经被确认的 ABC 盒转运体家族的基因有 56 个，SLC 家族的基因大约有 300 个。肝脏 SLC 转运体主要分布于肝血窦侧细胞膜上，介导肝对外源性化学物质的摄取，进而影响药物在肝组织的浓度，主要包括 4 个转运体家族：OAT、OCT、有机阴离子转运多肽（organic aniontransporting polypeptide，OATP）和钠牛磺胆酸共转运多肽（Na^+ – taurocholate cotransporting polypeptide，NTCP）。元胡止痛方由延胡索和白芷两味中药组成，延胡索为君药，归肝、肾经，具有活血、补气、治全身疼痛之功效；白芷味辛、气芳香，可增加延胡索的中枢止痛功效，其主要机制是元胡止痛方中延胡索主要镇痛活性成分延胡索乙素是人转运体 OAT3、OATP1B1 和 OATP1B3 的底物。白芷提取物及其活性成分欧前胡素、异欧前胡素通过竞争性抑制 OAT3 活性来减少延胡索乙素在肾脏中的积聚。此外，白芷提取物还对 OATP1B1 和 OATP1B3 的转运活性显示出强烈的抑制作用，导致延胡索乙素从血液到肝脏的转运受阻，促使更多延胡索乙素保留在血液中并进入大脑，从而获得更好的疗效。

2. *肠道转运体*　肠道上皮细胞中表达着多种药物转运体，包括氨基酸转运体、寡肽转运体、葡萄糖转运体、单羧酸转运体、核苷酸转运体、有机阴离子及阳离子转运体等。在这些转运体中，寡肽转运体因表达量高，是目前药物转运体中研究最深入、应用最广泛的转运体，主要有肠 PepT1 和肠寡肽转运蛋白 2（peptide transporter 2，PepT2）两类，对于很多口服吸收差的药物，可靶向一种或多种肠道转运体，通过主动转运来提高药物的小肠吸收。协同效应是中药发挥药效的主要作用机制，三七–灵芝、三七–丹参组合被发现可通过 PepT1 和过氧化物酶体增殖物激活受体 α（peroxisome proliferator-activated receptor α，PPARα）协同机制发挥降脂药效。此外，外排转运体 P – gp 负责将底物从上皮细胞的基底侧转运至顶侧，在药物（特别是抗肿瘤药物）吸收、分布、代谢、排泄过程中起着重要作用。BCRP 在小肠中高表达，亦是很多口服药物的吸收屏障。研究表明许多中药活性成分是 P – gp 和 MRP2 的底物，受二者的外排影响生物利用度较低，而配伍的中药能够作为二者的抑制剂，增加药效成分的吸收。例如，葛根和天麻是治疗心脑血管疾病的传统配伍，药动学实验发现与单一给药相比，二者配伍后能增加大鼠体内 6 种葛根活性成分的血药浓度，天麻可以通过抑制 P – gp 和 MRP2 介导的葛根中药效成分外排，增加大鼠体内 6 种葛根活性成分的血药浓度，从而发挥配伍增效的作用。

3. *肾脏转运体*　肾脏在代谢产物的排泄、维持酸碱平衡、维持体内系统稳态中起关键作用，肾小管的分泌和重吸收功能主要由转运体介导。例如，OAT1/OAT3 介导的摄取导致丹参素的肾脏暴露水平明显高于全身暴露水平，丹参素给药后可能会引起剂量相关的肾毒性风险。乌头碱可抑制 OAT1 对氨基马尿酸的吸收，提示乌头碱可能通过抑制 OAT1 的功能、降低 OAT1 对氨基马尿酸的吸收，从而导致肾脏损伤。马钱子碱能够抑制 OAT1、OAT3 功能，从而引起肾脏损伤。OCT 在肾脏的主要亚型是 OCT2，识别胍类、胆碱、生物活性单胺类、阳离子药物及阳离子的毒物。黄连生物碱对大鼠体内 OCT 的活性及表达均存在显著的抑制作用，黄连及其生物碱与其他药物有可能存在由 OCT 介导的相互作用。PepT2 除了在肾脏的顶膜上表达较多外，在人肺部、大脑和乳腺中也有表达，在寡肽药物的重吸收过程中发挥重要作用。基于 PepT2 的中药寡肽的体内过程研究，将有助于揭示传统中药配伍理论的科学内涵、阐明其作用机制。

总之，配伍是中药的特色和优势，中药配伍不是单味中药的简单加和，研究中药配伍规律对阐明复方的作用机制及科学内涵必不可少。探索药物与代谢酶、转运体间的关系，不但可以推知药物的体内代谢过程，而且有助于了解药物相互作用、配伍规律及药物与药效之间的内在联系等，为临床合理用药提供直接依据。

思考题

(1) 中药药代动力学研究的难点有哪些?

(2) 中药成分复杂，诸多成分缺乏标准品，对于缺乏标准品的成分如何开展药代动力学研究?

(3) 中药方剂中主要成分是否等同于主要药效物质? 如何确定中药的药效物质?

(4) 基于药代动力学特征的中药配伍规律研究主要的研究内容有哪些?

(郝海平　梁　艳)

第五章
中药毒理学研究

中药毒性一方面指药物内在的、固有的生物学性质，通过炮制、配伍、煎煮等过程可以控制其毒性；另一方面是中药进入机体后与机体发生复杂交互作用的结果，机体状态不同，其毒性表现亦有差异。中药毒理学是研究中药对生物体的损害及其毒性作用机制的一门学科，主要研究内容包括中药毒性物质基础、毒性反应及其靶器官、毒性作用机制等。本章从中药毒性传统内涵、毒性物质基础、毒性作用机制、复方配伍减毒、中药炮制减毒等方面阐述中药毒理研究的基本思路和研究方法。

第一节　中药毒性的现代认识与基本特点

广义的中药毒性是指中药的偏性，以偏纠偏是中药治病的基本原理；狭义的中药毒性则是指中药的毒副作用，指中药作用于人体后产生的损害作用。中药毒性是中药多成分与机体相互作用的结果，具有发生过程隐匿、毒性物质不清、毒性机制不明、安全剂量模糊、个体差异特殊等特点。

一、中药毒性的传统内涵与现代认识

中药毒性的传统内涵可分 3 个层次：①“毒”即是药，认为凡可治疗疾病的药物皆为毒药。《周礼·天官冢宰下》记载“医师，掌医之政令，聚毒药以供医事”。②“毒”即药物的偏性，利用中药具有的偏性来祛邪扶正，纠正机体气血阴阳之偏颇，以使之恢复平衡。明代张景岳《类经》中云：“药以治病，因毒为能，所谓毒药，是以气味之有偏也”。以上两个层次泛指一切中药作用或偏性的认识，也属中药广义之“毒”的概念。③“毒”即药物的不良反应，有些药物作用峻猛，使用后容易出现不良反应，以致造成对人体的不良影响和损害。与前者广义之“毒”相对而言，这种不良反应属狭义的中药毒性，中药进入机体后能损害机体，产生不良反应，从而扰乱或破坏机体正常生理功能，使机体产生病理变化甚至危及生命的毒副作用。

中药毒性的现代含义概括为 3 个方面：① 本身具有一定毒性的中药，如乌头、马钱子等。乌头所含乌头碱有较强的心脏毒性作用可导致心律失常；马钱子所含士的宁则可兴奋中枢神经，过量引起呼吸肌痉挛。② 历代皆言无毒之品，在提纯成单体经其他途径给药时，可能呈现出毒性反应，如甘草、黄连等。长期服用甘草或甘草酸可引起假性醛固酮增多症，黄连及其成分小檗碱可能引起游离胆红素升高，增加脑损伤的风险。③ 机体在不同机能状态下，由于药物的不当使用引起的损伤，即所谓“疮家不可发汗”，“虚邪之体忌用下法”。

中药不仅需要明确是否有毒性，还需进一步明确其毒性表现和量的管理，从而精准评估其毒性。中药毒性的传统内涵与现代概念之间既有共性也有不同。共性是均强调了药物对机体的不良反应，即对机体造成的损伤。然而，它们在认识方式和特性上又有所不同：传统中药毒性的理解，是在中医理论指导下，在长期临床应用观察和经验积累的医疗实践基础上发展而来，具有经验性、整体性和抽象性特点；而中药现代毒性概念则以化学及动物实验为基础，与生理、生化、病理等现代医学相结合，具有直观性和具体性特点。

传统对中药毒性的分级，一般采用大毒、有毒、小毒三级分级法。《神农本草经》将中药分为上、中、下三品：上品药一般无毒或毒性很小；中品药有的有毒，有的无毒；下品药以有毒者居多。《黄帝内经》将方药分为大毒、常毒、小毒和无毒4类，提出“大毒治病，十去其六；常毒治病，十去其七；小毒治病，十去其八；无毒治病，十去其九”的用药原则。《本草纲目》所载1 892种中药中，有312种被标明大毒、有毒、小毒或微毒。

《中华人民共和国药典》以下简称《中国药典》，《中国药典》(2020年版)使用三级划分法，将收录的83味有毒中药按大毒、有毒、小毒划分。《有毒中草药大辞典》和《常用有毒中药的毒性分析与配伍宜忌》使用四级划分法，前者将有毒中药分为极毒、大毒、有毒和小毒，后者分为剧毒、大毒、有毒和小毒。《中药大辞典》则采用五级划分法，将中药毒性的大小分为剧毒、大毒、有毒、小毒和微毒。

二、中药毒性的特点

中药的毒性/效应是中药多成分与机体相互作用的结果，中药毒性受药物本身、用药对象、临床用药等多种因素的影响，中药毒性具有发生的隐匿性、物质基础的不确定性、安全剂量的模糊性、毒-效机制的复杂性、个体差异的特殊性等特点(图5-1)。

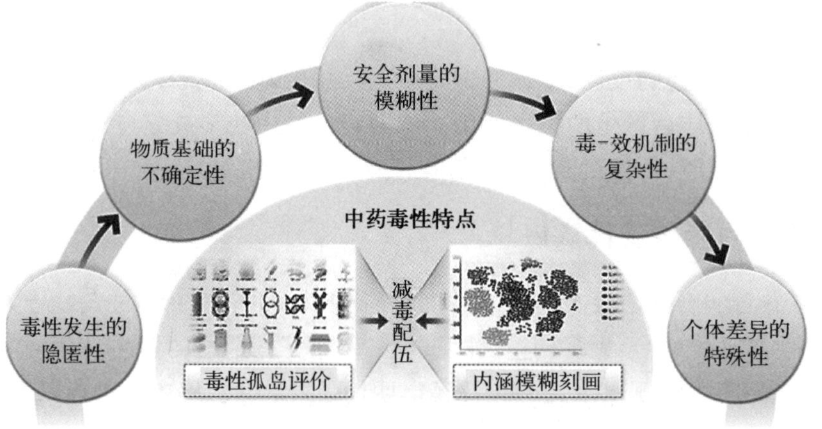

图5-1　中药毒性的特点

(一) 中药毒性物质复杂

中药具有多成分的特点，其药效成分和毒性成分复杂，还可能存在效毒成分间的相互作用，进入人体后作用于多系统、多靶标而产生综合效应。进行药代动力学/毒代动力学研究时，需要全面分析多种成分的体内过程与药效、毒性的相关性。有些中药的药效成分与毒性成分为同一类化学物质，如马钱子碱既是抗炎镇痛的药效成分，又是产生神经毒性和肾毒性的毒性成分，在什么剂量、什么时间、什么状态产生疗效或毒性，必须进行“量-时-效-毒”的研究。有些中药的药效成分与毒性成分为不同类型的化学物质，需要分别监测，如清热解毒中药千里光的主要药效物质为生物碱、黄酮类成分，而吡咯里西啶生物碱(pyrrolizidine alkaloid, PA)是千里光产生肝毒性的毒性成分。还有一些中药的药效成分与毒性成分，在不同的病理(病证)状态下，毒性成分与药效成分可以发生转换，如附子中乌头碱等双酯型生物碱，在附子治疗心力衰竭时，为引起心脏毒性的有毒物质；而在治疗疼痛时，又转化为药效成分；但超过一定剂量或超过治疗疗程，又将产生心脏毒性、神经毒性。

进行毒性物质基础的研究是中药安全性评价的重要内容，只有明确了中药主要的毒性物质，才有可能在中药成药制剂的安全性评价研究中更客观地研究主要毒性成分的剂量、用药时间与毒性的相关性，以及评估安全剂量和用药时间，为制定合理的临床用药剂量提供参考；通过药代动力学/毒代动力学研究，了解药物的毒性作用靶标及中毒机制，以便于在临床试验及将来的临床使用中制定不良反应监测方案；制定相关有毒成分的限量标准，以便于将来的生产中用来控制产品质量，保证安全性。

（二）中药毒性具有发生的隐匿性

中药中含有的成分复杂多样，但是每种成分的含量普遍不高，构成了一个由众多微量或少量成分组成的混合体。其中，部分有毒成分活性很强，即使含量较低也可体现毒性，如马钱子所含的士的宁、附子与乌头所含的乌头碱类生物碱，以及雷公藤所含的三萜类成分等。值得注意的是，大多数中药在常规剂量或稍高于常规剂量下并不显示明显的毒性，而是在长期使用时，某些成分在体内蓄积而导致慢性毒性，这种毒性的发生过程隐匿，难以早期发现。例如，何首乌长期使用可造成肝脏毒性、补骨脂长期使用可导致肾脏毒性、含马兜铃酸的中药小剂量长期服用可导致肾纤维化、肾衰竭等。在某些中药的长期毒性试验中发现，当大鼠连续给予中药后，肝脏、肾脏病理学观察已经发现了慢性毒性损伤，如间质性肾炎、肝脏胆管增生等病理改变，但是常规的肾脏毒性指标如尿常规、血液尿素氮、肌酐等，肝脏毒性指标如天冬氨酸转氨酶（aspartate transaminase，AST）、丙氨酸转氨酶（alanine transaminase，ALT）等没有异常变化。进行中药安全性评价研究时，需要针对中药特点，建立更为敏感、可靠的指标，以期能在给药早期阶段发现潜在的毒性。

（三）中药安全剂量的模糊性

传统认为成分有毒不等于药材有毒，因成分协同可以减毒；药材有毒不等于饮片有毒，因炮制工艺可以减毒；饮片有毒不等于复方有毒，因中药配伍可以减毒；复方有毒不等于临床有毒，因辨证可以减毒。而层层减毒过程的存在，导致中药安全性研究缺少系统性和连续性，形成毒性孤岛形态。尤其药物之间及在机体内相互作用的非线性关系，在微观毒性层面呈现出多成分、多途径、多靶标的复合作用过程。

中药毒性成分不等同于单味药的毒性，更不能与复方毒性画等号。例如，一般认为砷是有毒元素，但不同的砷化物毒性却有很大的差异。三氧化二砷毒性很大，但是雄黄主要是四硫化四砷，为难溶性成分，几乎不被人体吸收，毒性很小。因此，用总砷量来评估雄黄的毒性是不合理的。配伍是影响中药安全性的一个重要因素，甘草与附子合煎时可显著降低附子毒性成分乌头碱的溶出率，从而使毒性降低；干姜与附子配伍也可降低附子的毒性。在中药安全性研究中，结合毒性成分、单味药与中药复方进行综合评价，则可以较客观地评估毒性成分与单味药、中药复方毒性的相关性及量-毒、量-时关系，将毒性成分作为化学标志来明确用药安全窗，确定相对安全性的剂量范围，可以制定单味药、复方中的毒性成分限量标准，用于将来生产中的质量控制。

（四）中药毒性存在个体差异的特殊性

肠道菌群在调节药物体内过程、治疗效果、毒性反应方面具有关键作用，深入研究个体间肠道菌群的遗传组成及其群落功能可以更好地指导临床合理用药，提高用药安全。同时，免疫系统也是影响药物毒性反应个体差异的关键因素。药物特异性的 T 细胞参与药物性肝损伤的进程，是药物肝毒性个体易感的重要原因。可见，为了全面揭示“有毒”中药在个体间的差异特殊性，须在肠道菌群、免疫、细胞亚群和代谢物图谱等层面进行多维度整合分析，系统揭示“有毒”中药的个体差异特殊性。

三、中药新药安全性评价的技术要求

中药新药的非临床安全性评价依据其注册分类有所不同。古代经典名方中药复方制剂一般应开展单次给药毒性试验和重复给药毒性试验；其他中药复方制剂若采用非传统工艺，但具有可参考的临床应用资料的，一般应开展安全药理学、单次给药毒性试验和重复给药毒性试验；对于采用非传统工艺且无人用经验的，一般应进行全面的毒理学试验；毒理学试验中发现非预期毒性时，应考虑进行追加试验；对于研究目的包括提高安全性的中药改良型新药，应进行毒理学对比研究。

中药提取物如来自实验研究，缺乏对其安全性的认知，应进行全面的毒理学试验；如提取物来自传统应用，生产工艺与传统应用基本一致，一般应进行安全药理学试验、单次给药毒性试验和重复给药毒性试验，必要时应进行其他可能需要的试验。

新药材应进行全面的毒理学研究，包括安全药理学试验、单次给药毒性试验、重复给药毒性试验、遗传毒性试验和生殖毒性试验等，根据给药途径、制剂情况可能需要进行相应的制剂安全性试验。

第二节 中药毒性的物质基础与毒性机制

中药毒性的物质基础研究以发现毒性单体成分为主，中药的致毒机制研究建立在物质基础研究的基础上，主要以阐明毒性单体成分对机体作用的靶器官、细胞、分子和生化机制。与西药相比，中药成分更复杂，各种成分之间相互作用、相互制约，进入机体后往往作用于多个靶标产生毒性。有毒中药的毒性主要体现在对中枢神经系统、循环系统、消化系统、肝肾功能的刺激性损伤，以及个体差异引起的免疫反应。

一、中药肝毒性的物质基础与机制

中药肝毒性是指药物本身或其代谢产物导致肝损伤或机体发生过敏反应而引起的肝损伤。中药肝毒性不仅取决于毒物本身的性质，也与接触时间、途径、临床用量用法和个体因素等有关。中药肝毒性常表现为肝细胞坏死、脂肪肝、肝纤维化与肝硬化；部分可表现出相对特异的肝组织病理特征，一些中药可被活化使毒性增强，导致肝脏血管损伤，甚至肝脏肿瘤的发生。CYP450、氧化应激、线粒体及细胞凋亡等参与植物药致肝损伤的过程。

（一）引起肝毒性的中药及其毒性成分

黄药子、雷公藤、千里光、苍耳子、川楝子等均可引起肝损伤。轻者肝脏肿大、肝细胞浊肿或脂肪变性；重者肝脏出血、肝细胞坏死。此类含有毒成分的药物所引起肝损伤发生率较高，所致肝损伤严重程度与药物剂量呈正相关，潜伏期相对较短。

吡咯里西啶生物碱（PA）等生物碱可引起肝毒性，PA 通过 CYP450 酶系代谢活化形成“代谢吡咯”产生毒性。具有较强亲电能力的代谢吡咯，与体内重要的大分子如 DNA、蛋白质等发生烷基化作用，形成交联产物，使细胞发生不可逆损伤。同时，代谢吡咯还可与谷胱甘肽形成加合物，进而影响机体的抗氧化能力。PA 急性中毒的临床表现为肝静脉阻塞症，慢性中毒主要表现为肝纤维化坏死和肝巨红细胞症。

广豆根、芫花、柴胡及黄芩等均含有黄酮苷和皂苷等苷类化合物。小柴胡汤引起的肝损伤可能与含有的黄芩苷相关。番泻叶中的番泻苷通过肠道细菌作用，分解出化学结构类似于二羟蒽醌的产物，后者即为损肝性泻药。

密陀僧、广丹、铅粉等含铅类中药使 1-氨基-3-酮戊酸代谢受阻，造成血铅大量积累，并引发机体氧化损伤，同时促凋亡，诱发铅中毒性肝病。

（二）中药肝毒性的机制

中药引起肝损伤的病理类型有以下 3 种。① 肝细胞损伤型：主要病理改变为肝细胞脂肪变性或坏死；② 胆汁淤滞型：肝小管内胆栓形成，或见胆管炎和轻度肝细胞坏死，其主要表现为胆汁淤积，而肝细胞损伤不明显；③ 混合型：既有肝细胞损伤，又有胆汁淤滞。

1. *中药对肝细胞的直接损伤*　中药破坏肝细胞及亚细胞器膜结构，损害肝细胞线粒体和细胞膜，使肝细胞存活率大大降低。肝细胞损害后所引发的炎症反应或免疫反应，使病情向更严重的趋势发展。如黄药子经由 CYP450 酶系的 CYP2E1 和 CYP1A2 代谢，产生毒性物质而造成肝损害。黄药子可损坏人体的抗氧化系统，破坏其平衡，不断增加的氧自由基引起细胞膜受损，从而导致 Ca^{2+} 调节失衡；同时，因肝细胞膜的通透性增加和流动性降低，改变线粒体膜电位，从而严重降低了肝细胞的存活率。除对肝细胞及亚细胞器造成直接损伤外，黄药子对细胞骨架合成也有一定影响，致使蛋白质无法合成，细胞骨架受损，从而影响肝细胞核酸和蛋白质的合成，肝细胞修复及再生能力下降，甚至诱导小鼠出现癌变的征兆。再如，雷公藤甲素可直接攻击人肝细胞线粒体，通过靶向线粒体动力相关蛋白 1（dynamin-related protein 1，Drp1）介导线粒体功能障碍和线粒体分裂相关的线粒体自噬，从而引起能量代谢障碍。Drp1 在千里光碱诱导线粒体介导的原发性肝细胞凋亡中也发挥重要作用。

在中药引起的肝损伤过程中，体内自由基会逐渐积累，如自由基不能及时被受损细胞清除则形成恶性循环，造成严重的细胞损伤。雷公藤导致肝脏过氧化损伤时引起的自由基累积尤为严重：一部分由体内的自由基清除剂消除；另一部分结合肝细胞质膜，引起不饱和脂肪酸产生过氧化反应，生成过氧化脂质，加剧肝细胞膜及亚微结构损伤，导致肝细胞不能正常代谢，最后引起肝细胞凋亡和衰老。

2. *中药对药物代谢酶和蛋白转运体的影响*　代谢特异性肝损伤主要是基因变异导致代谢酶活性的丧失或降低，进而药物和代谢产物在体内积累。代谢激活指的是不活跃中药成分通过肝脏代谢酶进行转化后生成反应性代谢中间体，细胞中的生物大分子如蛋白质或核酸与其产生共价反应，药物代谢酶被这些中间体共价修饰引起不可逆的抑制，产生严重的药物相互作用或抗原-抗体反应，进而诱导肝毒性，该过程由 CYP450 酶系介导。例如，正常情况下黄药子中的黄独素 B 不具有毒性，但在 CYP3A 的催化作用下，黄独素 B 结构中由呋喃环代谢生成的活性中间体（开环顺烯二醛）与半胱氨酸、乙酰半胱氨酸、谷胱甘肽（glutathione，GSH）生成相应的代谢产物而引起肝损伤。大黄素通过代谢活化形成的活泼环氧化亲电反应性代谢物能与胞内 GSH 共价结合成大黄素- GSH 加成物，进而影响肝脏的正常功能。川楝子中的川楝子素经过 CYP450 代谢后形成活性中间体，并与 GSH 形成加成物，进而引发肝毒性。何首乌水提液对基因多态性人群的 CYP1A2 或 CYP2E1 活性有抑制作用。

3. *免疫应激微环境对肝脏毒性的影响*　当机体处于炎症状态时可降低肝脏对某些化合物的耐受性，增强其肝毒性或使本身不具有肝毒性的物质导致肝损伤。低剂量脂多糖（lipopolysaccharide，LPS）可引起温和的、无损伤或轻微损伤的免疫应激状态，因此，常用低剂量 LPS 模拟人的免疫应激微环境。研究表明，在正常大鼠中单次给予超大剂量生何首乌的 50% 乙醇提取物（75.6 g/kg）未见明显肝损伤作用；而在 LPS 制备的免疫应激大鼠模型中，单次给予相同提取物在较低剂量下（1.08 g/kg）即可出现明显的肝损伤，肝脏组织切片可见中央静脉扩张、内膜脱落，中央静脉周围肝细胞肿胀、坏死，汇管区大量炎症细胞浸润，中间区部分肝细胞肿胀、坏死。

二、中药肾毒性的物质基础与机制

中药肾毒性主要是指由于中药不合理使用而出现的肾脏毒理病理反应或中药治疗剂量下产生的不符合预期的肾脏不良反应，主要表现为药源性急性肾衰竭、低渗透压尿，尿酶明显异常及出现肾组织病理改变等。

（一）引起肾毒性的中药及其成分

1. *马兜铃酸类成分*　是首个从植物中发现的硝基菲类有机酸，包括马兜铃酸和马兜铃内酰胺两种结构类型。结构中硝基、甲氧基和羟基的取代不同是决定其毒性强弱的关键因素。马兜铃酸Ⅰ和马兜铃酸Ⅱ的硝基还原有利于脱氧核苷酸和脱氧鸟苷在 DNA 中形成马兜铃酸加合物，而肝脏和肾脏中的

CYP450 黄嘌呤氧化酶、NAD(P)H 脱氢酶和磺基转移酶等 48 种不同的酶可硝化还原，并形成 DNA 加合物类型的具有遗传毒性的代谢物。马兜铃、关木通、广防己、青木香、天仙藤、细辛等马兜铃科植物中含有的马兜铃酸类物质在人体内具有可蓄积毒性，长期或大量摄入会导致肾间质纤维化、急/慢性肾功能衰竭、肝癌和尿路上皮癌等疾病，因而早期发现是预防和治疗马兜铃酸类药源性疾病的关键。有研究者在 2017 年再次证明，马兜铃酸在体内可以与嘌呤共价结合，形成 RNA/DNA 加合物，致使 A：T 或 T：A 碱基突变，影响细胞代谢过程，是马兜铃酸类物质诱导肾毒性和致癌性的关键因素。

2. 无机砷　砷进入机体后迅速入血并随血液分布到全身各个器官，肾脏为其排泄、蓄积和毒性作用的主要靶器官。无机砷及其代谢物的排泄是一个复杂的过程，包括肾小球滤过、肾小管与集合管的分泌与重吸收等。而砷毒性又取决于其化学形式，一般认为亚砷酸盐（As^{3+}）毒性大于砷酸盐（As^{5+}）。砷造成的肾脏损伤主要表现为皮层坏死、糖尿、血尿、少尿、肾炎等，其造成损伤的机制主要为氧化损伤、甲基化作用和脂质过氧化等。

3. 蒽醌类成分　大黄、何首乌、番泻叶等中药中存在蒽醌及其衍生物，蒽醌常以游离形式或与葡萄糖结合成蒽醌苷形式存在。例如，大黄素可损伤人肾小管上皮细胞系（如 HK－2），并且可能与影响细胞周期和凋亡相关，从而引起肾小管和上皮细胞病变损害。

（二）中药肾毒性的机制

1. 中药直接损伤肾脏细胞　中药毒性成分可通过干扰肾脏细胞生化过程而直接影响肾脏细胞（肾小管细胞、内皮细胞和系膜细胞等）的代谢，导致肾脏损伤。如雷公藤、轻粉、砒霜等，都可引起超氧阴离子等氧化产物增加，或使机体抗氧化系统紊乱，从而导致肾脏细胞损伤。

许多具有肾毒性的中药成分通过共价键结合细胞中的蛋白质等大分子从而发生细胞功能损伤而引发肾脏毒性。当中药毒性成分的活性代谢产物与细胞内重要生物大分子共价结合，发生烷基化或芳基化反应，即导致肾脏细胞功能障碍甚至引起细胞凋亡。

2. 中药引起免疫机制激活　中药引起免疫相关肾脏毒性的主要原因是抗原抗体反应。免疫复合物沉积后引起 T 淋巴细胞激活，免疫细胞和肾小球固有细胞参与其中，释放大量补体成分、促炎因子、血管紧张素、细胞因子等大分子可溶性生物活性介质，引起肾脏损伤。如雷公藤引起的免疫相关肾脏毒性涉及抗原抗体反应、免疫复合物沉积、T 淋巴细胞激活及多种生物活性介质的释放等多个环节。

3. 中药引起肾小管损伤　肾小管细胞在浓缩和重吸收肾小球滤过液的过程中，血液中药物原型或其代谢产物浓度升高，可能使原本较为安全的药物成分的浓度高于耐受上限，因此肾脏中肾小管被药物损伤的概率最大，涉及中药有雷公藤、马兜铃、细辛等。

4. 结晶性肾脏损伤　有些药物由于本身溶解性不佳或溶解性受 pH、温度、溶质等因素影响很大，从而引起尿液析出结晶，阻塞泌尿系统，损伤肾脏。

5. 横纹肌溶解　药物原因引起的肌细胞溶解，导致大量细胞内成分释放入机体循环中，并造成机体全身和泌尿系统异常。细胞内成分的释放会引起肾小球和肾小管的损伤甚至引起肾脏衰竭。药物引起的横纹肌损伤是肌细胞溶解的主要原因。有报道称雷公藤甲素具有溶解横纹肌的毒性作用，呈剂量依赖性，可能存在肾损伤的风险。

三、中药心脏毒性的物质基础与机制

中药心脏毒性指中药及其复方在相对较大剂量、短时间，或较小剂量、长时间服用后对心脏生理功能或心肌细胞产生的损害效应。心脏毒性是药物对心血管系统造成的多种复杂病理生理损害，导致心律失常、传导阻滞、心肌肥大、缺血性心脏病、心肌及血管细胞凋亡、坏死和心力衰竭等一系列心脏功能和器质性的改变。中药心脏毒性一般表现：胸闷、心慌、气短、口唇及四肢末梢发绀，面色苍白、四肢厥冷，心音低弱心律不齐，血压下降或升高，其中以各种类型的心律失常及传导阻滞最为常见。

（一）引起心脏毒性的中药及其成分

1. 生物碱类成分　含生物碱类成分毒性中药主要有乌头、博落回、雪上一枝蒿、马钱子、钩吻、曼陀罗、罂粟、藜芦等。急性乌头碱中毒可致严重室性心律失常，表现为频发多源性室性期前收缩，其中伴发多形性室性心动过速、单形性室性心动过速或尖端扭转型室性心动过速。博落回中的生物碱类物质能影响细胞内 Na^+，K^+－ATP 酶对 K^+ 的转运，并能破坏细胞生物膜结构的完整性，可引起室性心律失常，心搏骤停并导致死亡。雪上一枝蒿中毒主要表现为对心血管系统的损害，强烈兴奋迷走神经，引起窦房结自律性降低而出现窦性心动过缓、心律失常；直接抑制血管运动中枢，导致血压下降；对中枢神经及神经末梢有先兴奋后麻痹作用。马钱子碱具有阻断心肌通道的作用，在低浓度时，主要以阻断 K^+ 通道为主；在高浓度对 Na^+、Ca^{2+} 通道也有阻断作用，引起心肌酶升高并引发心律失常。

2. 强心苷类成分　可产生明显的心脏毒性作用，代表中药有夹竹桃、万年青、皂荚等。夹竹桃叶含有夹竹桃苷、糖苷等多种物质，夹竹桃花含洋地黄毒苷、桃苷等成分。夹竹桃中毒表现为心悸、胸闷、憋气、头晕、恶心、呕吐，有的甚至出现烦躁不安、面色苍白、四肢潮湿等。心肌细胞膜 Na^+，K^+－ATP 酶受到抑制，一方面引起 Na^+－Ca^{2+} 交换增加，致细胞内 Ca^{2+} 超负荷；另一方面使细胞内明显缺 K^+，致心肌细胞自律性增高，或传导速度减慢，引起各种心律失常。

3. 内酯类成分　二萜内酯类成分主要作用于中枢神经系统及心血管系统，代表中药有雷公藤、黄药子、苦楝等。雷公藤中毒症状有胸闷、心悸，可出现心动过缓，房室传导阻滞，心律失常，甚至心源性休克而危及生命。雷公藤对心脏的损伤主要表现为对平滑肌及横纹肌的损伤，可导致中毒性心肌炎。

（二）中药心脏毒性的机制

药物进入机体血液循环中，可直接作用于心血管产生毒性，或者是通过影响神经免疫、内分泌等调节机制间接作用于心血管系统，从而引起心血管系统复杂的生物效应，导致心律失常、传导阻滞、心肌及心血管细胞凋亡等功能和器质性改变。中药心脏毒性的机制是多方面的，主要涉及心肌细胞离子稳态、氧化应激、线粒体损伤、细胞凋亡、代谢紊乱等。

1. 对心肌细胞的毒性　川乌、附子中乌头碱等毒性成分与心肌蛋白或心肌细胞的巯基酶结合，抑制 Na^+，K^+－ATP 酶活力，影响氧自由基代谢，生成大量自由基，致使脂质过氧化，损伤心肌细胞膜，影响心肌氧化和能量代谢；致心肌缺氧及 ATP 酶合成障碍等，使心肌细胞内 Ca^{2+} 超载；激活内皮及炎症细胞产生炎症反应。

2. 对心肌细胞离子通道的影响　心肌细胞膜上有钠离子通道、钾离子通道和钙离子通道等许多离子通道，这些通道的异常可导致心脏电生理活动的改变，最终引发心律失常。例如，乌头碱与电压门控钠离子通道的受体位点结合可引起钠离子通道的运动移位，持续激活钠离子通道可导致室性心动过速和室颤的发生。中药蟾酥的主要活性成分蟾毒素是钠离子通道的完全激动剂，可引发电压依赖性激活的超极化转变，改变钠离子通道的选择性。

3. 对心肌细胞线粒体的影响　线粒体在能量代谢过程中处于核心地位，线粒体的功能障碍是心肌代谢紊乱的核心，心力衰竭的病变程度与线粒体结构功能密切相关，衰竭的心脏缺血缺氧、中间代谢产物堆积等导致线粒体受损，氧化磷酸化效率明显减低。改善线粒体功能，减少线粒体 ROS 产生，防止细胞内钙超载和阻止线粒体通透性转换孔的开放是防治心血管疾病的有效措施。雷公藤甲素可使线粒体外膜发生通透化，促进线粒体膜通透性转换孔开放，从而引起线粒体功能障碍和心肌细胞凋亡。

四、中药神经毒性的物质基础与机制

神经毒性是常见的药物毒性反应，作用于神经系统的药物更易发生神经毒性反应。引起神经毒性的因素包括物理、化学和生物因素，主要是引起神经系统化学、结构和功能方面的紊乱，进而产生神经毒性反应。由于神经细胞非常活跃，毒性物质对神经系统的攻击可能造成严重的后果。

（一）引起神经毒性反应的中药及其成分

1. *含汞、铅等矿物药*　含汞、铅类药物对人体具有较强的毒性。轻粉、水银红粉、朱砂等含汞类药物，汞与蛋白质的巯基具有特殊亲和力，多种酶活性被抑制，使自主神经和中枢神经功能发生紊乱。密陀僧、黄丹、铅丹等含铅类药物，铅及其化合物进入细胞后结合酶巯基，抑制细胞功能，显著损伤中枢神经系统。

2. *生物碱类成分*　具有神经毒性的生物碱类中药很多，而损伤神经系统是其共同的毒理作用。感觉神经和外周迷走神经中毒时，常表现为先兴奋后抑制，并直接损伤心脏功能；引发中枢神经毒性反应时，中脑、脊髓、延脑、视丘等会发生病理改变；呼吸中枢中毒常导致呼吸麻痹、窒息。例如，附子、川乌、草乌等含有乌头碱，可先兴奋后抑制周围神经及中枢神经，致使心律失常。昆明山海棠、雷公藤等含有雷公藤碱，引起脊髓、中脑、延脑、视丘等发生病理变化。马钱子含有的士的宁能显著兴奋中枢神经，在中毒剂量下可对呼吸中枢起抑制作用。麻黄中的麻黄碱可兴奋大脑皮质及皮质下的各中枢，大剂量可对心脏产生抑制作用。

3. *氰苷类成分*　苦杏仁、白果、火麻仁、枇杷仁、郁李仁、桃仁等含氰苷类中药，氰苷水解为氢氰酸和氰离子，而氢氰酸为剧毒，是一种强烈的细胞毒性物质，少量具有明显的疗效，但过量氢氰酸对神经产生先兴奋后麻痹的作用，同时抑制体内酶活性，影响新陈代谢，导致组织窒息甚至死亡。

4. *萜类成分*　中药萜类成分主要有苦艾素、挥发油、倍半萜内酯、马兜铃酸、马桑内酯，主要是对局部产生刺激作用，引发神经变性病变，尤其对脑细胞具有毒性。其神经毒性的机制主要是，具有较强的刺激作用，内服可引起胃肠道刺激，导致肝细胞损害，并抑制中枢神经系统。如千金子中毒后可出现头晕和剧烈呕吐，严重时可导致呼吸衰竭；八角内酯能引起中枢神经兴奋导致惊厥。

（二）中药神经毒性反应的发生机制

神经传递所需的递质及各种介质是各种治疗药物的针对性目标，更是中药及其复方制剂产生神经毒性的靶部位。有些中药通过阻断冲动的传递，阻断或放大神经突触传递的通讯，阻止神经递质的再吸收而产生神经毒性。这些中药产生毒性与作用部位的浓度一般呈剂量依赖性，浓度低时对神经系统表现为兴奋，高时则表现为抑制，如乌头类、马钱子等。有研究发现乌头类中药破坏钙离子通道转运的ATP酶，造成Ca^{2+}运输障碍，使神经冲动传递过程中神经递质积累过多，进而产生造成神经元坏死等严重的神经毒性；同时降低转运H^{+}、Na^{+}、K^{+}等的ATP酶的表达，迅速导致能量代谢和神经冲动传递的抑制及神经元的受损、死亡。有些中药作用的靶标是传递神经冲动递质，它们通过影响神经递质的合成、贮存、释放、降解、摄取、与受体的结合及影响第二信使系统等产生一系列的神经毒性。有些中药如山豆根降低突触前神经递质的释放量，在不改变细胞结构的情况下，引起神经系统功能障碍，出现神经病学或神经行为学的改变。

第三节　中药配伍减毒研究思路与方法（以参附方为例）

复方是中医临床遣方用药的主要形式，在“四气五味”“七情合和”“君臣佐使”等配伍理论指导下，各味中药通过配伍发挥协同增效或拮抗减毒作用。《黄帝内经》中记载的“君、臣、佐、使”理论中，佐使药常有制约及调和峻烈药物之毒性的作用。《神农本草经》“七情合和”理论中则有“有毒宜制，可用相畏相杀者”的论述，即运用一种药物以减轻或消除另一种药物的毒性或不良反应。中药复方成分复杂、体内过程烦琐、直接靶标不明确等限制了配伍减毒增效机制的研究，且中药配伍后具有多药物、多成分、多靶标与多途径等特点，如何全面系统地揭示中药配伍减毒增效机制是中药配伍现代化研究亟待解决的难题。本节以参附方为例，从化学基础、药代动力学、成分间相互作用、生物学机制等方面揭示参附配伍的科学内涵（图 5－2）。

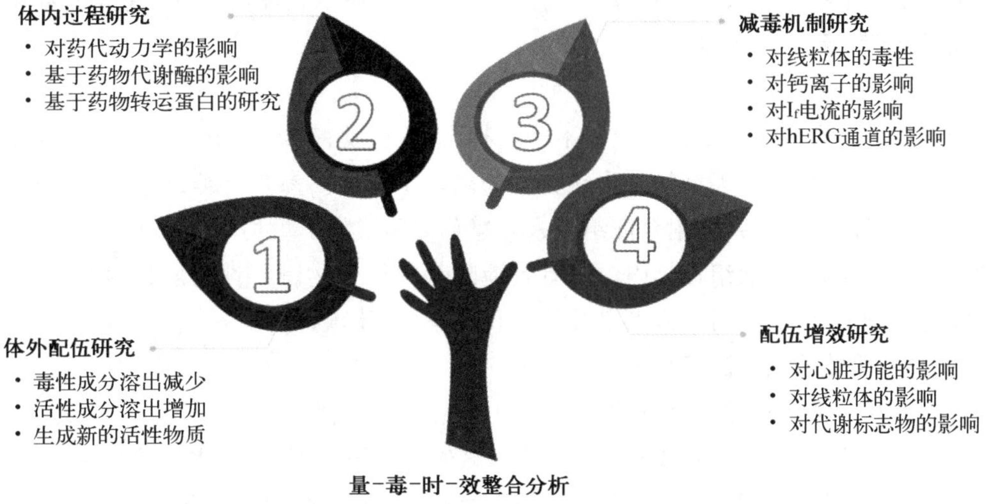

图 5－2　参附配伍减毒研究的思路与方法

附子为毛茛科乌头的子根加工品，性辛、甘，大热，有毒，归心、肾、脾经。含多种双酯型生物碱，如乌头碱、中乌头碱和次乌头碱等，已被证明是附子的主要毒性成分，主要是对神经和心血管系统造成严重损伤。如何尽量保存和充分利用附子有效成分以增强其药理作用，以及如何尽量去除和避免附子有毒成分出现毒性反应，亦怎样把握附子的“减毒存效”与“增效减毒”的问题，成为附子减毒研究的重点内容。

一、基于体外化学成分的配伍研究

中药所含活性成分是中药发挥疗效的物质基础，体外成分的复杂变化是研究配伍机制的基础和重点。色谱、质谱及二者联用技术已被广泛应用于中药活性成分的定性和定量分析，发现中药配伍后各药味主要通过以下单一或多个反应实现减毒增效作用：减少毒性成分的溶出；促进活性成分的溶出；生成新的活性物质。通过定性和定量分析研究配伍前后成分的组成及含量变化，可初步阐明中药配伍减毒增效的机制。

对参附全方、各药配伍及各单味制剂中指标性物质成分进行定性与定量，并探讨制备条件（加水量、浸泡时间、煎煮时间、煎煮次数、加热温度）与制备方式（单煎、分煎与合煎、配伍）对指标性成分质和量的影响。结果发现附子煎煮的过程中，乌头类双酯型二萜类生物碱可水解成单酯型二萜类生物碱，继续水解则生成胺醇类生物碱，几乎没有毒性。分析人参附子配伍在合煎过程中的化学成分变化，配伍应用时双酯型二萜生物碱的含量明显降低，而单酯型二萜生物碱的含量明显升高，这可能是人参附子药对配伍减毒作用的物质基础。

二、基于体内过程的配伍研究

中药体内过程的配伍研究，可能主要由药物之间的相互作用，特别是药效相互作用、药代相互作用或毒理相互作用而引发。配伍可能改变药物代谢酶或药物转运蛋白的活性和表达水平，相互作用可能影响药物的生物利用度和药效,从而影响治疗效果和安全性。

(一)连续给药红参对附子中双酯型生物碱的药代动力学的影响

为检测红参连续给药对附子中双酯型生物碱的药代动力学影响,连续7天口服灌胃红参后,给予附子提取物(1 g/kg)。研究结果表明:红参中,高剂量组的3种双酯型二萜类生物碱 AUC_{0-t} 均比对照组升高。而3种双酯型生物碱的表观分布容积、乌头碱和次乌头碱的代谢清除率均较对照组下降,提示大鼠双酯型生物碱代谢受到红参抑制。

血清中共检测到包括次乌头碱在内的14种生物碱成分,参附合并组与附子组相比,生物碱的吸收均出现了不同程度的上升。而参附合煎组与附子组相比,几乎没有毒性的普通生物碱含量上升,苯甲酰乌头碱、中乌头碱等单酯型或双酯型的生物碱含量却比附子组低。参附合煎组中生物碱的含量吸收低于参附合并组。其可能的原因是参附合煎组中人参皂苷抑制了附子生物碱的溶出。结合参附合煎组对比附子组的结果来看,参附合煎组在体内可以有效地降低附子生物碱毒性物质的吸收。各组人参皂苷的含量几乎没有差别,合煎合并对于人参皂苷的吸收没有显著影响。

(二)参附方在吸收层面的配伍规律

运用Caco-2双向跨膜模型,研究附子水提物中标志性成分在Caco-2模型上的双向转运作用,结果表明:乌头碱、新乌头碱和次乌头碱等双酯型生物碱外排作用显著,人参水提物可进一步促进其外排作用,而苯甲酰新乌头碱、苯甲酰次乌头碱等单酯型生物碱的外排作用不显著。加入P-gp抑制剂后,双酯型生物碱外排水平降低,提示P-gp可能参与其外排作用进程。深入研究发现,多个转运体参与双酯型生物碱跨膜转运系统中。其中,P-gp和BCRP在外排转运中的作用已得到证实。最后,通过罗丹明123外排实验、实时定量聚合酶链式反应和蛋白质印迹法来测定P-gp的活性、MDR1 mRNA的水平和P-gp蛋白的表达水平。结果表明,人参水提物可能通过MDR1来增强P-gp的蛋白表达,进而增强P-gp的功能,从而增加双酯型毒性生物碱外排,而不影响其他低毒或无毒生物碱成分的外排作用,参附方的配伍减毒机制可能与此有关。

(三)参附方与PXR-CYP3A4的相关性研究

构建了芳香烃受体(aryl hydrocarbon receptor,AHR)-CYP1A1和孕烷X受体(pregnane X receptor,PXR)-CYP3A4通路的单克隆工程细胞株,并对参附方中的单体成分进行筛选。结果表明,人参皂苷Rc、人参皂苷Rf和人参皂苷 Rg_1 等可影响CYP1A1的表达。但乌头碱、次乌头碱、新乌头碱、乌头原碱、乙酰乌头碱和苯甲酰乌头原碱对CYP3A4萤光素酶活性有一定抑制作用。

利用多种体外孵育方法检测发现,CYP3A4是乌头碱、中乌头碱、次乌头碱的代谢亚酶。通过调控PXR抑制CYP3A4的活性,红参可影响附子中双酯型生物碱的代谢,进而增加体内极低剂量双酯型生物碱的作用时间。

附子水煮和80%乙醇提取物,以及3种双酯型生物碱均可诱导PXR的激活,并且可介导CYP3A4的表达。提取物中双酯型和单酯型生物碱的含量不同,并且不同生物碱对PXR和CYP3A4的作用效果和程度也不同。在诱导PXR和CYP3A4高表达的过程中,附子的醇提液、中乌头碱和次乌头碱均与剂量呈正相关性。单酯型生物碱均能显著抑制PXR和CYP3A4的表达。附子提取物能诱导大鼠肝脏中的PXR、CYP3A4表达,且附子醇提组高于水提组。其中心脏指数、病理切片、染色结果和心脏损伤标志物的结果显示,不同的附子提取物对大鼠的心脏毒性大小不同,醇提物的毒性高于水提物。

附子在心力衰竭模型大鼠体内的吸收较差,代谢速率快;当连续给予红参后,附子在心力衰竭大鼠体内吸收速率相对降低,消除速率减慢,使附子中乌头碱、次乌头碱在体内发挥作用的时间延长。

三、参附配伍减轻附子毒性的研究

（一）参附方的量-毒关系

在动物、组织和心肌细胞 3 个水平，初步研究参附方的量-毒关系，结果表明人参与附子配伍的减毒作用在一定范围内随着人参剂量的增加而增加，人参附子配比 1∶1 为参附配伍减毒作用的分界点。

为了探究人参对附子减毒的最佳配伍比例，通过小鼠急性毒性试验结果表明，随着附子给药剂量的增加，小鼠的死亡率也呈现上升趋势，同时，随着人参在配伍中比例的增大，其减毒作用也愈发显著。在固定附子半数致死剂量（median lethal dose，LD_{50}）下，研究不同人参配比对于减毒效果的影响，实验中小鼠的死亡时间主要集中在 5～30 min 之间，中毒症状表现为抽搐、躁动、大小便失禁及心跳加速等。实验动物的尸检结果显示，肉眼观察下主要脏器并未出现明显的病变。人参与附子配伍的减毒作用在一定范围内随着人参剂量的增加而增加，尤其在人参∶附子为 1∶1 及大于 1∶1 时更明显。

（二）附子对心肌细胞的毒性机制研究

附子水提取液作用于心肌细胞，可以显著抑制细胞活性，活性氧类与线粒体超氧化物的生成量显著增加，线粒体膜电位显著降低，线粒体内 Ca^{2+} 浓度显著降低，细胞内 Ca^{2+} 浓度显著升高，细胞内 ATP 浓度显著降低。过氧化物酶体增殖物激活受体－γ 共激活因子－1α（peroxisome proliferator-activated receptor－γ coactivator 1－α，PGC－1α）的 mRNA 和蛋白质的表达显著降低。试验结果表明附子多途径共同作用于心肌细胞线粒体，抑制线粒体活性。

从 miRNA－hERG（human ether-a′ go-go-related gene）途径发现附子及其双酯型生物碱对心肌细胞毒性的调控机制。膜片钳实验测定 hERG 电流变化，附子中主要双酯型生物碱（乌头碱、次乌头碱和新乌头碱）均可即时抑制 hERG 开放电流。次乌头碱呈浓度依赖性地抑制 hERG 通道开放，其半抑制浓度（half maximal inhibitory concentration，IC_{50}）为 43.07 μmol/L，可下调 hERG 蛋白和基因表达水平，其促进 miR－134 表达量上升效果最明显。抑制 miR－134 表达后，次乌头碱抑制 hERG 蛋白基因作用减弱，提示附子心脏毒性与次乌头碱对 hERG 的抑制效果紧密相关。

乌头碱可诱导正常心肌细胞内 Notch1 信号通路及下游相关靶分子的变化，促进人赖氨酸脱甲基酶 5A（lysine－demethylase 5A，KDM5A）的表达，诱导 Notch 胞内域（notch intracelluar domain，NICD）/KDM5A 转录调控复合体的形成，靶向结合 *HCN4* 基因启动子区域，通过组蛋白去甲基化修饰，诱导超极化激活环核苷酸门控钾通道 4（hyperpolarization activated cyclic nucleotide gated potassium channel 4，HCN4）蛋白（一种控制心率的关键蛋白）表达，诱导心室肌细胞异常 I_f 电流的形成，导致自律性紊乱，因此，Notch1－NICD－KDM5A－HCN4 可能是乌头类中药诱导心律失常的作用靶标。

（三）参附配伍对心肌细胞内钙离子通路的影响

考察附子中乌头碱对心肌细胞内钙离子通路和通道的影响，结果表明乌头碱（1～10 μmol/L）能够升高心肌细胞钙瞬变的频率及 Ca^{2+} 相对含量，提高肌浆网上的钙通道心肌型兰尼碱受体 2（ryanodine receptor 2，RyR2）mRNA 转录水平，诱导 RyR2 蛋白表达和蛋白激酶Ⅱ磷酸化，从而激发心肌细胞钙紊乱，这种作用可以被人参皂苷 Re（3～12 μmol/L）所抑制。乌头碱促进活化 T 细胞核因子（nuclear factor 3 of activated T cell 3，NFAT3）从细胞质转移至胞核，这种作用可以被人参皂苷 Re 所抑制。

四、参附配伍增强附子药效的研究

（一）附子中乌头碱对心肌细胞线粒体的影响

一定浓度的乌头碱（5～20 nmol/L）抑制线粒体嵴断裂和空泡化，保护线粒体超微结构；同时稳定线粒体膜电位，限制线粒体通透性转换孔（mitochondrial permeability transition pore，MPTP）的持续性开放，促进 ATP 的合成。激活沉默信息调节因子 2 相关酶类 3(Sirt3)活性后,乌头碱可以降低亲环素 D(cyclophilin D,CyPD)乙酰化程度,限制 CyP-D 与腺嘌呤核苷酸转运体(adenine nucleotide translocator,ANT)结合和 MPTP 持续性开放。抑制 *Sirt3* 基因表达后,乌头碱对线粒体功能的保护作用消失,对 H9c2 细胞的氧化磷酸化能力呈剂量依赖性;乌头碱组的肌钙蛋白Ⅰ、肌酸激酶、谷草转氨酶、乳酸脱氢酶表达水平降低,并呈剂量依赖性,表明乌头碱对心肌有保护作用。在线粒体稳态发生明显扰动的过程中,乌头碱诱导的 AMP 活化的蛋白质激酶(AMP-activated protein kinase,AMPK)激活可促进线粒体内膜中视神经萎缩蛋白 1(optic atrophy 1,OPA1)介导的线粒体融合,诱导 ATP5A1 蛋白表达上调,通过增强心肌细胞线粒体产能,促使细胞内 ATP 含量增加和正性肌力作用增强。提示 AMPK-p-AMPK-OPA1-ATP5A1 信号通路的激活有助于乌头碱诱导的线粒体更新和正性肌力作用增强。

(二)参附配伍对心肌损伤模型大鼠心脏功能的影响

通过心肌左冠状动脉前降支结扎术建立大鼠心肌损伤模型,参附配伍组心肌损伤大鼠心脏功能,脏器指数,心肌损伤的组织病理学变化,血清中炎症因子变化等均有不同程度的恢复。心肌损伤大鼠心脏自噬明显增强,附子单用时可以增强自噬,与人参配伍后可降低附子增强自噬的作用。

(三)参附配伍对心力衰竭动物和临床患者的影响

基于非靶向性代谢组学的方法寻找可能相关的脂质代谢变化,模型组与对照组脂质代谢表型与氨基酸代谢标志物的分离较为显著,表明心力衰竭可能影响脂质代谢与氨基酸代谢。红参、附子对心力衰竭大鼠脂质代谢及氨基酸代谢有一定的影响,模型组大鼠血浆中细胞嘧啶、*N*-乙酰鸟氨酸、*L*-天冬氨酸、对称二甲基精氨酸、肌酐水平显著降低,亚油基肉碱和牛痘肉碱水平显著升高,红参、附子不同程度地逆转了这些变化。筛选出与心力衰竭相关的代谢通路,确定了 6 条可能的组间差异代谢物的通路。

急性心肌梗死患者入院时血清生化指标结果显示,磷酸肌酸激酶同工酶、乳酸脱氢酶等水平较高。通过 LC-MS 分析之后发现,水杨尿酸、甘油磷脂酰胆碱、甘油三酯等含量急剧上升,粪卟啉等含量下降。配合给予参附注射液后,卵磷脂、磷脂酰甘油、肌苷二磷酸、二酰甘油等含量上升,花生四烯酸经 CYP450 的代谢产物、磷脂酰乙醇胺等含量下降。

五、参附方量-毒-时-效整合分析

从心肌细胞离子通道和线粒体功能两个方面挖掘乌头类中药的慢性心肌“毒-效”特征及相关分子机制,为乌头碱慢性心肌“毒-效”探究提供新视角,以期实现复杂体系下乌头碱安全限量评估。从电生理角度阐释乌头碱诱导慢性心肌毒性的相关毒性效应及分子毒理学机制,为含乌头碱类中药慢性心肌毒性的认识及指导其临床合理用药提供科学依据。不同剂量乌头碱单次给药可诱导线粒体能量代谢调控的 p-AMPK-OPA1 和离子通道异常的 NICD-HCN4 机制通路的激活,5.6 nmol/L 乌头碱可促进 p-AMPK-OPA1 药效作用通路的激活,当剂量≥384.5 nmol/L 时,乌头碱也可诱导 NICD-HCN4 毒性机制通路的激活。

研究表明,附子中乌头碱毒效转换的新途径:高剂量(1~10 μmol/L)乌头碱促进 NFAT3 从细胞质转移至细胞核,进而引起钙/钙调蛋白依赖激酶Ⅱ磷酸化水平和 RyR2 蛋白表达水平升高,导致心肌细胞钙瞬变频率增加及 Ca^{2+} 含量升高,从而引起细胞内钙紊乱。低剂量(5~20 nmol/L)通过激活 SIRT3 的活性,减少 CyP-D 的乙酰化程度,进而减少 CyP-D 与 ANT 的结合,减少 MPTP 的持续性开放,从而减轻线粒体损伤。用药剂量影响到附子“毒-效”转化,在一定剂量内附子药效与剂量存在“量-效”关系,超量后易出现“量-毒”关系。因此,临床用药剂量应遵循“循序渐变,小量起用,缓慢叠加,中病即止”。

从化学基础、药代动力学、药物代谢、成分间相互作用、生物学机制等方面揭示了参附配伍的物质基础和作用机制,基于用药剂量和分子作用途径发现了参附方的“量-毒-时-效”关系,药效作用主要是能量代谢途径，毒性作用主要是钙离子超载，分析乌头碱毒效转换窗口，利用生理药代动力学与反向剂量学预测药物组分在体内的毒性阈值，实现中药毒性早期预测。发展和完善了"七情和合"配伍理论，参附配伍通过药物代谢机制降低乌头碱的浓度，通过毒理机制对抗毒性靶标，起到"七情和合"中的"相畏相杀"作用(图5-3)。

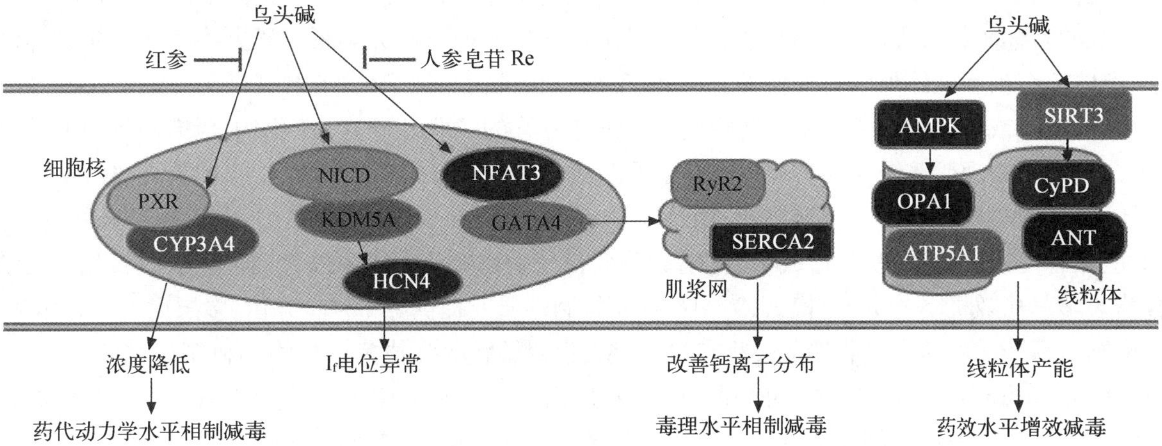

图5-3　参附方"毒-效"整合分析研究

第四节　中药炮制减毒思路与方法

毒性中药炮制可以通过直接去除非药用毒性部位达到炮制减毒的目的，这种净制的方法主要适用于一些明确毒性部位的中药；中药通过辅料炮制饮片能达到缓解偏颇之性、引药入经、增强临床适应证等目的。炮制具有减毒、增效、改变药性、矫臭矫味等作用。同一药物因其炮制方法的不同，性味、归经、功能主治均会发生变化，中药炮制扩大了中医临床用药的范围，增强了中药临床使用的安全性。

一、中药炮制减毒的研究思路

由于中药成分繁多且其在炮制过程中还会发生复杂的成分变化，致使中药炮制机制研究艰难而复杂。目前，中药炮制机制研究逐渐融合高分辨质谱、高通量筛选、体内代谢过程分析、系统生物学、组学及计算机虚拟筛选等生物医学新技术，并在研究过程中形成了一系列新型的研究手段及策略，整体呈现出从体外到体内，从宏观效应到微观机制的探索趋势。

(一) 中药炮制对成分的影响

以药物为研究对象时，中药炮制机制研究呈现出由体外到体内的研究趋势，体外研究主要聚焦炮制过程中辅料及炮制工艺引起的成分在"质"和"量"上的变化，即采用现代分析手段研究炮制过程中化学成分的特征性变化及化学成分间的相互转化，厘清已知成分的质变及量变规律。

通过对毒性中药的毒性作用部位、毒性成分、炮制解毒技术的总结，提出了有毒中药炮制减毒共性规律的概念：采用同样的炮制方法进行减毒的毒性中药，具有共同的炮制减毒规律。通过对栀子与栀子炭炮制品之间化学成分的变化及其生熟品对凉血止血作用的研究，证明栀子炭的炮制机制可能与栀子苷、西红花苷类成分及鞣质3类有效成分的含量变化有关。现代对毒性中药炮制工艺开展了更为科学深入的研究，基于草酸钙针晶质量分数、水溶性浸出物得率及白矾残留量，建立了科学合理的姜半夏炮制方法。将中药传统外观性状鉴别与现代技术电子鼻、电子眼等结合，对吴茱萸炮制过程中甘草用量、闷润时间、炒制温度对其气味和颜色的影响及变化规律进行分析，实现对吴茱萸炮制品客观的质量控制与评价。通过采用在线式非接触红外测温技术、机器视觉技术等对马钱子砂炒炮制工艺、外观颜色、内在成分等进行研究，保障了砂炒马钱子炮制工艺的规范性和质量可控性。

（二）中药炮制对增效、减毒或缓性的作用机制研究

以机体为研究对象时，机体应答研究涵盖了宏观的整体生物效应及微观的细胞/分子机制，并呈现出从宏观的整体生物效应向微观的细胞/分子机制转化的阶梯形研究模式。研究中主要采用在体动物模型、离体组织模型及体外细胞模型等，从整体动物、组织器官、细胞、分子及基因等不同水平揭示中药炮制增效、减毒或缓性的作用机制。药物变化与机体应答的关联性研究是阐明中药炮制机制的关键环节，中药炮制机制现代系统研究体系以药动学及药效学为桥梁将化学成分变化、生物转化、体内代谢、肠吸收转运、药效机制等多环节相连接，采用药动学-药效学（PK－PD）结合模型，深入探讨药物浓度-时间-效应三者之间的关系，初步形成了“化学成分变化—生物转化—体内外代谢—肠吸收转运—药动学结合药效学—药效机制”的研究模式，为中药炮制机制的研究提供了一种全方位、多层次的研究体系。

炮制前后药物的体内吸收转运过程、时量关系、代谢转化等均成为中药炮制机制研究的热点，且在体单向肠灌流、Caco－2 细胞模型、外翻肠囊模型、药代动力学及代谢组学等方法均成为中药炮制机制研究的常规手段。中药炮制往往可增加活性成分吸收并延长其滞留时间，进而提高生物利用度，且炮制前后活性成分的吸收差异可能与炮制改变活性成分吸收相关的物理性质、增加溶解度有关。体内代谢组学研究提示，炮制可引起药物的体内代谢途径改变，部分药物炮制前后对机体能量代谢、脂质代谢、胆酸代谢、脂肪酸代谢、氨基酸代谢、糖代谢及氨基葡萄糖代谢等代谢途径的调节强度不同。从转运体、代谢酶等体内环节阐释炮制机制也逐渐获得关注，研究提示，炮制后活性成分的体内吸收情况可能与吸收相关的转运体表达、CYP450 的活性等有关。从增效、减毒、缓性及生熟异治的角度探讨中药炮制机制的相关问题，发现中药炮制前后性效毒关联成分的含量变化是炮制减毒增效的关键。

二、中药炮制减毒方法

有毒中药炮制减毒方法包括净制减毒法、水制减毒法、加热减毒法与辅料共制减毒法等。有毒中药安全用药最直接的炮制方法就是去除有毒成分或减少其含量，但大多数中药的有毒成分也是有效成分，因此在炮制过程中注意将有毒成分的含量控制在合理范围内。

（一）净制减毒法

净制主要是除去有毒部位及杂质，将无毒或毒副作用较小的部位保留入药的减毒炮制方法。雷公藤去外皮以入药；全蝎去足、去尾；中药蜈蚣去头足用，或去尾足；蕲蛇去头部后使用；斑蝥应去除头、足、翅以降低毒性。

（二）水制减毒法

药物通过水洗、水漂、水泡、水浸等过程处理，使毒性成分在水中溶解流失，减少毒性成分含量，也能达到降低毒性的目的。“水浸”工序对去除半夏毒性有重要作用：半夏的有毒成分可溶于水，在水浸中有毒成分被水提取出来，从而达到去毒减毒作用。

雄黄必须经过水飞炮制后制成饮片雄黄粉才可入药使用，比较水飞法、水洗法和干研法这 3 种传统的雄黄炮制方法对雄黄饮片质量的影响，通过水飞炮制去除毒性大的可溶性砷，可以达到降低毒性的目的。

（三）加热减毒法

加热减毒一般适用于遇热易变性，有毒成分不稳定的药材。常见加热方法包含炒、炙、煨、蒸、煮等。通过高温去除有毒部位或破坏部分有毒成分，使有毒成分失效或转化成其他物质，将含量控制在既不会

对人体产生毒副作用，又起到治病救人的范围内。研究提示结构或性质相近的成分在相同或相近的炮制过程中可能发生同类化学反应，如黄酮苷、三萜皂苷、甾体皂苷、香豆素苷、蒽醌苷、木脂素苷、二苯乙烯苷及环烯醚萜苷等苷类成分均由苷元及1个或多个糖基组成，在炒制及蒸煮等炮制中易发生脱糖基水解反应；中药内蛋白质可在酸、碱及加热条件下变性生成难以溶解的沉淀性络合物；无机类成分在煅法、煅淬法等炮制中可发生脱水、氧化或分解等化学反应生成无机盐或金属氧化物。

（四）与辅料共制减毒法

中药炮制传统辅料为“酒醋盐姜蜜，麸米蛤土沙”，其中酒、醋、盐、姜、蜜等炮制辅料在“酒制升提”“醋制入肝”“盐制入肾”“姜炙入肺心经”“蜜炙入脾经”等传统炮制理论的指导下在中药炮制领域发挥着重要作用。某些毒性较强的中药在炮制过程中需要加入适量的辅料，通过物理化学反应中和药物毒性。

采用水制、水火共制的方法，将药物和辅料共同炮制，可降低药物的毒性。一些重要研究成果提示中药加辅料炮制前后活性成分变化及其体内过程改变是引起中药药性和功效改变的根本原因，目前较为明确的加辅料炮制增效减毒机制包括以下3点。① 炮制过程：辅料的作用多体现为促进成分转化、增加化学成分溶出及利用自身性质“调控”药物炮制温度等；② 制剂过程：炮制辅料与活性成分形成某种特殊形态，改变活性成分的溶解度、渗透性及肠吸收转运，发挥增效减毒作用；③ 生物药剂学过程：在辅料作用下某些成分的体内吸收、转运代谢等行为发生变化，进而改变生物利用度及靶器官的组织分布。

三、有毒中药炮制减毒的共性规律

中药炮制减毒的技术决定着有毒中药的毒性和临床应用的安全性、有效性，阐明有毒中药的炮制减毒规律，是规范有毒中药的炮制工艺、制定有毒中药饮片质量标准的关键。同一科属的中药中有多个有毒中药在临床进行应用，并且多采用相同的炮制技术进行炮制减毒，这种现象的背后一定有其内在的炮制减毒共性规律存在。在深入阐明炮制减毒规律的基础上，进一步改革和创新中药炮制减毒技术，对有毒中药的临床安全应用具有深远意义。

（一）毛茛科有毒中药的炮制减毒共性规律

毛茛科有毒中药川乌、草乌、附子、雪上一枝蒿、铁棒锤等均含有乌头碱等双酯型生物碱。双酯型生物碱在水煮制的炮制过程中，其C－8位上的乙酰基水解，同时与邻位羟基缩合，生成焦乌头碱类生物碱；在继续加热过程中，生成苯甲酰乌头原碱，其毒性为双酯型乌头碱的1/500～1/50；苯甲酰基再进一步水解，C－18位上失去一分子苯甲酸，得到亲水性氨基醇类乌头原碱。由此，使得炮制后的制川乌、制草乌、制附子等的毒性仅为原来生品双酯型乌头碱的1/4 000～1/2 000。

（二）大戟科有毒中药的炮制减毒共性规律

大戟科大戟属的有毒中药京大戟、狼毒、甘遂，均为峻下逐水药，成分研究表明它们均含有二萜类成分，并且都采用醋制炮制技术达到炮制减毒的目的。京大戟中毒性较大的二萜类成分在醋制过程中，使毒性大的二萜类成分结构发生变化，转化为毒性小的或低毒的二萜类成分，既达到了降低毒性的目的，又保留了这些有毒药物泻下、利水、通便的功效。

（三）含马兜铃酸类成分有毒中药的炮制减毒共性规律

炒法和炙法等多种炮制方法自古便应用于马兜铃、细辛等毒性药材，目前仍是含马兜铃酸类成分中药最常用的减毒增效方法，其关键工艺在于高温处理可使马兜铃酸类成分发生降解、含量降低。因马兜铃酸类成分的结构中含有羧基，可与碱或强碱盐等反应而溶于水，各炮制品中马兜铃酸含量下降比例按降序排列依次为：碱制-醋制、碱制、蜜炙、盐炙、姜炙、炒焦和醋制，其中碱制-醋制法可使马兜铃中的6种马兜铃酸的含量下降50.54%。

（四）含蒽醌类成分有毒中药的炮制减毒共性规律

何首乌的毒性成分主要为蒽醌类成分，如大黄素、大黄酚、大黄酸等，何首乌对大鼠肝脏有毒副作用，且不同炮制品何首乌毒性差异很大，生何首乌毒性较制何首乌更强。腹腔注射生何首乌的 LD_{50} 为 2.7 g/kg，制何首乌的 LD_{50} 为 169.4 g/kg。何首乌肝损伤与机体免疫应激状态相关，建立的免疫应激动物模型，也从实验角度证实何首乌免疫特异质肝损伤的客观真实性。

中药毒性具有发生过程隐匿、毒性物质复杂、毒性机制不明、安全剂量模糊等特点，影响因素有炮制、配伍、剂量、疗程及剂型等。中药毒理研究突破点包括以下 4 项。① 基于定量结构-活性关系、网络毒理学及 AI 算法预测中药毒性：通过构建复杂的数学模型和算法，利用 AI 算法进行深度学习和挖掘，发现中药毒性与成分、结构、剂量等因素之间的复杂关系；② 中药全成分组复合毒性效应网络：基于多元层面的中药全成分组复合毒性效应网络的预测理念，期望实现一体化中药毒性完整预测；③ 病证结合的安全性评价模式：结合中药毒性现代科学认知，提出了基于病证结合的中药安全性评价模式，为临床安全用药提供更精准的指导和参考；④ 中药配伍减毒策略和方法：提出基于成分效应靶标相互作用的中药配伍减毒策略和方法，为破解不同类型毒性中药配伍减毒难题提供创新思路和方法。

思考题

（1）现代中药“毒性”的概念包括哪些方面？

（2）中药毒性有哪些特点？

（3）中药配伍、炮制减毒的现代研究思路有哪些？

（高　月　马增春）

第六章
中药药理研究与系统生物学研究

系统生物学(systems biology)由奥地利的生物学家 L. Bertalanffy 开创,其概念于 1999 年由 Leroy Hood 提出。系统生物学是研究生物系统组成成分的构成与相互关系的结构、动态与发生,以系统论和实验、计算方法整合研究为特征的生物学。系统生物学研究的焦点是细胞信号转导和基因调控网络,认识生物的观点是从“局部观”走向“整体观”,这与中医药“整体观”研究思路有相同之处,故系统生物学策略与技术适用于中药复杂体系的研究。21 世纪随着生物信息学、系统生物学、计算生物学等跨学科领域的兴起,生命科学和医学的研究模式逐渐从“还原论”向“系统论”转变,对药物作用机制和疾病生物学基础等科学问题的研究策略也从“单疾病、单靶标、单药物”转向系统和整体的分析。随着以转录组学、蛋白质组学、代谢组学、基因组学、网络药理学等为代表的各种组学技术,生物信息学和数据分析方法的快速发展,系统生物学策略在中药药理研究中得到了广泛的应用,并取得了大量代表性成果。

第一节　中药药理研究与网络药理学

中药网络药理学作为一种新型交叉学科,不仅可以揭示疾病发生机制、探索新药研发策略,又为中药网络药理学的发展提供重要驱动力。其研究思路与中医药的整体理念和临床实践相契合,注重从生物网络的整体视角探究复杂疾病和中医证候的内在机制;从系统层次和生物网络的整体角度出发,解析疾病、基因和药物之间的模块性关联规律,为中医药现代化、科学化提供新的思路与方法;并采用计算、临床与实验相交叉的策略,建立基于生物网络的研究方法体系,揭示中医药的网络生物学基础。

一、中药网络药理学的发展

中药网络药理学是 AI 与中医学交叉的产物,AI 技术为建立基于网络靶标理论和网络模块化规律的网络药理学方法提供了支撑。网络药理学的本质是基于生物网络的关系推断,其中通过计算方法解析“关系”的核心是如何突破多尺度、宏微观、多层次关联问题——即建立包含疾病表型、致病基因、药物靶标等宏、微观不同层次生物信息关系的模型,同时解决基于小尺度网络建立的信息模型在有较大规模的复杂疾病网络上难以直接应用的问题。基于 AI 的中药网络药理学方法可较好地解决上述问题,并希望通过“网络靶标”等相关理论系统地揭示中药成分的分子基础及中药多成分的协同干预规律。从发展历程上看,中药网络药理学思想与生物信息学、系统生物学、系统药理学、网络医学、AI、大数据科学等相关研究领域同步兴起、相互交汇、融合发展。

为了更好地将中药网络药理学分析思想和复杂网络计算方法与中药方剂复杂体系相结合,实现对药物作用机制与疾病之间关系的定性和定量分析,国内学者 1999~2007 年依次提出了中医证型、中药配方与生物分子网络之间存在相互关系的假说,并发表了基于生物网络解析中药配方作用机制等研究案例。2009 年提出“表型网络—生物网络—中药网络”模型用于中医证候和中药方剂研究，进而于 2011 年首次提出“网络靶标”概念，这是中药网络药理学的关键理论，相关的研究自 20 世纪末开始发展至今。进一步提出基于网络靶标的协同药物组合预测算法，通过对复杂网络的分析、建模和计算，解析中药方剂对机体的整体调控过程与机制，建立药物与机体复杂疾病证型的相互作用体系。

网络药理学正处于快速发展的阶段，也出现研究质量良莠不齐、数据缺乏规范、科学检验不足等问题，世界中医药学会联合会推动发布了首个网络药理学评价的标准——《网络药理学评价方法指南》(SCM0061－2021)，从研究的可靠性、规范性、合理性等方面为中药网络药理学的科学规范研究提供了科学参考。

二、中药网络药理学的核心：网络靶标

(一) 网络靶标的概念和特征

网络靶标是中药网络药理学的核心理论。网络具体是指生物网络，它既是机体复杂生物系统的构建基础，同时也是描述生物系统中要素与要素之间关系的重要方法。网络靶标是指生物分子网络中，能够机制性关联药物与疾病，并定量表示药物整体调节作用机制的网络关键环节，包括关键分子、关键通路或关键模块等。网络靶标强调药物与疾病的关系，体现在药物对疾病相关分子网络模块的调控作用上。因此，网络靶标可被视为耦合宏观和微观对象的关键网络模块，它是多层次网络深度解析与高通量多模态多组学的结合桥梁，进而实现表型—组织—细胞—分子—药物多层次网络构建和深度分析，弥补了多模态多组学技术之间关联性差的不足，并且网络靶标理论表征了中药网络药理学研究的主要任务：构建疾病相关的生物网络并根据生物网络进一步推断干预疾病或证候的中药方剂/成分的关键模块(图 6－1)。

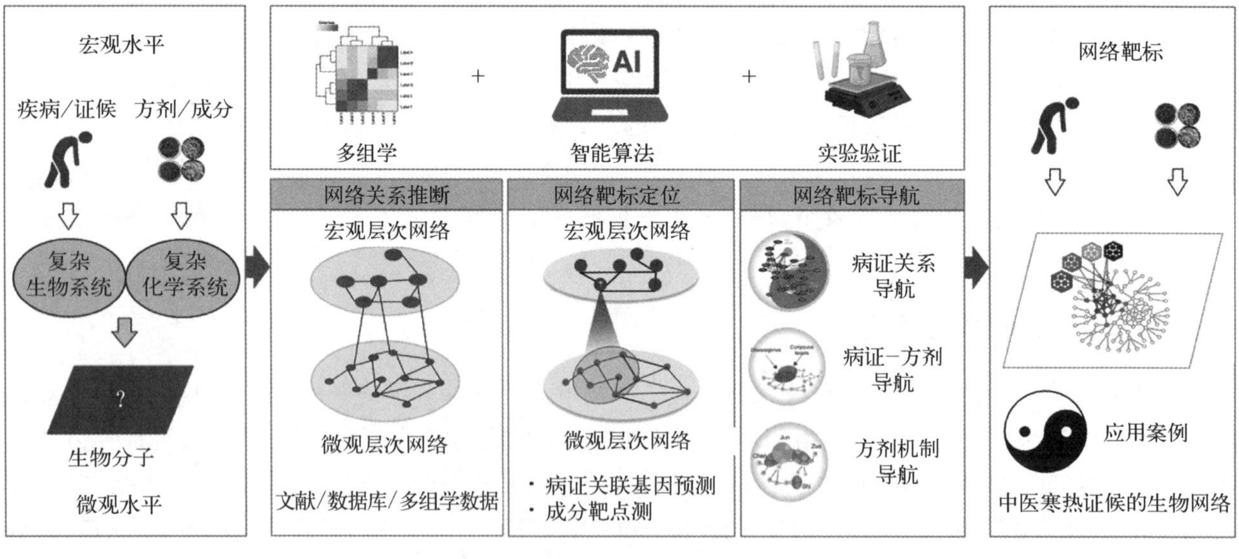

图 6－1　网络靶标概念及其主要方法框架

网络靶标与单靶标、多靶标的概念存在本质区别。单靶标是以单一靶标为靶标，选用高亲和性、高选择性药物，以介入某一靶标来治疗某一病证；多靶标是药物在两个或更多有关靶标上同时发挥作用，并在每个靶标上发挥协同效应，使得总效应超过各单效应的总和。网络靶标与单靶标，多靶标不同之处在于：第一，单靶标与多靶标从药物作用性质角度进行界定，“网络靶标”则处于生物网络系统层次；从药物-机体相互作用角度界定，兼顾药物作用机制和病证分子机制；另外，单靶标和多靶标概念具有解释

性和描述性，缺少清晰的定量，“网络靶标”则强调针对网络的定量，并以此为基础强调药物整体效应作用机制的定性和定量分析。

传统药理学遵循的研究模式是从确定的单个药物成分到确定的作用靶标，再到下游信号通路，最后到疾病相关表型。这种“单靶标-局部对抗”模式认为从药物分子到某个确定的分子靶标再到最终效应经过的是线性传导的过程（图6-2左图所示）。在“网络靶标-系统调节”模式中，药物侧重于作用在某一表型相关的网络靶标上，进而影响网络靶标的静态关键结构或动态平衡，从而以系统的方式调节疾病（图6-2右图所示）。“网络靶标-系统调节”模式更全面系统地考虑表型相关的诸多分子及它们之间的关系，并以网络的形式进行描述和建立网络靶标模型，进而在网络靶标的基础上分析药物的作用机制和预测对表型的干预结果。

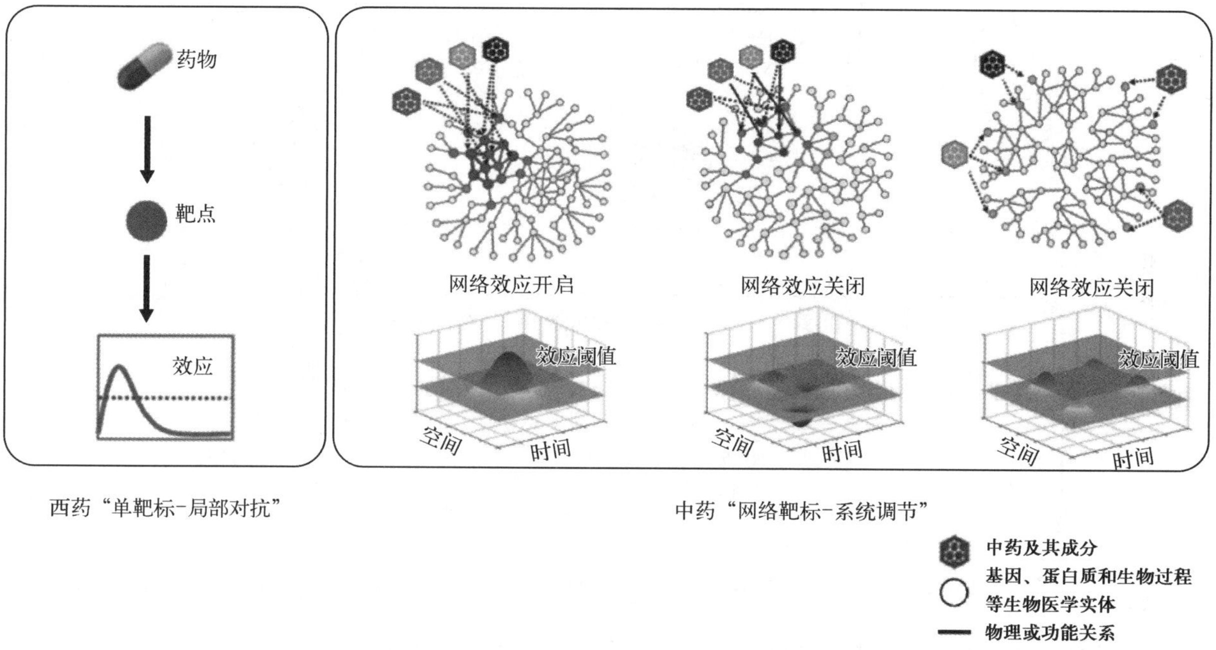

图6-2　“单靶标-局部对抗”与“网络靶标-系统调节”模式的比较

（二）网络靶标的实验技术与平台

多模态多组学实验技术与AI结合是网络靶标实验的重要环节，以先进的测序和芯片技术为动力提供海量的数据，是系统生物学的重要研究方法。而AI算法可以集成海量多模态多组学数据，为表型—组织—细胞—分子等层次的病证、方剂干预指标水平提供强大的支持。基于网络靶标的药物网络药理学智能和定量分析方法（Using Network target for Intelligent and Quantitative analysis on drug action，UNIQ）系统（图6-3）是AI赋能中西医药研发的网络药理学智能系统。UNIQ系统借鉴了中医整体观的“取象比类”思想，即“取宏观之象、比微观之类”，通过融合宏微观信息，基于高精度关系推断算法和网络靶标全局解析算法，将疾病和药物准确“定位”于分子水平并对药物如何治疗疾病给出“导航”路线，在生物分子网络上实现了众多疾病和药物内在关系的定位和导航。UNIQ系统已经用于阐释寒热、扶正等中医核心原理的生物网络机制，在中药药理学方面，也已实现中医名方验方挖掘、中药作用机制整体解析、中药精准质控和中药临床精准定位，是中医药精准研发的关键技术突破。运用该系统靶向类风湿关节炎湿热证难治环节血管新生机制，结合网络靶标全局预测筛选与名老中医的人用经验，对清络饮进行精制研发，获得机制较为清晰、临床疗效提升的新方——加味清络饮。UNIQ系统还研发了胃癌“智能早筛-及早诊断-精准早治”三位一体的中西医精准诊疗系统，以胃炎癌转化为切入点，构建了胃炎寒证、热证多层次生物网络，识别出证候相关的炎癌转化高风险亚型，发现胃癌极早期细胞标志物，该标志物在低级别异型增生阶段即可精准预判胃癌发生风险，还发现胃炎寒热舌苔菌群新型标志物。UNIQ 系统从一个全新的角度阐释中医药科学原理，为中医药的传承发展提供了生物机制上支撑，推动了 AI 应用于中医药传承创新。

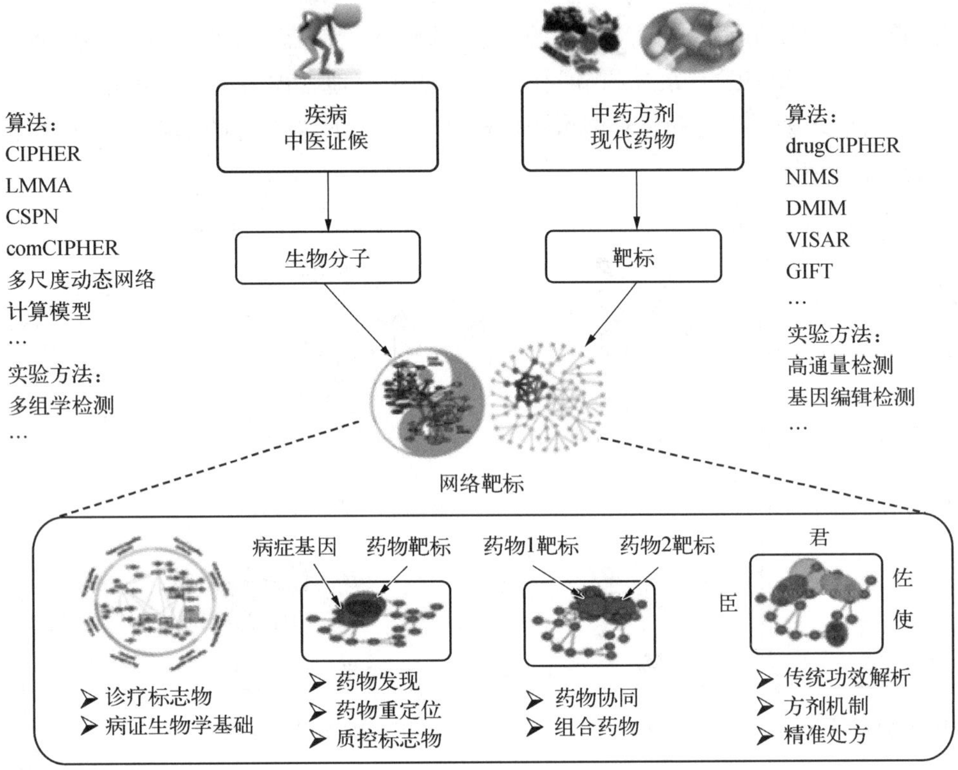

图 6-3　基于网络靶标的药物网络药理学智能和定量分析方法与系统

网络药理学的研究离不开数据库平台。常见的如中医药百科全书（The Encyclopedia of Traditional Chinese Medicine，ETCM）数据库平台，该平台整合了大量中药、配方及其成分的标准化信息，包括中药成分、药材或配方，以及各中草药的药味（酸、苦、甘、辛、咸）、药性（寒、热、温、凉、平）、归经（肺经、肝经、肾经等）和潜在靶基因信息，并基于此探索构建的中药与配方、成分、靶基因、相关通路和疾病之间的网络关系图谱，该平台收录了 402 种中草药、3 959 个中药配方、7 284 种有效成分及经实验验证或预测的 2 266 个基因靶标和对应的 4 323 种疾病相关数据。中医药综合数据库（Traditional Chinese Medicines Integrated Database，TCMID）注重与中药相关的化学成分、作用靶标等数据的收集。中医药证候关联数据库（Symptom Mapping，SymMap）更倾向于中医证候的关联，它将收录的中医证候、中草药、西医症状、证候关联的疾病、中草药成分、药物靶标这 6 种类型的实体构成了一个异质网络。中药潜在靶标数据库（Traditional Chinese Medicine Potential Target Database，TCM－PTD）根据中药整合调节特点提出了网络平衡构建算法的组分配伍优化策略，并开展了一系列实验研究，创建了基于网络调控的中药药效综合评价方法和中药多成分、多靶标、多通路网络构建方法。中医药特有智能网络药理学平台（An Intelligent Network Pharmacology Platform Unique for Traditional Chinese Medicine，INPUT）存储了中药、疾病、中药活性成分、靶标等数据，通过集成多种生物信息学方法，实现了网络药理学自动化分析、靶基因功能富集分析、中药和疾病数据查询与检索、药物相似性分析等功能。中药系统药理学数据库与分析平台（Traditional Chinese Medicine Systems Pharmacology Database and Analysis Platform，TCMSP）及中药分子机制生物信息学分析工具(A Bioinformatics Analysis Tool for Molecular mechANism of Traditional Chinese Medicine,BATMAN－TCM)则以基于成分的靶标预测和网络分析为核心。这些数据库平台均为中药网络药理学研究的重要平台和技术手段,是中药网络药理学的支撑。

三、中药网络药理学的应用

(一) 中药网络药理学的实践应用

1. 处方优化　中医的临床人用经验是源于临床,结合经典,反复论证,反映中医防治疾病内在规律的理性认识,根据中医理论辨证施治形成的特定组方,在临床应用中具有较大的优势。但是,从整体角度评价中药药效的方法和探析方剂与证候间内在联系,仍是中医药临床研究的难题。网络药理学可充分利用患者临床大数据信息和名老中医的临床经验,通过"疾病—基因—靶标—药物"相互作用网络能系统阐释中药对疾病网络的干预作用,通过分析中药作用的多靶标模块在网络水平上的叠加、协同、调节作用推断中药靶标与功效的因果关系,进而探索中药复方配伍及其与证候间的内在联系与规律,架起理、法、方、药的桥梁,既能丰富中医基础理论内涵和创新学术思想,又有助于实现现代科学技术手段与人用经验有机结合,为名医经验传承发展和中药精准创制提供新的思路。如通过靶向类风湿关节炎特定生物网络对国医大师名方——清络饮进行精准优化,研制出靶向类风湿关节炎血管新生的清热中药新方加味清络饮,临床研究表明,加味清络饮能够提升临床疗效、促进临床精准定位。

2. 新适应证发现　从系统生物学的角度看,生物网络平衡是健康的基础,疾病的本质在于生物网络的失衡,药物治疗疾病的本质则在于重建生物网络的平衡或减轻平衡被破坏的程度。对复杂疾病的治疗,药物往往不是干预单一致病基因而是调节或扰动整个"致病网络",从而影响疾病表型。网络药理学可以机制性耦合药物与病证临床表型,通过分析中药所含化合物的靶标谱、病证的潜在通路和生物过程的协同作用关系,揭示其生物网络调节机制,从而为中药临床精准定位和新适应证发现提供科学依据。如利用网络药理学发现清热方药治疗新型冠状病毒感染的临床证据,入选世界卫生组织《COVID－19 临床管理：动态指南》(Clinical Management of COVID－19：Living Guideline)。进而构建冠状病毒感染免疫调节相关细胞-分子网络,发现清热解毒中药大品种热毒宁注射液抗新型冠状病毒感染的功效物质及机制,入选包括国家卫生健康委员会发布的第六至十版《新型冠状病毒肺炎诊疗方案》多个诊疗方案和指南,为中药大品种研发升级和临床应用提供关键科学依据。

3. 临床精准定位　如何揭示中药与病证的关联机制、促进中医药诊疗的精准化,是提升中医临床诊疗水平的关键难题。网络药理学通过将复杂生物网络分析与 AI、多组学检测相结合,智能解析病证相关的多模态特征,定量耦合病证宏观表型特征与细胞、分子等微观信息,系统阐释病证相关生物网络基础;在此基础上,发掘疾病风险表征的客观指标、病证精准诊疗的生物标志物,建立宏、微观信息整合的中药处方精准推断系统,显著提升病证中医临床诊疗水平。如针对风热"兼燥"型感冒日益高发、缠绵难愈、治疗手段缺乏的临床难题,王永炎院士利用网络药理学开发发掘伏燥论治感冒经验方,构建感冒风热兼燥证先天性免疫调节与适应性免疫应答相关生物网络,明确该药治疗风热兼燥型感冒的临床最佳适应证,精准推动其成为自 2020 年新的中药注册分类法实施以来,第一个获批的 1.1 类中药新药银翘清热片。例如,利用网络药理学还揭示了益气通窍方治疗季节性过敏性鼻炎的机制与临床适应证,推动其获批 1.1 类中药新药。再如,结合临床多组学的网络药理学分析,揭示了"清热"复方葛根芩连汤(源自《伤寒论》葛根芩连汤)治疗 2 型糖尿病的新机制,促进临床精准定位,并开展临床随机对照试验证明其能降低血糖及抑制代谢性炎症,支撑其作为首个既能独立降血糖,又能调节代谢性炎症的中药复方入选临床指南。

4. 工艺设计　功效物质(功效成分群)是指中药中含有的发挥中医药临床疗效特点的化学成分群,

也是网络靶标与复杂成分群多维关联网络化效应治疗"疾病-证候"的物质总和，且要能体现中药药味组成特点，能表征中药整体功效强度，能反映中药功能主治特色。但由于其基础研究薄弱、功效物质不清、作用机制不明确，质量标准大多采用部分药味的指标成分，往往难以充分反映产品整体质量。因此，应当开展针对性研究，立足中医临床，整合证候宏观体征与基因组学、转录组学、蛋白质组学、代谢组学和微生物组学等组学信息，构建相关病证网络模型和药物靶标谱，辨识与病证网络关键环节相关联的潜在功效物质，构建中药功效物质解析方法与技术体系。中药复方功效是其所含的功效物质对机体生物网络(包括 DNA、RNA、蛋白质、小分子代谢物等)广泛调节的综合结果。因此，在中药复方提取工艺评价指标的选择上，用单一指标成分对工艺进行评价，存在着较大偏颇。利用网络药理学技术寻找影响中药功效相关的功效物质，并能同时了解其作用机制，结合药理活性评价能更合理地进行提取工艺设计与质量标准建立。如通过网络药理学方法预测栀子豉汤治疗失眠的活性成分、潜在作用靶标和作用机制，同时以质量源于设计理念为指导，建立栀子豉汤提取工艺的设计空间，发现其提取工艺设计空间稳健可靠，可为其制剂的工艺开发提供参考。

5. *质量研究* 近年来，中成药质量标准水平不断进步，由多采用单一指标成分的含量控制逐步表现为更多地采用多指标成分控制，但控制的指标成分多未与中药功效相关，内在质量的整体控制水平未有质的突破；另外，原药材质量不稳定和生产过程缺乏质量控制或控制水平不高，导致产品批间均一性较差，难以保证药品疗效的稳定发挥，未达到国际药品标准先进水平。基于中药方剂-分子-病证生物网络，可以发掘其中的关键成分或关键生物网络模块作为评估中药临床疗效的质控指标，从而促进中药方剂精准质控，助力中医药企业国际临床试验的开展。如利用网络药理学精准辨识天舒胶囊的核心功效成分，促进精准质控，被纳入《中国药典》并为欧盟药品注册奠定基础，推动该药成为唯一被中华医学会《中国偏头痛诊断与治疗指南》推荐的中成药，提升了中药品种的市场竞争力。

6. *安全性研究* 中药本身的复杂性、特殊性及中西药联用日益普遍，人们生活方式改变、人类疾病谱变化等因素，中医用药的背景和环境越来越复杂，中药不合理使用等安全性风险陡增，使得中药不良反应/事件频繁发生，给科学认知中药安全性领域出现的新情况、新问题提出了新的挑战。网络药理学能够从中药成分-效应靶标互作角度，有效阐释中药毒性特点和作用方式，揭示其对药效和毒性效应的影响，为构建更加科学、有效的配伍减毒策略和方法提供技术参考。例如，通过网络药理学方法，阐明了大黄肝损伤机制与其治疗肝病药效机制的关联性，主要与其对肝炎相关促炎蛋白网络和抗炎蛋白网络的双向调节作用有关，进而揭示了正常人群和肝病患者的不同免疫状态可能导致了大黄的双重毒性反应。

7. *中成药二次开发* 中成药上市前的临床病例评价信息少、定位模糊，人群范围相对较窄，用药条件控制苛刻，使得中药上市前的有效性评价内容并不充分。运用网络药理学开展中成药的作用机制研究，能够系统综合地观察药物对疾病网络的干预与影响，并通过评估中药成分组合对疾病分子网络的扰动程度，解析经典名方"异病同治"共性机制，从而为中药上市后新适应证发现及药效机制阐明，质量提升、新适应证发掘等方面提供了有力证据。例如，从寒热生物网络的角度出发，运用网络药理学能够揭示"异病同治"复方胃复春和摩罗丹在慢性萎缩性胃炎上的不同干预机制，以及利用网络药理学发现中药成分组合物丹参素冰片酯调节血管新生的新机制。通过辨识天舒胶囊中丁烯基苯酞等功效成分，使其质控标准由原来的 2 个指标成分提升为 13 个功效成分。

(二)中药网络药理学应用典型案例

类风湿关节炎(rheumatoid arthritis，RA)是临床常见的慢性自身免疫病，属于中医痹病范畴，以关节肿胀、晨僵、屈伸不利、疼痛、压痛、畸形等为主要临床表现。RA 的原因及发病机制尚不明确，治疗上以控制病情，减轻患者病痛为主。目前西医治疗通过抑制人体免疫、抗炎等作用阻止 RA 病程进展，在 RA

滑膜血管新生、血管翳形成及骨破坏方面的效果不够显著，且均存在肝肾损伤、骨髓抑制等不良反应。中医治疗 RA 历史悠久，经验丰富，治疗方法多样。清络饮是国医大师李济仁的治痹验方，临床疗效满意。运用网络药理学对李济仁治疗 RA 的 871 例处方进行分析，发现清络饮为其治疗多种风湿类疾病的核心处方。该方针对痹病湿热证的主要病机，以清热除湿、通络开痹为目的，发挥抑制免疫反应、抗炎、抑制血管新生、镇痛等作用。为进一步针对 RA 血管新生的核心病理过程，加强清络饮的临床针对性，提升临床疗效，靶向 RA 血管新生等难治环节的特定生物机制，从全局上筛选针对 RA 血管新生等生物过程的中药，再与名老中医的人用经验紧密结合，对名医验方进行精准优化，获得机制较为清晰、临床疗效提高的优化处方——加味清络饮。

该研究以清络饮组方为基础，利用网络靶标分析技术，从现有中药中全面预测出能够靶向 RA 血管新生等关键信号通路的备选中药，结合首届国医大师李济仁、安徽省名中医李艳临床经验，从中医理论角度遣方组药，优化开发出一种靶向 RA 血管新生的新处方——加味清络饮，进而验证加味清络饮的临床疗效与作用机制。结果预测出二十七味对 RA 血管新生等关键信号通路具有调节作用的备选中药，其中六味中药被名医按照中医理论选择而获得加味清络饮新组方，临床试验结果显示加味清络饮的治疗作用符合美国风湿病学会 RA 疾病缓解标准（American College of rheumatology 20、50 critera，ACR20、ACR50），中医证候疗效评价等方面的临床疗效均优于清络饮，机制研究结果显示，加味清络饮可靶向血管内皮细胞生长因子（vascular endothelial growth factor，VEGF）信号转导通路、核因子 κB（nulear factor kappa B，NF－κB）通路、炎症细胞因子释放通路、免疫调节通路等，发挥抑制 RA 炎症反应、血管新生的网络调节机制。本研究也表明网络药理学方法能够为中药药理解析、中医药验方优化开发、中医药验方机制研究及名老中医学术经验传承创新提供新途径。

第二节　中药药理研究与人工智能

疾病的发生是一个以生物分子网络紊乱为特征的、多尺度和多因素参与的复杂过程，如何从海量的生物医学数据中解析出表征疾病发生与干预规律的生物网络，并指导中药的精准防治？这既是复杂系统与复杂网络研究的难点，也是当前信息科学与中西医学高度关注的一个前沿问题。生物技术和信息技术的不断发展为应用系统论方法开展中药药理研究提供了数据和技术基础，而面对数据的爆发式增长，简单的统计分析方法往往难以实现对大规模数据的充分挖掘利用。为了提高数据利用效率，必须借助先进的信息分析手段来促进中药药理研究。近年来以深度学习为代表的机器学习领域的突破使得 AI 成为当下最为热门的研究方向之一。AI 算法可以基于不同策略，应用不同种类数据，实现搜索、判别等多种任务，适用于解决研究中面临的海量数据分析难题。

一、人工智能概述

AI 是一门跨学科的研究领域，旨在让计算机和其他设备模拟、延伸和扩展人类智能。机器学习是 AI 算法的核心，是一种用于让计算机系统从数据中学习和改进的方法。它通过构建和训练模型，使计算机能够自动分析和理解数据，从而做出准确的预测或决策。机器学习算法可以分为监督学习、无监督学习和深度学习。

1. 监督学习　主要包括回归和分类两大类，算法使用带有标签的训练数据进行训练，其中每个样本都有一个相关的标签或输出，其目的在于从大量的输入数据中建立输入 Xi 到输出端 Y 的映射关系，从而建立具有预测功能的模型或分析输入特征的重要程度。常用的监督机器学习方法有：LASSO 回归（least absolute shrinkage and selection operator）、岭回归（ridge regression）、逻辑斯谛回归（logistical

regression)、贝叶斯分类(Bayesian classification)、支持向量机(support vector machine)、随机森林回归(random forest regression)等。

2. *无监督学习*　包括聚类和降维,无监督学习不依赖于输入数据标签来建立特征到标签的映射,而是针对大量数据本身的特征和相互关系,依据不同的度量关系将输入数据划分为不同的类别(聚类),或降低输入特征向量的维度,从而达到去除噪声和减少冗余特征的效果(降维)。常用的聚类算法包括k均值聚类算法(k-means clustering algorithm)、层次聚类(hierarchical Clustering)算法、AP聚类算法(affinity propagation clustering algorithm)等。常用的降维算法包括主成分分析(principal component analysis,PCA)、因子分析法(factor analysis)等。强化学习是一种通过与环境进行交互来学习最佳行为策略的方法。在强化学习中,算法通过试错过程,根据行动的结果获得奖励或惩罚,并通过最大化累积奖励来学习优化策略。强化学习在自动驾驶、游戏玩家和机器人控制等领域得到广泛应用。

3. *深度学习*　是机器学习的一个特定分支,旨在模仿人脑神经网络的结构和功能。以深度学习为代表的机器学习方法逐渐成为AI的主流方法。深度学习使用称为神经网络的多层模型来学习和表示数据。这些神经网络包含许多称为神经元的单元,并通过层与层之间的连接传递信息。每个神经元将输入信号加权并应用激活函数来生成输出。深度学习利用大量的数据通过逐层学习和提取特征来自动发现数据中的模式和表示。神经网络是深度学习的基本结构,它是一种受生物神经系统启发而设计的计算模型,旨在模拟人类大脑的信息处理和学习能力。神经网络通常是多层结构,包括输入层、隐藏层和输出层。输入层负责接收原始数据,隐藏层对数据进行处理和特征提取,输出层则根据训练目标生成最终结果。深度神经网络包含多个隐藏层,可以学习更高层次的数据表示和抽象特征。通过连接大量神经元并进行训练,神经网络能够学习复杂的数据规律,实现高效的信息处理和学习能力。目前,深度学习在许多领域中取得了重大突破,尤其是在计算机视觉、自然语言处理和语音识别等任务中。

二、人工智能应用于中药药理研究的经典算法

AI应用于中药药理研究的一个核心任务是从系统和网络的角度揭示疾病/证候发生发展的内在机制,以及中药/复方对疾病/证候的干预机制,也就是理解宏观病证、中药与微观生物分子之间的网络关联,并挖掘出能够机制性关联这些宏观和微观要素的生物网络结构。从方法学上讲,核心算法可以分为三类:① 网络关联关系的挖掘;② 网络关联关系的推断;③ 根据推断的网络关联关系,识别关联中药、复方-疾病、证候的网络模块(即网络靶标)。

在网络关联关系挖掘经典算法方面。从先验知识及相关数据库中提取节点的关系是经典的网络关联关系挖掘方法。在药物、分子等层次,可从PubChem、HERB、TCMBank、STRING、KEGG、SymMap等相关数据库挖掘该层次要素的关联关系与层次间要素的关联关系。由于组学数据中包含了丰富的数据特征,因而将组学数据与先验知识结合可以推断出更为丰富可靠的关联关系,尤其是包括生物分子、细胞等微观要素之间的关联关系。以常见的转录组学数据为范例,文献挖掘和微阵列分析(literature mining and microarray analysis,LMMA)作为经典的网络构建算法,将文献资料与微阵列基因表达数据相结合,构建了特定生物系统的基因网络。LMMA构建血管生成相关生物过程的结果表明其在处理KEGG基因、通路等信息时比基于共出现的网络更可靠。

在网络关联关系推断经典算法方面。中医药的一个关键问题是中药的生物学基础不清楚,即如何识别中医药相关的生物分子、基因等。考虑网络具有"模块化关联规律",我们可以基于网络拓扑特征对中医药关键要素进行宏、微观关联预测,即"疾病-基因"预测与"药物-靶标"预测。CIPHER算法是基于回归进行"疾病-基因"预测的代表算法,该算法建立了疾病/证候表型与生物大分子之间的相似网络,利用逻辑回归模型挖掘生物网络的模块关联规律,其致病基因的预测结果优于当时最先进的预测算

法，并首次实现了全基因组致病基因预测。与证候表型相关基因预测类似，从方法学角度看，可以将中药化合物靶标预测分为基于网络拓扑的回归分析等传统机器学习预测方法和基于深度学习模型的预测方法。其中应用回归分析的代表算法 DrugCIPHER 通过“相似的药物倾向于共享相似的靶标”的假设建立了全基因组范围的“中药化合物-靶标”关联网络，在蛋白质-蛋白质相互作用（protein-protein interaction，PPI）网络的基础上，提出了 3 种线性回归模型，分别将药物治疗相似性、化学相似性及两者组合与靶标的相关性联系起来，实现对化合物相关靶标的高精度预测。

在网络模块关联代表算法方面。解析中医药生物基础的另一关键问题是如何从生物网络的角度理解中医药多种对象之间关联关系，包括疾病-证候关联、中药-病证关联、中药复方配伍规律及其成分的协同作用规律。在疾病-证候关联方面，有研究通过整合 PubMed 中 Mesh 条目，利用两种疾病之间的链接权重量化它们各自症状的相似性构建疾病网络，并通过整合疾病-基因关联及 PPI 数据构建共享基因/PPI 的疾病模块，从而发现同一广泛疾病类别的疾病高度聚集区域，实现了疾病与症状的网络模块关联预测。在中药-病证关联方面，相关代表算法是 FordNet 方法，它将宏微观“病证-中药”网络融合实现处方推荐的代表性算法。该算法收集超过 20 000 份电子健康记录，通过卷积神经网络提取诊断描述特征，通过网络嵌入提取融合分子信息的中药方剂特征，设计用于数据增强的分层抽样策略，在扩展样本的基础上，建立基于深层神经网络的中药方剂推荐量化优化模型，其性能明显优于基线模型，实现更精确的处方推荐。在解析中药多成分协同作用规律方面，相关代表算法有基于距离的互信息模型（DMIM）的方法，通过度量中药间的相互作用并构建了中药网络，从而识别众多中药方剂中药材之间的有用关系。该方法为跨多层网络的协同模块，可能为中药方剂组合机制的基础提供有力证据。

三、人工智能在中药药理研究中的应用

随着多组学技术的发展，中医药相关的组学数据大量积累，生物网络的数据规模呈指数级增加，一些常规方法在开展基于生物网络的分析时常会遇到瓶颈，以深度学习模型为代表的 AI 方法由于基于大样本、高维度数据的特征提取和学习中的优势，在复杂网络分析中也逐渐发挥重要作用。随着 AI 的不断发展，其在中药药理研究中的应用主要体现在中药作用的多层次生物网络构建与表征、中药靶标预测与中药作用机制解析等。

（一）人工智能与中药作用的多层次生物网络表征

中医药领域的代表性网络关联主要包括宏观层次的中医表型/证候和中药/复方之间的关联关系及其与微观层次细胞、分子之间的关联关系。在 AI 和大数据时代，这些关联关系的挖掘主要基于两种来源：一种存在于先验知识或数据库中；另一种蕴含于多组学数据中。基于先验知识的关联关系挖掘主要借助自然语言处理技术从临床数据、中医典籍、高水平文献等先验知识中挖掘疾病、证候信息，并从相关中药及其化合物信息、PPI 等数据库中挖掘中药化合物与基因的关联关系。组学数据中包含了丰富的数据特征，可以利用组学数据推断出较为丰富的关联关系，尤其是包括生物分子、细胞等微观要素之间的关联关系。以转录组学为例，利用 AI 方法挖掘不同基因之间的潜在关联，最常用的方法是通过统计推断方法解析基因表达向量之间的共表达关联，从而构建共表达网络。除了共表达关联，还可以通过整合先验知识中的基因调控或信号传导关联，进一步从转录组数据中推断具有潜在因果的关联关系，从而为辨识上游的调控因子提供计算推断依据。通过调节子富集测定进行的蛋白质活性的虚拟推断（virtual inference of protein activity by enriched regulon analysis，VIPER）作为因果推断的代表方法，通过 ARACNe（Reconstruction of Accurate Cellular Networks）算法从组织特异性基因表达数据系统推断了调节子，鉴定了特定癌症患者的蛋白质活性，是精准医疗（个性化医疗）的范例。随着单细胞技术的发展和单细胞转录组数据的累积，从单细胞表达数据中推断特定细胞的基因调控网络是利用 AI 解析生物网络

调控的趋势。scGNN(single-cell graph neural networks)算法通过图神经网络建立和整合细胞-细胞关系，并使用截断的高斯混合模型对异质性基因表达进行建模，这种方法能有效地表示基因表达和细胞间的关系。

对多层次网络关联作进一步分析与表征是网络关系挖掘的一个重要任务，AI 发挥着日益重要的作用。传统的网络关联分析方法为基于网络拓扑开展网络模块性分析，并结合先验知识对网络关联进行验证和解释性分析。随着网络节点规模与异质性增加，如何对网络进行表征和低维表示也是网络关系挖掘的一个重点。网络表征的核心是对网络进行向量化或低维表示，从而以系统角度分析构成网络不同节点的潜在关联，常用的网络嵌入方法有 Node2Vector 等。GLIM(Graph Local InfoMax)方法整合了疾病表型、组织、细胞类型和分子相互作用数据，基于图嵌入算法系统地建立了人类多层次异构生物网络，该方法在疾病基因、组织特异性细胞间相互作用、细胞标志物和分子相互作用预测等多项任务中有较高性能。

（二）人工智能与中药靶标预测

中药的生物学基础不清楚是解析中医药治病原理的瓶颈，如何识别中医药相关的生物分子、基因，基于现有的生物要素关联进行新的关系推断是中医药现代化的关键。尽管分子多组学测序技术的发展使得人们能够直接检测相关的分子谱，但是仍然会存在局限，包括：① 中医药强调“整体观”的思想，即相关的分子并非独立地发挥作用，这就决定了基于分子检测谱直接得到的基因集合(如差异表达基因)很难完整地反映出中医证候和中药的生物学基础；② 测序技术存在一定的经济成本。基于“网络靶标”理论，人们可以通过网络拓扑特征对中医药关键要素进行宏、微观关联预测。AI 技术正扮演着重要的角色。根据 AI 在发现药物靶标中使用的策略和数据差别，可以分为基于配体结构相似性和定量构效关系的分析、反向分子对接、基于作用网络模拟的分析和基于机器学习的分析等。

1. *基于配体结构相似性和定量构效关系的分析* 结构数据作为药物/化合物容易取得的数据之一，既能完整体现分子的基本特征，又易于统计与比较，是较早运用的药物数据之一。针对结构比较的分析方法中大量运用了 AI 中的智能搜索、分类等算法。根据研究特点，分为结构相似性比较方法、定量构效关系分析方法和对接方法。结构相似性比较方法的基本原理是相似结构的分子可能结合到同一个靶标，具有相似的生物学功能，通过比较配体分子间的化学相似性，可推测其可能具有相似的靶标，发挥相似的药理作用，通过该方法可发现新的药理作用。定量构效关系分析方法指将化合物的结构参数和其生物活性数据通过相应的算法相联系的定量关系，其依赖的基本思想是相似的分子通常结合相似的蛋白，通过比较新的配体和已知的蛋白质配体来预测相互作用。对接方法是一种基于靶标三维结构评估小分子与靶标分子化学互补性的传统方法，通过使用评分函数来提供与结合亲和度相关的定量对接评分，从而对药物-靶标相互作用(drug-target interaction，DTI)进行评价。

2. *反向分子对接* 与分子对接相反，是以小分子化合物为探针，在已知结构的候选靶标数据库内，搜索可能与之结合的生物大分子，通过空间和能量匹配，识别可能形成的分子复合物，进而预测药物潜在的作用靶标。

3. *基于作用网络模拟的分析* 基于作用网络模拟的分析与基于结构比较的分析不同，其依赖的数据基础为以网络形式呈现的相互作用关系。因此，该分析策略的优点在于其能更广泛利用已经观测到的作用关系网络去发现靶标。这些基于网络的方法通常来源于推荐系统中的推荐算法及复杂网络中的关系算法，能覆盖更大的靶标空间，仅通过在网络上执行简单的物理过程就能预测潜在的 DTI。

4. *基于机器学习的分析* 与基于结构比较或作用网络模拟的分析策略不同，基于机器学习的分析方法具有更加灵活的数据基础，它既可以是结构、网络，也可以是其他任何可以被量化的检测指标，许多基于机器学习的方法已经被用于识别药物和靶标之间的关系。机器学习是基于一些底层算法和给定的数据集生成预测模型的分析方法，可以分为无监督学习方法（聚类、降维、关联等）、有监督学习方法（回归、分类等）及半监督学习方法。

（三）人工智能与中药作用机制解析

中药用于防治疾病的基本形式是中药复方，即定量的若干种特定中草药植物混合物，中药复方中含有大量的化学物质，这可能与疾病相关的多个靶标产生相互作用，通过对机体的整体调节发挥治疗作用。利用 AI 方法解析中药复方与疾病的关联，一方面利于实现中药处方的精准推荐，另一方面根据中药处方化合物的相关靶标分子网络辨识潜在的新适应证，实现中药处方的重定位。

中药配伍是指依据患者病情需要和药物特点，在配伍理论的指导下将两味及以上的药味配合应用的形式，是中医药临床合理用药的重要内涵，其根本目的是增效减毒。研究中药配伍规律的本质也是挖掘中药成分靶标的模块化规律，进一步建立中药-中药关联关系识别中药复方的组合规则。通过图神经网络等 AI 方法纳入大规模中药信息可有效探索中药组合以达到最优治疗效果的原理，为理解中药配伍规律提供见解。

四、展望

中医药治疗强调辨证论治与中药复方的运用，具有整体调节的特点。随着第一部《网络药理学》专著的出版，网络药理学作为一门新兴的交叉学科已被广泛应用。在 AI 算法和多组学高通量测序技术的时代，中医药网络药理学在方法学领域有望取得突破性进展。

首先，中药网络药理学的核心任务是利用生物网络将疾病表型/证候、传统和现代药物等宏观信息与细胞和分子等微观信息进行整合。尽管已经出现了一些用于耦合宏观和微观多层次信息的方法，但如何深入挖掘多层次信息之间的网络关联仍然是当前网络药理学方法面临的一个关键问题。其中在个体化背景下探索“表型-基因-药物”关联是一个非常有意义的课题，即通过整合传统和现代药物与疾病表型/证候的信息，构建多层次生物网络，实现针对个体化疾病表型致病基因的定向预测，从而开发更精细的个体化标志物，并进一步实现个体化药物推荐。随着单细胞测序技术的发展，挖掘“表型-细胞”和“药物-细胞”之间的网络关系也逐渐受到广泛关注。Scissor 算法便提供了一个例子，它整合了涉及单细胞数据的“细胞-分子”关系和 Bulk 数据中的“表型-分子”关系，从而推断出“表型-细胞”关系。此外，开发更精准全面的药物与细胞之间关系的推断算法，也可为系统地理解传统和现代药物的宏观和微观层面之间的关系提供助力。

其次，随着多组学测序技术的发展和大量组学数据的积累，需要发展新的网络药理学方法将生物网络与多组学数据进行整合。许多研究表明，与疾病/证候的发生和发展或中药干预相关的多组学数据为我们分析人体复杂系统提供了新的视角，并取得了有意义的进展。多组学数据的应用甚至促进了一些理论计算问题的解决。例如，可解释的多组学图整合框架（Explainable Multi-Omics Graph Integration，EMOGI）方法使用突变、拷贝数变化、DNA 甲基化、基因表达数据和 PPI 网络对训练样本进行编码，提供了一种可解释的机器学习方法来预测癌症基因。然而，多组学数据具有高维度和样本量较小的特点，获取的组学数据同时会伴随噪声信号，这将对分析结果产生干扰甚至导致假阳性。因此可以整合 PPI 网络和基因调控网络等描述生物分子关系的生物网络，将其作为先验知识，从而与多组学数据结合来减少组学数据中噪声信息的影响。期待更多的综合分析方法、生物网络与多组学数据的应用案例出现，这也是发展网络药理学方法的重要趋势。

最后，作为网络药理学的核心理论，网络靶标理论强调药物对疾病-证候生物网络的干预效果。设计量化指标来衡量网络靶标效应，并建立网络靶标定量分析模型，是中医药网络药理学的重要创新发展方向。早在 2015 年国内学者就提出了药物组合对疾病-证候生物网络的定量干预模型。虽然该模型在定性研究方面存在明显不足，如早期疾病-基因关系预测、药物靶标关系预测和药物网络机制分析，但这也提示了网络靶标模式向定量研究发展的必然性。对网络靶标进行定量研究也是在AI和多组学测序技术时代推动中医药精准研究的必然趋势。

第三节　中药药理研究与多组学

1990年，国际人类基因组计划横空出世，13年后，人类基因组图谱绘制完成，被誉为生命科学的“登月计划”。紧随其后由我国科学家牵头的“人类肝脏蛋白质组计划”和美国科学家牵头的“人类血浆蛋白质组计划”也相继开展，它们研究的成功，推进了生命多组学间的数据整合和分析，对药物临床价值研究具有重要意义。中药制剂成分复杂，具有多靶标调节的作用。整合基因组、蛋白质组、转录组、表观遗传组等多组学的生物大数据，基于系统、网络层次的分析，表征中药制剂多成分、多靶标、多途径的作用机制，有助于中药制剂的药理机制研究，帮助发现更好的药物靶标，将成为未来中药制剂现代研究的新模式。

通过转录组学研究，可以筛选出差异表达基因，对基因进行功能注释和富集分析；通过蛋白质组学，可明确变化的蛋白质组成分、蛋白质-蛋白质相互作用，了解蛋白质的表达水平与调控，然后将转录组学和蛋白质组学数据融合，两者的紧密结合、相互比较更有助于推论。通过代谢组学，可进行靶标分析，勾勒代谢轮廓，获得生物标志物及与代谢相关的信号通路。但是单纯研究某一层次生物分子变化或分析基因功能，已很难满足系统生物学越来越高的研究期望。科学、系统地研究基因、RNA、蛋白质和小分子间的相互作用和系统机制的多组学分析方法为认识中药方剂的复杂作用提供了非常有力的工具。

通过对代谢组学、蛋白质组学、转录组学等实验数据进行整合分析，可构建复杂生物网络，从宏观上勾勒药物的可能效应机制和作用环节。但是，这种基于实验数据勾勒出的轮廓尚不够精细，还应对基因、RNA、蛋白质、体内小分子，对整体变化物质分子进行综合分析，包括原始通路的分析及新通路的构建，探明作用于通路的各个关键分子节点，从而对生物系统进行全面的解读。网络药理学可作为其构建DNA、RNA、蛋白质生物网络的桥梁，进而整合生命多组学，它们彼此间联系紧密且相互验证，从小到大，由靶标看到疾病的表征。

一、转录组学在中药药理研究中的应用

转录组（transcriptome）在广义上指某一生理条件下，细胞内所有转录产物的集合，狭义上指所有mRNA的集合。转录组学（transcriptomics）是借助于高通量基因表达谱分析工具，在整体水平上研究细胞中基因转录的情况及转录调控规律的学科，是功能基因组学的重要组成部分。中药多以复方的形式在临床应用，药味多化学成分复杂，中药所调控的靶标之间互相关联、发挥协同作用，因此仅从单一靶标角度去研究中药很难解释其整体作用机制。常见的转录组学技术包括基因芯片技术、单分子测序技术、高通量测序技术等，可整体表征样本中mRNA、lncRNA、circRNA等表达信息。

转录组是物种基因组和外部物理特征的动态联系，可用来比较不同组织或生理状况下基因表达水平差异，发现与特定生理功能相关的基因，推测未知基因，针对特定的生理、病理表型进行研究。通过对中药转录组研究，能够获取大量差异表达的基因和调控代谢通路的信息，从而鉴定关键基因靶标，构建核心调控网络，全面解析疾病发生、发展或药物干预调控的复杂机制。这不仅为深入理解中药对基因表达的影响提供了有力工具，还为发现新的生物标志物和揭示中药的多靶标作用机制提供了新思路，为评估中药疗效和个体差异提供了重要参考。

转录组技术的早期阶段，在中医药研究中的巨大潜力就得到了广泛认可。近年，转录组技术在中药

成分靶标、中药复方机制或中药毒理学等诸研究领域都得到充分应用,并取得积极进展。基于转录组技术对丹参中丹参酮类成分的效应细胞群与潜在靶标预测的研究表明,丹参酮ⅡA 在缓解心肌梗死过程中主要通过抑制巨噬细胞亚群发挥作用,并且鉴定得到了丹参酮ⅡA 的潜在分子靶标。何首乌性味苦、甘、涩,微温,归肝、心、肾经,有报道其具有一定肝毒性。基于转录组学研究表明,何首乌暴露剂量依赖性地增加了参与胆固醇生物合成途径的 14 种编码酶转录本的表达量。此外,胆固醇 7－α 羟化酶(CYP7A1)作为胆固醇合成胆汁酸的限速酶,在何首乌处理后表达也显著上调,并发现 39 个差异表达基因,其中共有 14 个基因与胆固醇的生物合成有关。这些基因的表达受胆汁酸生物合成增加的影响,胆汁酸与胆固醇的生物合成或代谢密切相关,因此,提示何首乌导致肝损伤与胆汁酸形成、排出的平衡被打破,导致肝细胞中胆汁酸超载。

二、蛋白质组学在中药药理研究中的应用

蛋白质组学(proteomics)概念在 20 世纪 90 年代被提出,又被誉为“后基因组学”,其研究内容以探究生物体内细胞、组织及体液内所有蛋白质的组成、表达与组合蛋白质功能模式为主,这种研究方式不仅以探查蛋白质组的功能、表达及相互作用为目的,也与中医“整体观念”相契合。中国科学家在该概念提出伊始就将其应用到中医药现代化研究中。蛋白质组学具有特异性、整体性、动态性、阶段性等特点,随着研究条件的进步,现阶段已将其作为中药药理研究的重要手段之一。

蛋白质组学在中药复方的研究主要应用于中药复方成分靶标研究、中药复方机制研究和中药复方毒理学研究。中药复方成分靶标研究方面,主要通过比较蛋白质组学发现中药在新治疗领域存在的治疗潜力及对常用传统中药材进行作用机制研究。中药复方机制研究方面,主要利用差异蛋白质组学研究发现传统方剂有效干预的相关蛋白并揭示传统中医方剂的治疗机制。中药复方毒理学研究方面,主要利用同位素标记相对和绝对定量技术对中药复方在保护肝功能上的作用进行了探索。蛋白质组学技术,作为一种全面分析生物样本(如细胞、组织)中全蛋白动态变化、组成成分及修饰状态的方法,其核心理念为强调联系、动态和整体性,这与中医药的理论基础不谋而合。借助这一技术,人们能够获取宝贵的数据支持,这些数据不仅增强了人们对中药复方作用机制的理解,还成功地推动了中药复方现代化的研究进程。

以基于蛋白质组学的茵陈蒿汤保肝作用机制研究为例。茵陈蒿汤是治疗湿热黄疸之常用方,《伤寒论》用其治疗瘀热发黄,《金匮要略》以其治疗谷疸。该方由茵陈、栀子、大黄三味中药组成,具有清热、利湿、退黄的功效,现代也被用于缓解各种肝损伤。目前已有基于二维凝胶电泳的蛋白质组学技术对其进行机制研究,并通过 MALDI－TOF－MS 鉴定了经茵陈蒿汤治疗后发生改变的蛋白质。研究表明,茵陈蒿汤治疗能够显著下调黄疸患者的锌指蛋白 407、触珠蛋白、巨球蛋白、α_1-抗胰蛋白酶,并显著上调甲状腺素运载蛋白,维生素 D 结合蛋白和凝血因子等。这些蛋白参与了新陈代谢、能量生成、抗氧化、信号转导、蛋白质折叠和细胞凋亡等途径。并利用生物信息学分析建立了 7 个差异表达蛋白与信号相关蛋白的相互作用网络,发现这些蛋白质在 PPI 网络和多个重要生理通路的调控中密切相关;利用蛋白质组学技术有助于在分子层面上阐释茵陈蒿汤的保肝作用机制;蛋白质组学技术从整体的角度分析细胞、组织等生物样本全蛋白的动态变化,组成成分与修饰状态。

三、代谢组学在中药药理研究中的应用

代谢组学(metabonomics/metabolomics)是对生物体或细胞中分子量 1 000 Da 以下的小分子代谢物进行定性和(或)定量分析的组学技术,它与基因组学、转录组学和蛋白质组学一起构成了系统生物学的主要研究方法。代谢组学是借助高通量、高灵敏度与高精度的现代分析技术,对细胞、组织和其他生

物样本（血液、尿液、粪便、脑脊液、羊水等）中内源性代谢物组成进行定性和定量分析，并通过代谢物的变化解析被研究对象在特定生理病理状态下的代谢特征。

代谢组学技术在毒性预测、质量评价、机制探究等方面展现出巨大潜力。代谢物处于生物系统中生化活动的终端，因此反映的是已经发生的生物学事件。此外，基因表达和环境因素的变化对生物系统所产生的影响都可在代谢物水平上得到最终的表型体现。代谢组学是复杂生物网络中重要的一环，它以组群指标分析为基础，以高通量检测和数据处理为手段，以信息建模与系统整合为目标，主要通过对机体体液中小分子代谢产物在某个特定时间的定量和定性分析，从整体上评价当时的生命体功能状态及其变化。代谢组学同样强调整体观和系统性，它通过研究小分子代谢物的动态变化以揭示中药对生物体生理病理状态和变化机制，构建生物代谢网络，这与中医药的整体观相契合。

以基于代谢组学对桃红四物汤治疗冠心病作用机制研究为例。桃红四物汤由当归、熟地黄、川芎、白芍、桃仁、红花六味中药组成，具有养血活血的功效，是临床治疗瘀血痹阻之胸痹心痛（现代医学冠心病属此范畴）常用方。采用非靶向超高效液相色谱法和串联质谱法技术检测冠心病患者血清样本，发现冠心病患者出现了二酰基肉碱、琥珀酸盐、马尿酸盐等生物标志物的差异，而桃红四物汤对冠心病的改善是通过调节脂肪酸代谢、半胱氨酸和蛋氨酸代谢、甘油磷脂代谢、氨基酸代谢实现的。这为阐释桃红四物汤养血活血机制提供了代谢组学方面的理论依据。再如，有研究利用代谢组学研究速效救心丸对异丙肾上腺素诱导的急性心肌梗死的心脏保护作用机制。研究表明，速效救心丸可以恢复肠道微生物群的丰富性和多样性，多种肠道微生物群与脂肪酸显著相关。非靶向代谢组学还发现，速效救心丸可以恢复血清和盲肠内容物中各种脂肪酸代谢产物的水平。靶向代谢组学进一步证实，血清、盲肠内容物和心脏样本中分别有 41、21 和 39 种脂肪酸发生了显著变化，这些脂肪酸属于类花生酸，速效救心丸可以显著下调急性心肌梗死大鼠的这些类花生酸。该基于代谢组学的研究提示速效救心丸可能通过重塑肠道菌群和宿主脂肪酸代谢来发挥其心脏保护作用。

四、多组学整合在中药药理研究中的应用

多组学是相对于单一组学如基因组学、转录组学、蛋白质组学、代谢组学、脂质组学、糖组学等组学而言的，是将两个及以上的单一组学联合起来进行全面综合分析。多组学整合分析绝不仅仅是几个组学数据的简单拼接，而是综合这些数据进行深入研究，突破单一组学研究的局限性，对不同的组学数据进行联合分析，在有限的数据中挖掘更多有意义的信息，构建机体调控网络，深层次理解各个分子之间的调控及因果关系。多组学数据集的综合分析有可能为揭示系统范围的复杂生物过程和中药复方中多种化合物的功能提供新的视野。

复杂疾病可以看成是机体生物网络紊乱的结果，随着多组学检测技术的进步及对复杂疾病发生、发展生物学基础认识的深入，疾病生物网络研究无论是呈现形式、分析方法还是应用，都经历了较快的发展。在呈现形式上，随着组学数据的大量累积，逐渐形成了分子、细胞及疾病表型等层次生物网络。对于分子层次生物网络，又形成了以描述 DNA 层次关联关系为主的遗传相互作用网络、以描述 RNA 层次关联关系为主的 microRNA 调控网络、以描述蛋白质层次关联关系为主的 PPI 网络与信号转导网络及描述不同分子层次之间关联关系的转录调控网络等，甚至还催生了以关联关系为要素的“相互作用组学”。在分析方法上，从最开始的针对基于先验知识的“静态”生物网络的拓扑分析、模拟分析，过渡到针对基于先验知识与多组学数据整合的“动态”生物网络的活性模块识别分析、动态演化分析等。从应用对象上，生物网络从最开始应用于研究线虫、果蝇等模式生物的生物机制，近年来逐渐开始被广泛应用于肿瘤等复杂疾病病理机制阐释、诊疗标志物识别、药物发现及药理分析等方面，形成了网络靶标、网络标志物等新理论、新思路，并衍生出网络药理学等新兴学科，因此多组学整合是对生物网络研究的重

要方法，也是研究中药药理的重要手段。

生物网络在多组学整合分析中十分重要，利用生物网络可对复杂疾病内在机制进行解析，进一步识别生物标志物及药物靶标，用以指导疾病临床精准诊疗及药物发现。在肿瘤等复杂疾病标志物识别方面，主要通过建立生物网络关键节点或模块与疾病临床结局之间的关联模型来进行标志物识别，目前被广泛应用于预测肿瘤发生、预后转移及化疗敏感等。例如，目前通过建立网络热力学传播模型，发现了代谢-免疫网络模块的异常可作为区分慢性胃炎寒证、热证及胃炎癌转化的生物标志物。

生物网络对于阐释多靶标药物对疾病的干预机制、指导多靶标药物的精准使用方面也具有十分重要的意义。以联用中药网络药理学、转录组学、蛋白质组学和代谢组学分析补肺益肾汤治疗慢性阻塞性肺疾病的机制研究为例。补肺益肾汤是治疗慢性阻塞性肺疾病的常用药物，通过多组学联用解释了其具体机制，网络药理学提示 MAPK1/3、MAPK14、MAPK8 是补肺益肾汤治疗慢性阻塞性肺疾病的核心靶标，结合转录组学、蛋白质组学和代谢组学表明其可通过调节炎症细胞因子 IL－1β、IL－6 和 TNF－α 的转录水平和蛋白质的表达，进而调节代谢产物亚油酸、二氢－γ－亚油酸、白三烯 B4（leukotriene B4，LTB4）和前列腺素 E_2（prostaglandin E_2，PGE_2）等，综合分析表明补肺益肾汤治疗慢性阻塞性肺疾病的机制是通过调节脂质代谢、炎症反应、氧化应激等多种途径发挥作用。

思 考 题

（1）如何理解中药网络药理学中的“网络靶标”与单靶标、多靶标的区别？

（2）为什么要采用多组学联合开展中药药理研究？

（3）人工智能应用于中药药理研究的潜力有哪些？

（李　梢　张　鹏）

下篇 各论

第七章
中药对呼吸系统疾病的药理研究

第一节 概 述

一、呼吸系统疾病的中医学认识

呼吸系统疾病统归于肺系疾病。肺脏位于胸腔，与喉、鼻相连，故称喉为肺之门户，鼻为肺之外窍；肺藏魄，在志为悲(忧)，在体合皮，其华在毛，在窍为鼻，在液为涕，与自然界秋气相通应。

肺具有“主气司呼吸，主通调水道，主宣发肃降，朝百脉主治节”的生理功能，若六淫侵袭，肺气壅遏；或七情内伤，气机失畅；或饮食不节，痰浊阻肺；或劳逸所伤，肺虚气弱；或年老体虚，正气虚损；则致肺宣降失司、水液输布失常、气血运行不畅。肺失宣发，致水液向上向外输布失常，出现无汗、水肿等症；肺失肃降，清气无法下纳于肾，且水谷精微和津液不能下输于肾和膀胱，则出现小便不利，或水肿而咳逆上气；肺行水功能失常导致转输至肺的水液不能正常布散，聚而为痰，阻塞气道，出现咳嗽痰多等症；肺气虚弱或壅塞，不能助心行血，则可导致血行不畅，甚至血脉瘀滞，出现心悸胸闷，唇青舌紫等症；若心气虚衰或心阳不振，也影响肺气的宣通肃降，出现咳嗽、气喘等症。

依据肺的生理功能和病机变化特点，临床上将感冒、咳嗽、哮病、喘证、肺痈、肺痨、肺胀、肺痿等病归属于肺系病证。咳嗽病名首见于《黄帝内经》，并列有咳嗽专论，即《素问·咳论》，又有《素问·阴阳应象大论》:“秋伤于湿，冬生咳嗽”，东汉时期张仲景首创了“小青龙汤”等方剂，用于治疗“心下有水气，干呕，发热而咳”之咳嗽。喘证在《黄帝内经》《难经》《伤寒杂病论》中多以“喘”“喘咳”“喘息”“上气”等名称出现，其病位在肺、肾，病理因素有寒、燥、火、湿等，总以肺失宣降，而致肺气上逆，治疗有宣肺平喘之麻黄汤、降气平喘之桂枝加厚朴杏子汤、温化水饮且降逆平喘之射干麻黄汤、辛凉清肺平喘之麻杏石甘汤等。“肺胀”病名始载于《灵枢·胀论》，以肺叶久胀不敛，迁延不愈，以胸闷、咳嗽、气短而喘、痰多为主要表现，甚则日久心悸、面唇发绀、脘腹胀满，《金匮要略》中载有越婢加半夏汤和小青龙加石膏汤，是主治肺胀的经典方剂。后世医家在此基础上结合辨证论治，对于“肺失宣降，久病不敛”为主要病机的肺系疾病，采用紫菀汤、清化丸、补肺方加减等以补敛肺气；对于“肺肾气虚，气失摄纳”为主要病机的肺系疾病，则采用平喘固本汤、六味丸、补肺益肾方加减等以补肺纳肾。

临床上治疗呼吸系统疾病的常见中药复方包括小青龙汤、麻杏石甘汤、越婢加半夏汤、定喘汤、苏子降气汤等；创新中药包括百令胶囊、蛤蚧定喘丸、金水宝胶囊、生脉饮口服液等；单味中药包括黄芪、党参、杏仁、陈皮、桔梗、紫苏子等。

二、呼吸系统疾病的现代医学认识

呼吸系统疾病是一类由环境因素和炎症免疫调控失衡所引起的慢性病，常见的呼吸系统疾病有肺炎、慢性阻塞性肺疾病、上呼吸道感染、支气管炎、支气管哮喘、肺癌等。按照呼吸系统解剖结构和病理生理特点，可分为：气流受限性肺疾病，如哮喘、慢性阻塞性肺疾病；限制性通气功能障碍性肺疾病，如间质性肺疾病、胸膜疾病等；肺血管疾病，如肺动脉高压、肺栓塞等。

呼吸系统疾病病因多样，包括感染（如病毒、细菌和真菌感染）、环境因素（如烟草烟雾、空气污染和职业暴露）、自身免疫病等。感染性因素是许多呼吸系统疾病的主要病因，如急性肺炎、流感、肺结核等。气候和生活环境改变带来的一些因素可能诱发或加重呼吸系统疾病，如呼吸道感染、慢性阻塞性肺疾病、过敏性鼻炎等。免疫系统失调可能会导致自身免疫性呼吸系统疾病，如支气管哮喘、过敏性鼻炎等。不良生活方式，如吸烟、缺乏运动、不良饮食习惯等，也会增加呼吸系统疾病的患病风险。

1. *肺炎* 指肺实质的炎症，包括病毒性肺炎、社区获得性肺炎、医院获得性肺炎等。病毒性肺炎，是指病毒侵犯肺实质造成的肺部炎症，常由上呼吸道病毒感染向下蔓延发展而引起。可引发病毒性肺炎的病毒种类众多，临床常见的病毒有流感病毒、副流感病毒、呼吸道合胞病毒，以及近年流行的新型冠状病毒。病毒性肺炎的临床表现主要有发热、头痛、全身酸痛、干咳，重者胸闷、气促、呼吸困难。社区获得性肺炎是指在医院外罹患的感染性肺实质（含肺泡壁即广义上的肺间质）炎症，包括具有明确潜伏期的病原体感染而在入院后平均潜伏期内发病的肺炎，是威胁人群健康的常见感染性疾病之一。细菌、真菌、衣原体、支原体等病原微生物均可引起社区获得性肺炎，其中以细菌性肺炎最为常见，常见病原体为肺炎链球菌、肺炎支原体等。社区获得性肺炎通常急性起病，发热、咳嗽、咳痰、胸痛为最常见的临床症状。医院获得性肺炎是指患者入院时不存在、也不处于感染潜伏期，而于入院 48 h 后发生的，由细菌、真菌、支原体、病毒或原虫等病原体引起的各种类型的肺实质炎症，以铜绿假单胞菌、鲍曼不动杆菌、肺炎克雷伯菌等常见。医院获得性肺炎常急性起病，咳嗽、脓痰常见，部分患者因咳嗽反射抑制而表现为轻微咳嗽或无咳嗽症状。

2. *慢性阻塞性肺疾病* 是一种以持续存在的气流受限和持续进展的慢性呼吸系统症状为特征的异质性肺部疾病。该病由多种病因引起，环境和遗传共同作用，多种机制如慢性炎症、蛋白酶或抗蛋白酶失衡、氧化应激、气道重塑等参与其中，其病理表现为慢性支气管炎、细支气管炎、肺气肿。临床表现为慢性咳嗽、咳痰、持续进展的呼吸困难，肺功能下降。按病情进展分为稳定期、急性加重期、急性加重危险窗期，稳定期指患者咳嗽、咳痰、气短等症状稳定或轻微；急性加重期是指患者在稳定的状态下出现持续的症状恶化，超出平时的正常变异，需要调整原治疗方案；急性加重危险窗期是指在一次慢性阻塞性肺疾病急性加重后至恢复稳定期之前的时期（8 周），易再次出现急性加重，住院率和病死率增加。

3. *上呼吸道感染* 是指鼻腔和咽喉部呼吸道黏膜的急性炎症的总称，是最常见的呼吸道感染之一。上呼吸道感染通常由病毒引起，如流感病毒、冠状病毒、腺病毒等，也可以由细菌感染引起，如链球菌、葡萄球菌等。上呼吸道感染的临床表现不一，包括发热、咳嗽、鼻塞、流涕、喉咙疼痛、声音嘶哑等。大多数上呼吸道感染是轻微的，通常在数天到两周内自行缓解。支气管炎是指支气管黏膜的炎症，可导致气道通畅度下降和黏液分泌增加，从而引起咳嗽、咳痰和呼吸困难等症状。急性支气管炎通常由病毒感染引起，也可能是细菌感染的结果，症状包括咳嗽、咳痰、喉咙痛、发热等，通常 1～3 周内自行缓解。慢性支气管炎是一种长期存在的炎症，通常由吸烟、空气污染或其他环境因素引起，其特征是持续性的咳嗽和咳痰，可能伴有气短和呼吸困难。支气管哮喘是由多种细胞（如嗜酸性粒细胞、肥大细胞、T 淋巴细胞、中性粒细胞）和细胞组分参与的气道慢性炎症性疾病，导致气道高反应性产生，出现广泛多变的可逆性气流受限，并引起反复发作的喘息、气急、胸闷或咳嗽等症状，其发生可由多种因素引起，包括遗传、环境因素、过敏反应、感染和空气污染等。治疗方法通常包括药物治疗（如吸入型支气管扩张剂和吸入型类固醇）、预防措施（如避免诱发因素）及生活方式改变（如戒烟、锻炼和健康饮食）。

在我国，呼吸系统疾病的发病率在所有疾病中居最高，城乡居民两周患病率、两周就诊率、住院人数构成均长期位居第 1 位。现代医学对呼吸系统疾病的诊断依靠病史采集、体格检查、影像学检查、实验室检查和辅助检查等手段。常见呼吸系统疾病的症状主要有咳嗽、咳痰、呼吸困难和胸痛；常见体征包括听诊呼吸音异常和干、湿性啰音等。主要采用的实验室检查包括血液检查和对呼吸道标本如痰、肺泡灌洗液或胸腔积液的病原微生物、细胞学检查等；动脉血气分析可用来评估呼吸功能和酸碱平衡的状态，能较快速了解患者有无低氧或呼吸衰竭、二氧化碳潴留、酸碱失衡等情况。X 线、CT、超声等胸部成像方法可以清晰显示肺部病变，在呼吸生理测定功能方面，最常采用肺通气和弥散功能检查，包括用力肺活量、第一秒用力呼气容积等指标。随着现代内镜技术的发展，纤维支气管镜在支气管病变的应用越来越多，既可直接观察病变，也可行病灶活检、辅助治疗等。

呼吸系统疾病的治疗方法包括：① 药物治疗，如针对感染的抗生素治疗，针对气流受限性肺疾病的支气管扩张剂，针对呼吸系统炎症性疾病的糖皮质激素和部分有抗炎功效的中成药，针对肺癌的化疗和靶向药物治疗；② 呼吸支持治疗，包括氧疗、呼吸机、体外膜氧合（extracorporeal membrane oxygenation，ECMO），以及止咳、祛痰等对症治疗。新型冠状病毒感染流行初期，对于危重症患者采用 ECMO 是当时的主要治疗方式。在众多呼吸系统疾病危险因素中，吸烟与病原微生物感染是至关重要的两大因素，因此，戒烟和抗呼吸道感染是预防呼吸系统疾病的关键。

第二节　病毒性肺炎的中药药理研究（以清肺排毒汤为例）

一、病毒性肺炎的中医学认识

中医学无“病毒性肺炎”之称，但其临床表现及治则治法在中医古籍中早有记载，涉及“感冒”“咳嗽”“喘嗽”等病证范畴。病毒性肺炎属于中医“疫病”范畴，温热之邪上犯肺卫，卫气失于宣畅，则发热、头身痛；邪气盘踞于中，表里阻隔，气滞湿停，则郁而化热；毒热成瘀，则高热、喘息不能平卧、口唇发绀；邪盛日久，正气虚耗，则阳气衰竭、内闭外脱。病毒性肺炎的病机可概括为湿、热、毒、瘀、虚，主要病位在肺脾，常见证型有邪犯肺卫证、痰湿蕴肺证、痰热郁肺证、正虚欲脱证。治法包括疏风散寒、燥湿化痰、清热化痰、开闭固脱、解毒救逆等。代表方剂有银翘散加减、二陈汤合三子养亲汤、清金化痰汤、参附龙牡汤合生脉散（图 7－1）。

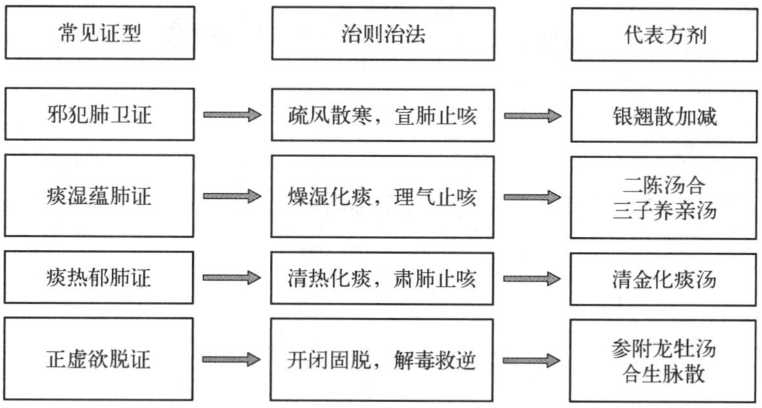

图 7－1　病毒性肺炎常见证型、治则治法与代表方剂

2020 年新型冠状病毒感染爆发后，张伯礼院士指导新型冠状病毒感染开展中医药治疗，开启了中医证候学调查，明确了新型冠状病毒感染为“湿毒疫”核心病机及“兼夹发病”的临床特点。新型冠状病毒感染核心病机在于“湿和毒”，内外湿邪同气而感，聚而成毒，与疫疠毒邪相合，壅阻气机。病理性质为“虚实夹杂”，初以实为主，疫毒外侵，肺经受邪，邪毒伤正；久以虚为主，邪入营血，或伤阳气，或伤阴液。中医药在抗击新型冠状病毒感染中发挥了积极作用。其中，“清肺排毒汤”缓解症状的临床总有效

率达 90%以上。鉴于其确切的临床疗效,国家中医药管理局发布《关于推荐在中西医结合救治新型冠状病毒感染的肺炎中使用“清肺排毒汤”的通知》(国中医药办医政函〔2020〕22 号),正式推荐该方为治疗新型冠状病毒感染的协定通用处方并在全国推广应用。

二、病毒性肺炎的发病机制(以新型冠状病毒感染为例)

病毒性肺炎是由病毒侵入呼吸道上皮及肺泡上皮细胞引起的肺间质及实质性炎症。常见病毒包括甲型流感病毒、乙型流感病毒、腺病毒、副流感病毒和冠状病毒等。病毒性肺炎由病毒引起,好发于病毒性疾病流行季节。患者可同时感染多种病毒并常继发细菌感染,而普通急性肺炎通常由细菌引起。病毒性肺炎的典型症状包括刺激性干咳、咳少许白痰、高热、呼吸困难和乏力。普通急性肺炎的症状也类似,或伴有脓痰、胸痛和寒战等症状。相较于普通急性肺炎的传播方式(空气传播、接触传播和飞沫传播),病毒性肺炎主要通过飞沫传播,如咳嗽或打喷嚏时释放的飞沫中的病毒。

新型冠状病毒(以下简称新冠病毒,SARS－CoV－2)为 β 属冠状病毒,有包膜,颗粒呈圆形或椭圆形,直径 60~140 nm,病毒颗粒中包含 4 种结构蛋白:刺突(spike,S)蛋白、包膜(envelope,E)蛋白、膜(membrane,M)蛋白、核壳(nucleocapsid,N)蛋白。核壳蛋白 N 包裹着病毒 RNA 形成病毒颗粒的核心结构核衣壳,核衣壳再由双层脂膜包裹,双层脂膜上镶嵌有新冠病毒的 S、M、N 蛋白。新冠病毒入侵人体呼吸道后,主要依靠其表面的 S 蛋白上的受体结合域(receptor binding domain,RBD)识别宿主细胞受体血管紧张素转换酶 2(angiotensin-converting enzyme 2,ACE2),并与之结合感染宿主细胞,尤其是呼吸道上皮细胞。一旦进入宿主细胞内,病毒开始利用宿主细胞的生物机制进行复制。病毒通过利用细胞内的生物合成机制,制造出更多的病毒颗粒,导致宿主细胞损伤和死亡,引发炎症反应(图 7－2)。

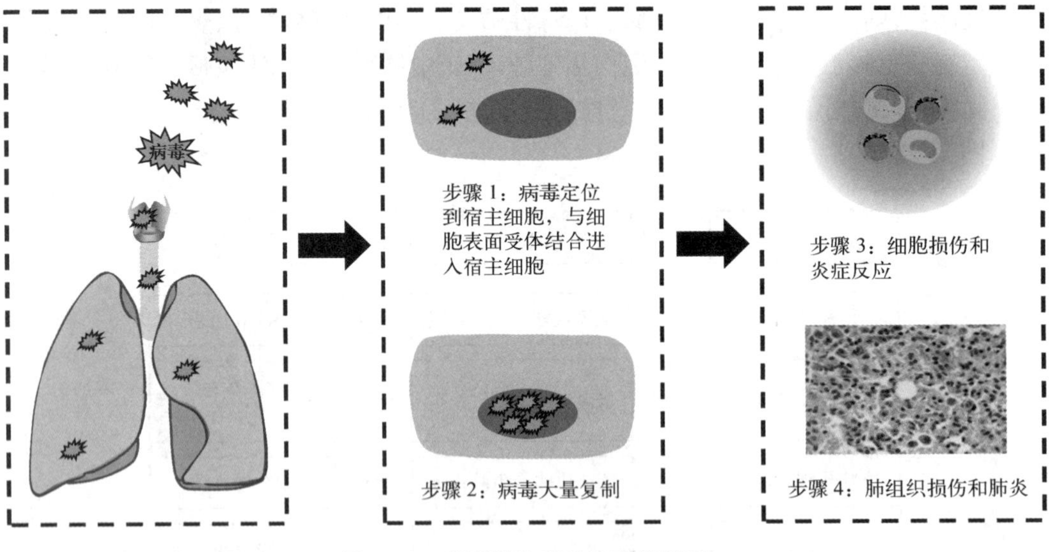

图 7－2　病毒性肺炎的病理机制图

新冠病毒在人群中流行和传播过程中基因频繁发生突变,当新冠病毒不同的亚型或子代分支同时感染人体时,还会发生重组,产生重组病毒株;某些突变或重组会影响病毒生物学特性,如 S 蛋白上特定的氨基酸突变后,导致新冠病毒与 ACE2 亲和力增强,在细胞内复制和传播力增强;S 蛋白一些氨基酸突变也会增加对疫苗的免疫逃逸能力和降低不同亚分支变异株之间的交叉保护能力,导致突破感染和一定比例的再感染。新冠病毒感染者在潜伏期即有传染性,发病后 3 天内传染性最强。经呼吸道飞沫和密切接触传播是主要的传播途径,此外也可在相对封闭的环境中经气溶胶传播或接触病毒污染的物品传播,人群普遍易感。

案例：清肺排毒汤及主要成分干预病毒性肺炎

一、清肺排毒汤及主要成分干预病毒性肺炎的中西医理论基础

清肺排毒汤源自《伤寒杂病论》，由多个经典方剂优化组合而成，包括麻杏石甘汤、射干麻黄汤、小柴胡汤、五苓散，性味平和。新型冠状病毒感染核心病机为“湿毒疫”，临床多见“兼夹发病”。高热患者可能兼有痰热壅闭、痰瘀互结、气阴耗伤，重症患者可能兼有疫毒闭肺、气阴欲脱。清肺排毒汤涉及多个经方的合用，通过合方以实现其数方功效的综合。

“清肺排毒汤”由麻黄、炙甘草、杏仁、生石膏、桂枝、泽泻、猪苓、白术、茯苓、柴胡、黄芩、姜半夏、生姜、紫菀、冬花、射干、细辛、山药、枳实、陈皮、藿香二十一味中药组成。该方由麻杏石甘汤、射干麻黄汤、五苓散、小柴胡汤合方后，去大枣、人参、五味子，增陈皮、枳实、山药、藿香而成。麻杏石甘汤辛凉解表、清肺平喘，射干麻黄汤温肺化饮、降气祛痰，五苓散利水渗湿、温阳化气，小柴胡汤和解少阳。再加陈皮、枳实、藿香理气健脾，化浊散痞；山药补脾养胃，生津益肺，补肾涩精。全方诸药相合，有解表散寒、清泻肺热、健脾化饮、祛湿利水、升降气机等功效。

研究发现清肺排毒汤的主要入血成分包括麻黄碱(生物碱类)、汉黄芩苷(黄酮)、甘草酸(五环三萜类)等。麻黄碱是麻黄的主要活性成分之一，具有显著的止咳、平喘、抗炎及免疫调节作用。汉黄芩苷是黄芩的主要活性成分之一，具有抗病毒、抗炎、抗氧化和免疫调节等药理活性。甘草酸具有广泛的抗炎作用，新近研究表明，甘草酸可作为治疗新型冠状病毒感染及其相关呼吸综合征的替代药物。

二、清肺排毒汤及主要成分干预病毒性肺炎(新型冠状病毒感染)的研究思路及结果

清肺排毒汤由二十一味中药组成，所含化学成分极其复杂，体内过程和作用靶标、相关效应物质基础和作用机制尚未明确，严重阻碍了其临床精准用药和国际化推广应用。因此，在评估清肺排毒汤早期治疗新型冠状病毒感染临床疗效的基础上，借助现代分析技术、系统生物学、分子生物学和现代药理学等手段系统开展清肺排毒汤的药学、药理学研究(图7-3)。

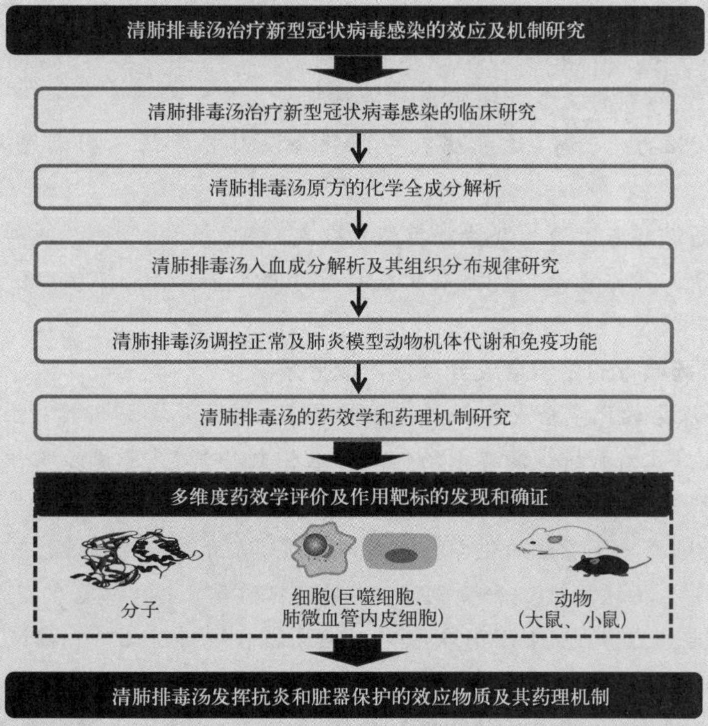

图7-3　清肺排毒汤干预新型冠状病毒感染的整体研究思路

（一）清肺排毒汤治疗新型冠状病毒感染的临床研究

在一项回顾性多中心研究中，纳入的782例新型冠状病毒感染患者，男性患者占比56%，中位年龄为46岁。这些患者来自中国9个省54家医院，根据开始使用清肺排毒汤治疗的时间点（从首次出现症状日期到开始使用清肺排毒汤治疗日期）分为四组。该项研究旨在探讨清肺排毒汤对新型冠状病毒感染的早期干预是否能获得良好的临床结果。

该研究采用回顾性随访研究设计。2020年1月21日至2020年3月10日，从中国54家医院招募了18岁至87岁之间的新型冠状病毒感染确诊患者。最后一次随访于2020年3月17日进行。纳入条件为患者主诉新型冠状病毒感染的体征和症状，并通过鼻咽拭子实时逆转录聚合酶链反应（reverse transcription-polymerase chain reaction，RT－PCR）检测确诊为新型冠状病毒感染。清肺排毒汤由药剂师按照各医院的标准化程序配制，剂量和给药方式参照《新型冠状病毒肺炎诊疗方案》，此外，根据患者需要给予抗病毒药物、抗生素、皮质类固醇及对症治疗，对血氧饱和度低于93%或胸闷明显的患者给予补氧治疗。患者康复标准为：① 体温连续3天或3天以上正常；② 呼吸道症状明显好转；③ 肺部影像学显示明显的炎症消退；④ 连续2天核酸检测均为阴性。主要终点是恢复时间，其定义为从患者首次出现症状日期到恢复日期的时间间隔。次要结局是病毒脱落天数、病程和住院时间。病毒脱落天数定义为从患者第一次RT－PCR结果阳性到连续第二次结果阴性的时间间隔。病程计算自出现症状之日起至出院之日止。

研究结果显示：患者入院时常见的体征和症状主要是咳嗽（52%）、发烧（49%）、疲劳（31%）和干咳（29%），患者中位体温为37.7℃。清肺排毒汤的早期治疗与更快的恢复、更短的病毒脱落期、更短的病程和更短的住院时间等有利的临床结果有关。研究表明，与症状出现后3周开始清肺排毒汤治疗相比，在2~3周组、1~2周组或不到1周组患者更快恢复的可能性提高了2~3倍；中位天数分别从35天减少到26天、22天和19天；早期治疗组（不到1周组）重症患者比例低于其他3个治疗组；与在3周后开始治疗的患者相比，在3周内开始治疗的患者中位病毒脱落天数减少了约5天；在治疗结束时，患者的发热症状和肺部CT结果明显改善，早期治疗预后趋势更好。值得一提的是，该研究的新型冠状病毒感染患者死亡率为0.3%，远低于全球报道的新型冠状病毒感染患者5.3%的死亡率，这表明在中国联合清肺排毒汤治疗新型冠状病毒感染更具优势。

上述结果表明清肺排毒汤的早期治疗与患者康复、病毒脱落、住院时间和病程的有利结果相关。该研究评价了清肺排毒汤治疗新型冠状病毒感染的临床疗效，并指出清肺排毒汤在早期治疗中可能是控制新冠疫情的有效策略。

（二）清肺排毒汤原方的化学全成分及体内成分解析

1. 清肺排毒汤原方的化学全成分解析　依据《新型冠状病毒肺炎诊疗方案（试行第七版）》中处方剂量和制法，建立清肺排毒汤标准汤剂的标准化制备工艺，完成多批次清肺排毒汤标准汤剂的制备，为后续清肺排毒汤的化学成分表征、质量标准和药理学研究提供高质量样品。在此基础上，首先开展了清肺排毒汤原方的化学物质基础研究，从清肺排毒汤原方中共鉴定出400余种化学成分，包括48种生物碱类，162种黄酮类，44种有机酸类，71种三萜皂苷类及80种其他类化学成分。借助标准品，天然产物MS/MS数据库对上述成分进行了比对和确认。

2. 清肺排毒汤入血成分解析及其组织分布规律研究　小鼠灌胃清肺排毒汤后的入血成分中鉴定出195种主要入血成分，其中原型成分104个、代谢产物91个。主要入血成分包括麻黄碱、伪麻黄碱、去甲麻黄碱等生物碱类成分及黄芩苷、汉黄芩苷、千层纸素 A 7－*O*－*β*－*D*－葡萄糖醛酸苷等黄酮类成分。此外，从小鼠肺、肝、心脏、肾、脑和脾中分别检出了165、177、112、120、44、53种化学成分（图 7－4）。按峰面积排序，麻黄碱、汉黄芩苷和甘草酸在小鼠血清和肺脏入血成分中均位于前列，其中麻黄碱和汉黄芩苷在血清和肺脏入血成分中均位列前十。该研究系统揭示了清肺排毒汤原方的化学物质基础及口服该方后的主要入血成分和组织分布特征，为后续药理学研究提供了关键物质基础和方向性指引。

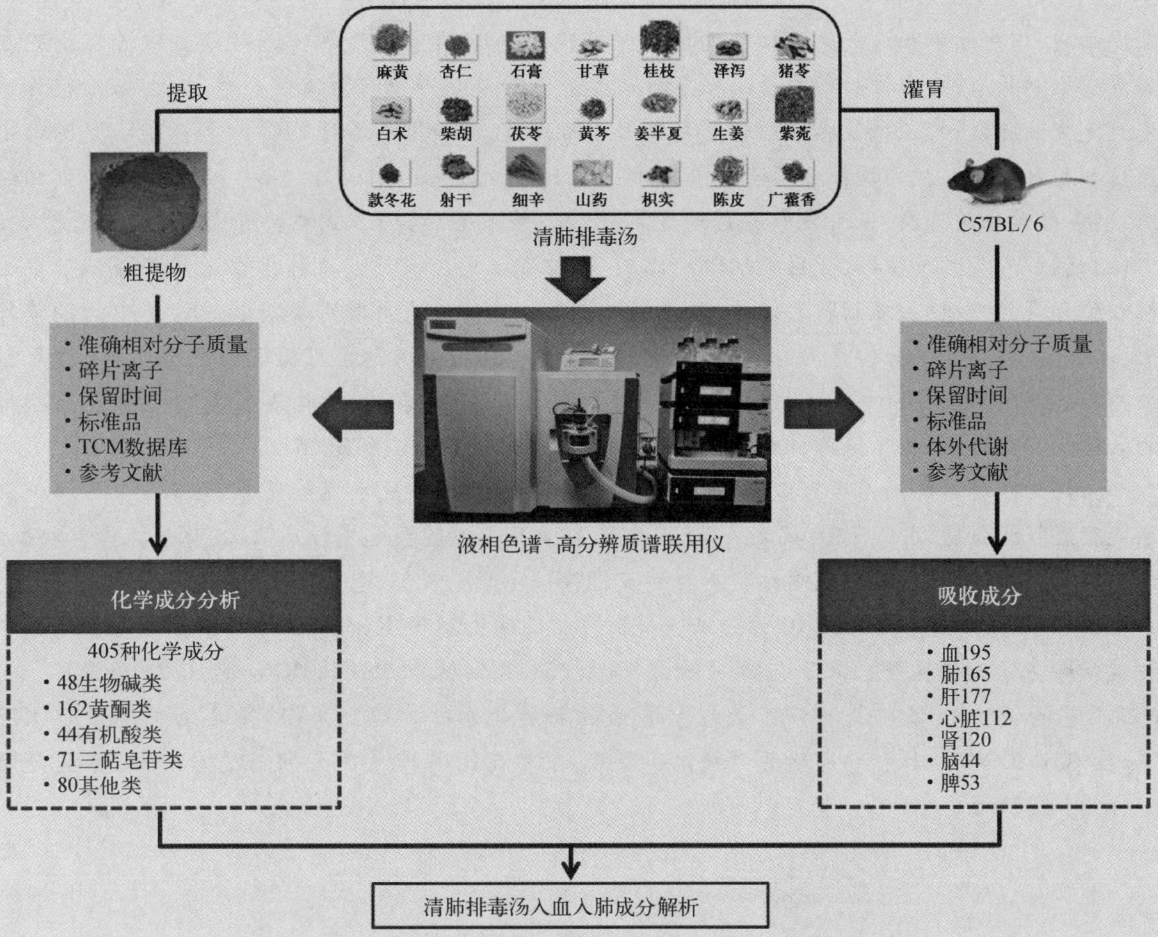

图 7－4　基于 UHPLC－Q－Exactive Orbitrap HRMS 技术探究清肺排毒汤的原方及入血成分

（三）清肺排毒汤发挥抗炎及脏器保护的效应物质及药理机制研究

1. 清肺排毒汤的抗炎药理研究　采用 PR8 病毒感染 C57BL/6 小鼠建立流感模型。将病毒悬液用冷 PBS 稀释至终浓度为 2×10^4 PFU/mL，经小鼠左鼻孔滴入 50 μL。各组小鼠均经鼻注入等量 PBS 或 PR8 病毒，感染后 2 h 内给予清肺排毒汤 6 g/kg。连续给药 5 天，末次给药后 2 h 处死。收集血清样本、支气管肺泡灌洗液进行细胞因子检测，收集肺样本进行 RT－qPCR 实验和苏木精-伊红（H&E）染色。结果显示：PR8 病毒感染可导致小鼠体重显著下降，存活率为 33. 3%，而清肺排毒汤处理组的小鼠体重下降明显改善，存活率可达 83. 3%。清肺排毒汤显著缓解了 PR8 病毒感染后的小鼠体重减轻，降低了小鼠死亡率。H&E 染色结果显示，PR8 病毒感染后小鼠肺指数明显升高，肺间质增厚，炎症细胞严重浸润，炎性渗出明显。清肺排毒汤治疗可显著降低小鼠肺指数和间质炎症细胞浸润,同时显著改善小鼠肺泡结构损伤,提示清肺排毒汤可减轻流感病毒感染小鼠肺损伤。此外,清肺排毒汤连续治疗 3 天或 7 天时显著降低了 PR8 病毒感染小鼠 BALF 中 MCP-1 和 IL-10 的水平,抑制肺组织中促炎因子(IL-6、TNF-α 和 IL-1β)和趋化因子(MCP-1 和 IP-10)的表达,并增加 IL-10 的表达。各组血清样本中 IL-6、TNF-α 和 MCP-1 的结果也与上述趋势一致。以上结果表明,清肺排毒汤可显著减轻 PR8 病毒感染引起的肺部过度炎症反应,减轻肺损伤。

在感染流感病毒和新型冠状病毒期间,先天免疫反应在病毒清除的早期阶段起着核心作用。上皮细胞、内皮细胞和先天免疫细胞构成了呼吸道抵御病毒感染的第一道防线。中性粒细胞在病毒感染时被激活,中性粒细胞浸润程度与病毒载量和疾病严重程度有关。单核/巨噬细胞作为先天免疫细胞之一,在抵抗感染中起主要作用。因此,在清肺排毒汤对 PR8 病毒感染小鼠肺部中性粒细胞和巨噬细胞的调控作用研究中,分别于 PR8 病毒感染后第 3 天、第 7 天取各组小鼠肺组织,制备肺单细胞悬液,采用多色流式细胞术检测。结果显示,PR8 病毒感染显著增加了浸润性中性粒细胞和炎性单核细胞/巨噬细胞的比例,这与炎症反应有关。清肺排毒汤显著降低了中性粒细胞和炎性单核/巨噬细胞的比例,这说明了其在流感感染小鼠肺部炎症和肺损伤中的调节作用。此外还评估了清肺排毒汤对巨噬细胞极化的影响,PR8 病毒感染可促进小鼠肺部 M1 型巨噬细胞标志物 iNOS、CD86、IL-6、TNF-α、IL-1β 和 COX-2 的表达;清肺排毒汤治疗后,上述指标的表达均显著降低,提示清肺排毒汤可抑制 M1 型巨噬细胞极化,促进 M1/M2 平衡。

为评估清肺排毒汤是否可以调节巨噬细胞的功能,选择小鼠巨噬细胞系 RAW264.7 和小鼠原代腹腔巨噬细胞,并用 PR8 病毒或 R837 病毒刺激巨噬细胞引起炎症反应,在体外探索其机制。结果显示,清肺排毒汤降低巨噬细胞炎症因子(TNF-α、IL-6)、趋化因子(MIP-2、MCP-1)的产生,促进抗炎细胞因子 IL-10 的分泌。蛋白质印迹法检测 TAK1/IKKα/β/IκB/NF-κB 途径中关键信号分子的磷酸化,R837 病毒可触发 RAW264.7 细胞中 TAK1、IKKα/β、IκBα 和 NF-κB p65 亚基的磷酸化,清肺排毒汤下调这些蛋白的磷酸化水平。综上,清肺排毒汤下调了 TAK1/IKKα/β/IκB/NF-κB 信号通路的磷酸化和激活,在单链 RNA 病毒感染期间发挥其抗炎和免疫调节作用(图 7-5)。

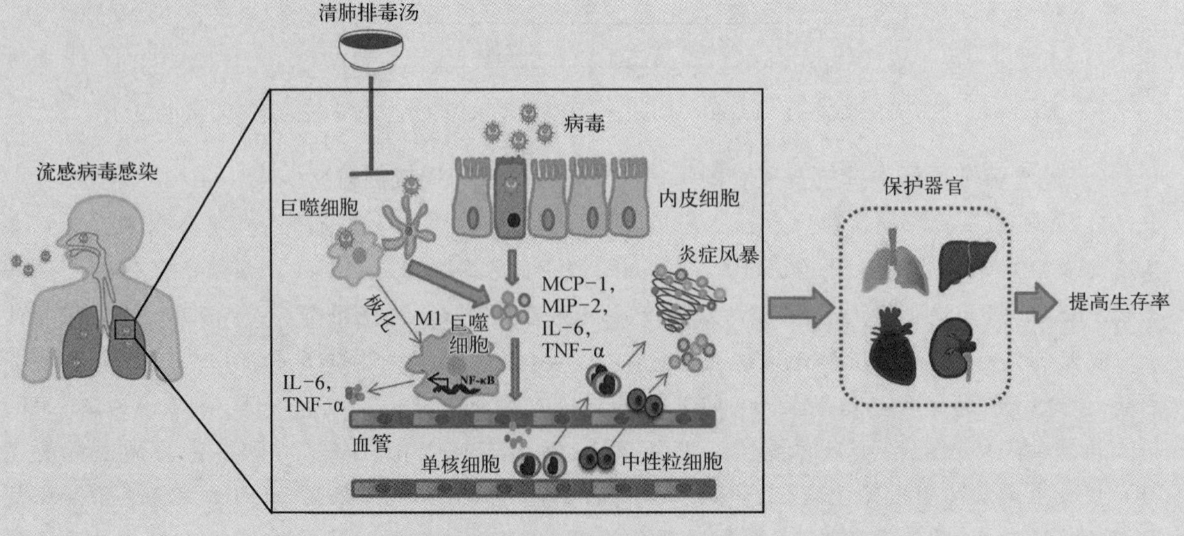

图 7-5 清肺排毒汤抗炎药理研究

PR8感染后大量中性粒细胞和炎性巨噬细胞迁移到肺部炎症部位，被呼吸道病毒激活，这些过度激活的免疫细胞可以表达一系列细胞因子和趋化因子，进而募集和激活更多的炎症细胞，导致炎症风暴。清肺排毒汤可抑制中性粒细胞和巨噬细胞向肺的浸润，抑制巨噬细胞M1极化，降低细胞因子的表达，缓解肺损伤。此外，清肺排毒汤可有效保护小鼠免受流感病毒的致命感染，显著缓解PR8感染后小鼠的体重减轻、改善多器官损伤、降低死亡率。

2. 清肺排毒汤缓解LPS所致大鼠肺微循环障碍及肺损伤的作用和机制　以白细胞和肺微血管内皮细胞黏合分子(cell adhesion molecule，CAM)的表达，以及白细胞与肺微血管黏附和游出为切入点，揭示清肺排毒汤改善肺组织炎症细胞浸润、肺损伤的作用。以血管内皮细胞质膜微囊、血管内皮细胞缝隙连接为切入点，考察了清肺排毒汤抑制血浆白蛋白渗漏、改善肺间质水肿和肺水肿的作用，进而阐释清肺排毒汤预防和治疗肺微循环障碍、肺损伤和肺间质水肿的作用(图7-6)。

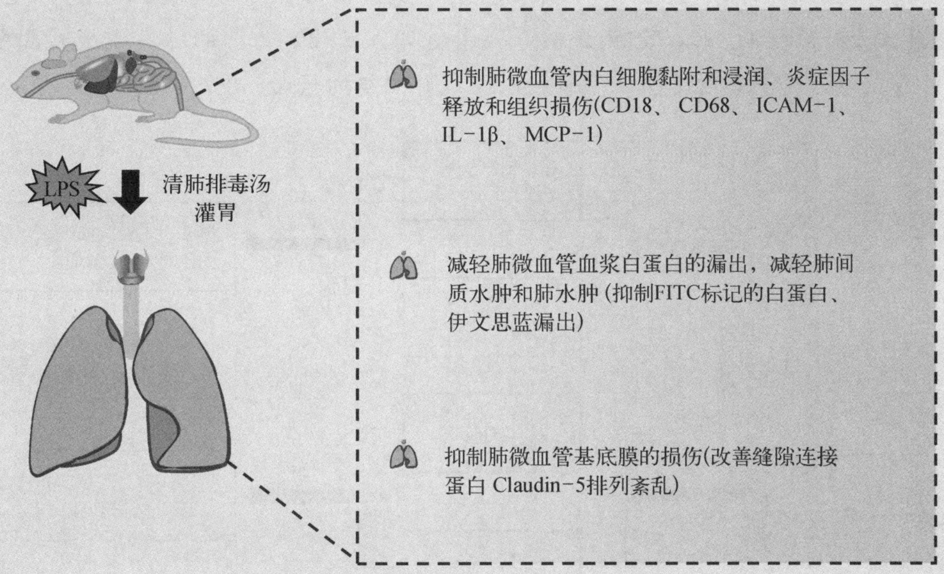

图7-6　清肺排毒汤改善LPS大鼠肺微循环障碍及肺损伤

结果显示，清肺排毒汤前给药可以抑制LPS引发的大鼠肺细静脉白细胞的黏附、肺组织炎症细胞的浸润，减轻LPS大鼠肺组织炎症损伤。LPS注射6 h，已经发生白细胞黏附和炎症细胞浸润后，清肺排毒汤后给药仍能减少肺细静脉白细胞的黏附、肺组织炎症细胞的浸润。进一步研究发现，清肺排毒汤前给药和后给药均可下调LPS大鼠肺组织TLR-4高表达、Src磷酸化；抑制大鼠肺组织中性粒细胞黏附分子CD18、单核细胞黏附分子CD68、血管内皮细胞黏附分子ICAM-1的高表达；抑制大鼠BALF中IL-1β和MCP-1的升高；改善大鼠肺组织氧化应激引起的细胞凋亡。最终改善LPS引起的大鼠白细胞与肺微血管内皮的黏附、炎症细胞浸润、炎症因子释放和肺损伤。

清肺排毒汤前给药可以抑制LPS大鼠肺细静脉FITC标记的血浆白蛋白经由肺微血管的漏出、肺组织伊文思蓝的漏出、肺微血管与肺泡间隙的扩大、肺组织湿干重比的增加，减轻肺间质水肿和肺水肿；LPS注射6 h，已经发生肺微血管内皮-肺泡上皮屏障功能损伤的情况下，清肺排毒汤后给药仍然可以减轻大鼠肺细静脉血浆白蛋白的漏出和肺水肿。进一步研究发现，清肺排毒汤前给药和后给药均可改善LPS大鼠肺微血管内皮细胞缝隙连接蛋白Claudin-5的排列紊乱，上调肺组织 Claudin-5、VE-Cadherin、α-catenin、β-catenin 蛋白的表达。最终改善 LPS 大鼠肺微血管血浆白蛋白和水的漏出，缓解肺水肿。

清肺排毒汤前给药可以抑制 LPS 引发的大鼠肺微血管基底膜损伤；在 LPS 注射后 6 h，已经发生肺微血管基底膜损伤的情况下，清肺排毒汤后给药仍然可以减轻大鼠肺微血管周围基底膜的进一步损伤。进一步研究发现，清肺排毒汤抑制 LPS 引发肺微血管基底膜损伤的作用与其抑制黏着斑激酶的活化、基质金属蛋白酶（matrix metalloproteinase，MMP）-2/9 的高表达、组蛋白 B 活化相关。

3. 清肺排毒汤调控机体代谢及免疫功能的作用研究　采用基于 GC-MS、LC-MS/MS 的非靶向代谢组学方法，对清肺排毒汤干预的正常、LPS 及人冠状病毒（HCoV-229E）诱导的肺炎模型动物的血清及肺组织的内源性代谢物谱，以及肺组织炎症因子和外周血免疫细胞比例开展系统的检测。清肺排毒汤短期干预（5 天）或长期干预（29 天）均能够对大鼠机体代谢产生明显的调节作用，显著改变甘油磷脂、亚油酸、丙酮酸等代谢通路。在 LPS 诱导的肺炎模型大鼠中，清肺排毒汤预防给药或治疗给药都能够明显调节模型大鼠肺组织的代谢（图 7-7）。

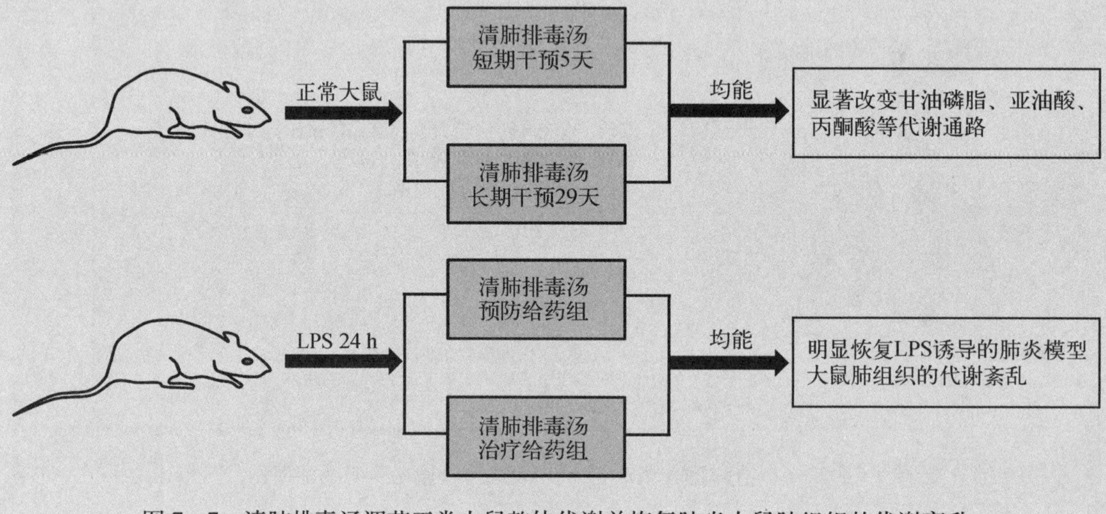

图 7-7　清肺排毒汤调节正常大鼠整体代谢并恢复肺炎大鼠肺组织的代谢紊乱

利用 HCoV-229E 联合寒湿因素诱导肺炎小鼠模型，观察清肺排毒汤对模型动物肺组织代谢的调节作用，发现肺炎小鼠肺组织代谢明显紊乱，而清肺排毒汤干预显著恢复了肺组织中部分紊乱的代谢通路，尤其是花生四烯酸代谢通路。进一步研究发现清肺排毒汤显著下调肺组织花生四烯酸代谢通路中代谢物的水平。此外，HCoV-229E 联合寒湿因素诱导的肺炎小鼠肺部炎症细胞因子水平明显升高，外周血中 $CD4^+$、$CD8^+$ 和 B 淋巴细胞的比例显著下降，而清肺排毒汤干预可以部分逆转炎症细胞因子的水平，并显著升高外周血中 $CD4^+$、$CD8^+$ 和 B 淋巴细胞的比例，这表明清肺排毒汤可改善模型动物机体的炎症反应，并提高模型动物的免疫功能。上述结果表明，清肺排毒汤可通过调节机体内源性代谢和调控机体免疫发挥缓解肺炎的作用。

4. 清肺排毒汤主要入血成分麻黄碱、汉黄芩苷、甘草酸的抗炎作用及机制研究　清肺排毒汤的主要入血成分包括麻黄碱等生物碱类成分、汉黄芩苷等黄酮类成分及甘草酸等五环三萜类成分。现代药理学研究发现，麻黄碱具有显著的止咳、抗炎及免疫调节作用；汉黄芩苷具有抗病毒、抗炎、抗氧化和免疫调节等药理活性；甘草酸具有广泛的抗炎作用。以麻黄碱、汉黄芩苷和甘草酸为研究对象，体外评价抗炎、抗病毒效果。

新型冠状病毒感染通常以炎症和免疫反应失调为特征。巨噬细胞是机体最为重要的先天免疫细胞之一，可以清除病毒、细菌，维持免疫防御作用，常被用于炎症性疾病相关的研究中。汉黄芩苷和麻黄碱作为清肺排毒汤主要入血成分，对它们在体外巨噬细胞炎症模型中的抗炎效果及作用机制展开了研究，为清肺排毒汤药效物质基础提供依据。首先将 RAW264.7 巨噬细胞提前给予所研究的治疗药物孵育 30 min，然后再用 100 ng/mL 的 LPS 处理 5 h，汉黄芩苷能有效抑制 LPS 刺激巨噬细胞中的转录激活因子 2(activating transcription factor 2，ATF2)的磷酸化，并通过泛素化和蛋白酶体降解的方式，降低 ATF2 的半衰期和表达水平；清肺排毒汤和汉黄芩苷可显著下调 USP14 mRNA 和蛋白质水平，且 USP14 的特异抑制剂 IU1 亦能降低细胞内的 ATF2 水平。上述研究提示清肺排毒汤和汉黄芩苷可通过下调 USP14 进而调节 ATF2 的降解。

ATF2 作为急性期蛋白(acute phase protein 1，APP1)转录家族的一员，调控参与细胞周期、发育、应激反应和细胞因子表达的多个基因的表达，如 *IL-1β*、*IFN* 和 *IL-6*。汉黄芩苷对 IL-6 的释放也反映了与 ATF2 同样的抑制作用。汉黄芩苷对 ATF2 和 IL-6 的抑制作用呈剂量依赖性，IC_{50} 约为 10 μmol/L。汉黄芩苷还显著降低炎症因子 IL-1β、TNF-α 和 iNOS，而其剂量依赖性地增加 TGF-β 和 IL-4 的表达。值得注意的是，该化合物仅在相对较低浓度(10 μmol/L 和 20 μmol/L)下促进 LPS 诱导的 IL-10 表达。麻黄碱可以减少 R837 病毒或流感病毒感染所诱导原代巨噬细胞中 IL-6、TNF-α、MIP-2 和 IP-10 等的表达，并促进 IL-10 的产生。在原代巨噬细胞中，麻黄碱发挥抗炎作用的可能机制与下调 R837 病毒诱导的 p-ERK、p-p38 蛋白的表达，上调 p-Akt 蛋白的表达相关(图 7-8)。

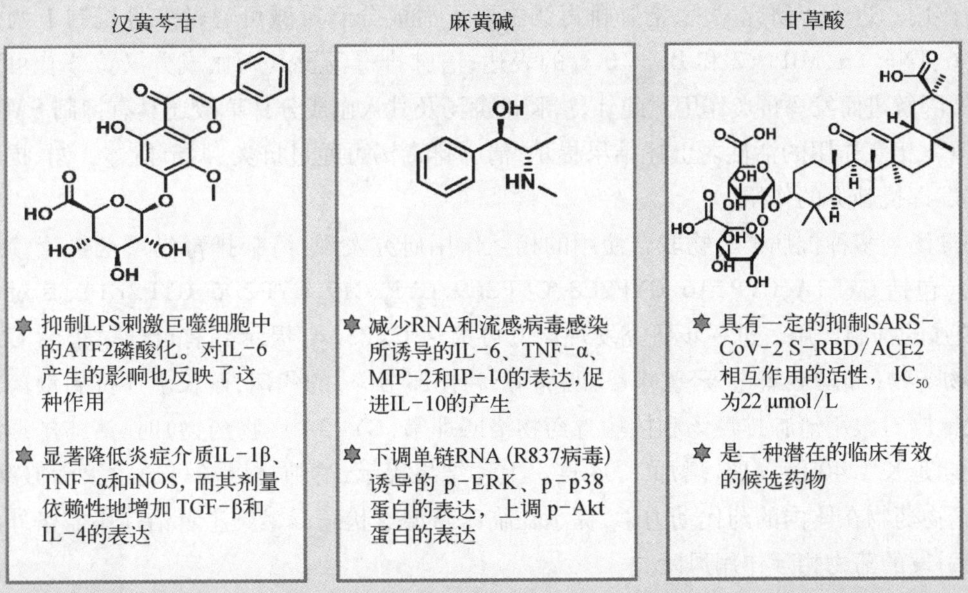

图 7-8　清肺排毒汤主要入血成分麻黄碱、汉黄芩苷、甘草酸的体外实验研究结果

借助药物虚拟筛选技术开展了中药活性成分与刺突蛋白的结合亲和力分析。通过分析 30 种有效治疗新型冠状病毒感染的处方药中不同中药的使用频率，发现甘草最常用。进而采用分子对接的方法来筛选哪些甘草成分可与新型冠状病毒的 S 蛋白发生相互作用。虚拟筛选结果表

明：有66种中药成分可与S1亚基的RBD区域紧密结合，其中甘草酸可优先对接到RBD和ACE2之间的界面，并显示出了较好的结合亲和力。通过SPR实验在分子水平上进一步验证上述模拟结果，发现甘草酸与SARS－CoV－2 S1亚基的结合活性良好。为探索最佳活性化合物与SARS－CoV－2刺突蛋白的结合方式，以甘草酸与SARS－CoV－2 S1亚基进行分子对接研究发现，分子停靠在RBD与ACE2的界面处。因此，它可能破坏RBD和ACE2之间的相互作用。进一步发现人参皂苷Rb_3和甘草酸均具有抑制SARS－CoV－2 S－RBD/ACE2相互作用的活性。

三、总结与展望

新型冠状病毒感染至今尚无针对性的有效药物，而中医药在抗击此次新型冠状病毒感染中发挥了积极作用。其中，“清肺排毒汤”的临床总有效率达97%以上，且不良事件发生率低、治疗成本低廉（一个疗程仅需100元左右）。该研究借助现代分析手段系统解析了清肺排毒汤的化学物质组和入血成分，从该方中共鉴定出410余种原型成分和230余种入血成分（包括原型和代谢产物）；其主要入血成分包括麻黄碱、伪麻黄碱、去甲麻黄碱等生物碱类成分及黄芩苷、汉黄芩苷、千层纸素A7－O－β－D－葡萄糖醛酸苷等黄酮类成分。

药理学研究显示，清肺排毒汤在体内或体外对流感病毒或单链RNA引发的炎症因子风暴具有显著的缓解作用。清肺排毒汤可显著降低流感病毒（PR8）感染小鼠的死亡率、小鼠肺指数、肺部炎症细胞浸润，并抑制肺组织、血清或支气管肺泡灌洗液中促炎因子（IL－6、TNF－α和IL－1β）和趋化因子（MCP－1和IP－10）的表达。清肺排毒汤可明显改善LPS引起的大鼠肺细静脉白蛋白渗出、肺微血管及周围组织的损伤。在HCoV－229E联合寒湿因素诱导的肺炎模型中，清肺排毒汤表现出明显的抗炎、提高机体免疫功能的作用。进一步研究发现，清肺排毒汤主要入血成分麻黄碱可通过多种机制下调病毒感染所诱导的IL－6、TNF－α、MIP－2和IP－10等的表达；清肺排毒汤及其入血成分汉黄芩苷可诱导USP14减少和ATF2降解进而发挥抗炎作用。此外，清肺排毒汤及其入血成分甘草酸还具有抑制SARS－CoV－2 S－RBD/ACE2相互作用的活性。上述结果提示，清肺排毒汤可通过抗炎、调节机体代谢、提高机体免疫等多种方式发挥抗肺炎的作用。

清肺排毒汤与多种抗病毒药物联合使用的相互作用研究发现，清肺排毒汤可剂量依赖地抑制多种CYPP450酶（包括CYP1A、CYP2A6、CYP2C8、CYP2C9、CYP2C19、CYP2D6、CYP2E1），其对CYP1A2和CYP3A有较强的抑制作用。进一步研究发现该方可灭活CYP3A4，提示其有可通过灭活CYP3A4减缓CYP3A4底物药物（如磷酸氯喹、羟氯喹、洛匹那韦、利托那韦等）的代谢，延长上述抗病毒药物的代谢半衰期。当大鼠同时服用清肺排毒汤和抗病毒药物洛匹那韦（CYP3A底物药物）时，清肺排毒汤可使洛匹那韦的半衰期延长1.40倍，AUC增加2.04倍。上述结果提示，清肺排毒汤可通过灭活CYP3A显著调节CYP3A底物药物在体内的药代动力学，提示在临床新型冠状病毒感染患者治疗中需格外注意中西药合用后可能引发的药物相互作用风险。

清肺排毒汤/清肺排毒颗粒作为一种复方中药制剂，具有散寒祛湿，理肺排毒的功效，目前已被批准用于治疗寒湿疫毒所致的疫病（包括新型冠状病毒感染）及流行性感冒引发的呼吸系统疾病。但由于该方的化学成分极其复杂，现有药理学研究仍无法全面科学诠释其有效性和安全性。相关研究主要围绕复方药物和少数主要入血成分开展，后续需要借助现代科学技术寻找该方中可有效缓解病毒感染、炎症反应和调控机体免疫的关键效应物质，并揭示其药效靶标和作用机制。此外，该方的配伍规律和配伍机制，多成分协同效应及协同药理机制也需要更多更深入的研究。未来，在临床应用中，需结合患者的疾病恶性程度、证候和体质特征等信息，科学合理地制定清肺排毒汤与其他药物联用方案，个体化地调整清肺排毒汤及其共服药物的给药剂量和频次，进而达到最佳的治疗效果并最大限度地降低患者用药风险。最终，通过不断完善和优化中医药在呼吸系统疾病防治中的应用和治法治则，为呼吸系统疾病的中医药防治提供更加可靠的循证医学依据和临床用药经验。

第三节　慢性阻塞性肺疾病的中药药理研究（以补肺益肾方为例）

一、慢性阻塞性肺疾病的中医学认识

慢性阻塞性肺疾病（慢阻肺）属中医“肺胀”“咳嗽”“喘证”等范畴，《灵枢·胀论》曰：“肺胀者，虚满而喘咳。”《灵枢·经脉》曰：“肺手太阴之脉……是动则病肺胀满，膨膨而喘咳。”载述本病虚满的病因病机和临床症状，肺经受外邪侵犯，闭阻于胸，经气不得宣发，则表现为肺气胀满而胸闷、喘咳。本病的发生，多与外邪侵袭或久病体虚密切相关，肺病迁延难愈而反复发作，久致肺虚，宣降功能失常，气失宣外，闭塞于内，痰浊、水饮、血瘀互结于肺，气道壅塞，肺气胀满，不能敛降，故发本病。病位在肺，继则影响脾肾，后期病及于心。

“正虚积损”为慢性阻塞性肺疾病的主要病机，肺脾肾虚损而以肺虚为始、以肾虚为基，以气虚为本、时或及阴阳；积损是指痰瘀及其互结成积、胶痼积蓄难除并日益损伤正气，正气逐渐虚损而积损难复。慢性阻塞性肺疾病稳定期病机以气（阳）虚、气阴两虚为主，常兼痰瘀，常见证型为肺气虚证、肺脾气虚证、肺肾气虚证、肺肾气阴两虚证，其中肺功能 1、2 级患者以肺气虚、肺脾气虚、肺肾气虚证常见，3、4 级患者以肺脾气虚、肺肾气虚、肺肾气阴两虚证常见；急性加重期以实为主，可见痰浊（痰热、痰湿）阻肺或痰瘀互阻，常兼气虚或气阴两虚，常见证型为风寒袭肺证、外寒内饮证、痰热壅肺证、痰浊阻肺证；急性加重危险窗期，则虚实夹杂、虚实各半，邪实渐去，本虚渐露，可见痰湿、痰瘀与气虚、气阴两虚相互兼杂，其证型可参照急性加重期和稳定期的相应证候标准。

在系统分析慢性阻塞性肺疾病分期、分级临床特征与防治目标及中医病机与证候规律的基础上，提出中医药防治慢性阻塞性肺疾病的分期分级防治策略（图 7－9）：稳定期遵循“缓则治其本”的原则，以扶正为主，兼顾祛邪，轻度、中度患者病位轻浅，扶正当以补肺、健脾，佐以益肾；重度、极重度患者病位较深，扶正以补肺、益肾，佐以健脾；祛邪主要以活血、化痰为法。急性加重期遵循“急则治其标”的原则，以清热、涤痰、活血、宣降肺气、开窍立法，兼顾气阴为法。急性加重危险窗期当以补虚扶正为主、佐以化痰活血。稳定期代表方剂补肺方、补肺健脾方、补肺益肾方、益气滋肾方；急性加重期代表方剂三拗汤合止嗽散、清气化痰丸、贝母瓜蒌散、散寒化饮方、燥湿化痰方等；危险窗期代表方剂有益气温肺方、扶正清化方、扶正燥化方。

二、慢性阻塞性肺疾病的发病机制

慢性阻塞性肺疾病是一种异质性肺部疾病，以由于气道和肺泡异常（支气管炎、细支气管炎、肺气肿）引起的慢性呼吸系统症状（呼吸困难、咳嗽、咳痰和/或急性加重）及持续存在的、进展的气道阻塞为特征。慢性阻塞性肺疾病主要的病理特点是肺部的慢性炎症反复损伤修复导致其结构和生理改变，包括气道狭窄和重塑、杯状细胞数量增多、中央气道黏液分泌腺增大、肺泡消失，进而导致持续性（通常是进行性）的气流阻塞。慢性阻塞性肺疾病发病机制主要涉及炎症反应、氧化应激、蛋白酶/抗蛋白酶失衡、细胞衰老及凋亡等多个复杂环节。

1. *炎症反应*　慢性阻塞性肺疾病特征性改变为气道、肺实质及肺血管中巨噬细胞、淋巴细胞增多，

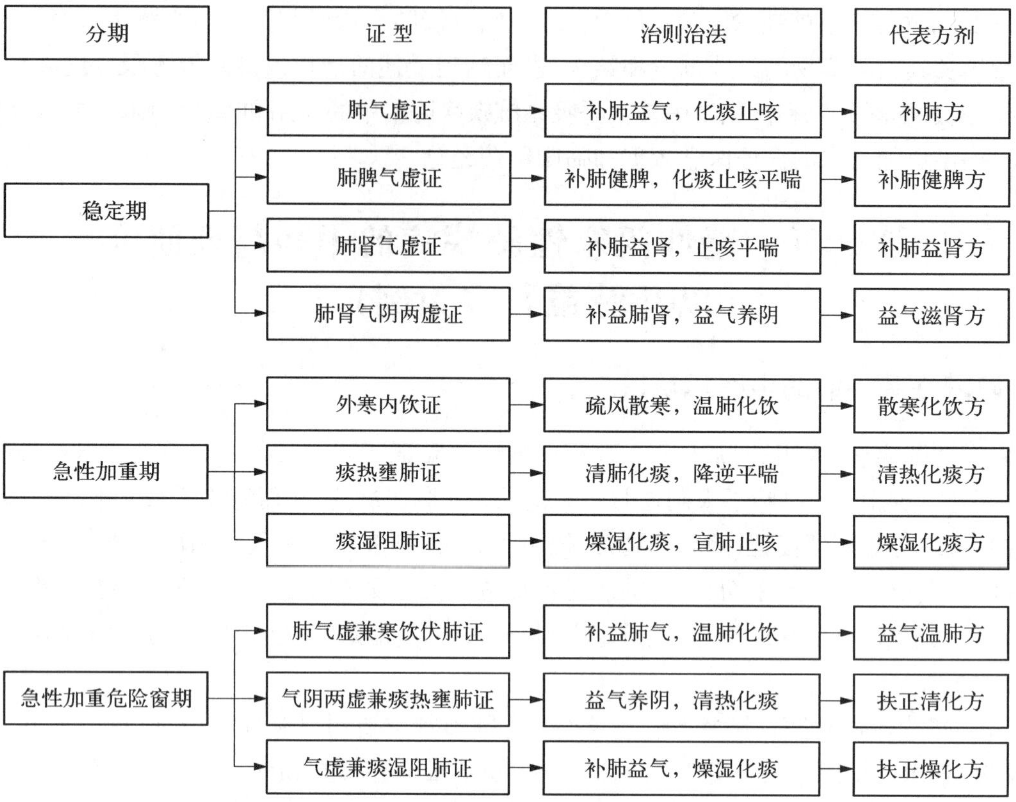

图 7－9　慢性阻塞性肺疾病分期分级防治策略

中性粒细胞活化，连同上皮细胞释放大量炎症因子参与炎症反应，如趋化因子募集循环中的炎症细胞，促炎因子放大炎症过程。此外，慢性炎症刺激还促使气道上皮细胞释放生长因子，加速气道周围平滑肌和成纤维细胞增生，引起小气道重塑。这些因子诱导上皮细胞发生杯状化和气道黏液高分泌，最终导致肺部纤维化、肺泡壁破坏和黏液过度分泌。另外，巨噬细胞和中性粒细胞释放的蛋白酶（如 MMP 和弹性蛋白酶），破坏肺结缔组织中的弹性蛋白，而淋巴细胞释放的颗粒酶穿孔素可损伤肺泡上皮细胞，导致不可逆性肺损伤，进而引发肺气肿。

2. *氧化应激*　氧化应激在慢性阻塞性肺疾病的发生、发展过程中发挥重要作用。吸烟、吸入颗粒物及活化的炎症细胞产生大量氧化剂，导致氧化应激增加，氧化抗氧化失衡，引起脂质过氧化、蛋白质修饰和 DNA 损伤，并激活体内调节氧化剂及促炎因子生成的转录因子，启动炎症反应，而炎症反应可进一步促进氧化应激。研究表明，慢性阻塞性肺疾病患者呼气冷凝气、血清中氧化应激标志物（过氧化氢、8－异前列腺素）均升高。

3. *蛋白酶/抗蛋白酶失衡*　蛋白水解酶对组织有损伤、破坏作用，而抗蛋白酶对弹性蛋白酶具有抑制功能，特别是 α_1－抗胰蛋白酶的缺乏导致肺组织的过度破坏从而产生肺气肿。中性粒细胞和巨噬细胞是蛋白酶的关键来源，而 MMP 家族几乎可以降解细胞外基质的所有成分，不仅直接影响肺组织结构，还通过激活免疫反应和促进炎症细胞的迁移来加剧病情，在慢性阻塞性肺疾病发生、发展中起重要作用。其中，MMP－1 和 MMP－8 破坏胶原蛋白，影响肺泡结构；而 MMP－9 和 MMP－12 则参与炎症反应和肺组织损伤的加剧。

4. *细胞凋亡*　又称程序性死亡，是一种由多种基因和分子信号严格调控的有序细胞死亡过程，对于移除受损或不必要的细胞至关重要。细胞凋亡途径包括外源性（死亡受体途径）和内源性（线粒体途径），受到如 B 细胞淋巴瘤 2 家族、含半胱氨酸的天冬氨酸蛋白水解酶家族等基因的调控。在慢性阻塞性肺疾病中,肺泡上皮细胞和内皮细胞的凋亡显著增加,超出了细胞增殖的补偿能力,导致肺组织损伤和肺气肿的发生,加剧肺功能下降。此外,凋亡细胞清除缺陷进一步加重肺部炎症,增加了患者急性加重的风险。

5. *细胞衰老*　是一种不可逆的细胞周期停滞状态,是正常的生理现象。细胞衰老与多种因素有关,包括氧化应激、端粒缩短、线粒体功能障碍、抗衰老分子的减少、干细胞功能衰竭及 DNA 损伤修复的缺陷等。不同于凋亡细胞,衰老细胞仍具有代谢活性,并通过分泌多种炎症相关蛋白质,即衰老相关分泌物表型,对周围细胞产生影响。随着年龄增长,机体内衰老细胞的积累加重衰老相关分泌物表型诱导的炎症氧化状态,在慢性阻塞性肺疾病发生、发展中起着重要作用。

慢性阻塞性肺疾病危险因素包括吸烟、职业暴露、空气污染物、室内空气污染物等,这些暴露与宿主易感因素相互作用,最终导致慢性阻塞性肺疾病的发生、发展。某些疾病如哮喘、慢性支气管炎、新型冠状病毒感染、结核病等可增加慢性阻塞性肺疾病的风险。遗传与环境危险因素相结合会影响慢性阻塞性肺疾病易感性,如 α_1 抗胰蛋白酶(一种主要的丝氨酸蛋白酶循环抑制剂)遗传性缺乏,导致肺组织破坏。慢性阻塞性肺疾病作为常见的肺部疾病,是复杂、累积和动态的基因-环境相互作用的最终结果,肺部炎症持续存在,支气管反复损伤,肺实质破坏,导致慢性支气管炎改变及肺气肿发生(图 7-10)。

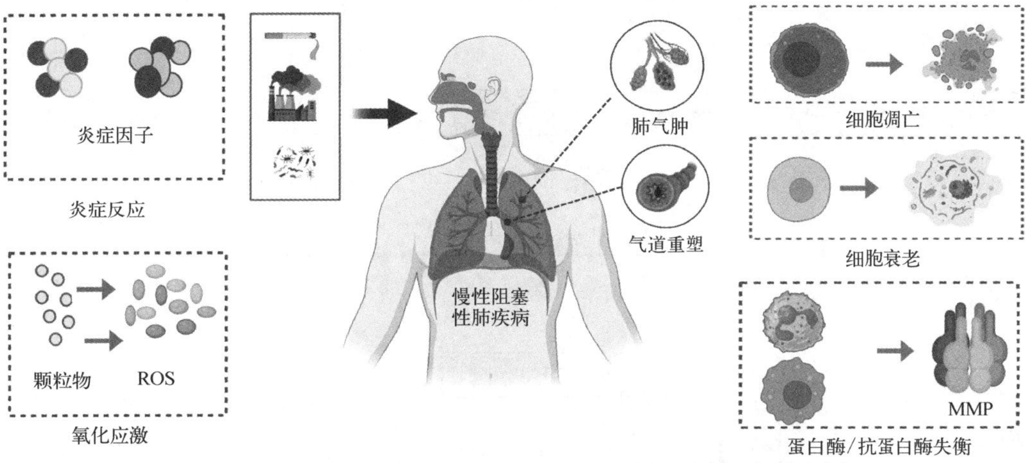

图 7-10　慢性阻塞性肺疾病的发生机制

案例:补肺益肾方干预慢性阻塞性肺疾病

一、补肺益肾方干预慢性阻塞性肺疾病的中西医理论基础

稳定期遵循“缓则治其本”的原则,以扶正为主,兼顾祛邪。慢性阻塞性肺疾病稳定期患者肺脾肾俱虚,兼痰瘀互结,以此确定了调补肺肾兼顾脾,佐以化痰活血的调补肺肾法则及其系列方药,包括补肺方、补肺健脾方、补肺益肾方、益气滋肾方。

补肺益肾方是治疗慢性阻塞性肺疾病稳定期常见证型肺肾气虚证的有效方药,由人参、炙黄芪、酒萸肉、枸杞子、醋五味子等组成。方中人参甘平而大补元气为君。炙黄芪甘温而补益肺脾之气并固卫,有助人参补气之力;酒萸肉、枸杞子滋补肾之精气,醋五味子滋补肺肾而酸敛肺气,炙淫羊藿温肾助阳以合少火生气之义并使肾之阴精化生肾气,共辅人参而为臣。痰浊稽留不除而反阻肺伤气,肺肾气虚而有助痰生,痰浊阻塞气机、气虚行血乏力,常有血瘀之变,故气虚的同时常兼有痰瘀,故在补益肺肾基础上应化痰活血。浙贝母化痰散结,紫苏子降气化痰而止咳平喘,赤芍活血化瘀,三味配伍以奏化痰散结活血之效,共为方之臣药。地龙通经活络而平喘,矮地茶止咳平喘而活血化瘀,二味配伍有助赤芍的活血之效和苏子的止咳平喘之力,为方之佐药。陈皮理气和胃，调理脾胃气机，以使方中诸补益药补而不滞，防诸祛邪药伤胃之弊，为方之使药。全方共凑补益肺肾、止咳平喘、化痰活血之功，在前期多中心临床研究中取得了稳定疗效，能够减轻患者临床症状，减少急性加重次数，降低急性加重程度，改善肺功能，提高生存质量和运动耐力。

补肺益肾方成分复杂，人参总皂苷能够提高患者免疫功能，抑制气道炎症；淫羊藿苷具有较好的抗炎、抗氧化的作用；川陈皮素具有较好的抗炎、减轻组织纤维化、抗肿瘤作用；芍药苷具有改善血流变、抗凝、增强免疫、保护血管内皮作用；浙贝中多糖、总皂苷、黄酮类成分具有止咳祛痰平喘、镇痛抗炎、抗氧化作用；紫苏子具有止咳、祛痰、平喘的药理作用。

二、补肺益肾方干预慢性阻塞性肺疾病的研究思路及结果

提出了“作用特征-系统机制-组分配伍-分子机制”的研究策略，以系统阐释药效机制，发现物质基础，提高临床疗效。基于常见慢性呼吸疾病，建立符合临床病理特征的动物模型及反映关键病理环节的细胞模型，明确中医药疗效特征；整合系统药理学和多维组学，系统评价补肺益肾治疗慢性阻塞性肺疾病的作用机制；基于系统药理学分析及体内外实验筛选优化，发现中医药关键活性物质；以中医理论为指导，遵循方剂配伍理论原则，优化组分配伍，获得组分方药，并揭示组分方作用机制（图 7－11）。

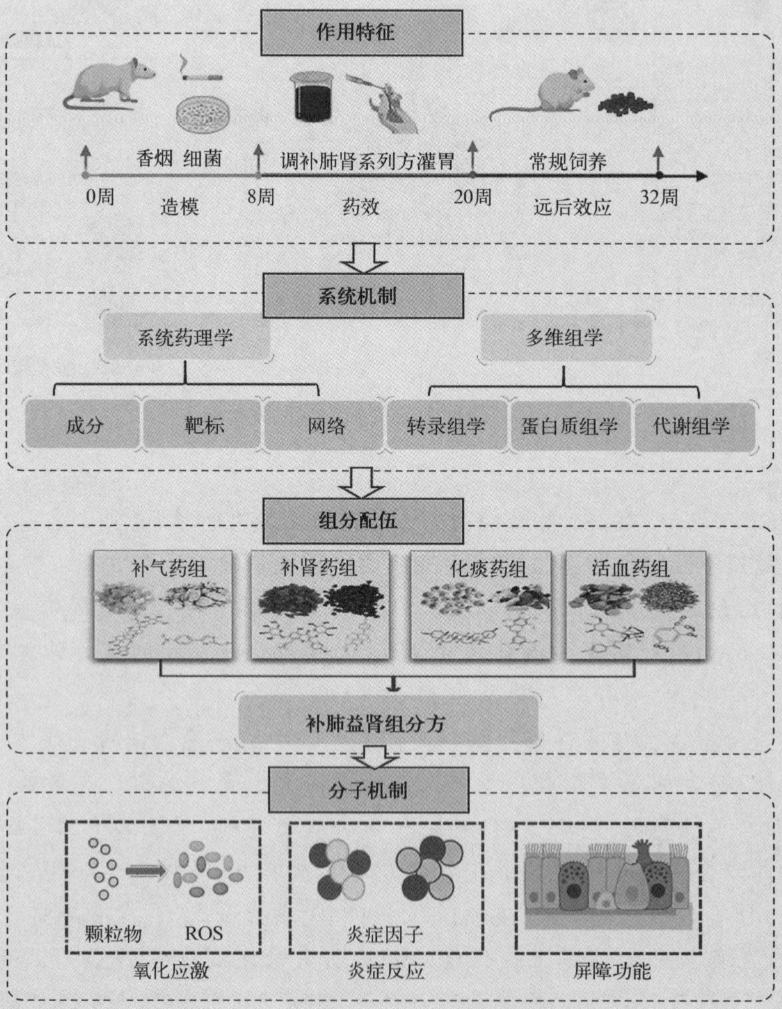

图 7－11 补肺益肾方干预慢性阻塞性肺疾病药效物质基础与机制研究思路

（一）补肺益肾方的作用特征评价

1. 建立慢性阻塞性肺疾病稳定期大鼠模型 慢性阻塞性肺疾病动物模型常用的实验动物包括大鼠、小鼠、豚鼠、果蝇、犬、猪等，其中应用最广泛的为大鼠、小鼠模型。由于香烟烟雾暴露、病原体感染是慢性阻塞性肺疾病的主要病因，常见的建模方法为将实验动物暴露于香烟烟雾、LPS、蛋白酶及大气颗粒物等。然而，单纯的香烟烟雾暴露造模时间长、成模慢，持续时间多为4~6个月，甚至更长时间，LPS和蛋白酶诱导的模型虽然具有成模时间短等优点，但其只能出现部分病理改变，不能准确反映临床的发病过程及病理特征。

鉴于肺炎克雷伯菌为临床常见致病菌，采用香烟暴露联合反复低剂量细菌感染的方法建立慢性阻塞性肺疾病稳定期大鼠模型，具体方法为：第1~12周，采用烟熏箱进行烟雾暴露，烟雾浓度达到(3 000±500)ppm，2次/d，40 min/次，两次烟熏时间间隔至少3 h(早、晚各1次)。前8周通过大鼠鼻腔滴注肺炎克雷伯菌液0.1 mL 6×10^{8}CFU/mL，每5天1次，共12周。为评价符合模型的稳定性，同时设置了单纯香烟暴露和细菌感染，分别于第8、12、16、24、32周观察模型形成情况，结果发现香烟暴露联合细菌感染在第8周即出现肺功能下降、肺组织病理损伤，包括肺泡结构破坏、小气道重塑，第12周更为明显，在32周的观察期内不可逆。该研究表明，香烟烟雾联合低剂量肺炎克雷伯菌反复感染可成功建立慢性阻塞性肺疾病稳定期大鼠模型，病理改变接近临床，且较为稳定，适合进行疾病机制研究，以及药物作用及远后效应评价。

2. 补肺益肾方干预慢性阻塞性肺疾病大鼠的作用特征评价 建立的慢性阻塞性肺疾病稳定期大鼠模型，后采用补肺益肾方干预12周，通过检测肺功能、肺病理损伤、炎症氧化、免疫功能等方面，评价补肺益肾方的作用特征，并在停止干预8周后，观察补肺益肾方的远后效应。结果表明，补肺益肾方能够改善慢性阻塞性肺疾病大鼠潮气量、呼吸峰值流速；改善肺泡结构，减轻炎症浸润，在降低支气管壁厚度和肺小血管壁厚度方面较为显著；降低肺泡灌洗液和肺组织中IL－6、TNF－α等炎症因子表达，改善肺脏局部炎症反应，为进一步观察其对全身系统性炎症反应影响，检测了血清中促炎因子IL－6、TNF－α及抑炎因子IL－10表达水平，发现补肺益肾方能够改善全身系统性及肺脏局部炎症反应；调节外周血及肺泡灌洗液中$CD3^{+}$、$CD4^{+}$、$CD8^{+}$、$CD4^{+}CD25^{+}$水平，提高机体免疫功能；降低右心室肥大指数，改善心肌纤维断裂溶解及线粒体肿胀，降低心肌内皮肽－1(endothelin－1，ET－1)和VEGF蛋白表达。补肺益肾方对以上各项指标具有较好的远后效应。

（二）系统药理学结合多组学阐释补肺益肾方治疗慢性阻塞性肺疾病的系统机制

首先采用系统药理学“筛选成分–预测靶标–富集通路–实验验证”的研究思路，发现补肺益肾方216个活性成分及195个潜在靶标，富集多个通路，包括炎症相关通路、氧化相关通路、免疫球蛋白分泌等，表明其机制与调节炎症、提高免疫等过程相关。基于慢性阻塞性肺疾病大鼠模型，证实了其对于肺泡炎症、胶原沉积、蛋白酶失衡的有效作用，以及对关键通路蛋白的调控作用。然而，由于系统药理学侧重于预测，难以反映体内真实情况，即使进行体内验证，也仅能反映中药复方的部分机制，可能会缺失一些信息。

多组学(包括转录组学、蛋白质组学、代谢组学)技术弥补了系统药理学的不足，同时系统药理学也为组学的分析提供了方法，两者相辅相成，以系统生物学的形式为中药复方研究提供借鉴。基于慢性阻塞性肺疾病大鼠模型，补肺益肾方干预后，采用转录组学、蛋白质组学及代谢组学观察肺组织基因、蛋白质及代谢物的变化，转录组学发现，补肺益肾方调控1 106个基因作用于慢性阻塞性肺疾病，这些基因富集的分子功能包括调节氧化还原酶活性、金属内肽酶活性、激素受体等;富集通路包括氧化磷酸化、黏着斑及泛素介导的蛋白质水解途径等。蛋白质组学鉴定出补肺益肾方作用于慢性阻塞性肺疾病的187种蛋白质,调节蛋白的分子功能与氧化还原酶活性、过氧化物还原酶活性等有关,富集通路包括细胞外基质-受体相互作用、黏着斑、紧密连接和白细胞跨内皮迁移等。代谢组学发现,补肺益肾方作用于慢性阻塞性肺疾病32种代谢物,这些代谢物主要参与花生四烯酸、亚油酸或谷胱甘肽代谢等。整合转录组学、蛋白质组学和代谢组学发现,补肺益肾方治疗慢性阻塞性肺疾病机制与氧化还原酶活性、抗氧化活性、黏着斑和脂质代谢有关。

整合系统药理学和多组学,发现补肺益肾方通过调节脂质代谢、炎症反应、氧化应激和黏着斑通路等多种生物学功能治疗慢性阻塞性肺疾病。基于此,从调节黏着斑改善上皮屏障功能、调控脂质代谢等方面进一步探讨了补肺益肾方的作用机制,从氧化应激、炎症反应等方面筛选补肺益肾方的活性组分,为进一步物质基础研究提供依据。

(三)以补肺益肾方为代表的组分中药研究

补肺益肾方治疗慢性阻塞性肺疾病疗效确切,但中药复方成分复杂、作用靶标多样,其药理作用机制难以阐明。在中医理论指导下,以组分配伍研制现代中药的理论和方法为中药复方机制的研究提供了借鉴。以补肺益肾方为代表,通过系统药理学结合文献研究系统分析补肺益肾方的活性组分,根据中医理论,将其分为补气、补肾、化痰、活血组分,应用模拟慢性阻塞性肺疾病关键病理环节的细胞模型(肺泡上皮细胞炎症模型、巨噬细胞炎症模型、血管内皮细胞缺氧模型等)评价了补肺益肾方各组分活性。采用正交设计、全排列方法结合活性评价优化了组分配比配伍,确定了补肺益肾方治疗慢性阻塞性肺疾病的关键药效成分,筛选出人参提取物、黄芪甲苷、淫羊藿苷、川陈皮素、丹皮酚等10种组分。经慢性阻塞性肺疾病大鼠模型反复验证,确定其有效剂量,组成与原方初步等效的补肺益肾组分方Ⅰ(ZL201711088757.0)。在兼顾疗效、安全与经济的条件下,将补肺益肾组分方Ⅰ分为补气、补肾、化痰、活血4个组分配伍,基于细胞模型和慢性阻塞性肺疾病大鼠模型,采用*R*值综合评价法优化组分配伍,将补肺益肾组分方Ⅰ优化精简为由人参提取物、黄芪甲苷、淫羊藿苷、川陈皮素、丹皮酚组成的补肺益肾组分方Ⅱ,与补肺益肾方及其组分方Ⅰ作用基本等同,且组分方Ⅱ在改善慢性阻塞性肺疾病大鼠肺功能、肺组织病理损伤、抑制黏液分泌等方面具有较好优势。然而,人参提取物成分较多,提取工艺复杂,成本较高,质量相对不可控,尚需在确保干预效应的基础上进行优化。因此,基于上皮/巨噬共培养模型筛选人参提取物的单体成分及各成分配比,筛选与人参提取物药效相当的人参皂苷,发现人参皂苷Rh_1在抗炎方面具有较好作用。经体内外实验反复验证,优化配比,由适当比例的人参皂苷Rh_1代替人参提取物,形成补肺益肾组分方Ⅲ,包含人参皂苷Rh_1、黄芪甲苷、淫羊藿苷、川陈皮素、丹皮酚,该方与补肺益肾方的干预作用相当。

基于慢性阻塞性肺疾病大鼠模型,采用补肺益肾组分方及其组分配伍进行干预,揭示补肺益肾方组分配伍规律。将大鼠分为补气组(人参皂苷Rh_1、黄芪甲苷)、补肾组(淫羊藿苷)、化痰组(川陈皮素)、活血组(丹皮酚)、扶正组(补气+补肾)、祛邪组(化痰+活血)、补气化痰组、补气活血组、补肾化痰组、补肾活血组、扶正化痰组、扶正活血组、补气祛邪组、补肾祛邪组,通过检测肺功能、肺病理、炎症反应、蛋白酶失衡、氧化应激、黏液分泌等相关指标变化,通过*R*值综合评价法评价组分配伍特征。R值综合评价法是基于中医药疗效评价“三要素”理论,将机体状态因素和药物因素统一于效应因素,结合现代科学分析方法和数理分析模型对药物疗效进行综合评价的一种方法。其不仅能够弥补以往对单个时间单个指标的统计分析难以确切反映药物综合作用的不足,而且能够反映多种研究药物的优劣顺序。通过研究,发现补肺益肾组分方中含淫羊藿苷的组分配伍抑制炎症反应效果显著;含人参皂苷Rh_1和黄芪甲苷的组分配伍调节氧化/抗氧化失衡作用显著；含丹皮酚的组分配伍调节血管损伤/修复效果显著；扶正化痰、活血、扶正、补气祛邪、补肾祛邪组分配伍调节蛋白酶/抗蛋白酶失衡及胶原沉积效果显著；补肾化痰、补气活血组分配伍抑制黏液高分泌效果显著；扶正化痰、补气化痰配伍调节T细胞表型疗效较好。组分方的筛选建立及组分配伍明确了补肺益肾方治疗慢性阻塞性肺疾病的物质基础，且为慢性阻塞性肺疾病的有效治疗提供疗效确切的候选药物。

（四）补肺益肾组分方Ⅲ干预慢性阻塞性肺疾病的机制探讨

炎症反应贯穿慢性阻塞性肺疾病发生发展全过程，补肺益肾组分方具有较好的抗炎作用：能有效抑制TNF－α诱导的气道上皮细胞炎症反应，降低促炎细胞因子的表达并抑制促分裂原活化的蛋白质激酶(mitogen-activated protein kinase，MAPK)及NF－κB信号的激活，有效地抑制了气道上皮炎症反应；减少巨噬细胞分泌炎症因子的产生，抑制Janus激酶/信号转导及转录激活因子(JAK/STAT)通路活化，抑制巨噬细胞炎症反应；通过增加糖原合成酶激酶3β(glycogen synthase kinase 3β，GSK3β)丝氨酸9位点的磷酸化和降低酪氨酸216位点的磷酸化来抑制核苷酸结合结构域富含亮氨酸重复序列和含热蛋白结构域受体3(NLRP3)炎症小体的激活，从而抑制炎症反应；能够减轻慢性阻塞性肺疾病大鼠肺血管重塑及肺小动脉炎症浸润，下调$VEGF_{165}$/p38 MAPK通路相关指标表达，降低脐静脉内皮细胞/巨噬细胞(HUVEC/THP－1)共培养模型炎症因子分泌。

气道上皮屏障损伤是慢性阻塞性肺疾病的主要病理机制之一，补肺益肾组分方Ⅲ能够上调连接蛋白(闭塞素、闭塞小带－1和E－钙黏蛋白)的表达；在香烟烟雾诱导的人正常肺上皮(BEAS－2B)细胞中，补肺益肾组分方Ⅲ能够降低细胞间渗透性，提高跨上皮电阻，抑制连接蛋白的降低，表明补肺益肾组分方能够改善气道上皮屏障损伤。通过转录组学及网络药理学分析，结合实验验证发现其改善气道上皮屏障机制与抑制AhR/表皮生长因子受体(epidermal growth factor receptor，EGFR)信号传导通路。

补肺益肾组分方Ⅲ能够降低气道黏蛋白表达，降低炎症因子分泌，抑制气道黏液高分泌；能够改善氧化应激，增强自噬，抑制上皮细胞衰老，机制与核转录因子红系2相关因子2(nuclear factor-erythroid 2－related factor 2，Nrf2)通路有关(图7－12)。

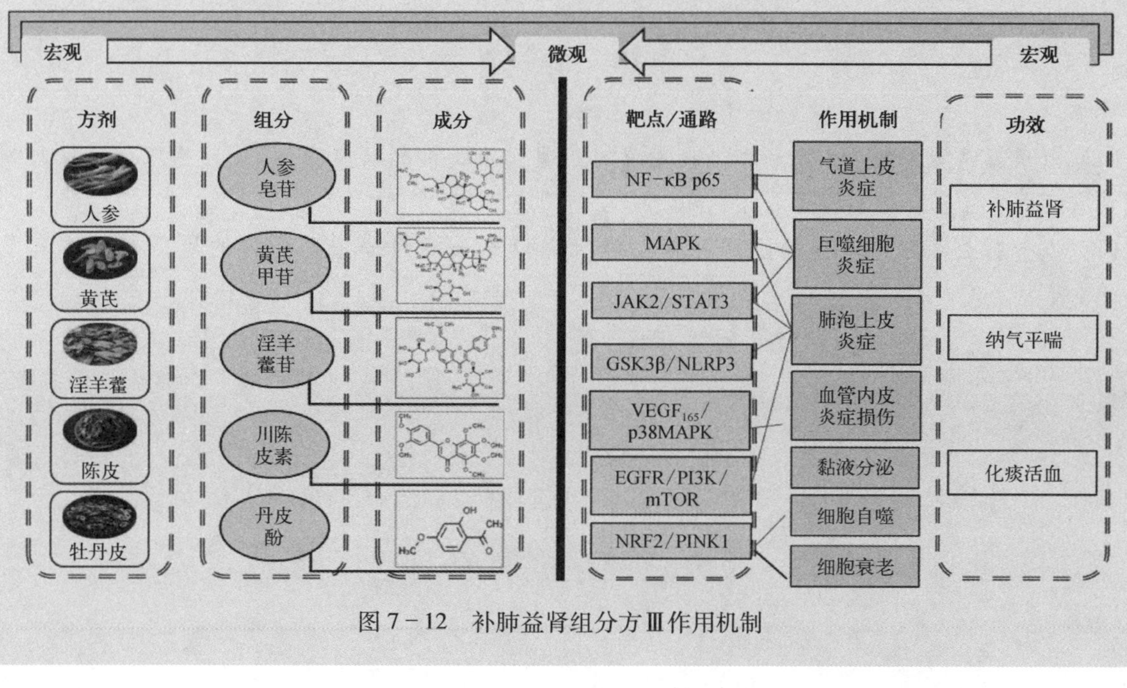

图7－12　补肺益肾组分方Ⅲ作用机制

三、总结与展望

慢性阻塞性肺疾病是一种严重危害公众健康的重大疾病，患病率、死亡率均高，社会经济负担重。目前药物治疗主要有支气管扩张剂（包括 β_2 受体激动剂、抗胆碱能药物、甲基黄嘌呤类药物）、抗炎药物（吸入糖皮质激素、抗生素等）、黏液溶解剂和抗氧化剂（乙酰半胱氨酸、厄多司坦等）及二联、三联药物，能够有效缓解临床症状，但在延缓疾病进展上缺乏证据。中医药治疗取得了较大进展，中医分级分期辨证治疗能够有效缓解临床症状、减少急性加重次数，提高生活质量。

补肺益肾方治疗慢性阻塞性肺疾病疗效确切，但是作为中药复方，其化学成分复杂，难以探讨其作用机制，其有效性和质量稳定性也难以控制。基于组分中药的研究策略，研究团队通过“建立模型-评价作用特征-探讨作用机制-筛选有效组分”的研究模式以挖掘其药效物质基础，探讨其作用机制。首先，采用香烟烟雾联合肺炎克雷伯菌反复感染，建立了符合临床病理特征的慢性阻塞性肺疾病稳定期大鼠模型。其次，基于该模型评价了补肺益肾方的作用特征，发现补肺益肾方能够改善肺功能及肺组织病理损伤，提高免疫功能，抑制炎症反应及氧化损伤，改善右心室重塑且具有较好的远后效应。再次，在中医整体观理论指导下，整合系统药理学和多组学，探讨补肺益肾方治疗慢性阻塞性肺疾病的系统机制，发现补肺益肾方疗效与调节脂质代谢、炎症反应、氧化应激和黏着斑通路等多种生物学功能有关。最后，由于中药复方成分复杂，为进一步发现其药效物质基础，阐释其作用机制，在中医理论指导下，按照中药复方组方原则，分为不同功效组，筛选补肺益肾方活性组分，进行组分配伍优化，形成组分方药，并探讨其作用机制，为探寻补肺益肾方的物质基础及进一步新药研发提供依据。

组分中药促进了中医药发展，但仍然难以明确作用靶标及分子机制，有研究提出了基于有效成分配伍的中药复方研究策略，涉及的关键技术包括：① 入血/组织化学成分分析；② 网络药理学虚拟筛选；③ 配伍成分的组合优化设计（反馈系统控制/正交设计和均匀设计）；④ 三维筛选和评价模型（三维细胞模型、微流控芯片、类器官）；⑤ 作用靶标研究（靶标发现技术、靶标确证技术）；⑥ 数据整合分析（分子-细胞-组织-体内数据整合）。由于组分中药既能保持传统中药配伍增效减毒的特色和优势，同时化学成分清楚，安全性、有效性和质量稳定性完全可控，而且可在分子水平阐释清楚基于作用靶标的配伍机制，能真正揭示方剂配伍理论的现代科学内涵，是今后中药复方研究的必然发展趋势。

思 考 题

（1）请根据清肺排毒汤治疗新型冠状病毒的药理作用及机制研究案例，谈谈临床上回顾性研究的优缺点有哪些？中药复方药理学常用的研究方法有哪些？

（2）以补肺益肾方治疗慢性阻塞性肺疾病研究模式分析组分中药研究的思路及其中药复方的关系。

（葛广波　李建生　田燕歌）

第八章
中药对消化系统疾病的药理研究

第一节　概　　述

一、消化系统疾病的中医学认识

消化系统疾病多属中医脾胃系病证及肝胆系病证，其中以脾胃系病证为主，脾和胃同属中焦，为后天之本，五脏六腑、四肢百骸皆赖其所养，其病理变化主要是受纳、运化、升降、统摄等功能异常。

脾胃系病证多因感受外邪、内伤饮食、情志失调、久病体虚等因素，引发营卫不和，气机失调；或食滞内停，痰湿中阻；或运化无力，气机不畅；或肝郁气滞，横逆犯脾；或因久郁化热，灼伤胃络，热壅血瘀；或肾阳亏虚，脾脏失于温煦，进而致使脾胃纳运失职，升降失司，而致恶心、呕吐、腹胀、呃逆、便溏等病证。临床上将"胃痛""胃痞""呕吐""噎膈""呃逆""腹痛""泄泻""痢疾""便秘"等归属于脾胃系病证。本病多为本虚标实之证，病机变化复杂，常互相转化和兼夹。病情初起多为实证，多由外邪、饮食及情志所致，病理因素主要有气滞、寒凝、热郁、湿阻、血瘀，脏腑气机阻滞，气血运行受阻，若出现疼痛多为"不通则痛"；后期病久不愈，可由实证转为虚证，或劳倦内伤，脾胃受损，常为脾胃虚弱，虚实夹杂，如脾胃亏虚兼夹湿、夹湿热、夹瘀等，若出现疼痛则为脏腑经脉失养，为"不荣而痛"。而虚证又易受邪，导致气滞、血瘀、痰浊、食积、湿热等阻滞，如虚寒者易受寒邪；脾胃气虚，脾失健运，则易出现土壅木郁，气机阻滞，日久气滞血瘀；或脾胃纳运不足，饮食停滞等，从而出现虚实夹杂之证。

基于以上病机，脾胃系病证以肝胃不和证（肝胃气滞证、肝胃郁热证）、肝郁脾虚证、湿热内蕴证、脾胃虚弱证（脾胃气虚证、脾胃虚寒证）、胃阴不足证、气滞血瘀证、脾肾阳虚证等为主要证型。如慢性非萎缩性胃炎以脾胃虚弱、肝胃不和证多见；慢性萎缩性胃炎以脾胃虚弱、气滞血瘀证多见；慢性胃炎伴胆汁反流以肝胃不和证多见；伴幽门螺杆菌（*H. pylori*，Hp）感染多见脾胃湿热证；伴肠化、异型增生者多见气阴两虚、气滞血瘀证。

脾胃虚弱是脾胃系病证发病的根本，本虚主要为脾气（阳）虚和胃阴虚，标实以气滞、湿热和血瘀为主，脾虚、气滞为本病的基本病机，湿、食、痰、瘀等为其病理产物，血瘀或损及肾阳为久病的主要病机。正如李东垣著《脾胃论》强调的"内伤脾胃，百病由生"，因此中医治则强调"调枢健脾通胃"，多从补中益气、调理脾胃着手，佐以祛湿、消食、祛痰、化瘀之法，使气机通畅、纳化有常，以达机体稳健状态。东汉张仲景《伤寒论》中有半夏泻心汤、葛根芩连汤、苓桂术甘汤、理中汤、麻子仁丸、芍药甘草汤、桃核承气汤、乌梅丸、吴茱萸汤、五苓散、小建中汤、小承气汤等常用经方；《金匮要略》中有黄芪建中汤、麦门冬汤、半夏厚朴汤等；金代李东垣《脾胃论》的补中益气汤、《内外伤辨惑论》的厚朴温中汤和枳实导滞丸均是代表性名方；至元代朱震亨《丹溪心法》创"保和丸"，明代张介宾《景岳全书》中载济川煎等。这些均源自古代医家的临床实践和总结，经过长期验证，是常用治疗方剂。

临床治疗消化系统疾病，如针对慢性胃炎的常见中药复方包括柴胡疏肝散、化肝煎、黄连温胆汤、香砂六君子汤、黄芪建中汤、理中汤等；功能性胃肠病常用中药复方为七味白术散、葛根芩连汤、痛泻要方、乌梅丸、附子理中丸、四神丸等。创新中药包括加味左金丸、四神丸、香砂养胃丸、元胡止痛颗粒、逍遥丸、胃肠安丸等；单味中药包括黄连、吴茱萸、五味子、肉豆蔻、白术、茯苓、陈皮、黄连、补骨脂、肉苁蓉等。

二、消化系统疾病的现代医学认识

消化系统疾病包含食管、胃、肠、肝、胆、胰等脏器的器质性和功能性疾病，主要包括胃炎、功能性胃肠病、炎症性肠病等。

胃炎(gastritis)是胃黏膜对胃内各种刺激因素的炎症反应，显微表现为组织学炎症，大致包括常见的急性胃炎与慢性胃炎和少见的特殊类型胃炎。其中，慢性胃炎(chronic gastritis, CG)临床发病率高，患病率随年龄增长而增加，以中年以上患者为主要患者群。慢性胃炎一般按其组织学变化和炎症病变位置及病变程度将其分为浅表性胃炎(又称非萎缩性胃炎)和萎缩性胃炎。非萎缩性胃炎是病变表现为胃黏膜充血、水肿，可伴有点状出血和糜烂，多数患者缺乏特异性的临床表现，以上消化道的消化不良症状为主，如中上腹不适、饱胀、无规律的隐痛或钝痛、嗳气、胃灼热感，也可呈食欲减退、进食后泛酸、恶心等，少数患者可伴有乏力及体重减轻等全身症状。萎缩性胃炎病因较复杂，病变特点主要为胃腺萎缩、壁细胞和主细胞减少或消失，因而胃液分泌也减少，患者可出现消化不良、食欲不佳、上腹部不适等症状。现代医学认为 CG 多是由以下几点引发。① Hp 感染：流行病学研究表明多数 CG 常伴有 Hp 感染，其分泌多种物质使炎症反应迁延或加重；② 十二指肠液反流：长期反流可导致胃黏膜慢性炎症，破坏胃黏膜屏障；③ 自身免疫因素：此外，长期饮酒、吸烟、药物及饮食因素等皆可导致 CG 的发生。

功能性胃肠病(functional gastrointestinal disorder)是一组慢性反复发作的胃肠道症状而无质性改变的胃肠道功能性疾病。其中包括肠易激综合征，该病是一种以腹痛伴排便习惯改变为特征而无器质性病变的常见功能性肠病。在我国，临床上以腹泻型肠易激综合征(irritable bowel syndrome with diarrhea, IBS－D)最为多见，其和功能性腹泻均是以腹泻为主的功能性肠道疾病。二者临床表现相似且存在重叠，导致鉴别诊断和治疗管理存在困难。最主要的临床表现是腹痛、排便较急和粪便呈糊状或稀水样，一般每日 3~5 次，精神、饮食等因素常诱使症状复发或加重。部分患者同时有消化不良症状和明显的焦虑、抑郁、头痛等精神症状。IBS－D 发病机制尚未完全阐明，可能与胃肠动力学异常、内脏高敏感性、消化系统感染、中枢神经系统处理功能异常及肠道菌群失调、脑-肠轴紊乱等因素有关。另外，还与精神心理因素、社会因素及胃肠激素分泌异常相关，主要与胆囊收缩素增强胃肠道活动、血管活性肠肽的释放促进肠黏膜分泌具有一定联系。《素问・逆调论》指出："胃不和则卧不安"，在修订后的功能性胃肠病罗马Ⅳ诊断标准中又提出与之对应的"脑-肠"互作功能紊乱是导致功能性胃肠病的重要病理生理学的基础。现代医学强调"脑-肠-微生态轴"的重要性，即神经精神因素、神经-内分泌-免疫调控网络与肠道微生物稳态 3 者直接的动态关联相一致，该轴稳态失衡则出现内脏高敏感、菌群失调、胃肠动力的变化。

炎症性肠病(inflammatory bowel disease)为累及回肠、直肠、结肠的一种慢性非特异性肠道炎症性疾病。临床表现腹泻、腹痛，甚至可有血便。本病包括溃疡性结肠炎(ulcerative colitis, UC)和克罗恩病。近年来，UC 患病人数明显增多，呈上升趋势。该病是结肠、直肠黏膜及黏膜下层的持续性、融合性炎症反应，临床以反复发作腹泻、黏液脓血便合并腹痛、里急后重为主要表现，发作与缓解交替为病变特点。UC 的发病机制相对复杂，病因未明，与遗传背景、环境和肠道微生态多因素相互作用导致的黏膜免疫失衡密切相关。该疾病呈慢性过程，多反复发作，轻度及长期缓解者预后较好，慢性反复发作者预后较差。

中西医在消化系统疾病的治疗中存在联系和共性，如诊疗重点多集中在胃肠黏膜屏障、肠道微生态、胃肠多肽等方面。中医整体观思想认为人体自身是一个有机整体，而人体的整体功能与肠道微生态也是共存的。由于年龄、饮食、药物、疾病等因素，影响到宿主肠道菌群结构和数量的相对稳定，也会破坏机体内在和外界环境的动态平衡,进而诱发消化道疾病,这与现代医学认为的发病机制不谋而合。常用中药复方及中成药,如参苓白术散、补中益气汤、四神丸、左金丸等,通过改善胃肠动力、修复肠屏障损伤、抑制内脏高敏感及调节肠道菌群稳态等作用治疗上述消化系统疾病产生的相关临床症状。

第二节　慢性胃炎的中药药理研究(以左金丸为例)

一、慢性胃炎的中医学认识

CG 中医病名诊断在古医籍中以症状诊断为主:若上腹部疼痛为主症,证属“胃痛”;以胀满、堵闷为主症,证属“胃痞病”;若症状不明显者,可根据主要症状诊断为“嘈杂”等。本病多为感受外邪(如 Hp 感染)、禀赋不足、劳逸失常、情志因素、饮食不节及药物损伤等所致。由于素体脾胃虚弱而无力抗邪,邪侵入胃,正虚邪恋而发病;或因进食滋腻之味,易生湿热,伤脾损胃而致病;或中焦受阻,脾胃运化失常而气机壅滞,瘀阻胃络;或因久郁化热,灼伤胃络,热壅血瘀。病位在胃,与肝、脾密切相关,亦与肺、肾、大小肠有一定关系。脾虚、气滞是疾病的基本病机,湿热是主要矛盾,血瘀是久病的重要病机。根据 2023 年中华中医药学会脾胃病分会制定的《慢性胃炎中医诊疗专家共识(2023)》,将 CG 分为肝胃不和证(肝胃气滞证、肝胃郁热证)、脾胃湿热证、脾胃虚弱证(脾胃气虚证、脾胃虚寒证)、胃阴不足证、胃络瘀阻证共 5 个主要证型;治则治法包括疏肝和胃、理气止痛,疏肝泄热和胃,清热化湿、和中醒脾,健脾益气、和胃止痛,温中健脾,养阴生津、益胃止痛,活血理气、化瘀止痛等。代表方剂有柴胡疏肝散加减、化肝煎合左金丸加减、黄连温胆汤加减、香砂六君子汤加减、黄芪建中汤合理中汤加减、一贯煎加减、失笑散合丹参饮加减(图 8－1)。

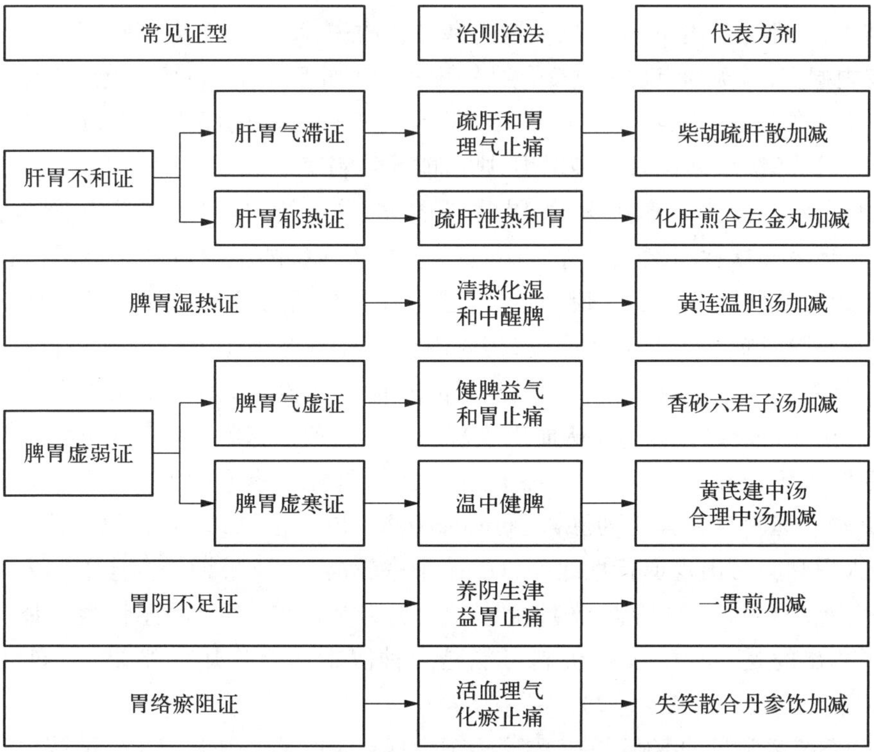

图 8－1　CG 常见证型、治则治法与代表方剂

二、慢性胃炎的发病机制

CG 是指由多种病因引起的慢性胃黏膜炎症病变。胃镜及活检组织病理学检查是诊断和鉴别慢性胃炎的主要手段。根据病理变化的不同可以分为慢性非萎缩性胃炎和慢性萎缩性胃炎(chronic atrophic gastritis,CAG)。非萎缩性胃炎,即慢性浅表性胃炎是胃黏膜最常见的病变之一。其病变表现为胃黏膜充血、水肿,可伴有点状出血和糜烂,病变表面可有黏液性渗出物。主要为黏膜浅层固有膜内淋巴细胞、浆细胞等慢性炎症细胞浸润,但腺体完整且并无萎缩性改变。多数患者经治疗或饮食干预后痊愈,或转变为 CAG,即以胃黏膜萎缩变薄,膜腺体减少或消失并伴有肠上皮化生,固有层内淋巴细胞、浆细胞浸润为特点。CG 在胃黏膜损伤和修复过程中产生的主要病理特点包括:慢性炎症改变、萎缩、肠化生、异型增生等组织学变化。

(1) 慢性炎症改变:以淋巴细胞、浆细胞为主的慢性炎症细胞浸润,根据浸润深度分为轻、中重度。Hp 感染可分泌尿素酶、细胞毒素相关蛋白及细胞空泡毒素等物质,导致细胞损伤,促进上皮细胞释放炎症因子;尿素酶分解尿素产生的氨可中和反渗入黏液内的胃酸,形成有利于 Hp 定植的局部微环境,使感染慢性化。Hp 感染导致的胃窦黏膜炎症有多病灶分布的特点;菌体细胞壁 Lewis X 和 Lewis Y 抗原引起自身免疫反应,诸多机制使炎症反复或加重。

(2) 萎缩:胃黏膜萎缩病变扩展至腺体深部,腺体受到损伤,数量减少或消失,固有层纤维化,可伴有肠上皮化生。根据是否存在化生可分为非化生性萎缩及化生性萎缩,多灶萎缩增加胃癌的患病风险。

(3) 肠化生:Hp 感染日久可引起胃黏膜萎缩及肠上皮细胞化生,即长期慢性炎症使杯状细胞和幽门腺细胞取代胃黏膜表层上皮和腺体。其分布范围越广发生胃癌的风险越高。胃腺化生分为以下两种。① 肠上皮化生:以杯状细胞为特征的肠腺替代了胃固有腺体;② 假幽门腺化生:泌酸腺的颈黏液细胞增生,形成幽门腺样腺体。

(4) 异型增生:细胞在再生过程中过度增生和分化缺失,增生的上皮细胞拥挤、分层,腺体结构紊乱。又称为上皮内瘤变,低级别上皮内瘤变包括轻度和中度异型增生,高级别上皮内瘤变包括重度异型增生和原位癌。异型增生是胃癌的癌前病变。CAG 伴有不同程度的肠腺化生,在化生过程中,必然伴随局部上皮细胞的不断增生,若出现异型增生,则可能导致癌变。

CG 发病机制主要包括:Hp 感染学说、胃黏膜屏障损伤学说、自身免疫学说、神经内分泌学说、药物和毒物及遗传、环境和饮食因素学说等。Hp 感染是导致 CG 的主要机制,引起胃黏膜的炎症反应,导致黏膜损伤和组织变化;各种原因引起的胃肠道动力异常、肝胆道疾病及远端消化道梗阻,导致长期反流,可导致胃黏膜受损和慢性炎症反应;当体内出现针对壁细胞或内因子的自身抗体时,自身免疫性的炎症反应导致壁细胞总数减少、泌酸腺萎缩、胃酸分泌降低;内因子减少可导致维生素 B_{12} 吸收不良,严重者可由于缺乏维生素 B_{12} 从而出现恶性贫血;慢性应激和情绪波动可以通过神经内分泌途径影响胃黏膜的血流、分泌和运动,从而影响胃黏膜的防御和修复能力,诱发或加重 CG;长期大量摄入非甾体抗炎药会抑制胃黏膜前列腺素(prostaglandin,PG)合成,破坏黏膜屏障,是反应性胃病的常见病因;老年人胃黏膜可出现退行性改变,Hp 感染率较高,以及长期暴露于有害环境因素(如重金属、污染物)和不良饮食习惯(如高盐、辛辣食物、烟酒)最为常见,遗传易感性也可能与 CG 的发生有一定关联。需要指出的是,CG 的发病机制可能是多种因素综合作用的结果,不同机制可以相互影响,炎症贯穿 CG 病变全过程(图 8-2)。

CG 作为消化系统最常见的疾病之一,临床表现多样。及时诊断和治疗 CG 被认为是预防胃癌的重要措施。其形成机制的病理因素相互影响,发病机制仍未完全明确,仍需进一步研究和探索。

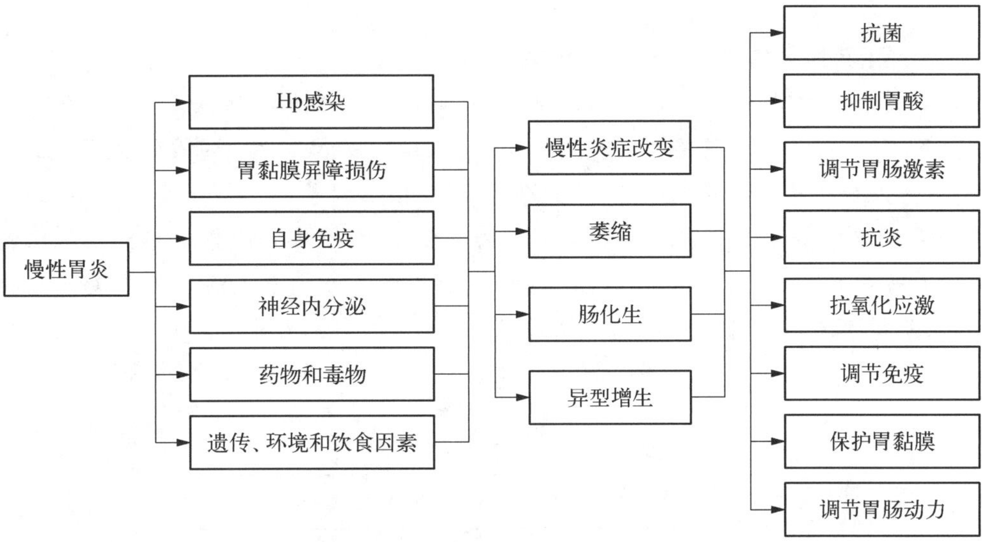

图 8－2　CG 发病特点及药理作用机制

案例：左金丸治疗慢性胃炎

一、左金丸治疗慢性胃炎的中西医理论基础

中医外邪致病理论认为 CG 的发生多以脾胃虚弱为本，由外邪侵袭，中焦脾胃运化失常而气机壅滞，“外邪侵袭”与现代医学“Hp 感染”的主要病因理论相一致。在疾病中期发展阶段，“湿热邪毒”是主要矛盾，因久郁化热，邪毒从热，热壅血瘀而损伤胃络，现代医学则认为 CAG 长期的炎症促使发生“炎-癌转化”与上述中医理论相应。因此，“邪”踞胃脘或久酿成“毒”是该病发展的重要阶段。中医“肝病传脾胃”理论认为“怒气暴伤，肝气未平而痞”（《景岳全书》），肝气郁结横逆可以克伐脾土，形成肝胃不和、肝郁脾虚等证，多被认为肝胃不和与十二指肠-胃反流的临床表现相似，疏肝理气和胃药可以调节胆汁排泄，亦可调节幽门括约肌舒缩，改善胃肠道运动功能失调。

CG 所涉及的诸多病因，如 Hp 感染、十二指肠-胃反流、免疫因素、饮食、药物及体质因素等，均可归于中医外因、内因（七情失调、禀赋不足）、不内外因（饮食及劳逸失常）及继发性病因（痰饮、瘀血）所致。根据中华中医药学会脾胃病分会制定的《慢性胃炎中医诊疗专家共识（2023）》和《脾胃系病常用经典名方专家共识（2023 年修订版）》，肝胃郁热证是 CG 的常见主要证型之一。临床治疗该证型患者常用陈皮、白芍、牡丹皮、栀子、泽泻、黄连、吴茱萸等，以清肝和胃。其中，左金丸是临床治疗 CG 肝胃郁热证的有效方药。

左金丸出自《丹溪心法》，由黄连、吴茱萸两味药组成。方中重用黄连为君药，与佐药吴茱萸相伍，入肝经清肝火，辛开肝郁，苦降胃逆，既可助黄连和胃降逆，又能制黄连之寒，使泻火而不凉遏，苦寒而不伤胃。左金丸通过黄连和吴茱萸配伍协同发挥药理作用，如抑制胃酸分泌、调节胃肠激素分泌、抗炎、抗菌、抗氧化应激、调节免疫功能、保护胃黏膜及调节胃肠动力等，可有效减轻疼痛、胃灼热、反酸嗳气、不欲饮食等症状。与临床上常用治疗 CG 的药物，如抑酸作用的奥美拉唑、雷贝拉唑；保护胃黏膜的铝碳酸镁、替普瑞酮；根除 Hp 的四联药物，如奥美拉唑、枸橼酸铋钾、阿莫西林、克拉霉素；补充胃黏膜营养因子及抗氧化作用的复合维生素类等有共性的药理作用。

二、左金丸治疗慢性胃炎研究思路及结果

经典名方左金丸为中医临床治疗 CG 的有效方剂，根据左金丸功效及其与临床药物所具有的共性药理作用，目前对该方的研究思路首先以 Hp 感染造模法和多化学因素联合造模法诱导 CAG 动物模型，探讨左金丸及其有效成分对 CAG 的干预作用；在此基础上得出左金丸对 CAG 的主要药理作用特点及作用机制，进而从黄连与吴茱萸的剂量比例关系角度，探讨不同剂量比例的黄连和吴茱萸的治疗效果及其可能的相互作用，以及左金丸及其类方中黄连与吴茱萸具有的配伍增效减毒规律；基于中医"已病防变"的理论思想，进一步研究左金丸对"炎-癌转化"过程具体干预作用。从"配伍-效应-病证-转化"多个维度对左金丸及其类方干预 CG 的作用机制开展研究（图 8-3）。

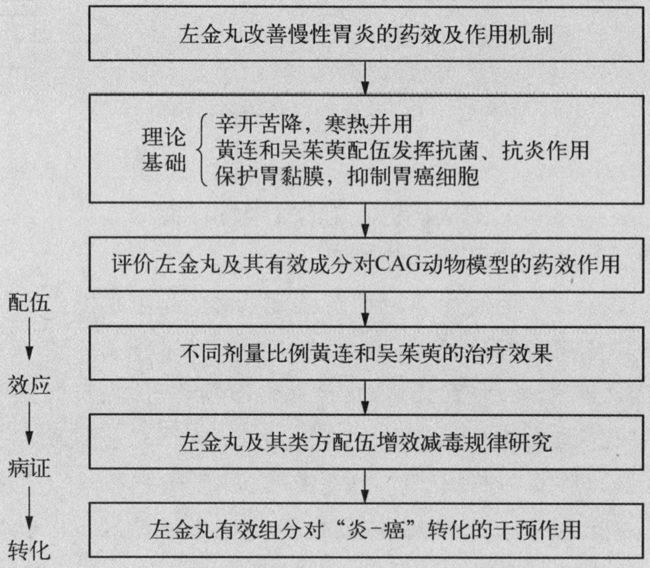

图 8-3 左金丸治疗慢性胃炎的总体研究思路

（一）左金丸对不同 CG 动物模型药效学作用

CG 中药药效学研究，一般以整体动物实验为基础，结合多器官、组织、细胞和分子水平的实验，阐明相关作用原理。CG 临床表现多复杂、变化，其中 CAG 肠上皮化生或上皮内瘤变伴胃腺体萎缩被认为是胃癌最重要的癌前病变之一。为了预防和逆转 CAG，探讨中医药干预该病的药效学作用及机制特点，建立安全、稳定、标准的动物模型十分重要。常用 CAG 模型研究的动物以鼠类为主，其中大鼠为主要来源，部分使用小鼠、沙鼠、犬、仓鼠、猪、灵长类动物（如猕猴等）。常用的造模方法包括 Hp 感染造模法、单化学因素诱导造模法、多化学因素联合造模法、手术造模法、免疫造模法等。又因 CAG 常呈现多个证候，因此可将契合病机的动物模型"病证结合"，主要为脾虚型、肝郁型、湿热型等。主要药效指标包括观察一般情况及宏观表征情况，如毛发色泽、精神状况、活动状态、体质量变化、饮食及大便情况等；内镜下表现、病理学观察，其中病理学观察是 CAG 药效学实验的金指标，如胃黏膜病理组织变化等；其他药效指标包括 Hp 根除情况、免疫功能、氧化应激及炎症标志物等（图 8-4）。

1. Hp 感染 CAG 模型　Hp 感染是导致 CG 乃至胃癌等疾病发生的重要诱因，利用 Hp 感染可达到复制 CAG 模型的效果。Hp 定植于动物体内并诱导产生炎症，造成黏膜损伤，并可引发

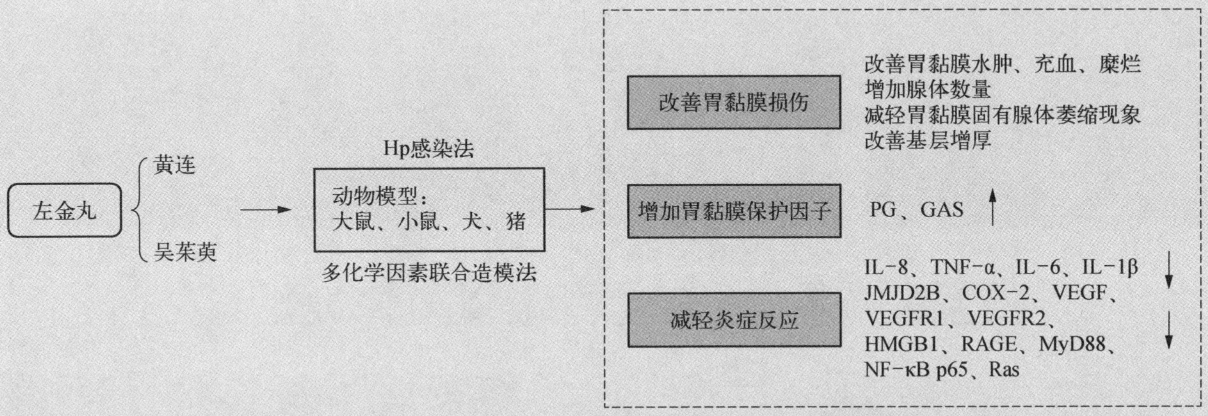

图 8-4　左金丸对不同 CAG 动物模型干预作用

CAG。Hp 混悬液空腹灌胃，灌胃操作间隔 1 天，灌胃 8 周，然后进行快速尿素酶试验以评估 Hp 感染模型是否成功建立。

Hp 主要寄生在黏液层下，胃上皮细胞表面注射药物对其难以产生有效作用。同时，胃酸环境、黏液层的屏障及胃排空作用限制了口服药物的疗效。此外，长期使用某些药物可能会导致严重的不良反应及耐药性的产生，使得 Hp 感染诱发的急慢性胃炎的治疗变得较为棘手。现代药理研究证明，黄连可抑制微生物 DNA 及蛋白质合成起到抗菌作用，而左金丸中含有黄连，可明显抑制 Hp 感染大鼠 Hp 生长，改善胃黏膜水肿、充血、糜烂及萎缩程度，发挥胃黏膜保护作用，同时可减轻胃黏膜炎症反应，减少胃黏膜固有腺体萎缩现象，增加腺体数量。

前列腺素是胃黏膜局部防御机制中的重要因素，可促进胃黏膜黏液分泌，加强胃黏膜黏液-重碳酸盐屏障。胃泌素(gastrin，GAS)是由胃窦 G 细胞分泌的一种胃肠激素，在胃肠黏膜疾病中扮演着双重角色。一方面 GAS 可刺激胃酸的正常分泌，为机体提供消化液；另一方面刺激胃黏膜细胞生长，维持胃黏膜的完整性。CAG 患者胃窦黏膜萎缩，G 细胞数量减少，GAS 分泌下降。左金丸可增加 CAG 大鼠血清胃黏膜保护因子前列腺素的合成和释放，增加血清 GAS 水平，改善胃黏膜萎缩，肌层增厚现象。

Hp 诱导的 CAG 大鼠经左金丸给药干预后，胃组织中 Jumonji 结构域包含蛋白 2B(Jumonji domain-containing protein 2B，JMJD2B)、环氧合酶 2(cyclooxygenase-2，COX-2)、VEGF 蛋白表达及 mRNA 水平较模型组明显降低，VEGF 生物学受体 VEGFR1 及 VEGFR2 蛋白表达及 mRNA 水平显著下降，左金丸可通过调节 JMJD2B/COX-2/VEGF 信号通路而发挥治疗作用。左金丸还可下调胃组织高迁移率族蛋白质 B1(high-mobility group protein Box1，HMGB1)、髓样分化因子 88(myeloid differentiation factor 88，MyD88)和晚期糖基化终末产物受体(advanced glycation end product receptor，RAGE)及 HMGB1、NF-κB p65、大鼠肉瘤(rat sarcoma，Ras)的蛋白表达及 mRNA 水平，通过抑制 HMGB1/NF-κB 信号通路从而治疗 Hp 诱导的 CAG(图 8-5)。

诸多研究证实，左金丸中有效成分小檗碱可有效治疗 Hp 诱导所致的 CAG。小檗碱可抑制 Hp 和 LPS 诱导的 M1 型巨噬细胞极化，并促进 M2 型巨噬细胞极化，减轻人胃黏膜上皮细胞-1(gastric epithelial cells-1，GES-1)损伤，同时激活 IL-4/信号转导及转录激活蛋白 6(signal transducer and activator of transcription 6，STAT6)通路发挥抗炎作用；另一有效成分巴马汀则具有抗 Hp 活性，对 GES-1 细胞具有保护作用，可通过干预去整合素/MMP17/表皮生长因子受体

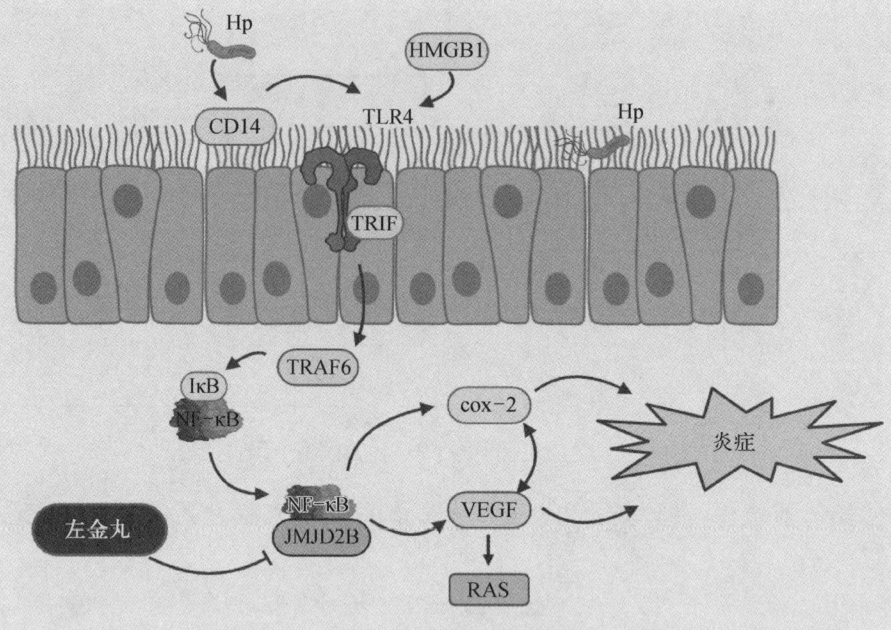

图 8-5　左金丸对 Hp 诱导的 CAG 的干预机制

1(epidermal growth factor receptor 1,EGFR1)信号轴,改善炎性损伤,并增强宿主防御功能而发挥治疗 CAG 的作用。综上所述,证实左金丸及其有效成分对 CAG 具有显著的治疗作用。

2. 多化学因素联合法 CAG 模型　多化学因素联合造模法,是指自由饮用 *N*-甲基-*N'*-硝基-*N*-亚硝基胍(*N*-methyl-*N'*-nitro-*N*-nitrosoguanidine,MNNG)、自由饮用 0.1%氨水、雷尼替丁灌胃或雷尼替丁饲料喂养、脱氧胆酸钠灌胃、2%水杨酸钠溶液灌胃、30%~40%乙醇灌胃、热生理盐水灌胃、饥饱失常法喂养、夹尾刺激等两种或多因素复制模型。MNNG 主要用作化学致胃癌物,可模拟长期大量摄入硝酸盐(如腌制食品),从而导致 CAG、癌前病变及胃癌。

由自由饮用 MNNG 联合饥饱失常建立 CAG 模型经左金丸干预后,胃黏膜表面上皮细胞坏死和脱落现象减少,黏膜固有腺体形态较完整,排列规则,炎症细胞浸润减少。血清生化指标检测结果显示,左金丸可显著抑制 CAG 大鼠血清中 GAS-17 分泌,降低促炎因子 IL-8、TNF-α 含量。RT-PCR 结果显示,左金丸显著降低 CAG 大鼠胃组织 IL-6、IL-1β 的表达。提示左金丸可有效减轻 MNNG 介导的胃黏膜病理损伤,减轻炎症反应,对胃黏膜具有保护作用,从而改善 CAG。

左金丸有效成分小檗碱可降低 MNNG 诱导 CAG 大鼠胃组织中转化生长因子-β1(transforming growth factor-β1,TGF-β1)、磷脂酰肌醇 3 激酶(phosphoinositide 3 kinase,PI3K)、p70 核糖体蛋白 S6 激酶(P70S6K) mRNA 表达,促进第 10 号染色体上缺失与张力蛋白同源的磷酸酶(phosphatase and tensin homologue deleted on chromosome ten,*PTEN*)基因 mRNA 表达,并抑制 TGF-β1、PI3K、蛋白激酶 B(protein kinase B,PKB)和哺乳动物雷帕霉素靶蛋白(mammalian target of rapamycin,mTOR)的表达。提示小檗碱可通过干预 TGF-β1/Akt/mTOR 信号通路而改善 MNNG 诱导的 CAG(图 8-6)。

将 MNNG 与人胃黏膜上皮细胞系 GES-1 细胞共培养建立 MNNG 诱导的 CAG 体外研究模型。左金丸水煎液可下调 MNNG 处理的 GES-1 细胞 TGF-β1、PI3K mRNA 表达水平,上调微管相关蛋白 1 轻链 3-Ⅱ(LC3-Ⅱ)、自噬相关基因 *Beclin-1* 的 mRNA 表达水平。提示左金丸复方

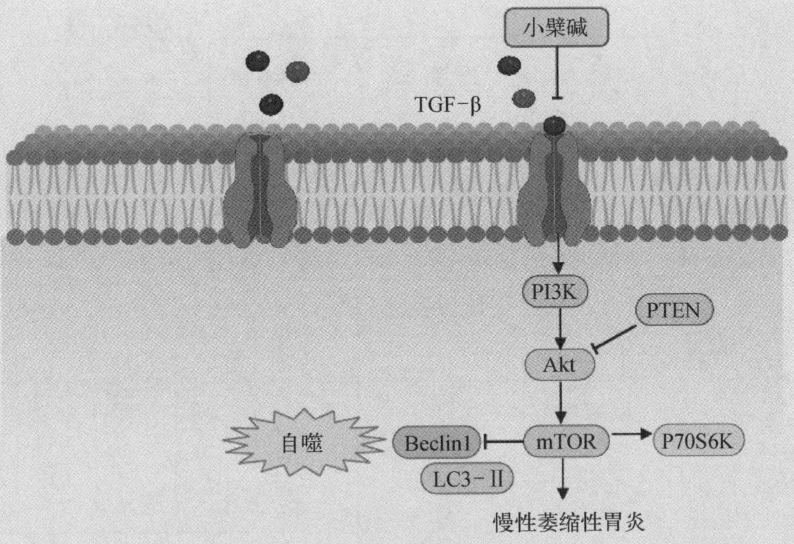

图 8-6 左金丸有效成分小檗碱对 MNNG 诱导的 CAG 的干预机制

可能通过 TGF-β1/PI3K 信号轴改善 MNNG 诱导的 GES-1 损伤。进一步研究表明，左金丸有效成分小檗碱也可通过干预该信号轴，减轻 MNNG 诱导的 GES-1 细胞损伤。

（二）由配伍关系到病证效应的研究策略——左金丸及其类方配伍配比关系研究

左金丸包含黄连、吴茱萸两味药，因方剂组成简单，医者在临床应用时常将其作为对药，与其他方药配伍。方中黄连为君药，清肝泻火，使郁结得开，则肝胃调和；同时以辛热之吴茱萸为佐药，引黄连入肝经泻火，防止黄连过于苦寒而产生凉遏之弊端，全方具有寒热配伍规律。《药性论》记载吴茱萸"味苦、辛，大热，有毒"，近年来小毒吴茱萸复方制剂超剂量使用出现肝损伤的报道屡见不鲜，因此限制其应用。诸多研究开展了其急性毒性和长期毒性的探讨，得出该药对肝脏和肾脏有一定的损害作用。而左金丸具有的增效减毒配伍规律，是该方的现代研究热点之一。

同时，探讨经典方左金丸及其类方的组方特征，如左金丸、甘露散、茱萸丸及反左金丸治疗不同特征脾胃证候的生物学机制，以及吴茱萸、黄连的配比与证候的对应关系，从而阐明不同剂量黄连、吴茱萸配比配伍治疗不同病证的"量-效"关系。

1. 左金丸寒热配伍减毒增效机制　研究发现，吴茱萸与黄连对体外培养的牛肾上腺髓质细胞中儿茶酚胺分泌具有相反的作用，其中吴茱萸通过细胞膜 ACh 受体离子通道引起细胞 Ca^{2+} 内流而导致儿茶酚胺分泌增多，黄连则可通过 ACh 受体离子通道和电压依赖型 Na^{+} 通道拮抗吴茱萸引起的细胞 Ca^{2+} 内流而抑制儿茶酚胺分泌。因而进一步发现，左金丸、黄连及其有效成分（小檗碱、巴马丁和药根碱）均显著抑制儿茶酚胺分泌和 Ca^{2+} 内流；而反左金丸、吴茱萸及其有效成分（吴茱萸碱和吴茱萸次碱）显著促进儿茶酚胺分泌和 Ca^{2+} 内流。另外，黄连和吴茱萸中的生物碱成分具有协同增加 5-羟色胺能神经元中的受体浓度作用，可为低表达 5-羟色胺等位基因个体提供神经保护作用。左金丸还能通过影响血清中肿瘤标志物的基因表达和活性发挥抗癌作用，方中黄连和吴茱萸对抗癌活性同样具有明显的协同作用。因此，左金丸及其类方中的黄连与吴茱萸配伍具有增效减毒规律（图 8-7）。

2. 左金丸及其类方配比关系　《丹溪心法·卷一·火六》载："左金丸，治肝火。一名回令丸。黄连六两，吴茱萸一两或半两"。黄连与吴茱萸的配比是该方研究的重要方向，多通过体外

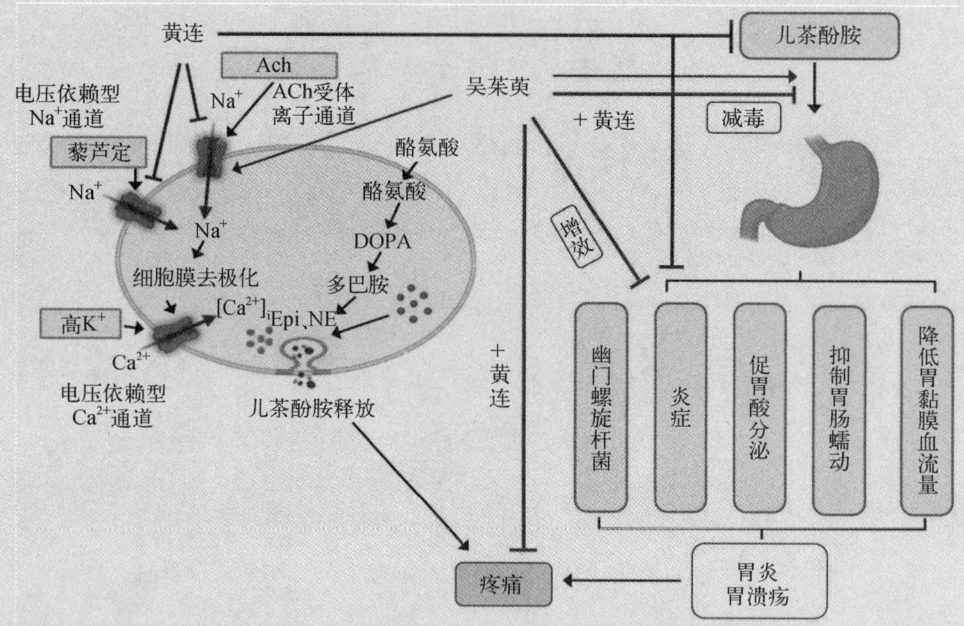

DOPA：3,4-二羟基苯丙氨酸；Ach：乙酰胆碱；Epi：肾上腺素；NE：去甲肾上腺素

图 8-7　左金丸寒热配伍减毒增效机制

实验和动物实验证明不同剂量比例的黄连和吴茱萸对CG的治疗效果及其可能的相互作用，探索黄连和吴茱萸在抗炎、抗菌、保护胃黏膜等方面的协同作用，为左金丸的配伍比例提供科学依据。

超高效液相色谱法分析了左金丸(黄连∶吴茱萸=6∶1)、甘露散(黄连∶吴茱萸=2∶1)、茱萸丸(黄连∶吴茱萸=1∶1)、反左金丸(黄连∶吴茱萸=1∶6)客观差异性的物质基础，发现黄连与吴茱萸两药不同配伍可显著影响黄连生物碱溶出率，而有利于吴茱萸中主要生物碱的溶出，因为黄连中部分脂溶性成分对吴茱萸中的脂溶性生物碱有助溶作用。黄连中的药根碱、黄连碱、巴马汀、小檗碱溶出率明显减少，其溶出率与黄连在药对中所占比例呈线性关系，黄连比例越大，溶出率越大。左金丸及其类方对胃寒证与胃热证大鼠的治疗作用比较，明确了对于胃热证治疗疗效为“左金丸>茱萸丸≈甘露散>反左金丸”；对于胃寒证治疗疗效为“反左金丸>茱萸丸>甘露散≈左金丸”；发现左金丸及其类方能够不同程度增加“胃寒证”模型小鼠胃组织与胃细胞发热量；“胃寒证”组小鼠给予反左金丸后，趋热性明显降低，“胃热证”组小鼠给予左金丸后，趋寒性明显降低(图 8-8)。

(三) 由“已病”到“防变”的研究策略——左金丸有效组分干预“炎-癌”转化的作用

CAG患病率较高，且是胃癌前疾病的一种，也是一种“半生理”的衰老现象。CAG基础上伴随的肠上皮化生和异型增生为胃癌癌前病变的主要阶段，是形成“炎-癌”转化的级联病理过程。利用化学分离的方法，从左金丸提取物中分离鉴定出了30个化合物，其中生物碱类含量最多，包括小檗碱、巴马汀、吴茱萸次碱、吴茱萸碱、瑞特西宁、黄连碱、表小檗碱等，其中小檗碱、吴茱萸碱和去氢吴茱萸碱不仅在复方中含量较高，且具有较好的抑制肿瘤细胞增殖的作用，可能是左金丸在局部胃肠道发挥抗肿瘤作用的主要有效成分。在离体细胞水平，考察左金丸中有效组分对胃癌细胞的药理效应及潜在作用机制，发现左金丸有效组分对胃癌细胞增殖具有一定的抑制作用，还能改善胃癌细胞定向迁移和侵袭，可进一步研究左金丸对“炎-癌”转化过程的具体干预作用。

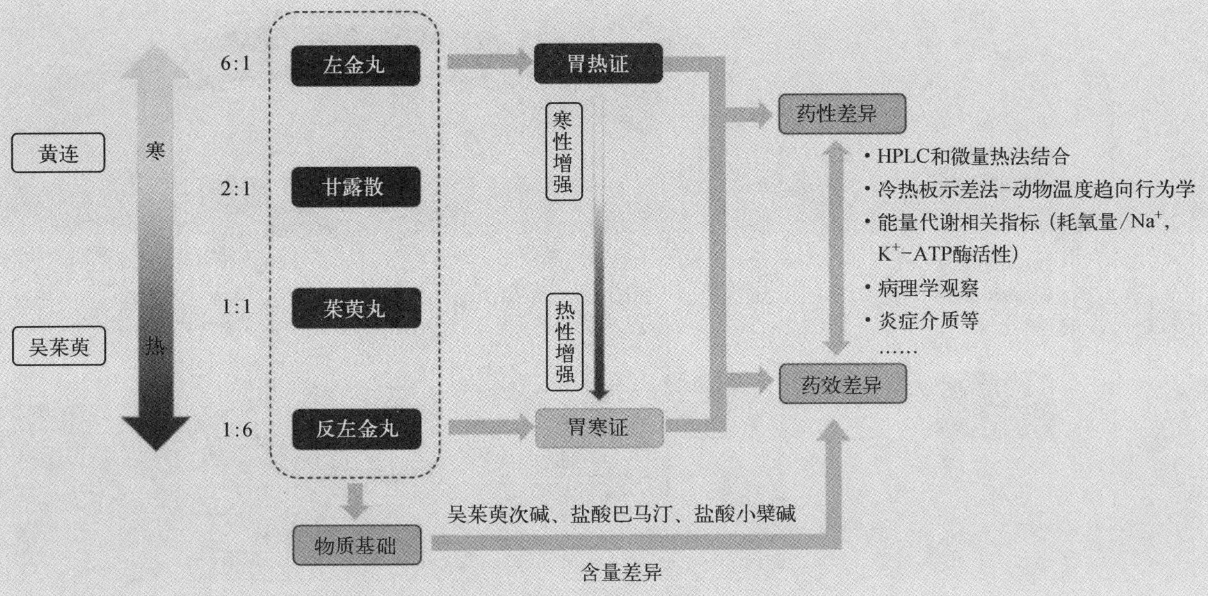

图 8-8　左金丸及其类方“配伍-效应-病证”内在关系

在 CAG“炎-癌”转化的主要影响因素中，Hp 感染通过影响胃黏膜免疫细胞浸润，诱发胃黏膜上皮细胞基因突变成为“炎-癌”转化的重要病因，约有 70%的胃癌与 Hp 感染有关。左金丸可通过降低细胞膜和线粒体内跨膜电位，上调 Bcl-2 关联 X 蛋白/B 淋巴细胞瘤-2 比率诱导胃癌细胞凋亡。左金丸醇提物能显著增强 Hp 感染的人胃癌细胞中凋亡相关蛋白 Bcl-2 关联 X 蛋白和多腺苷二磷酸核糖聚合酶的表达，从而抑制 Hp 感染人胃癌细胞的增殖并诱导细胞凋亡。提示左金丸能够通过抑制 Hp 生长以预防胃癌的发生，降低胃癌的发病率。

左金丸有效成分小檗碱可浓度依赖性地降低人胃腺癌细胞（AGS）线粒体膜电位，引起线粒体膜电位去极化，降低纤维状肌动蛋白荧光强度，损伤 AGS 骨架结构。提示，小檗碱可通过降低 AGS 线粒体膜电位稳定性并导致 AGS 骨架结构损伤而产生药理学效应。此外，小檗碱还能浓度依赖性地降低 AGS 相对迁移率，抑制胃癌细胞定向迁移和侵袭。Rho GTP 酶属于 Ras 超家族，包括 Ras 同源基因家族成员 A（Ras homolog gene family，member A，RhoA）、Ras 相关 C3 肉毒毒素底物 1 和细胞分裂周期因子 42，黏着斑激酶为 RhoA 的下游基因，共同参与细胞迁移、吞噬、收缩和黏附等活动。小檗碱可显著降低 AGS 细胞 Ras 超家族 RhoA、Ras 相关 C3 肉毒杆菌毒素底物 1 和细胞分裂周期因子 42 的 mRNA 表达水平，同时显著降低 RhoA 下游信号 Rho 相关卷曲螺旋蛋白激酶（ROCK）和黏着斑激酶的 mRNA 表达水平，并显著降低 AGS 细胞 ROCK 下游信号靶标的 mRNA 表达水平。表明小檗碱可通过干预 RhoA/ROCK 信号通路影响胃癌细胞的定向转移。

吴茱萸碱能有效增加 PTEN 的 mRNA 水平和蛋白表达，降低 EGF/PI3K 通路的蛋白表达，提示吴茱萸碱可能通过激活 PTEN 下调 EGF/PI3K 信号通路来抑制胃癌细胞的定向迁移和侵袭。药代动力学研究表明，去氢吴茱萸碱在大鼠血浆平均浓度曲线显示其在胃肠道中具有较高的吸收作用，口服吸收效果较好，全身暴露水平较高。去氢吴茱萸碱可抑制 MNNG 诱导的 GES-1 细胞迁移和侵袭，并通过抑制 HIF-1α/VEGF 血管生成途径干预肿瘤血管生成，改善 MNNG 所诱导的胃部慢性炎症反应，从而治疗 CAG（图 8-9）。

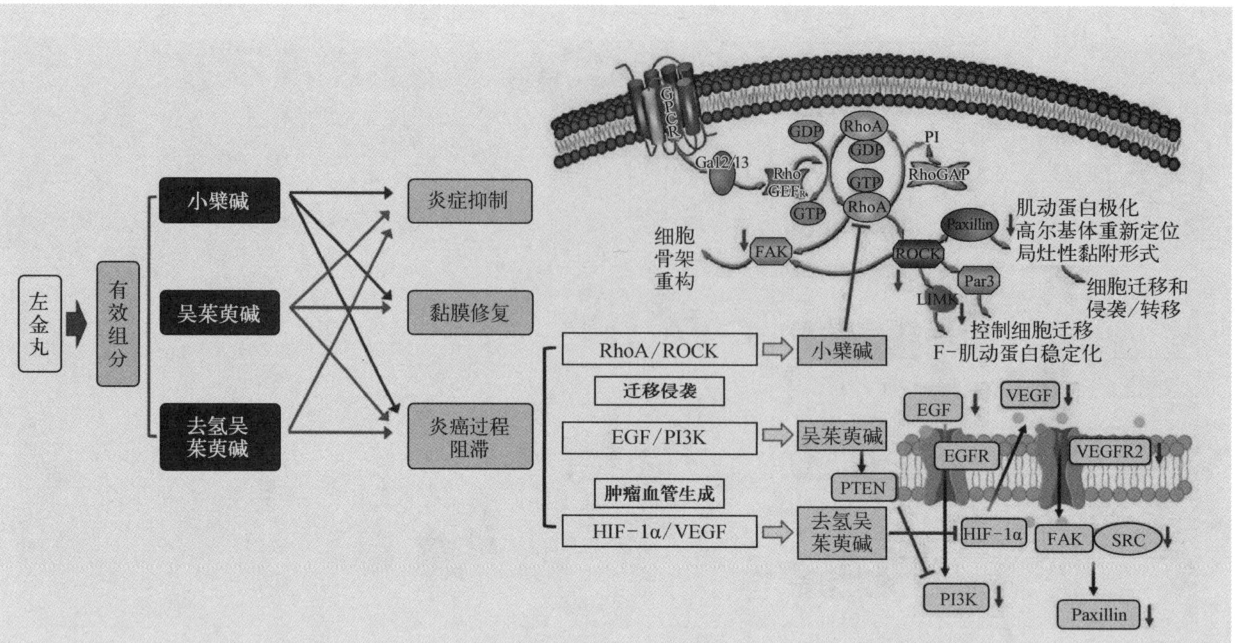

图 8-9　左金丸及其有效组分对“炎-癌”转化的干预作用

三、总结与展望

CG 是消化内科门诊最常见的疾病，其患病率随着年龄的增长而不断升高。在患有 CG 的人群中，CAG 患者常伴随着肠化生的发生，少数患者会出现上皮内瘤变，经过长期的演变后，具有发展为胃癌的风险。目前的疗法包括使用抗酸剂、H_2 受体阻滞剂、质子泵抑制剂和抗生素等，这些药物可以缓解主要症状，但也可能会引发一系列不良反应，如腹痛（或胃痛）、便秘和腹泻等。

中医药拥有独特的理论体系，为系统防治 CG 等复杂疾病提供了广阔的前景。经典名方左金丸由黄连、吴茱萸按照 6∶1 的比例组成，全方配伍特点为辛开苦降、寒热并用，能从抗菌、抗炎、保护胃黏膜屏障等多途径发挥作用，是临床常用 CG 治疗方剂，也是治疗 Hp 潜在的靶方。然而方中包含小毒中药吴茱萸，为此以中医学“减毒增效”配伍理论为指导，从黄连与吴茱萸的剂量比例关系角度，进一步探讨不同剂量比例的黄连和吴茱萸的治疗效果及其可能的相互作用，以及具有的配伍增效减毒规律；基于中医“已病防变”的理论思想，研究左金丸对“炎-癌转化”过程的具体干预作用，对左金丸治疗 CAG 过程中“配伍-效应-病证-转化”的作用特点进行探索。

该研究揭示了 Hp 感染等致病原因引起的胃黏膜受损和慢性炎症反应是 CG 的核心过程，不同机制相互影响。阐明左金丸可有效发挥胃黏膜保护作用，同时可减轻胃黏膜炎症反应，以及左金丸有效组分可改善胃癌细胞定向迁移和侵袭，通过激活自噬相关通路从而对“炎-癌”转化过程具有一定的抑制作用。以上研究内容和结果丰富了中医经典方剂治疗 CG 的科学内涵，为左金丸及其类方的进一步开发利用奠定了基础。

CG 发病过程蕴含了中医“未病先防，已病防变”的理论内涵，常因迁延日久或失治误治加重病情。左金丸治疗该病具有显著成效，但进行其药效物质基础研究时，主要集中在小檗碱和吴茱萸碱上，关于其他成分研究较少；左金丸发挥作用的具体机制、靶标通路仍缺乏研究，如该方对抗 Hp 感染的具体机制及相关物质基础等方面。总之，基于整合药理学，研究多成分药物与机体相互作用及其整合规律和作用原理，从临床到基础再回归临床，为深入揭示左金方等经典方剂的作用机制提供了新思路与新方向。

第三节　腹泻型肠易激综合征的中药药理研究（以四神丸为例）

一、腹泻型肠易激综合征的中医学认识

中医古医籍中并无 IBS－D 对应的病名，根据其临床表现，将其归属于“泄泻”的范畴。该病的发病基础多为先天禀赋不足和（或）后天失养，情志失调、饮食不节、感受外邪等。IBS－D 的主要病变部位在肠，并涉及肝、脾、胃、肾等脏腑，与肺、心亦有一定的关系。脾胃虚弱和肝失疏泄是 IBS－D 发病的重要环节，肝郁脾虚是导致 IBS－D 发生的重要病机，脾肾阳虚是导致疾病迁延难愈的关键因素。诸多原因导致脾失健运，运化失司，形成水湿、湿热、痰瘀、食积等病理产物，阻滞气机，导致肠道功能紊乱；肝失疏泄，横逆犯脾，脾气不升则泄泻；若腑气通降不利则腹痛、腹胀；病久则脾肾阳虚，虚实夹杂。因此，IBS－D 初期多为肝气郁结，肝气横逆乘脾，继而脾失健运，形成水湿，“湿胜则濡泄”，脾虚日久而致脾阳不足，继则肾阳受累，致脾肾俱虚，则久泻不止。根据中华中医药学会脾胃病分会发布的《肠易激综合征中医诊疗专家共识意见（2017）》和 2020 年制定的《消化系统常见病肠易激综合征中医诊疗指南（基层医生版）》，主要证型有肝郁脾虚证、脾虚湿盛证、脾肾阳虚证、脾胃湿热证、寒热错杂证；治法包括抑肝扶脾、健脾益气、化湿止泻、温补脾肾、清热利湿、平调寒热、益气温中等。代表方剂有痛泻要方加减、参苓白术散加减、附子理中汤合四神丸加减、葛根黄芩黄连汤加减、乌梅丸加减（图 8－10）。

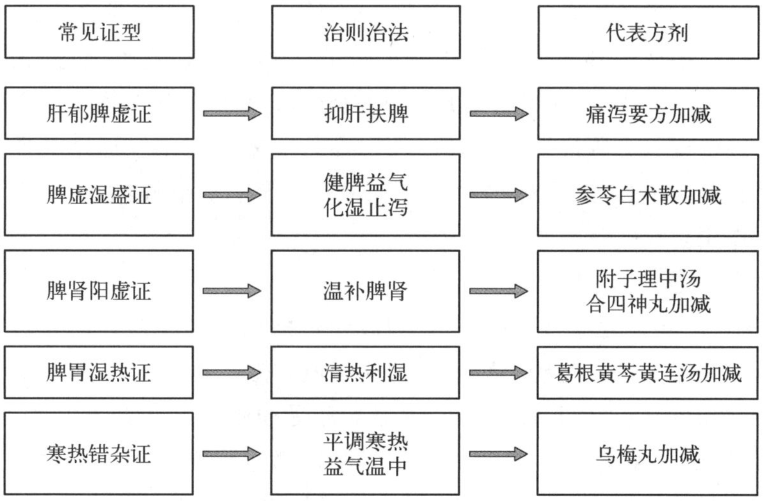

图 8－10　IBS－D 常见证型、治则治法与代表方剂

二、腹泻型肠易激综合征的发病机制

临床以 IBS－D 最为多见，便秘型、混合型和不定型 IBS 相对较少。胃肠动力紊乱和内脏高敏性是其主要的病理特点。IBS－D 的发病机制尚未完全明确，上述两个共识指南认为胃肠道动力异常、遗传因素等均与本病的形成有关，饮食和精神因素、内脏高敏感均是诱发 IBS－D 发病的影响因素。此外，肠道微生态改变、肠上皮屏障功能受损、炎症、胆盐吸收改变、肠神经系统调控功能紊乱等在该病发病过程中十分重要。

（一）胃肠动力紊乱

IBS－D 患者结肠电生理显示高幅收缩波明显增加，肠运动传输显著加快。在各种生理性和非生理

性刺激下，包括食物、肠腔扩张、肠内容物、某些胃肠激素和心理应激等刺激，其动力反应增强，并呈反复发作过程。

（二）肠屏障损伤

肠屏障是通过跨细胞转运机制和调节细胞旁通透性选择性地调节穿过上皮的物质，保护机体不受细菌和抗原的侵害。紧密连接（tight junction，TJ）在调节亲水小分子的细胞旁运动中起着重要作用，在完整的黏膜中，TJ 封闭细胞旁空间，形成离子和大小选择性的细胞旁通道，多种蛋白质和分子参与 TJ 的结构，包括闭合蛋白（occludin）、密封蛋白（claudin）、连接黏附分子（junctional adhesion molecule，JAM）和胞质紧密连接蛋白-1（zonula occludens-1，ZO-1）等。IBS-D 患者结肠通透性显著增强，肥大细胞数量显著增多，可释放多种介质调节 TJ，引起肠通透性增加，导致肠屏障损伤，可能是局部胃肠功能障碍和症状的原因之一。

（三）内脏高敏感

IBS-D 患者对胃肠道充盈扩张、肠平滑肌收缩等生理现象敏感性增强，易产生腹胀腹痛。因此，内脏超敏反应被认为与频繁的腹痛密切相关。在黏膜神经支配附近的肥大细胞浸润和介质释放可能更有助于 IBS-D 患者的腹痛感知。IBS-D 患者肥大细胞占据的黏膜面积、脱颗粒肥大细胞数量及肥大细胞自发释放的类胰蛋白酶和组胺增加，且只有靠近神经的肥大细胞与腹痛/不适的严重程度和频率显著相关。同时，肠屏障损伤导致的肠道通透性增加允许细菌和抗原通过肠道黏膜层，激活黏膜免疫反应，进而引起慢性腹泻和腹痛，与内脏超敏反应程度呈正相关。

（四）脑-肠轴紊乱

中枢神经系统对肠道刺激的感知异常和脑-肠轴调节异常，被认为是对脑-肠系统的超敏反应，包括对肠神经系统和中枢神经系统。其中 5-HT、胆囊收缩素、生长抑素、胃动素等胃肠激素可能在胃肠道动力和感觉调节中发挥作用。IBS-D 患者焦虑抑郁积分、应激事件发生频率显著高于正常人，对应激反应更敏感和强烈。脑内促肾上腺皮质激素释放激素参与应激刺激结肠运动功能的中枢机制，其分泌过多可能与腹泻加重有关。下丘脑-垂体-肾上腺轴（HPA）连接中枢神经系统和胃肠系统，在 IBS-D 的病理机制中起关键作用。

（五）炎症、肠道微生态失衡

临床研究表明 IBS-D 可能是急/慢性感染性胃肠道炎症后的结果之一，其发病与感染的严重性及应用抗生素时间均有一定相关性。胃肠道感染发生后肠道内微生物紊乱，引起肠毒素增加，可以导致肠道黏膜受损或敏感性增高等，出现腹泻症状。而肠道屏障受损则会导致肠腔共生菌群和病原微生物转移至肠道固有层，并最终诱发肠道炎症。IBS-D 患者肠道微生物群的组成与健康对照组有所不同，主要表现为有害细菌群的显著增加、有益细菌群的减少及微生物丰富度的降低。并且 IBS-D 患者具有肠道快速转运的特征，而肠道转运加速可能改变肠道微生物环境。

IBS-D 发病机制主要包括：脑-肠轴学说、内脏超敏反应学说、肠道感染后学说、肠道渗透性改变学说、肠道菌群失调学说等。脑-肠轴是中枢神经系统与肠道神经系统之间的双向通信路径，涉及多个层面，包括免疫、神经内分泌和自主神经系统。IBS-D 发病过程中，脑-肠轴的功能可能发生异常，导致内脏敏感性增加、肠道动力异常和炎症反应的改变；肠道神经系统对刺激的反应增强，或者是中枢神经系统对来自肠道的信号处理异常，则会以内脏超敏反应为主，是导致腹痛的主要原因；炎症和（或）肠道微生态失衡可导致肠道屏障功能受损，以及部分肠道感染患者，均可引发免疫反应和炎症，而该变化又与肠道菌群失调、脑-肠轴密切相关。因此，IBS-D 的发病机制可能是多种因素综合作用的结果，不同机制相互影响，胃肠动力紊乱贯穿 IBS-D 病变全过程。

IBS-D 的危险因素多包括饮食、遗传、精神心理因素等。饮食因素包括食物对肠道的刺激作用、吸收不良、食物不耐受、食物过敏及食物影响肠道菌群的结构及代谢等;IBS－D 的发生与患者的基因背景相关,具有家族聚集性特征;该病患者还常伴随着神经、精神症状,如失眠、易怒紧张、多疑和病态就医行为等,不良情绪使神经-内分泌-免疫功能失衡,并由此增强内脏敏感性,进而诱发或加重 IBS－D 症状。

IBS－D 缺乏可解释症状的形态学改变和生化检查异常,为消化系统的常见病和多发病之一,临床表现多样,及时诊断和治疗该病十分重要。其形成机制的病理因素相互影响,发病特点及可能的药理作用机制如图 8－11 所示。

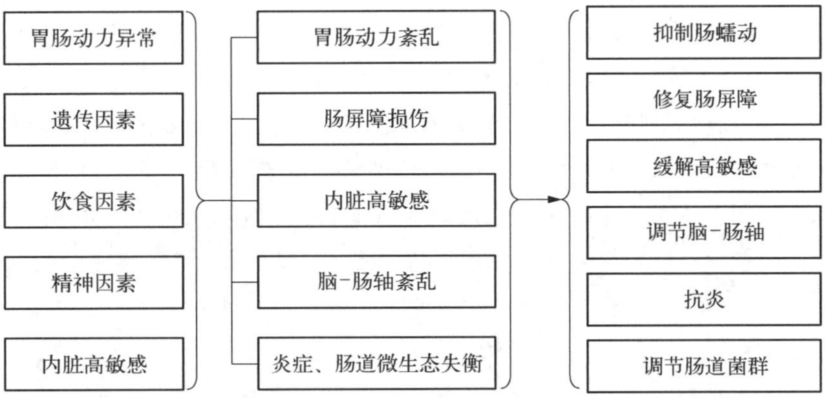

图 8－11　IBS－D 发病特点及药理作用机制

案例：四神丸治疗腹泻型肠易激综合征

一、四神丸治疗腹泻型肠易激综合征的中西医理论基础

中医认为“肝郁脾虚”是 IBS－D 疾病初期发病的病机关键,而脾虚运化失职,蕴生湿、热、痰、瘀等浊邪,“浊”长期刺激肠道,导致机体的内环境失稳,从而影响内脏敏感性,降低肠道感觉阈值。与现代医学中认为“内脏高敏感”是 IBS－D 核心发病机制的论说相一致。在疾病中期发展阶段,常裹挟痰、湿、瘀等加剧邪盛之势,其中脾胃湿热证也被认为与 IBS－D 呈现的慢性低度炎症状态和免疫激活有关。因此,基于“脾虚生浊”观点,脾虚日久而致脾阳不足,继则肾阳受累,致脾肾俱虚久泻不止。脾肾阳虚是导致疾病迁延难愈的关键因素,疾病该阶段与肠黏膜机械屏障受损、局部黏膜免疫功能下降相应。

IBS－D 所涉及的诸多病因,如胃肠道动力异常、感染后炎症、遗传、饮食、精神心理因素等,均可归于中医先天禀赋不足和(或)后天失养、情志失调、饮食不节、感受外邪等所致。根据中华中医药学会脾胃病分会制定的《肠易激综合征中医诊疗专家共识意见(2017)》,脾肾阳虚证是 IBS－D 的常见主要证型之一。临床治疗该证型患者常用附子、人参、干姜、白术、补骨脂、肉豆蔻、吴茱萸、五味子等,以温补脾肾。其中,四神丸是临床治疗 IBS－D 脾肾阳虚证的有效方药。

四神丸,源自南宋医家陈文中的《陈氏小儿痘疹方论·附方》,由补骨脂、肉豆蔻、吴茱萸、五味子组成,“治脾胃虚弱,大便不实,饮食不思,或泄利腹痛等症”。方中重用补骨脂温补命门之火,为君药;臣以肉豆蔻温脾暖胃,涩肠止泻。君臣相配,脾肾兼治,命门火旺则可暖脾土,脾得健运,肠得固摄,则久泻可止。佐以吴茱萸温暖脾肾以散阴寒;五味子温敛收涩,固肾益气,涩肠止泻。生姜温胃散寒,大枣补脾养胃,共为佐使药。四味药物配伍协同发挥药理作用,如调节胃肠运动、保护肠黏膜屏障、降低内脏敏感性、抗炎、调节免疫功能、改善肠道菌群、调节能量代谢等。可有效改善反复发作的腹部疼痛、腹胀、泄泻、大便或有不消化食物等症状。与临床上常用治疗

IBS－D 的药物，如解痉作用的匹维溴铵；阿片受体激动剂，如洛哌丁胺、伊卢多啉；抗生素，如利福昔明；抗抑郁药，如帕罗西汀、氟西汀；5－HT_3 受体（5－hydroxytryptamine 3 receptor，5－HT_3R）拮抗剂，如阿洛司琼、雷莫司琼；益生菌等有共性的药理学作用。

二、四神丸治疗腹泻型肠易激综合征研究思路及结果

四神丸作为临床经典名方，其配伍组成在不同的医籍记载中无明显变化，治疗 IBS－D 疗效显著。该方能从改善肠道微环境、改善肠道通透性、调节肠道内分泌等多个方面改善 IBS－D；四神丸的加减方及联合用药在临床上也取得了显著的治疗效果，并与临床药物具有共性药理作用。但药典中对四神丸治疗 IBS－D 的疗程并无明确说明。同时，方中吴茱萸有小毒，而补骨脂也存在关于肝脏毒性的基础研究报道，提示补骨脂和吴茱萸在调控胆汁酸代谢以改善腹泻症状的同时，可能会干扰胆汁酸的合成和转运，具有诱发肝损伤的潜在风险。因此，四神丸可通过不同药物配伍，产生多成分间相互作用，能从不同的途径发挥减毒增（存）效的作用，发挥对不同疾病脾肾阳虚证的治疗作用。以上均表明了研究四神丸"量-时-毒-效"作用及成分转化规律的重要性和临床价值。在进行该方药的安全性评价研究时，需要针对方剂配伍特点，建立更为敏感、可靠的指标，发挥其疗效的同时及时规避潜在的毒性。在研究中，可首先以多因素联合法诱导 IBS－D 动物模型，如慢性不可预知应激合并束缚应激，探讨四神丸对该疾病模型的一般情况、粪便性状、内脏敏感度、腹泻症状等方面的干预作用；在此基础上得出四神丸对 IBS－D 的主要药理作用特点及作用机制，进而从配伍减毒的角度，探讨四神丸及其配伍的"量-时-毒-效"关系（图 8－12）。

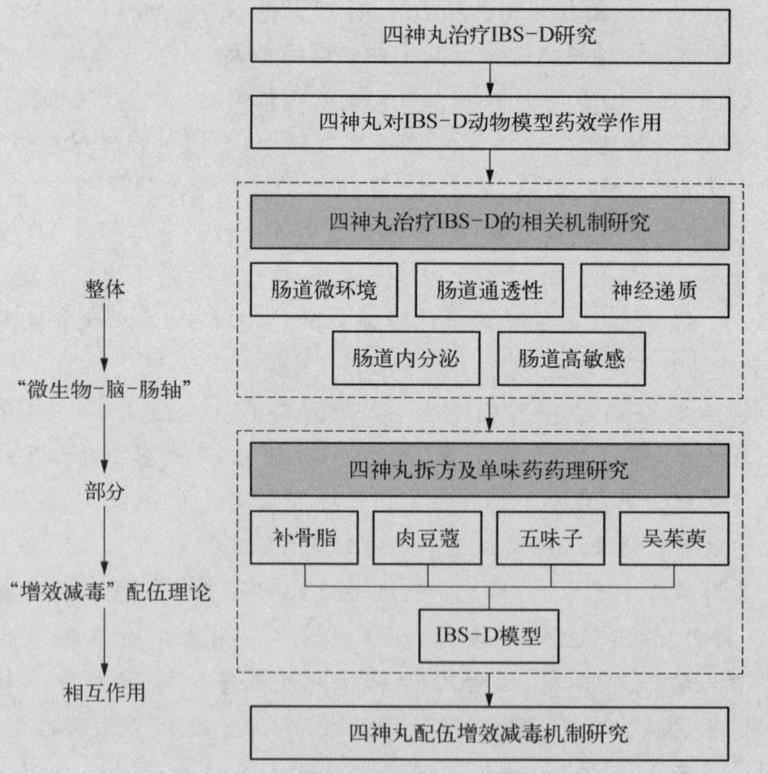

图 8－12　四神丸治疗腹泻型肠易激综合征的总体研究思路

（一）四神丸对 IBS－D 动物模型药效学作用

IBS 的诊断多以症状为基础，缺乏特异性的生物标志物，IBS－D 的中药药效学研究，常以整

体动物实验为基础，结合组织、细胞和分子水平的实验。而 IBS－D 发病因素众多，目前尚无公认统一的 IBS－D 动物模型。腹泻和内脏高敏感是 IBS－D 动物模型具备的两大主要特征。常用动物模型研究的动物以鼠类为主，包括 C57BL/6 小鼠、昆明小鼠、SD 大鼠，亦可选择豚鼠或兔子等。

常用的造模方法包括单因素模型建立法，如采用冰番泻叶、辣素、大黄水煎液等药物以导泻，或乙酸等化学药物灌肠刺激；束缚应激、避水应激、直结肠球囊扩张法等物理性应激刺激；母婴分离应激等。单因素模型建立可复制 IBS－D，但存在破坏肠道内环境、造模耗费时间长、死亡率高或无法模拟人类 IBS－D 发病等缺陷。因此多选用多因素联合法，即通过多种病理造模方式相互联合进行造模，如新生母子分离合并慢性束缚和番泻叶灌胃法、慢性束缚应激合并番泻叶灌胃法、夹尾致痛合并番泻叶灌胃、慢性束缚应激合并夹尾刺激联合番泻叶灌胃、母婴分离合并醋酸灌肠和束缚应激等方法进行多因素联合造模。而番泻叶导致的腹泻属于苦寒泻下，不同于 IBS－D，且长期番泻叶灌胃会导致肠道出现病理性损伤，与 IBS－D 无器质性病变概念不一致。情绪可以影响肠道活动和肠屏障功能，同样胃肠刺激也能影响精神状况，精神压力与饮食复合叠加，采用慢性不可预知应激联合慢性束缚应激能够更好地模拟临床 IBS－D 发生发展。

主要药效指标包括观察一般情况及宏观表征，如毛发色泽、精神状况、活动状态、体质量变化、饮食情况等；布里斯托尔（Bristol）粪便性状评分、粪便含水量、粪便积分、腹壁肌电活动、内脏运动反应（VMR）及结肠组织学观察等；其他药效指标包括炎症标志物、结肠兴奋性神经递质等。

1. 四神丸改善 IBS－D 一般情况、VMR、排便参数　IBS－D 模型小鼠呈现粥样、水样便，且体形消瘦，毛发晦暗发黄，自主活动减少，肛周附有明显粪便污迹；排便异常、粪便含水量增加、内脏运动反应升高，与临床 IBS－D 患者症状一致。四神丸给药 7~14 天后毛发光洁，精神有所好转，活动能力较好，肛周干净，无稀便及粪便污迹，粪便成形。改善小鼠排便紊乱情况，包括粪便布里斯托尔粪便性状评分、排便次数和粪便含水量，并且可显著降低内脏运动反应，即改善内脏高敏感状态。

2. 四神丸调节 IBS－D 胃肠运动　IBS－D 患者通常伴随着胃肠动力失衡，而胃肠平滑肌细胞的收缩和舒张与三磷酸肌醇诱导的 Ca^{2+} 浓度升高有关。四神丸可以明显抑制钙调素、肌球蛋白轻链激酶蛋白表达从而抑制肠蠕动产生止泻作用。补骨脂-肉豆蔻生品及其炮制品还能够降低脾肾阳虚泄泻大鼠血清中一氧化氮、胃动素、GAS 的水平，从而减轻疼痛，改善腹泻情况，同时对于血管活性肠肽（vasoactive intestinal peptide，VIP）、P 物质（substance P，SP）、$5-HT_3R$ 的水平均有下调作用，抑制肠道过度运动。四神丸中的君药补骨脂提取物对肠管运动具有显著的调节作用；吴茱萸对胃肠平滑肌具有双向调节作用，且能解除胃痉挛，减少胃液分泌和降低胃酸度；肉豆蔻中含有的挥发油因其能增进胃液分泌和胃肠蠕动，然而在较高浓度时会先引起短暂的兴奋，随后则转入抑制状态；五味子具有利胆和降低血清转氨酶的作用，对肝细胞有明显的保护效果。四神丸能通过改善消化系统功能紊乱，调节胃肠运动发挥治疗 IBS－D 的作用。

3. 四神丸改善 IBS－D 内脏高敏感　内脏高敏感表现为内脏组织对外界刺激的敏感性和反应强度增加，进而引起腹痛、腹胀、腹泻等症状，与 IBS－D 的发病机制密切相关。神经递质不仅与胃肠运动有关，也是造成 IBS－D 内脏高敏感的重要因素。分布于胃肠道中的 5－HT、VIP、SP 等神经递质，可刺激胃肠黏膜水和电解质的分泌，同时还参与痛觉信息传递，对机体情绪和应激功能有一定影响,其含量与内脏敏感度呈正相关。四神丸可以有效降低 IBS-D 模型体内 SP、5-HT 的表达水平。肥大细胞参与肠道神经-免疫调节介导了内脏高敏感,IBS-D 肠道内神经纤维附近肥大细胞的数量及活化比例明显升高,四神丸可通过降低肠道肥大细胞数量同时抑制肥大细胞的表型活化及脱颗粒,从而在 IBS-D 的内脏高敏感的治疗中发挥作用。原癌基因(*c-Fos*)表达与机体疼痛阈值呈负相关,补骨脂-肉豆蔻能明显降低结肠组织中 c-Fos 的表达水平,改善内脏高敏感。综上所述,四神丸治疗 IBS-D 与其调节内脏敏感度作用有关(图 8-13)。

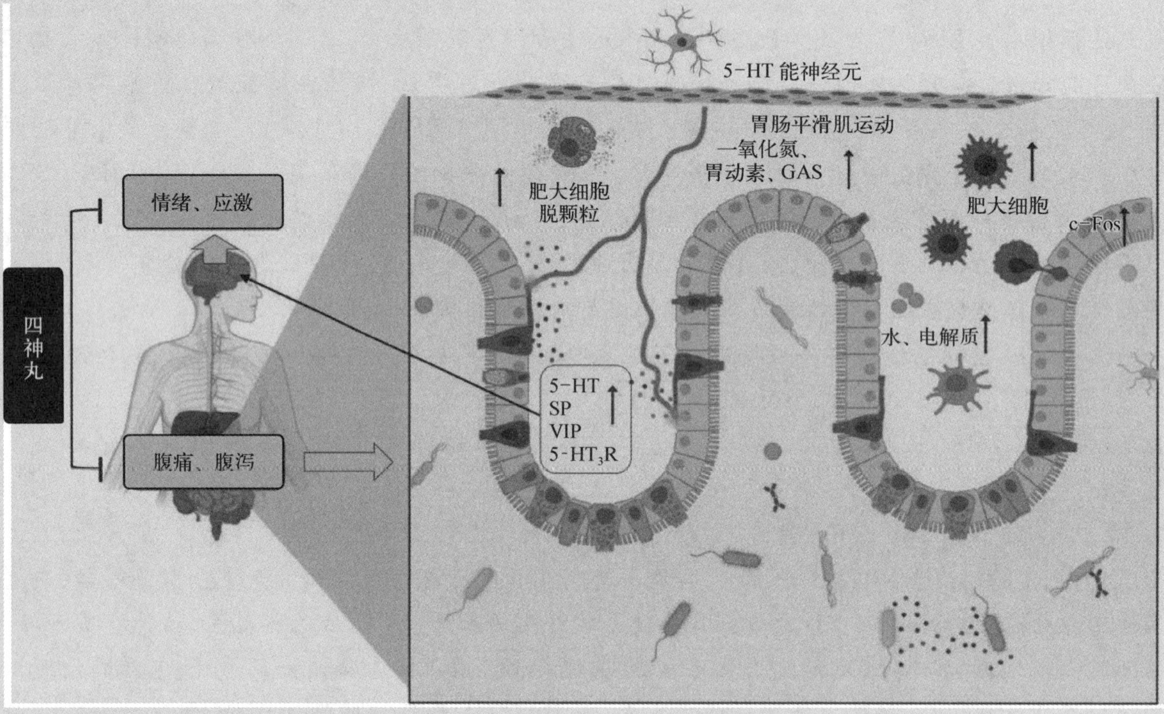

图 8-13 四神丸对 IBS-D 症状的改善作用

(二)贯穿"微生物-脑-肠轴"的研究策略——四神丸治疗 IBS-D 相关机制研究

1. 四神丸恢复 IBS-D 肠道屏障功能完整 肠道屏障功能障碍在 IBS-D 发病机制中占重要地位,并且肠道通透性与腹泻和腹痛严重程度呈正相关,对于维持机体的稳态起着关键作用。肠道屏障主要由生物屏障、化学屏障、物理屏障和免疫屏障组成。肠腔内的微生物构成第一道生物屏障;由杯状细胞产生的黏蛋白形成的黏液层是第二道化学屏障,保护肠道上皮细胞免受外部有害物质、共生菌和病原体等的入侵。上皮细胞顶端连接复合物(黏附连接和跨膜蛋白)和桥粒结合在一起构成了肠道第三道物理屏障,它参与腔内成分与上皮之间的物质交互,是黏膜下最强的防御系统。肠道低度炎症、屏障受损完整性破坏、肠道吸收能力受损,也会导致腹泻等现象。IBS-D 模型小鼠肠屏障受到损伤,杯状细胞耗竭,内部黏蛋白颗粒减少,黏液厚度及黏蛋白 2 的蛋白表达显著降低,电镜下微绒毛断裂、排列稀疏,细胞间隙增加,内质网形态扩张;ZO-1 和紧密连接蛋白-1(claudin-1)蛋白荧光强度减弱,Occludin 蛋白表达显著下降。四神丸给药 14 天可明显上调慢性不可预知应激诱导的 IBS-D 小鼠结肠黏蛋白 2 表达,并且结肠可见大量杯状细胞,胞内黏蛋白颗粒增多,黏液厚度;绒毛结构正常、排列整齐,细胞间隙减小,内质网形态正常;ZO-1、Claudin-1、Occludin 蛋白表达明显上调,改善肠屏障功能,从而缓解肠道刺激所导致的高敏感及腹泻症状。

IBS－D 表现为肠道低度炎症,促炎细胞因子 TNF－α、IL－6、IFN－γ 等水平增加也会引起肠屏障相关蛋白表达下调,从而增加肠上皮细胞通透性。分泌型免疫球蛋白 A 是黏膜表面的关键免疫球蛋白,在肠黏膜局部免疫中起主要的防御作用。四神丸能调节炎症因子水平,保护机械屏障功能,增加分泌型免疫球蛋白 A 分泌,以促进肠黏膜的免疫屏障恢复,改善腹泻症状。

2. 四神丸改善 IBS－D 脑-肠轴功能紊乱　胃肠动力学异常与脑-肠轴功能障碍密切相关,并通过具有神经递质与内分泌激素双重身份的脑肠肽在外周和中枢水平形成一个整体调节胃肠运动的作用。其中,瘦素和胆囊收缩素是调节胃肠运动功能的重要脑肠肽,四神丸能通过调节瘦素/胆囊收缩素-PKC 信号通路改善脾肾阳虚泄泻大鼠胃肠运动功能。VIP 和 SP 是分布在胃肠道及中枢神经系统中的胃肠肽激素,可参与调节脑-肠轴和胃肠运动,四神丸给药 14 天能显著降低结肠 5－HT、VIP、SP 的含量,与临床研究四神丸改善脾肾阳虚 IBS－D 患者症状及 VIP、SP、5－HT_3R 水平结果一致。

3. 四神丸改善 IBS－D 肠道炎症反应　肠道炎症性损伤与多种炎症因子有关,炎症因子水平对 IBS－D 病情评估具有重要作用。非特异性炎症因子 C 反应蛋白(C－reactive protein,CRP),具有免疫识别和免疫调节功能,是机体炎症反应的一项重要指标,血清 CRP 水平与肠炎患者感染程度及炎症程度呈正相关。白细胞计数(white blood cell count,WBC)同样也是反映机体炎症反应的常用指标,是机体防御系统重要组成部分。四神丸能显著降低脾肾阳虚证慢性泄泻患者血清 CRP 和 WBC 水平,有效改善临床症状。四神丸中补骨脂-肉豆蔻药对的醇提物能够降低肠道炎症因子 IL－1β、IL－2 和 TNF－α 的水平,减轻炎症反应,保护黏膜屏障功能。

4. 四神丸调节 IBS－D 免疫细胞功能　四神丸通过调节免疫功能治疗 IBS－D 的机制主要表现为对记忆 T 细胞(Tm)、辅助 T1 细胞(Th1)/辅助 T2 细胞(Th2)、调节 T 细胞(Treg)、辅助 T 细胞 17(Th17)、滤泡 B 辅助 T 细胞(Tfh)/滤泡调节 T 细胞(Tfr)、树突状细胞、B 淋巴细胞和肠道菌群的作用及多种信号通路的调节。

四神丸可通过调控血清 T 细胞亚群 $CD45^+$%、$CD3^+$%及 $CD4^+/CD8^+$ 而起到调节免疫,发挥 IBS－D 治疗作用。因此,Tm 是四神丸治疗 IBS－D 的潜在靶标之一。Th1 和 Th2 型细胞因子亚群之间失衡会导致黏膜屏障功能障碍进而诱导 IBS－D 产生。四神丸能调节 Treg/Th17、Th1/Th2 免疫平衡,改善机体免疫功能,抑制炎症反应。四神丸能明显调节夹尾联合番泻叶灌胃制备 IBS－D 大鼠 T 淋巴细胞亚群,上调 $CD4^+/CD8^+$ 细胞水平,下调 $CD3^+$ 和 $CD45^+$ 表达,可上调 Treg 细胞水平维持机体免疫耐受而有效治疗 IBS－D。Th17 被称为辅助性 T 细胞 17,其主要功能是分泌 IL－17A 等多种促炎因子并引发炎症反应。四神丸可通过降低结肠组织 IL－17A、Th17 细胞表达水平来缓解肠道炎症反应和黏膜损伤。Tfh 细胞和 Tfr 细胞免疫功能失调与 IBS－D 的发生发展相关。四神丸能够通过干预 Toll 样受体/髓样分化因子 88(MyD88)信号通路,上调滤泡辅助性 T 细胞亚群 Tfh1、Tfh9、Tfh17、Tfh21 细胞表达水平,调节 Tfh/Tfr 平衡来缓解炎症反应。肠道不同区域固有层中的树突状细胞诱导不同的 T 细胞分化及细胞因子分泌。四神丸可通过降低 $CD11c^+/CD103^+/TNF-\alpha^+$、$CD11c^+/CD103^+/INOS^+$ 细胞水平重塑肠道,调节促炎因子 IL－1β、TNF－α、IL－6、IL－12 和抑炎因子 IL－10、IFN－γ 的平衡。

5. 四神丸改善 IBS－D 肠道菌群紊乱　四神丸能调节肠道菌群结构,显著增加了 IBS－D 菌群物种多样性和丰富度,可通过调节变形菌门、支原体属、梭菌属等肠道菌群来发挥治疗 IBS－D 的作用。属水平增加 *Muribaculaceae*、*Lachnospiraceae*、*Akkermansia* 等优势菌水平。以 LDA 评分为

4分鉴定具有统计学意义的细菌组，结果显示四神丸组具有较高 *o_Lachnospirales*、*f_Lachnospiraceae*、*f_Erysipelotrichaceaeg*、*Ruminococcus_torques_group*、*g_Akkermansia* 等优势菌贡献度。该方通过介导肠道菌群稳态以促进肠上皮细胞的增殖和修复，增强紧密连接蛋白的表达，从而修复受损的肠屏障功能，改善肠道通透性，减少炎症和腹泻症状。在这一过程中还可能涉及调节免疫细胞的活性和细胞因子的产生，以及增强黏膜免疫。以上提示四神丸可通过促进益生菌生长、抑制致病菌生长，进而修复受损肠屏障，改善肠道免疫系统功能，最终达到调控 IBS－D 肠道微环境的作用(图 8－14)。

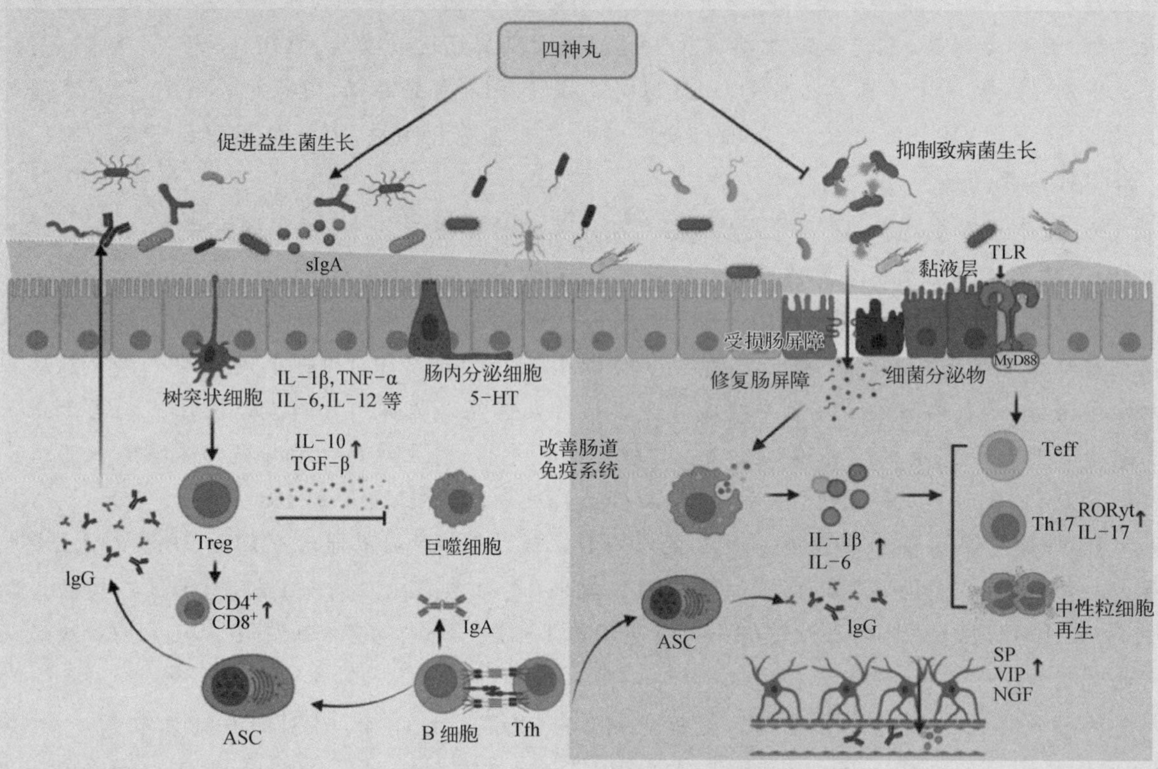

图 8－14　四神丸对 IBS－D 肠道微环境的调控作用

(三)“增效减毒”的配伍研究策略——四神丸配伍增效减毒相关研究

四神丸中主要有补骨脂酚、补骨脂素、异补骨脂素、五味子甲素、五味子乙素、五味子醇甲、吴茱萸碱、吴茱萸次碱、去氢二异丁香酚等成分，其中补骨脂酚含量最高，且参与四神丸药物代谢动力学过程，具有一定的抗炎、抗癌作用。补骨脂酚在大鼠体内主要代谢为氧化产物和糖醛酸化产物，并分布于血清、尿液及胆汁中。补骨脂素高剂量长时间给药会导致补骨脂素在体内滞留时间延长，药物蓄积，并与药物性肝损伤有关。

补骨脂-肉豆蔻(二神丸)作为四神丸的核心药对在方剂配伍及临床运用中具有重要意义，二者配伍产生的药理作用决定了四神丸的药效学基础。研究表明，二神丸具有减轻炎症反应、缓解内脏疼痛、减缓胃肠蠕动、增强免疫力等作用。研究发现，无毒的补骨脂及其复方制剂长疗程使用、小毒吴茱萸复方制剂超剂量使用，虽可调控胆汁酸代谢治疗泄泻，但其干扰胆汁酸合成和转运，产生胆汁酸紊乱，进而诱发肝损伤。补骨脂-肉豆蔻药对给药与单味补骨脂、肉豆蔻单独给药后相比，配伍后有利于有效成分的吸收和分布，加快有效成分的体内代谢和排泄。

补骨脂在四神丸中通过不同药物配伍，产生多成分间相互作用，对效应或毒性靶标的直接或间接调控，从而增效减毒，发挥对不同疾病脾肾阳虚证的治疗作用。四神丸方中生物活性物质的吸收代谢具有协同作用，即能增加主要药效成分的浓度和生物利用度。四神丸中香豆素苷（补骨脂苷和异补骨脂苷）在复杂的肠道菌群环境下可被肠道细菌代谢为其苷元。补骨脂素可与谷胱甘肽转移酶直接结合，造成谷胱甘肽耗竭进而引起肝损伤，并可影响肠道菌群多样性。吴茱萸含有的生物碱类成分在共同煎煮时可减少补骨脂毒效成分的溶出。四神丸中的其他中药可能从不同的途径发挥减毒增（存）效的作用，如肉豆蔻与补骨脂共同调节 5-HT 水平，能减轻补骨脂造成的肝损伤；吴茱萸可调节神经内分泌功能，提高谷胱甘肽活性，可降低肝损伤小鼠转氨酶活性，五味子含有的木脂素类成分可提高 NK 细胞活性，调控神经内分泌-免疫网络，并具有显著的保肝作用（图 8-15）。

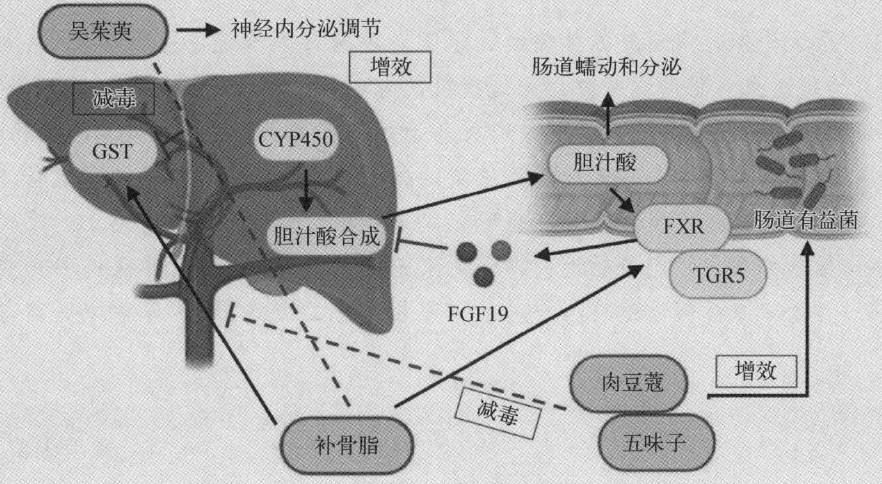

图 8-15　四神丸配伍增效减毒机制

三、总结与展望

近年来 IBS-D 发病率升高，发生和发展过程涉及多种致病因素，除了胃肠道功能和肠黏膜屏障损伤之外，病程较长且病情易反复，严重影响患者的身心健康。根据临床表现，中医将 IBS-D 归类为“泄泻”“久泻”范畴。由于患者群体不同，诸多致病因素和机制尚未完全阐明，使得正确选择治疗药物具有一定挑战性。中医治疗该病可辨证应用复方，或结合传统疗法及中西医结合等措施，疗效肯定，且可以很大程度减轻或避免西药抗腹泻治疗所导致的便秘、腹痛、腹胀等不良反应及药物依赖性。

临床经典名方四神丸治疗 IBS-D 疗效显著，方中的补骨脂和吴茱萸在调控胆汁酸代谢以改善腹泻症状的同时，可能会诱发肝损伤，然而临床应用却少有报道该方的相关不良反应，因此，四神丸可能存在着“量-时-毒-效”的转化规律。以“减毒增效”配伍理论为指导，在四神丸对 IBS-D 的主要药理作用特点及作用机制基础上，进而从配伍减毒的角度，探讨四神丸及其配伍关系。研究揭示了四神丸可有效改善 IBS-D 胃肠运动功能、调节内脏高敏感、恢复肠道屏障完整性并通过“微生物-脑-肠轴”整体调控进而发挥药理作用；并通过不同药物配伍，产生多成分间相互作用，对效应或毒性靶标的直接或间接调控，从而增效减毒，发挥对 IBS-D 的治疗作用。

中医治疗 IBS-D 强调辨证论治，通过不同证型的划分采用不同的治疗方案。随着多组分分析研究的不断深入，中药复方对于各证型 IBS-D 相关生物靶标的调控作用正逐步明确，未来研究可以进一步深化辨证论治的个性化治疗策略,结合现代组学方法等,探索更为精准的“病证结合”造模和靶标技术。探寻 IBS－D 病理进程关键信号通路及生物标志物,结合中药及其复方对该病的调控作用,将为中医药治疗 IBS－D 提供强有力的参考依据。目前尚未出现 IBS－D 病证结合的四神丸有效成分药代动力学研究,同时肠道菌群在其吸收、代谢、排泄过程中的作用也值得进一步探讨。探索新的肠道菌群干预策略,如益生元、定制化饮食、粪菌移植等,以恢复肠道菌群平衡,改善 IBS－D 症状。随着纳米技术、基因编辑技术等新技术的发展,可将其应用于中药治疗 IBS－D 的研究中,如利用纳米技术提高中药成分的生物利用度,或通过基因编辑技术研究特定基因对 IBS－D 发病机制的影响,为深入揭示经典方剂防治 IBS－D 的作用机制提供新思路与新方向。

思考题

（1）请结合中医理论探讨中药复方如何通过配伍增效减毒等传统中医方药机制,对消化系统疾病（如 IBS－D）产生治疗效果。举例说明并讨论这些机制与现代医学理论之间的可能联系。

（2）考虑到消化系统疾病的复杂性,结合中医药治疗的优势,阐述如何通过跨学科的研究方法,如整合药理学、微生物学、基因组学和临床药学等领域的知识,来深入探究中药对消化系统疾病的治疗效果和作用机制。设计某个具体的研究方案及将研究成果转化为临床治疗的策略。

（3）请分析中医药如何通过调节肠道菌群平衡来治疗消化系统疾病,并探讨中药成分可能对肠道菌群组成的影响。讨论未来如何通过临床与基础研究相结合的方式,深入理解中医药与肠道菌群相互作用的机制。

（王小莹　戴永娜）

第九章
中药对心脑血管系统疾病的药理研究

第一节 概 述

一、心脑血管疾病的中医学认识

(一) 心血管疾病

中医学认为,过食肥甘油腻,脾胃受损;或年老体衰,肾精亏损;或五志所伤,气机失调;或气血不足,心脉失养;或寒客于脉,心脉收引;易形成气虚、气滞、寒凝、痰饮、血瘀等。初病,多为气虚不行血、气滞不调血、寒凝血脉收引;之后,生痰而膏脂流溢,生瘀而壅遏脉络,临床多见于代谢综合征、稳定型心绞痛;痰瘀互结痹阻心脉,诱发急性冠状动脉综合征;经过溶栓或介入,开通冠脉后,以心气虚血瘀和脉气虚不固摄为主,继发症瘕(心肌纤维化)和心水(液体潴留),发展成心力衰竭。

心血管疾病中心绞痛和心肌梗死,多属中医"胸痹""心痹""心痛""心悸"等范畴。心力衰竭多属"心悸""气喘""水肿""症瘕积聚"等范畴。东汉时期张仲景首创了"瓜蒌薤白半夏汤"等方剂,用于治疗"胸痹";至宋代,《太平惠民和剂局方》首次记载了"苏合香丸";明代王肯堂明确指出鉴别"胸痛"与"胃脘痛";清代陈念祖创立了"丹参饮"、王清任创立了"血府逐瘀汤"等。胸痹病机概括为阳微阴弦,病为本虚标实之证。脾失健运,升清降浊功能异常,导致痰浊停留体内;痰气胶着,阻滞气机,气滞痰结,痰结则血塞,且痰易行易聚,可随气血运行无处不在,又黏滞难消,易阻塞成块,阻络化火生毒,毒损心脉而致胸痹心痛程度加重,呈痰、瘀、毒互结模式;痰、瘀、毒三者相互影响,胶着并见,阻遏胸阳,闭塞心络,累及心脉而引发胸痹。根据其"气虚""血瘀""痰浊"主要证素,益气化瘀、豁痰通络作为主要治法。肝肾阴虚证、心脾两虚证、气滞心胸证、痰瘀痹阻证是心血管疾病的主要证型,中医治则多为补其不足、泻其有余,一般归纳为健脾益气、滋阴养血、温阳益肾以治其本,活血化瘀、软坚散结、消食化痰、通脉化浊以治其标。

临床治疗心血管疾病的常见中药复方包括瓜蒌薤白白酒汤、瓜蒌薤白半夏汤、枳实薤白桂枝汤、血府逐瘀汤、葛根芩连汤、生脉散等;创新中药包括复方丹参滴丸、复方丹参片、芪参益气滴丸、参附注射液、生脉注射液、注射用益气复脉(冻干)、丹蒌片等;单味中药包括丹参、赤芍、红花、川芎、人参、黄芪、麦冬、瓜蒌、山楂、泽泻等。

(二) 脑血管疾病

脑血管疾病属中医"头痛""中风""眩晕"等范畴,是以口眼㖞斜,言语謇涩,半身不遂,甚至突然昏仆,不省人事等为主症的一类疾病。轻者仅出现口眼㖞斜,言语謇涩,半身不遂,称为"中经络",重者可出现突然昏仆,不省人事,称为"中脏腑"。

中医认为脑血管病发生多是在内伤积损的基础上,复因劳欲过度、饮食不节、情志所伤、气虚邪中等原因触发而致,引起脏腑阴阳失调,气血逆乱,肝阳上亢,阳化风动,夹风夹痰夹火,横窜经络,蒙蔽心神,从而发生突然昏仆、半身不遂诸症。中风之发生,病位在脑,与心、肝、脾、肾密切相关。主要病机是脏腑阴阳严重失调,气血运行失常。病性为本虚标实,以气血亏虚、肝肾阴虚为本;风痰、瘀血、邪热为标。

中医临床治疗原则是标本兼治，综合治疗，整体调节。多以活血化瘀、化痰通腑、醒神开窍、平肝息风、化痰利水等作为主要治法。

临床治疗脑血管疾病的常见中药复方包括安宫牛黄丸、补阳还五汤、天麻钩藤饮、镇肝熄风汤、通窍活血汤等；创新中药包括华佗再造丸、清开灵、血塞通、复方丹参针剂、丹红注射液、疏血通注射液、养血清脑丸等；单味中药包括川芎、丹参、黄芪、姜黄、红花、桃仁、水蛭、莪术、延胡索等。

二、心脑血管疾病的现代医学认识

(一) 心血管疾病

心血管疾病是一类由遗传和环境因素共同作用所引起的慢性病，主要包括冠心病、高血压、心肌肥厚、心律失常、心力衰竭等。

冠心病(coronary heart disease)是冠状动脉粥样硬化性心脏病的简称，也称缺血性心脏病，呈心绞痛、心肌梗死、心肌缺血再灌注(ischemia and reperfusion，IR)损伤、心力衰竭等一系列的演化过程。主要包括心绞痛(angina pectoris)、急性心肌梗死(acute myocardial infarction)，二者均是心肌缺血造成心肌供氧不足而引起的心肌损害。心绞痛是指因冠状动脉供血不足，心肌急剧的、短暂的缺血缺氧所引起的以发作性胸骨后或心前区疼痛为主要表现的临床综合征，症状有心悸、胸痛、憋气等。急性心肌梗死是指由冠状动脉缺血甚至局部供血中断时间过长，导致的心肌细胞死亡，常表现为剧烈而持久的胸骨后剧烈疼痛，可发生心律失常、休克、心力衰竭甚至猝死。心肌梗死患者预后与梗死范围的大小、侧支循环产生的情况及是否及时救治有关。目前据世界卫生组织统计，冠心病是导致死亡的主要疾病之一，已成为我国的常见病和多发病。

高血压(hypertension)是一种以动脉压升高为特征，可伴有心脏、血管、脑和肾等重要组织器官功能性或器质性改变的全身性疾病。世界卫生组织与国际高血压联盟发布的高血压治疗指南中，规定健康成年人正常血压(收缩压/舒张压)高限应在140/90 mmHg以下，超过此限度即为高血压。根据病因，高血压可分为原发性高血压和继发性高血压。原发性高血压病的发病机制虽未完全阐明，但目前已知机体内有许多系统与血压的维持有密切的关系，其中重要的有中枢神经系统、交感神经系统、肾素 - 血管紧张素系统、激肽-前列腺素系统等，各种致病因素都有可能影响这些系统而使血压升高。此外，遗传因素可能是原发性高血压发病的重要原因。继发性高血压患者病因明确，多数与肾脏有关，如肾实质性和肾血管性疾病，与肾上腺皮质有关的原发性醛固酮增多症和与肾上腺髓质有关的嗜铬细胞瘤等。

心肌肥厚(cardiac hypertrophy)的主要特征是心肌细胞肥大、细胞间质增生、纤维化，早期为向心性肥厚，晚期为离心性肥厚，最终导致心律失常、充血性心力衰竭和猝死，是心血管疾病独立的危险因素和不良的预后反应。心肌肥厚按其病因分为原发性心肌肥厚和继发性心肌肥厚。原发性心肌肥厚(肥厚型心肌病)是我国较常见的心血管疾病之一，为原发性心肌病的一种，至今病因不明，多认为与遗传有关，是常染色体显性遗传疾病；其病理改变主要是室间隔肥厚和左室舒张功能减退。继发性心肌肥厚包括高血压病、心瓣膜病及慢性心功能不全等导致的心肌肥厚，为一种缓慢发生的代偿调节机制。

心律失常(cardiac arrhythemia)是指心脏活动的起源和(或)传导障碍导致心脏搏动的频率和(或)节律异常。心律失常可分为快速性和缓慢性心律失常，常见的有窦性心动过速、窦性心动过缓、窦性心律不齐、期前收缩、阵发性心动过速、心房颤动、房室传导阻滞等。症状如心慌、乏力虚弱、气短胸闷、头晕，严重者晕厥，甚至猝死等。心律失常是临床的常见病、多发病，严重的心律失常是心肌肥厚、心肌缺血、心肌梗死及心力衰竭等患者的最终死因之一。

心力衰竭(heart failure)是指在正常的静脉回流情况下，由于心排血量绝对或相对减少，不能满足机体代谢需要而引起以循环障碍为主的综合征。临床上以肺循环和(或)体循环淤血及组织血液灌注不足为主要特征。心力衰竭的病理基础是心肌纤维化和液体潴留。按心力衰竭发展过程，可分为急性心力衰竭和慢性心力衰竭。急性心力衰竭是指心脏排血量短期内急剧下降甚至丧失排血功能。其发展迅速,此时心脏的功能还来不及代偿,根据心脏排血功能减退的程度、速度和持续时间不同,以及代偿功能的差别有昏厥、心源性休克、急性肺水肿、心脏骤停 4 种不同表现。慢性心力衰竭是指由于致病因素使心脏长期处于压力和(或)容量负荷过重状态,造成心脏贮备力耗竭,代偿功能丧失,心排血量绝对或相对不足,不能维持机体代谢需要的循环障碍综合征。

不同心血管疾病之间存在部分共性病理基础,如动脉粥样硬化、高血压、高脂血症、糖尿病等。常用中药及复方如复方丹参滴丸、芪参益气滴丸、参附注射液等,通过扩张冠状动脉、改善血流动力学、降低血液黏度、抑制血栓、改善心肌代谢等作用可治疗上述心血管疾病产生的相关症状。

（二）脑血管疾病

脑血管疾病是指脑血管病变所引起的脑功能障碍,常由栓塞和血栓形成导致的血管腔闭塞、血管破裂、血管壁损伤或通透性发生改变、积血黏度增加或血液成分异常变化引起的疾病,主要包括短暂性脑缺血发作、脑梗死、脑出血、蛛网膜下腔出血、高血压脑病等。

短暂性脑缺血发作(transient ischemic attack)又称一过性脑缺血发作,是指颈内动脉或椎-基底动脉缺血导致的相应区域一过性局灶性脑或视网膜功能障碍,每次发作持续数分钟至 1 h,不超过 24 h 即完全恢复,但常有反复发作。目前认为,颈部大动脉管壁粥样硬化病灶脱落的微栓子,造成小血管的微栓塞可能是最常见的原因。另外,局部脑灌注短暂减少或脑组织的动脉主干因病变而发生狭窄和闭塞,平时通过侧支循环等代偿仍能保证脑灌流,当这种代偿因血压、心输出量、脑灌注压、血黏度、血管壁顺应性、血小板聚集性等因素的变动而突然丧失时,则导致局部脑灌注进一步降低而发病。

脑梗死(cerebral infarction)是脑局部供血障碍导致的脑组织缺血、缺氧引起的脑组织坏死软化,从而产生相应的脑功能缺损的临床症状。常见的病因主要有动脉粥样硬化性脑梗死、心源性脑栓塞、腔隙性脑梗死等。大动脉粥样硬化斑块的脱落可以造成脑栓塞,15%~20%的脑栓塞可能来源于此。脑动脉管壁的病变是血栓形成的基础,管壁粥样硬化斑块变性溃疡或炎症改变均可使动脉内膜粗糙、管腔狭窄。血液中的有形成分极易黏附在内膜病变部位,如黏附聚集的血小板,又可释放花生四烯酸、5－HT 等多种具有使血小板聚集及血管收缩的物质,可加速血小板再聚集,促进动脉壁血栓形成,进而造成脑梗死。心源性脑栓塞引起脑栓塞的病因很多,心源性栓塞是最常见的原因,特别是非瓣膜病性房颤时,左心房附壁血栓脱落最多见,约占脑栓塞的45%。腔隙性脑梗死腔隙是指发生在大脑深部的小型软化灶。腔隙性脑梗死的病因包括继发于高血压、血管炎、动脉硬化玻璃样变和淀粉样血管变性所引起的微动脉粥样硬化、脂质透明变性、纤维素样坏死,这大多与高血压有关。

脑出血(intracerebral hemorrhage)指原发性脑内血管非外伤性破裂,血液流入脑实质内或脑室内形成血肿。大约 90%的脑出血发生在大脑半球,其余位于脑干和小脑,而高龄和高血压是最重要的危险因素。较少见的病因有脑内小的先天性动静脉畸形或动脉瘤破裂、脑淀粉样血管病、脑动脉炎症管壁坏死、脑梗死后出血、瘤卒中、凝血障碍、血液病并发脑内出血、使用抗凝药物所致的脑出血等。脑内出血的主要临床病理过程与出血部位和出血量有关。出血量多或形成较大血肿的可在数小时内形成脑水肿,使颅内压增高,从而使邻近脑组织受压移位以致形成脑疝。少量脑内出血时,血液仅渗透在神经纤维之间,对脑组织的破坏较少。基底节、脑桥或小脑出血时,血液可破入脑室系统或蛛网膜下腔,引起继发性脑室出血和蛛网膜下腔出血。

蛛网膜下腔出血(subarachnoid hemorrhage)是指颅内血管破裂后,血液流入蛛网膜下腔。最常见的病因是先天性脑底动脉瘤,多发生于脑底动脉的分叉部,由于该处动脉中层发育缺陷,管壁薄弱,经血流冲击而渐扩张,形成囊状或带蒂状动脉瘤。动脉粥样硬化,导致局部管壁变性扩张可形成梭状动脉瘤。位于大脑表面浅表部的动静脉畸形,管壁很薄,随着血管病损的进展,在管壁极其薄弱处,血液可以渗漏,在血压突然增高时,更易破裂、出血。血液直接流入蛛网膜下腔,刺激脑膜和血管,加上血细胞破坏后释出各种血管活性物质,可诱发动脉痉挛,严重时可引起脑梗死或脑干缺血,成为加重病情导致死亡的重要因素。出血后还可造成蛛网膜粘连形成脑积水。

高血压脑病是指血压骤然急剧升高引起的一种暂时性、急性全面脑功能障碍综合征。任何原因引起的血压急剧过度升高均可导致本病。任何类型高血压均可引起高血压脑病,临床上以急进性恶性高血压引起者最常见,尤其是并发肾衰竭或脑动脉硬化的患者,约占12%;其次为急性或慢性肾小球肾炎、肾盂肾炎、子痫、原发性高血压、嗜铬细胞瘤等,原发性醛固酮增多症及主动脉狭窄也可引起,但少见;停用抗高血压药物,特别是可乐定亦可导致高血压脑病。急性或慢性脊髓损伤患者,因膀胱充盈或胃肠潴留等过度刺激自主神经也可诱发高血压脑病。

安宫牛黄丸、补阳还五汤、养血清脑丸等复方中药,针对缺血性脑损伤的生化、代谢紊乱,阻断细胞坏死不同环节,促进神经功能恢复。其具体作用环节包括:扩张脑血管,增加缺血区供血供氧,改善脑循环,减少梗死范围;减轻缺血所致炎症级联反应,挽救半暗带区尚未死亡的神经细胞;抑制血小板聚集,阻止血栓的形成和发展。

第二节　动脉粥样硬化的中药药理研究(以丹皮酚为例)

一、动脉粥样硬化的中医学认识

中医学无“动脉粥样硬化(atherosclerosis, AS)”之称,但其临床症状在中医文献中早有阐述,涉及“胸痹”“真心痛”等病证。动脉粥样硬化病因多为年迈体虚、情志失节、劳倦内伤、饮食失调等,导致气血阴阳之本虚不足,形成痰浊、血瘀、寒凝、气滞、热毒等病理因素。肥胖多食之人易于患病,脾失健运,在感受外邪、情志刺激及脏腑虚弱的状况下全身气血运行失于通畅,气滞津液停聚为痰,气滞血郁停而成瘀,痰瘀郁结蕴久化热而为毒;或初始即感受毒邪影响脏腑气血运行而加重痰瘀与毒相结。动脉粥样硬化多属本虚标实,以五脏虚损为本,与脾、肾、肝三脏关系密切;以痰、瘀、毒为标,是脏腑功能失常、气血津液失调的病理结果。根据2021年中国医师协会中西医结合分会心血管专业委员会和中华中医药学会心血管病分会制定的《动脉粥样硬化中西医防治专家共识(2021年)》,主要证型有痰瘀互结证、痰热互结证、气滞血瘀证、气阴两虚证;治则治法包括活血化痰、理气止痛,清热燥湿、化痰通络,疏肝理气、活血通络,益气养阴、活血通脉等。代表方剂有瓜蒌薤白半夏汤合桃红四物汤、小陷胸汤合黄连温胆汤加减、血府逐瘀汤加减、生脉散合人参养荣汤加减(图9-1)。

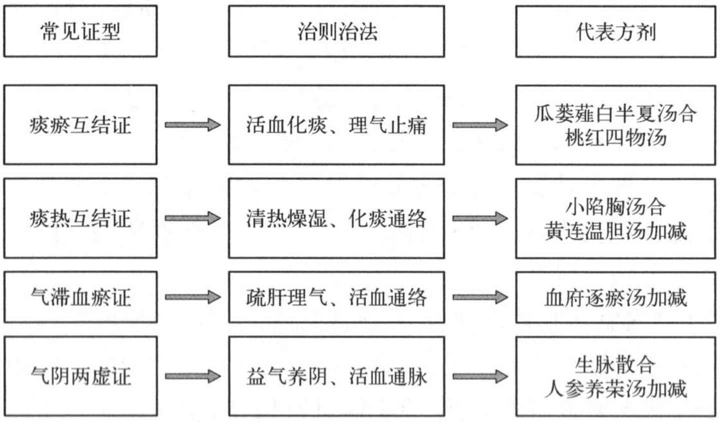

图9-1　AS常见证型、治则治法与代表方剂

二、动脉粥样硬化的发病机制

AS是动脉硬化中最常见和重要的类型,其特点是动脉管壁增厚变硬、失去弹性和管腔缩小,因动脉内膜上积聚的脂质外观呈黄色粥样,称为AS。AS主要的病理特点是受累动脉内膜有脂质沉着,复合糖

类聚集，继而纤维组织增生和钙沉着，并有动脉中层病变，病理阶段大致分为脂质条纹期、纤维斑块期、粥样斑块期及复合病变期。

（1）脂质条纹（fatty streak）期：是AS肉眼可见的最早病变，在动脉内膜形成数毫米大小的黄色脂点或长度达数厘米的黄色脂肪条纹。脂质条纹属平坦或稍高出内膜的病变，故不引起临床症状，但在机体内外多种因素的作用下，脂质条纹可自然消退、稳定不变或发展为斑块。

（2）纤维斑块（fibrous plaque）期：是由脂纹发展而来，肉眼可见；纤维斑块初为隆起于内膜表面的灰黄色斑块，后因斑块表层胶原纤维的增多及玻璃样变性而呈瓷白色，一般斑块直径0.3~1.5 cm。

（3）粥样斑块（atheromatous plaque）期：亦称粥瘤，肉眼切面可见；纤维帽的下方有黄色粥糜样物，是由纤维斑块深层细胞的坏死发展而来，内膜面可见灰黄色斑块，既向内膜表面隆起又向深部压迫中膜。

（4）复合病变期：是指基于纤维斑块和粥样斑块基础上继发的病变，临床可发生在主动脉、冠状动脉、脑动脉、肾动脉等，从而引起相应供血区域的病变，常导致管腔闭塞或管壁破裂、出血等不同的严重后果。

AS发病机制主要包括脂质浸润学说、内皮损伤-反应学说、血小板聚集和血栓形成假说、平滑肌细胞克隆学说等。在AS的起始期，动脉局部血流紊乱导致内膜破裂，影响内皮细胞功能，低密度脂蛋白在动脉内膜沉积，激发炎症反应；在AS的进展期，平滑肌细胞向内膜迁移和增殖，同时平滑肌细胞、巨噬细胞及T淋巴细胞可能经历细胞死亡、凋亡，构成AS斑块的坏死核心。在AS复合期，AS斑块有钙盐沉着，AS不稳定斑块破裂引发局部血栓形成，持续性和闭塞性血栓可引发缺血性损伤。AS是众多心脑血管疾病共同的病理基础，也是心血管系统疾病中最常见的血管病变。炎症贯穿AS血管病变全过程，组成血管的细胞是炎症靶细胞。

AS危险因素包括年龄、性别、遗传、不合理的饮食结构、不良生活方式及某些疾病等。男性患者45岁、女性患者55岁之后多发；高脂高胆固醇饮食会加速AS发生；吸烟和饮酒是AS的两个主要危险因素；久坐及缺乏运动会影响颈动脉内膜中层厚度和颈动脉斑块；某些疾病如糖尿病、低密度脂蛋白胆固醇偏高、高血压病、重度抑郁症、睡眠呼吸暂停综合征等可增加AS的风险。此外，超重和肥胖、感染（包括肺炎衣原体和幽门螺杆菌等细菌、牙周微生物及巨细胞病毒、肝炎病毒、流感病毒和人类免疫缺陷病毒等）、高同型半胱氨酸血症、胰岛素抵抗、血中纤维蛋白原及凝血因子高水平、高尿酸、肠道菌群失调等因素也与AS发病相关。

AS作为心血管疾病的病理学基础，其形成机制的病理基础较为复杂，发病机制仍未完全明确，斑块形成及可能的药理作用机制如图9-2所示。

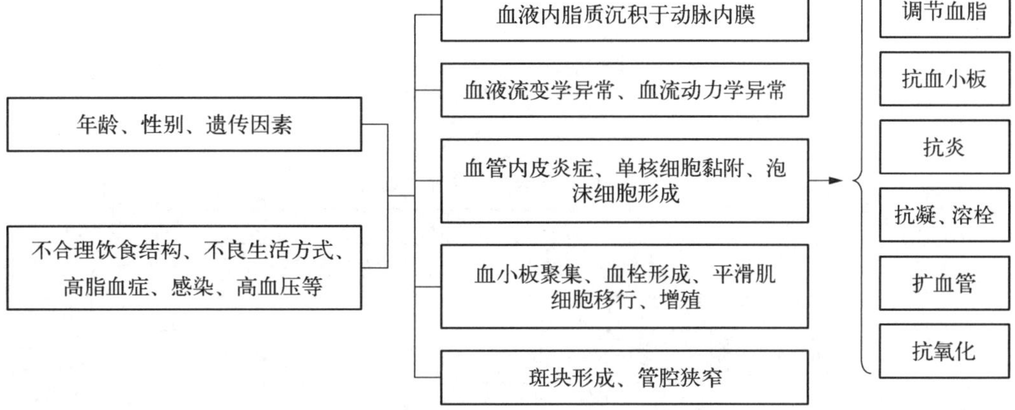

图9-2　AS斑块形成及可能的药理作用机制

案例：丹皮酚抗动脉粥样硬化

一、丹皮酚抗动脉粥样硬化的中西医理论基础

中医毒邪致病理论认为AS的发生和病理演变过程正是中医毒邪致病，即痰、瘀、毒互结的过程，这与现代医学"炎症贯穿AS全过程"的认识高度一致。AS炎症学说所提及的各种病因及介质，均可归于中医毒邪学说的外来之毒（如细菌或病毒感染、高血脂、高血糖等）和内生之毒（如氧自由基、黏附分子和炎症介质等）。牡丹皮为毛茛科植物牡丹 *Paeonia Suffruticosa Andr.* 的干燥根皮，在中医历史上早有记载，《本草纲目》《神农本草经》就记载牡丹皮味苦、辛，微寒，具有清热凉血、活血化瘀、退虚热等功效。根据中华人民共和国中医药行业标准《中医病证诊断疗效标准》，痰热互结证是AS的常见证型之一。临床治疗AS痰热互结证患者用瓜蒌、黄连、半夏、牡丹皮等，以清热解毒、化痰通络。可见，牡丹皮是临床治疗AS痰热互结证的有效中药。

丹皮酚是从牡丹皮中提取的主要活性成分之一，其化学结构（2－羟基－4－甲氧基苯乙酮）明确，有调血脂、抗炎、抗菌、抗氧化、抗血栓等药理作用。与临床上常用治疗AS的药物，如调血脂作用的他汀类、抗血小板聚集及抗炎作用的阿司匹林、抗凝和溶栓作用的尿激酶、抗氧化作用的维生素类等有共性的药理作用。

二、丹皮酚抗动脉粥样硬化研究思路及结果

基于中药牡丹皮为中医临床治疗AS痰热互结证的有效中药，以及丹皮酚与临床药物所具有的共性药理作用，首先以高脂饲料诱导多种AS动物模型，探讨丹皮酚是否为牡丹皮抗AS的药效物质基础，并整体评价丹皮酚防治AS作用；在此基础上发现丹皮酚对血管炎症的主要药理作用特点，进而从整体聚焦血管局部，探讨丹皮酚对组成血管的各种细胞的炎症作用机制；并基于中医整体观，探讨丹皮酚对肠-血管、细胞间交互作用对血管炎症调节机制、从多个维度对丹皮酚的抗AS作用及血管炎症机制开展多层次的研究（图9－3）。

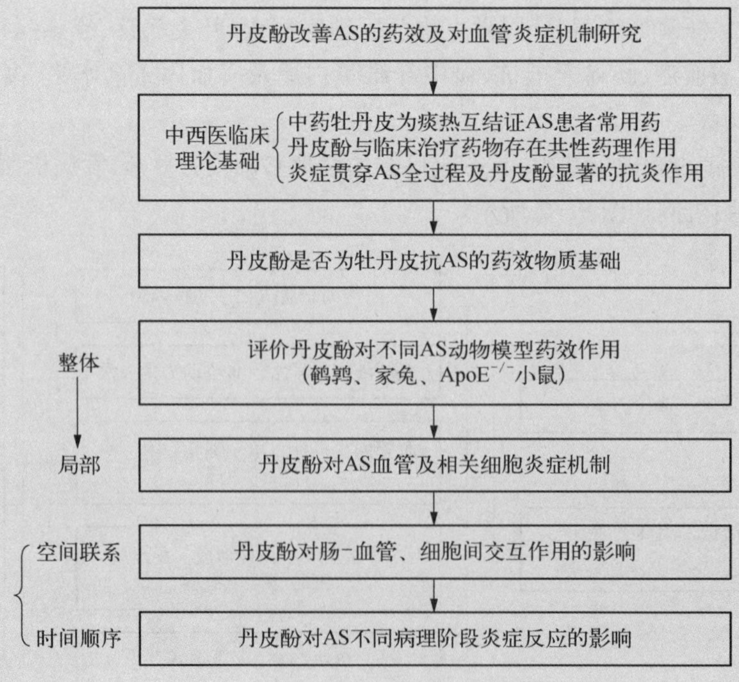

图9－3　丹皮酚抗AS总体研究思路

（一）丹皮酚对不同 AS 动物模型药效作用

以整体动物实验为基础，器官、组织、细胞和分子多层次结合，以利于重复验证和阐明作用原理，从而获得科学的结论。

常用 AS 模型研究的动物有鹌鹑、家兔、猪、鼠类及非人类灵长类动物等，喂养法、机械损伤法及载脂蛋白敲除法是 AS 造模的常用方法。主要药效指标包括病理学观察及血脂测定等，其中病理学观察如主动脉内膜斑块面积、斑块面积占动脉壁总面积百分数等是药效学实验的金指标，其他药效指标包括抗氧化、血液流变学、炎症标志物等（图 9-4）。

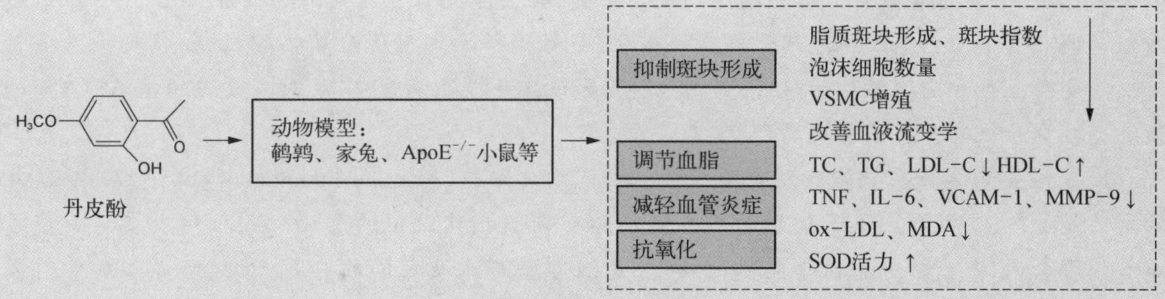

图 9-4　丹皮酚对不同动物模型抗 AS 作用

1. 鹌鹑模型　基础饲料中添加胆固醇 1%、猪油 14%；或胆固醇 1%、猪油 2.5%、蛋黄粉 20%、花生油 2.5%。一般连续喂养 7 天后血中胆固醇即会升高，6~8 周 AS 发生率可达 80%~90%。

鹌鹑病变与人类早期脂肪斑块相似，主要病变在动脉分叉处严重，局限于内膜。以高脂饲料建立鹌鹑 AS 动物模型，发现丹皮酚显著减少主动脉壁及肝脏脂质含量，减少脂蛋白和载脂蛋白水平，改善血液流变学，抑制主动脉脂质斑块形成，证实丹皮酚调节脂质水平，抑制 AS 斑块形成的作用。

2. 家兔模型　基础饲料中添加 1%胆固醇、0.05%胆盐、5%猪油喂养 12 周即可发生 AS 病变。兔为食草动物，抵抗力差，易继发感染而死亡，脂质代谢与人差异较大。病变主要在胸主动脉，尤其在弓部，冠状动脉病变主要在小动脉，而人主要在冠状动脉大分支。丹皮酚可降低动物血清总胆固醇（total cholesterol，TC）、甘油三酯（triglyceride，TG）水平，减少斑块指数，减轻主动脉泡沫细胞数，改善家兔病理状态。丹皮酚给药后动物主动脉内膜较光滑，主动脉弓出现斑块虽融合成片，但厚度明显较模型组斑块薄，其他部位也存在点状脂质沉着；内膜呈轻度新月形增生，内皮细胞基本完好，未见脱落，内皮下间隙未见明显增宽，中膜血管平滑肌细胞无明显增生，排列规则。上述药理作用在高脂饲料饮食复制实验性家兔 AS 模型也进一步得到了证实。

3. $ApoE^{-/-}$小鼠　ApoE 是血浆脂蛋白的重要组成部分，ApoE 功能缺失动物的胆固醇清除途径作用受限，导致富含 TC 的残粒在血浆中堆积，给予正常或高脂饮食均可形成严重的高脂血症及 AS 病灶，其病理性质及分布与人类非常相似。采用胚胎干细胞基因敲除技术培育 $ApoE^{-/-}$小鼠，普通饮食喂养可形成高胆固醇血症并自发形成 AS；高脂饲养形成 AS 斑块的时间可大大缩短，成为目前研究 AS 发生发展机制最为理想的动物模型之一。

以高脂饲料（含 0.15%胆固醇、21%脂肪）喂养 $ApoE^{-/-}$小鼠建立 AS 模型。进一步明确丹皮酚对 $ApoE^{-/-}$小鼠 AS 主动脉斑块形成的不同时期均有一定的减轻作用。疾病早期该作用的发挥可能主要通过降低血清 TC、TG 及低密度脂蛋白（low density lipoprotein，LDL）水平，升高高密度脂蛋白(high density lipoprotein,HDL)水平,发挥调节血脂作用;纤维斑块及粥样斑块期主要通过下调TNF、IL-6、血管细胞黏附分子-1(vascular cell adhesion molecule-1,VCAM-1)及MMP-9等保护血管免受炎症损伤,降低氧化低密度脂蛋白(oxidized low density lipoprotein,ox-LDL)、丙二醛(malondialdehyde,MDA)水平及提高超氧化物歧化酶(superoxide dismutase,SOD)活力发挥抗氧化作用,延缓AS斑块发展。表明丹皮酚抗炎作用明显且贯穿其治疗AS疾病始终,发现丹皮酚抑制血管炎症反应是其抗AS的主要作用特点。

(二)从整体到局部的研究策略——丹皮酚对AS血管及相关细胞炎症机制的影响

AS是一个多因素共同作用的慢性炎症性血管病变,涉及血管内皮细胞损伤、血管平滑肌细胞增殖与凋亡、单核/巨噬细胞泡沫化样变及极化、T细胞介导免疫反应等病理机制,推动血管粥样斑块病变的程度和斑块结构的改变,针对上述AS血管炎症的病理环节,对丹皮酚的抗AS作用的血管炎症分子机制开展多层次的研究。

1. 丹皮酚抑制血管内皮细胞炎症反应　血管内皮细胞(vascular endothelial cell,VEC)功能异常是AS的早期病理改变,AS斑块的形成是动脉对内膜损伤做出的反应。VEC绝大多数衬覆于血管内膜表面,极少部分存在于循环血液中,是血管壁与血液之间的分界细胞,形成心血管封闭管道系统的形态基础。

VEC的主要生理功能包括屏障功能(抗黏附):VEC可维持血管内膜光滑,防止血小板和白细胞等黏附及有害物质侵入血管壁,完整的内皮结构还有抗脂质沉积作用;参与炎症反应:内皮细胞主导炎症细胞向组织损伤和感染部位聚集,并释放与白细胞交流信号的细胞因子和生长因子。在内皮细胞表达的多种黏附分子介导下,白细胞从血管内迁移至炎症损伤部位,经过一系列细胞质蛋白质酪氨酸磷酸化过程而导致活化,发挥致炎效应;调节血管张力和抗凝促纤溶作用等。

检测VEC存活率、细胞膜通透性、乳酸脱氢酶含量等指标,评价VEC的屏障功能;发现ox-LDL、TNF-α、LPS等致病因子可显著破坏VEC屏障功能,减低细胞存活率,受到Toll样受体-4(Toll-like receptor-4,TLR-4)及核因子直接调控;采用shRNA敲低TLR-4受体可显著降低LPS引起的VEC损伤,并抑制下游NF-κB信号通路,进而延缓AS的进展。丹皮酚上调miRNA-21水平,抑制TLR-4及核因子基因的表达及抑制NF-κB信号通路相关蛋白的表达,提高VEC存活率,改善血管内皮的屏障功能,维持血管内膜光滑。利用孟加拉玫瑰红染色法检测细胞黏附率,黏附分子及其受体表达等指标,评价VEC的黏附功能。丹皮酚降低大鼠单核细胞等向VEC的异常黏附,改善VEC的黏附功能,揭示其减少VCAM-1、细胞间黏附分子-1(intercellular adhesion molecule-1,ICAM-1)等黏附分子异常表达的相关机制。

检测炎症因子表达,VEC屏障功能等指标,评价血管内皮炎症反应情况。丹皮酚可通过降低miRNA-21水平抑制p38促分裂原活化的蛋白质激酶(p38 mitogen-activated protein kinase,p38 MAPK)信号通路活化,或抑制PI3K/Akt信号通路,减少炎症因子的分泌,起到保护VEC的作用(图9-5)。

2. 丹皮酚调节血管平滑肌细胞增殖与凋亡　血管平滑肌细胞(vascular smooth muscle cell,VSMC)为构成血管的主要细胞成分,正常生长的VSMC以静止状态存在于血管中膜层,具有较低的增殖指数,细胞大多稳定在静止期。但当一些致病因素存在时,如血脂异常、血管炎症或受损时,VSMC由收缩型转为具有迁移功能的增殖型,可促进血管内膜损伤的再修复、导致血管再狭窄和AS斑块形成及生长。VSMC凋亡导致细胞外基质(覆盖斑块纤维帽的主要成分)分泌减少,

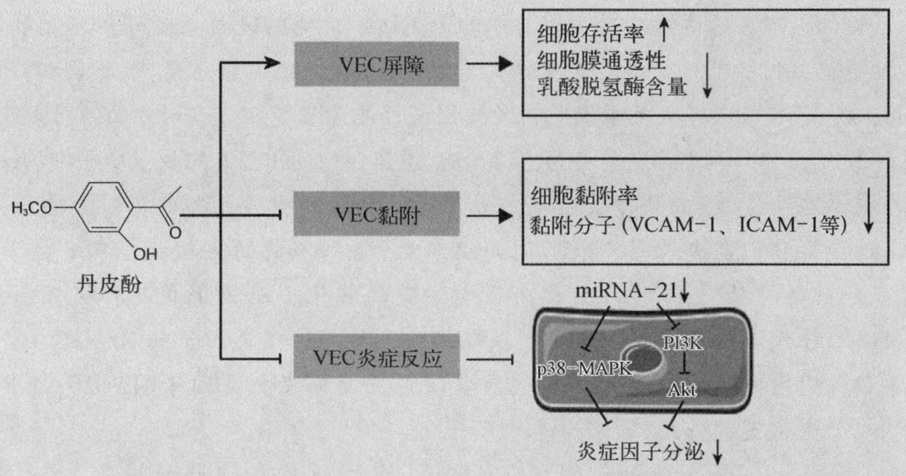

图 9-5　丹皮酚对 VEC 功能的影响

使斑块纤维帽变薄、降解,加剧斑块不稳定,甚至发生破裂,从而导致发生不良心血管事件。VSMC 异常增殖及凋亡是 AS 斑块形成的关键环节。

检测细胞增殖率、细胞周期、生长因子水平等指标,评价 VSMC 增殖功能;ox-LDL 促进 VSMC 从 G_0/G_1 期进入 S 期,增加其增殖相关抗原表达,引发 VSMC 异常增殖。丹皮酚具有抑制 VSMC 异常增殖的作用,发现其机制可能与调控 Ras/Raf/ERK 信号传导途径及 ERK1/2,阻滞细胞周期进程有关;丹皮酚升高内皮型一氧化氮合酶的表达,降低 c-fos 表达,通过抑制血小板源性生长因子及 VEGF 的表达,阻断 Ras/Raf/ERK 信号转导途径,发挥抑制 VSMC 异常增殖的作用。

利用原位末端标记法 TUNEL、Annexin V/PI 双染等方法将细胞染色,或检测细胞线粒体膜电位变化及相关凋亡蛋白表达,评价 VSMC 凋亡率。研究表明,丹皮酚可抑制 VSMC 的凋亡,其机制可能与其抑制共培养系统 VEC 内 TNF-α 分泌,抑制 VSMC 中 p38 MAPK 信号通路,降低凋亡相关蛋白水平有关(图 9-6)。

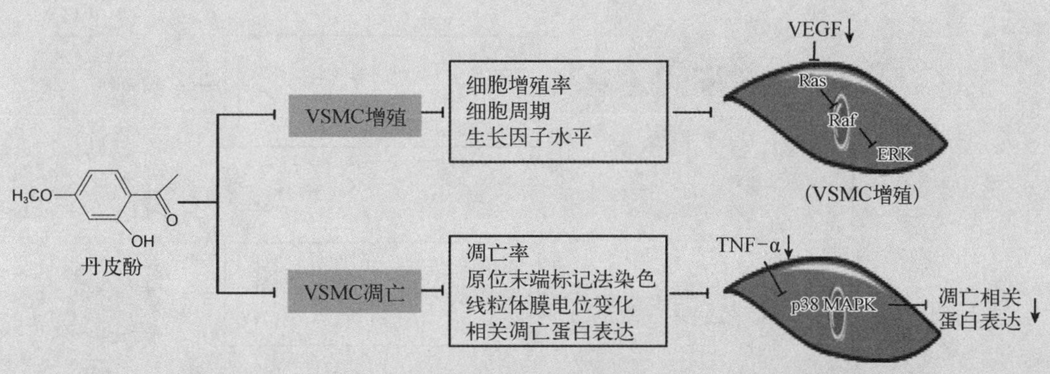

图 9-6　丹皮酚对 VSMC 功能的影响

3. 丹皮酚调节单核/巨噬细胞泡沫化样变及极化　单核/巨噬细胞在 AS 发病中也起着关键作用。AS 病灶内的巨噬细胞来源于循环中的单核细胞,单核细胞进入血管壁被视为 AS 发生的关键步骤。单核细胞趋化蛋白-1(monocyte chemoattractant protein-1,MCP-1)是诱导单核细胞迁移最重要和最强的诱导剂,而巨噬细胞集落刺激因子是诱导单核细胞分化为巨噬细胞最主要刺激因子。巨噬细胞可表达多种清道夫受体、CD36、CD68及磷脂酰丝氨酸等。活化的巨噬细胞一方面借助于细胞膜上的清道夫受体大量摄取ox-LDL，造成细胞内脂质聚集，胆固醇分布及代谢障碍；另一方面，ox-LDL可以造成巨噬细胞内的胆固醇外流途径受阻。这两方面的因素可促使胆固醇在巨噬细胞内蓄积，最终使巨噬细胞转变为泡沫细胞，泡沫细胞的出现是斑块病变早期的细胞学特征。

另外，巨噬细胞也是AS斑块中炎症反应相关因子释放的重要细胞来源。巨噬细胞具有多样性和异质性，这使得它们在进入到各个不同的组织后，遇到不同的生理病理微环境时，会改变其本身的表型及所发挥的功能，这种改变称为巨噬细胞的极化。而极化的两种极端形态分别为经典活化型(M1)和替代活化型(M2)。M1型巨噬细胞主要分泌促炎因子如IL-1β、IL-6等，发挥免疫功能，杀伤细胞内感染的病原体；M2型巨噬细胞主要分泌抑炎因子IL-10，修复损伤组织，促进组织重构，产生抑炎的作用。

检测胆固醇酯(cholesterol ester，CE)/TC比值、油红O染色阳性细胞率、游离胆固醇(free cholesterol，FC)含量等指标，计算酯化率及评价巨噬细胞源性泡沫细胞的形成情况。丹皮酚可减轻巨噬细胞泡沫化样变，显著减少巨噬细胞内红色脂滴的产生，其下调清道夫受体mRNA表达，下调C-Jun/CD36通路，从而减少巨噬细胞对ox-LDL的摄取机制；丹皮酚还可促进肝X受体α/类视黄醇X受体α的活化，增加巨噬细胞ATP结合盒转运体A1蛋白的表达，增强巨噬细胞内胆固醇流出。丹皮酚可抑制RAW264.7巨噬细胞炎症因子源性泡沫细胞形成，其作用机制可能与下调清道夫受体表达有关。此外，丹皮酚可上调小鼠主动脉miR-145的表达水平，抑制CD40/NF-κB通路，降低血清水平，减轻AS小鼠血管泡沫细胞的炎症反应。

以LPS及IFN-γ刺激RAW264.7细胞建立巨噬细胞M1型极化模型，检测M1型表面标志物F4/80和CD86，评价巨噬细胞的极化效率。丹皮酚抑制巨噬细胞M1型极化，减轻巨噬细胞炎症反应；发现M1细胞极化后，JAK1和STAT1的蛋白磷酸化程度增强，SOCS1蛋白表达受到明显抑制；丹皮酚通过下调巨噬细胞miR-155的表达，促进SOCS1的表达，抑制下游JAK1-STAT1的通路传导，抑制巨噬细胞M1型极化机制(图9-7)。

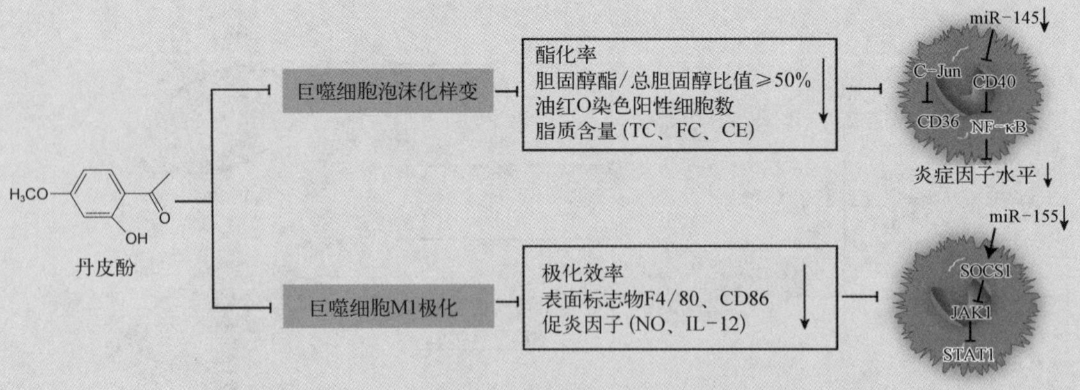

图9-7 丹皮酚对单核/巨噬细胞功能的影响

4. 丹皮酚调节T细胞介导免疫反应　这在AS的形成、发展中具有重要的作用。晚期AS斑块中存在的T细胞大部分为$CD4^{+}$T细胞，其中又以Th1细胞居多。Th1细胞主要分泌IFN、IL-2、TNF等与细胞免疫功能相关的细胞因子。Th2细胞可分泌IL-4、IL-5、IL-10及IL-13，促进变态反应和辅助B细胞产生抗体，与体液免疫功能相关。研究表明，Th1细胞具有致AS的作用；

而 Th2 细胞既具有致 AS 的作用，又具有抗 AS 的作用。这两类 T 细胞亚群具有相互调节的作用，它们可通过其分泌的细胞因子相互抑制。Th1/Th2 细胞的功能失衡与自身免疫病的发生有密切关系，已有研究证实，AS 的发生与 Th1/Th2 细胞的失衡密切相关。

Th17 和 Treg 在 AS 中也扮演着重要的角色。Th17 及其分泌的细胞因子介导的促炎反应会加重 AS，而 Treg 通过限制炎症和平衡斑块形成发挥着关键的抗 AS 作用。Th17 与 Treg 细胞可以相互转化，二者存在相互平衡的关系，通过维持 Th17/Treg 平衡可以抑制 AS 炎症，可能在斑块稳定中发挥着重要作用。

利用流式细胞术检测 $ApoE^{-/-}$ 小鼠脾脏中 Th17 和 Treg 细胞的数量、比例，丹皮酚通过升高肠道菌群代谢物短链脂肪酸（short chain fatty acid，SCFA）恢复 Treg/Th17 免疫细胞平衡，并提出一种由肠源性 LPS 触发的肠－血管轴作用途径，揭示其通过调控单核细胞骨桥蛋白表达抑制 AS 斑块形成（图 9－8）。

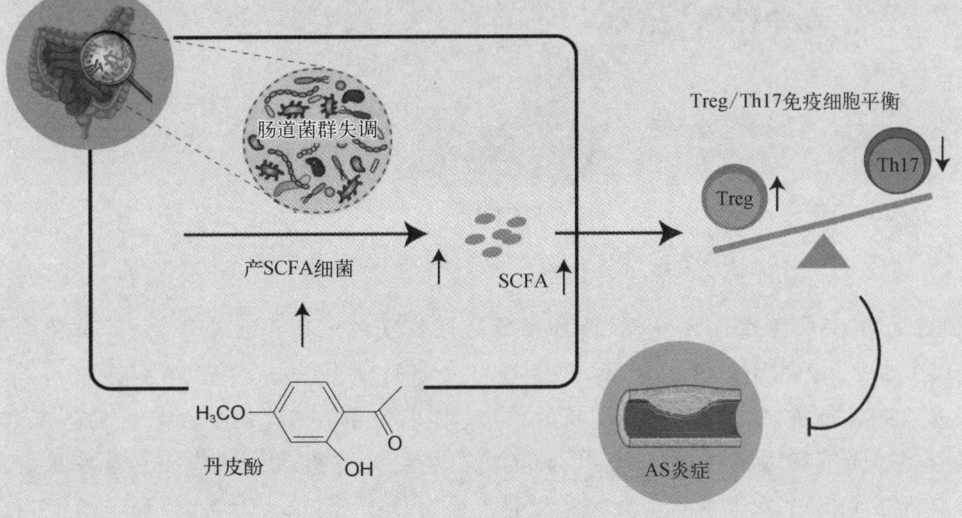

图 9－8　丹皮酚对 T 淋巴细胞功能的影响

（三）从中医整体观的研究策略——丹皮酚对 AS 肠－血管、细胞间交互作用的影响研究（图 9－9）

1. 丹皮酚调节肠－血管轴　肠道菌群失衡与心血管疾病相关性越来越受到关注，肠道菌群失衡和 AS 血管病变高度关联，调控肠道菌群有望成为 AS 治疗新策略。基于毒邪致病理论提出设想：长期高脂饮食造成肠道菌群紊乱，菌群代谢高脂饮食产生的代谢物可以进入血液循环后促进 ROS 及一系列生物活性物质的生成，最终激发血管细胞炎症及功能失调，促进 AS 病灶的形成和发展。

既往研究已证实丹皮酚口服具有显著的抗 AS 炎症作用，但其是否还与调节肠道菌群有关则须进一步研究。利用针对细菌 16S rDNA 测序技术，研究人员对小鼠盲肠内容物菌群组成进行分析，利用代谢组学分析血清及盲肠内容物中的代谢物，筛选潜在功能代谢物，进一步在临床患者样本中进行验证。发现 AS 小鼠肠道菌群的丰度异常，有害菌丰度升高，有益菌丰度降低；筛选得到 26 个血清差异代谢物和 11 个盲肠内容物差异代谢物；将差异代谢物与差异菌群进行关联性分析，进一步聚焦得到 α－羟基异丁酸（α－hydroxyisobutyric acid，HIBA），发现 HIBA 与有害菌呈正相关、与有益菌呈负相关，HIBA 可促进 $ApoE^{-/-}$ 小鼠 AS 斑块形成及血管炎症反应；丹皮酚可恢复

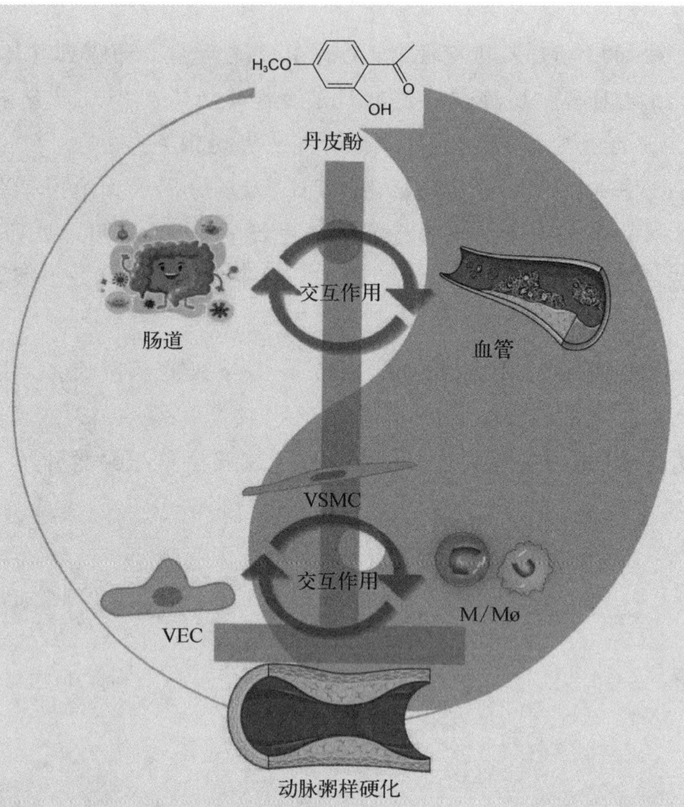

图9-9 基于中医整体观丹皮酚抗AS研究策略

AS小鼠肠道菌群α多样性及β多样性,丹皮酚通过恢复肠道菌群生态平衡,降低菌群潜在功能代谢物HIBA水平,抑制ROS/TXNIP/NLRP3通路介导的血管内皮细胞炎症。

结合丹皮酚具有抑制VSMC异常增殖的作用,尤其是对革兰氏阴性菌丰度的抑制作用,那么丹皮酚是否通过调节肠道菌群抑制VSMC的增殖?其发挥作用的关键路径和潜在机制尚需进一步探讨。肠源性LPS作为循环单核细胞产生骨桥蛋白(osteopontin,OPN)的触发因素,在AS患者血清中也观察到LPS水平的升高与OPN呈显著正相关;丹皮酚重塑AS小鼠肠道菌群稳态,下调革兰氏阴性菌丰度,改变LPS生物合成路径减少菌群衍生物LPS,通过介导单核细胞OPN分泌,抑制$\alpha_V\beta_3$/NF-κB信号通路的激活,降低ICAM-1、MMP-2及MMP-9表达水平,进而抑制VSMC异常增殖,远程调控AS的发生发展(图9-10)。

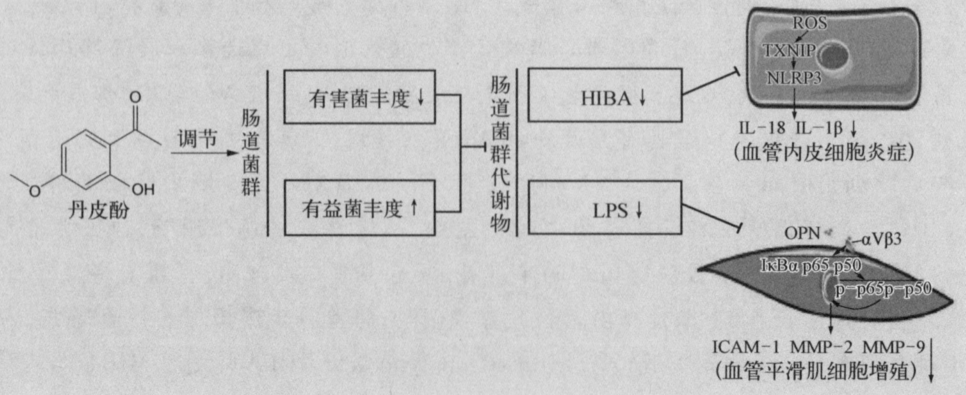

图9-10 丹皮酚对AS疾病肠-血管轴的影响

2. 丹皮酚对 VEC - VSMC 交互作用的影响　血管壁各细胞活动的同步性和协调性，对于维持血管壁自身的稳定性及其完整的功能具有重要意义。血管壁的各细胞之间，包括 VEC 间、VSMC 间、VEC 与 VSMC 之间有间隙连接存在，血管壁各细胞之间两种信息联系的失衡可能对 AS 的发生和发展具有重要意义。

VEC 受到致炎因子如 LPS 损伤后，其黏附、分泌、增殖功能可能发生改变，分泌多种炎症因子及生长因子，并引起 VSMC 的增殖与迁移；VSMC 分泌各种黏附分子，作用到受损的 VEC 上，使 VEC 黏附功能增强，与单核细胞的黏附增加，AS 的斑块形成加速。

原代培养大鼠 VEC 和 VSMC 的组织块预消化贴壁法，利用 Transwell 小室建立 VEC - VSMC 共培养模型，以模拟体内环境观察细胞与细胞之间相互作用，评价共培养条件下 VEC 的损伤对于 VSMC 的增殖、迁移的影响及丹皮酚的作用。发现 LPS 作为刺激因子，共培养体系中 VEC 损伤更严重，且 VEC 引发 VSMC 功能紊乱，丹皮酚可改善 VEC 损伤并抑制 TNF - α 释放，下调 PI3K/AKT 及 NF - κB 信号通路和 p38 MAPK 信号通路，进而减少 VSMC 凋亡（图 9 - 11）。

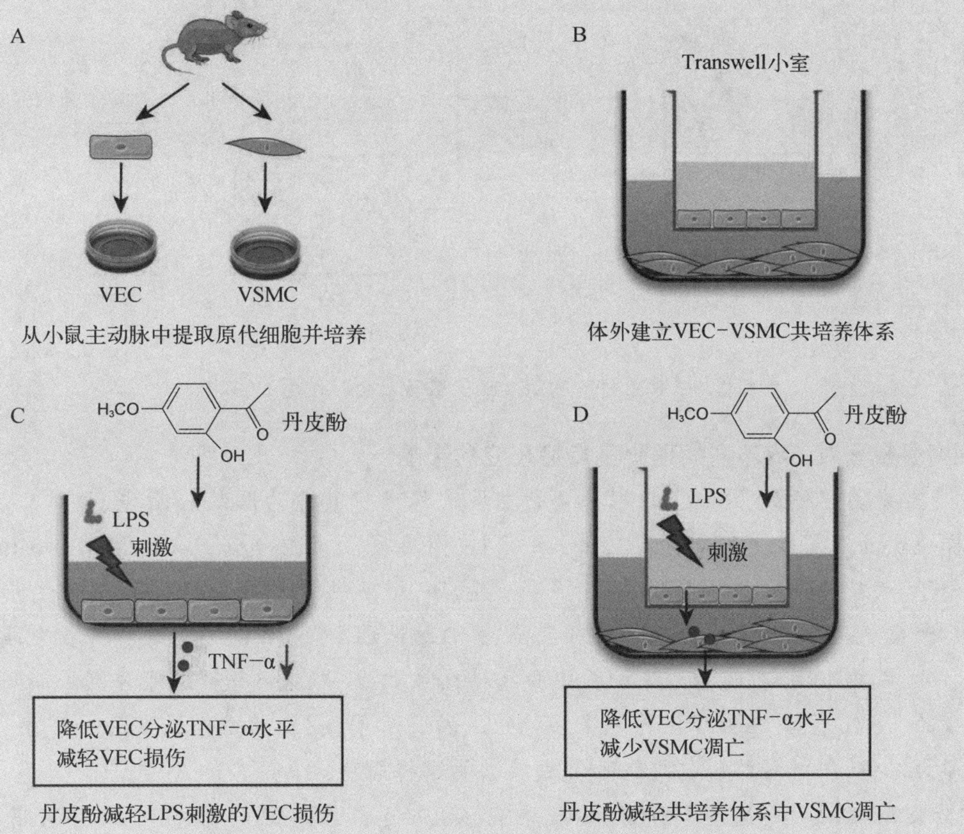

图 9 - 11　丹皮酚对 VEC - VSMC 交互作用的影响

3. 丹皮酚对 VEC -单核细胞/巨噬细胞交互作用的影响　单核细胞/巨噬细胞（M/M_{Φ}）是 AS 血管炎症反应的主要调节者，可通过释放多种炎症细胞因子，蛋白酶及生长因子等诱导 VEC 炎症损伤。M/M_{Φ} 除了通过分泌细胞因子、生长因子等方式作用于 VEC，M/M_{Φ} 还可通过释放纳米颗粒-外泌体，调节受体细胞的功能。M/M_{Φ} 与 VEC 之间可以通过外泌体沟通血细胞与血管之间的联系，介导它们之间的交互作用。

建立 VEC/THP－1 共培养体系，以探讨两类细胞内的相关影响及机制；为验证外泌体功能，利用超滤离心法提取不同条件下的外泌体，用多种方法对外泌体进行表征，如利用透射电镜观察外泌体典型的茶托样结构，动态光散射法和纳米粒子示踪分析仪检测外泌体电位和粒径分布，蛋白质印迹法检测外泌体标志蛋白（CD63、CD9、LAMP2、CD54 等），评价 M/M_{Φ} 外泌体的结构形态及粒径。利用外泌体分泌及摄取抑制剂干预，证实 M/M_{Φ} 外泌体为介导 VEC 炎性损伤的主要介质之一；双萤光素酶基因报告实验验证 miR－223 靶基因为 STAT3 mRNA，miRNA－223 可调控其下游 NLRP3 炎症小体、STAT3 等炎症靶基因；丹皮酚通过升高单核细胞外泌体 miR－223 的含量，增加摄取外泌体后的人脐静脉内皮细胞（human umbilical vein endothelial cells，HUVEC）中 miR－223 的含量，降低 STST3/p－STAT3 的表达，抑制 HUVEC 中 IL－1β、IL－6、VCAM－1、ICAM－1 的表达，降低 M/M_{Φ} 与 VEC 间黏附（图 9－12）。

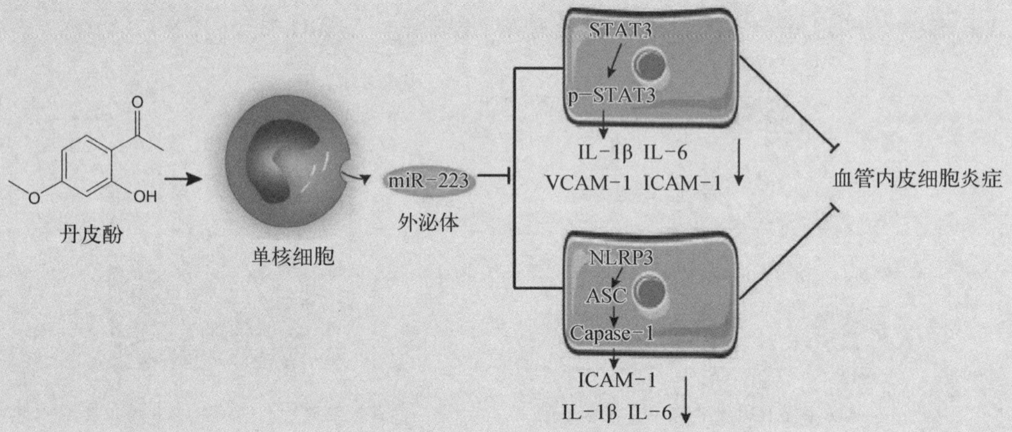

图 9－12　丹皮酚对 VEC－M/M_{Φ} 交互作用的影响

（四）丹皮酚对 AS 不同病理阶段炎症反应的影响

AS 是常见的一种血管病变，根据病变的发展过程可将其分为脂纹和脂斑、纤维斑块、粥样斑块和粥样斑块的继发性变化等时期。在 AS 早期，VEC 发生炎症损伤，其分泌细胞黏附分子和血管黏附分子，促使单核细胞与 VEC 黏附。AS 进展期，损伤的 VEC 分泌 IL 等、趋化因子及生长调节因子扩大炎症反应级联，导致血管局部炎症，并促进 VEC、VSMC 向内膜迁移并吞噬脂质形成泡沫细胞。AS 成熟斑块期，随着泡沫细胞中脂质持续堆积，逐渐崩解并释放脂质形成脂质核心。迁移至内膜的 VSMC 聚集在由坏死的泡沫细胞组成的脂池周围，由收缩型演变为合成型，产生胶原纤维和弹力纤维，组成纤维帽包绕脂池形成典型的粥样斑块。

1. 丹皮酚对 AS 小鼠不同阶段血脂异常、炎症与氧化应激的影响　采用高脂饮食喂养 $ApoE^{-/-}$ 小鼠 5、16 和 24 周，模拟 AS 病变的脂质条纹期、纤维斑块期及粥样斑块期。检测血管病理形态、血脂水平、炎症因子、黏附分子及氧化应激等指标，丹皮酚对 AS 小鼠不同时期的主动脉斑块形成均有一定的减轻作用。脂质条纹期主要降低血清 TC、TG、LDL 水平，升高 HDL 水平，减轻 AS 小鼠脂质条纹形成；纤维斑块及粥样斑块期主要通过下调 TNF－α、IL－6、VCAM－1、MMP－9 等保护血管免受炎症损伤，降低 ox－LDL、MDA 水平及提高 SOD 发挥抗氧化作用。

2. 丹皮酚对 AS 小鼠不同阶段自噬机制的影响　在 AS 斑块中呈现细胞自噬样特征，是决定 AS 进程的重要影响因素。自噬起到双刃剑的作用，在病变早期，适度自噬可以作为潜在的补偿机制维持体内平衡，而过度自噬则会引起血管炎症；病变中后期，自噬作为细胞应对致病因素的适应性反应，维持细胞正常生理功能。

为探索自噬在AS斑块形成过程中的意义，采用吖啶橙染色、单丹磺酰尸胺(monodansylcadavrine, MDS)染色或检测自噬相关蛋白表达、自噬小体数量等指标，评价AS小鼠主动脉细胞及体外细胞模型的自噬水平，探讨ApoE$^{-/-}$小鼠AS模型的不同进程及ox-LDL不同浓度刺激下细胞自噬机制对VEC炎症、VSMC增殖和凋亡的影响。ox-LDL诱导VEC自噬性损伤，丹皮酚上调miR-30a表达，抑制自噬相关蛋白Beclin-1表达，抑制VEC自噬，保护过度自噬导致的血管细胞炎性损伤。在AS纤维斑块期，自噬对VSMC增殖和功能的调控尤为重要；丹皮酚抑制AS小鼠主动脉斑块形成，与其抑制主动脉VSMC过度增殖、诱导细胞自噬相关；丹皮酚激活AMPK，间接抑制mTOR活化，诱导VSMC自噬，为丹皮酚抑制ox-LDL诱导的VSMC异常增殖的主要原因。在AS后期，自噬参与调控AS小鼠主动脉VSMC凋亡，丹皮酚通过激活Ⅲ型PI3K/Beclin-1自噬途径上调ox-LDL诱导VSMC自噬活性，抑制AS小鼠主动脉斑块VSMC过度凋亡，保护斑块稳定性发挥抗AS作用。有效调节自噬及平衡机体自噬、增殖和凋亡等功能之间的关系，可能是清热解毒中药延缓斑块的形成或挽救濒临破裂的斑块，恢复机体损伤和自修复之间动态平衡的机制之一(图9-13)。

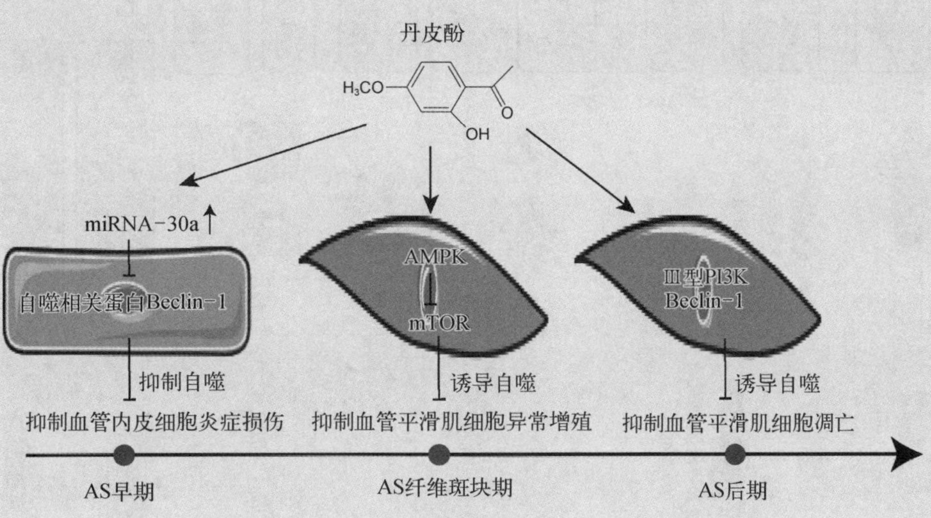

图9-13　丹皮酚对AS不同病理阶段炎症反应影响

三、总结与展望

AS是众多心血管疾病共同的病理基础，该研究以中医学“从毒论治”AS的学术思想为指导，以炎症贯穿AS全过程的发病机制学说及丹皮酚具有显著的抗炎作用为依据，在证实丹皮酚是清热解毒中药牡丹皮的抗AS药效物质基础上，探讨丹皮酚抑制AS主要发病部位血管及组成相关细胞的炎症作用机制，从肠-血管及细胞微环境之间的相互影响研究丹皮酚抑制血管炎症的多途径，并对AS进程中丹皮酚的作用特点进行探索(图9-14)。

该研究揭示了血管炎症损伤及炎症微环境是AS毒邪致病的核心之一，血管细胞炎症分泌及增殖等在AS中发挥重要作用，为阐明中医毒邪致病论与AS发病炎症学说的内在联系提供了科学依据。阐明丹皮酚抑制AS血管炎症的作用特点及该作用发挥可通过直接抑制血管细胞或通过影响血管细胞微环境等发挥作用，丰富了清热解毒中药从毒论治AS的科学内涵，为丹皮酚的进一步开发利用奠定了基础。

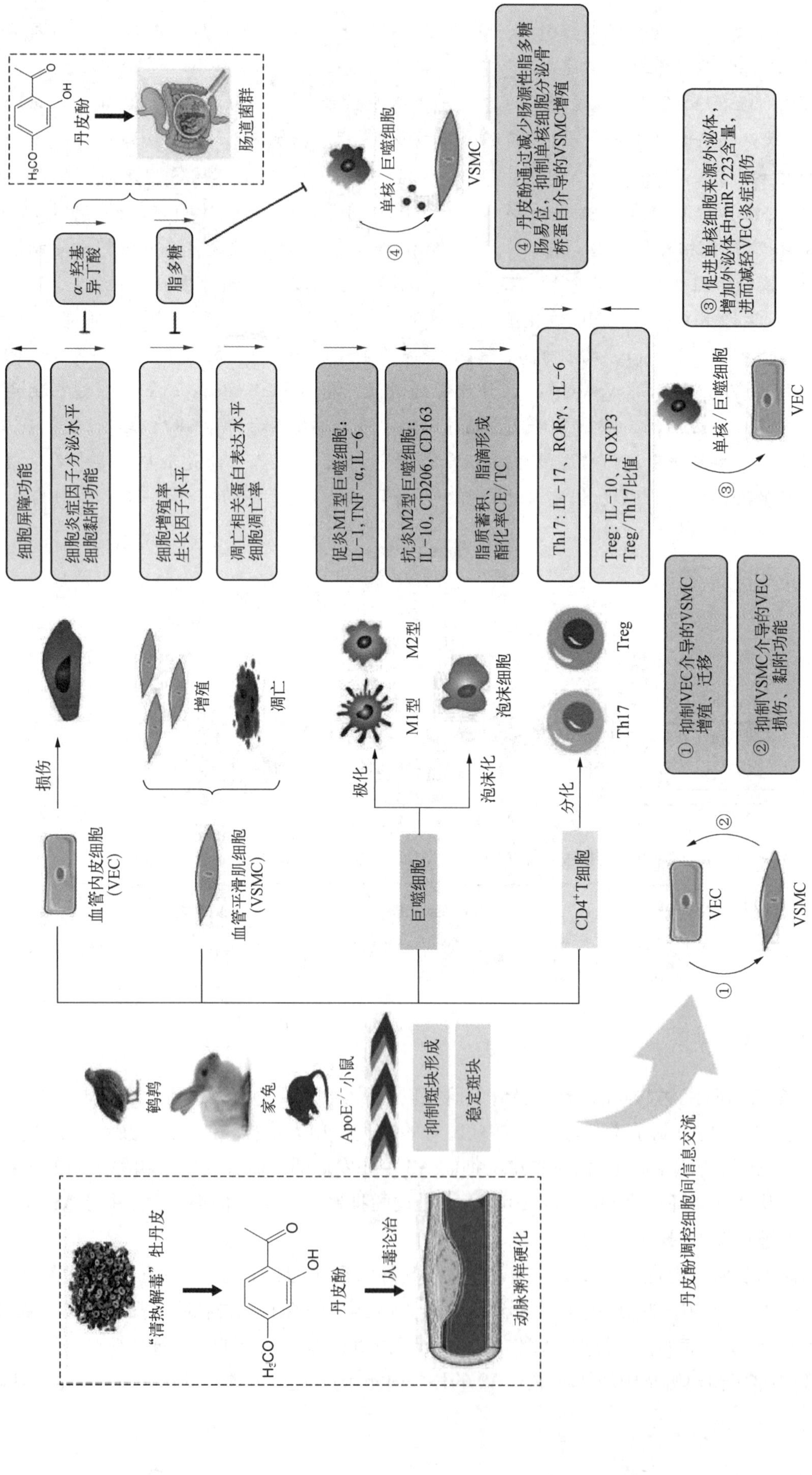

图 9-14 丹皮酚抗 AS 研究思路总结图

AS是一种缓慢进展的疾病,随着年龄的增长,患病的风险增加。寻找AS中细胞加速衰老的证据,以及细胞衰老对构成斑块细胞的功能影响及在AS形成中的因果作用至关重要。探讨丹皮酚延缓VSMC衰老、稳定斑块的分子机制可能为未来的研究工作的方向之一。AS疾病与诸多老年性疾病相生而行,如常伴有骨密度减低、骨强度下降、伴随骨质疏松症的发生,也与认知功能障碍具有一定的相关性,揭示丹皮酚抗AS与骨质疏松症、认知功能障碍共性作用及分子机制,丰富中医"异病同治"的科学内涵,这也将是下一步探索的方向。

第三节　心肌损伤与心力衰竭的中药药理研究（以芪参益气滴丸为例）

一、心肌损伤与心力衰竭的中医学认识

心肌损伤导致心血管疾病的发生,根据其所引发的症状和体征可与中医"心悸""胸痹""喘证"等病证相关,病位在心。历代医家对其病因病机的认识可归纳为:外邪(寒邪)侵袭、情志失调、瘀血内阻、饮食不节、正气亏虚。病因可分为内因及外因,内因多与年老体衰、饮食劳倦、情志失调等相关,外因多为寒邪侵袭。上述病因导致人体血瘀痰浊,闭塞心脉,心脉不通,不通则痛,发为此病。本病为本虚标实之证,本虚以气虚、阳虚为主,标实包括寒凝、气滞、血瘀、痰浊、水饮,以血瘀疲、痰浊为主。

中医古典医籍没有心力衰竭的记载,根据心力衰竭的乏力、气短,动则气喘、心悸;继而出现喘悸加重,喘不得卧,尿少肢肿,腹胀纳呆等临床表现,中医将其归属为心悸、喘证、水肿、症瘕积聚等病证。心力衰竭多继发于胸痹心痛、心悸、心痹等疾病,是多种慢性心系疾病的终末阶段。心气虚血瘀是心力衰竭的主要病理基础。在心气虚血瘀的基础上,脉气虚不固摄,出现水肿;津液外漏,停聚于脉外,形成痰饮;痰饮阻滞,导致血行不畅,引发痰瘀互结;水气凌心射肺,出现心悸、喘促;阳虚不能温经,出现手足冷;遇外感、劳倦和情志失调等加重。

心肌损伤引发的心绞痛、心肌梗死和心力衰竭需辨证施治,根据同病异证用同病异治法的原则治疗。但是,在心绞痛、心肌梗死和心力衰竭的不同阶段,若出现相同证候,可依据异病同治的原则,用同一方剂治疗。《慢性心力衰竭中医诊疗指南(2022年)》将心力衰竭主要证型分为气虚血瘀、痰瘀互结、气滞血瘀、寒凝心脉、气阴两虚及正虚阳脱证型;治则治法主要包括益气活血、活血化痰、疏肝理气、活血通络、散寒通痹、益气养阴、回阳救逆、益气固脱等。芪参益气滴丸、保元汤合血府逐瘀汤、通心络胶囊、麝香通心滴丸、瓜蒌薤白半夏汤合桃红四物汤、柴胡疏肝散合失笑散、复方丹参滴丸、当归四逆汤、生脉散合人参养荣汤、四逆加人参汤为常用的治疗代表方剂和中药复方(图9-15)。

二、心肌损伤的病理特点

心肌损伤是大多数心血管疾病病理基础,各种原因引起的心肌细胞的代谢异常即可引起心肌损伤,甚至使之发生死亡,从而引起一系列的心血管疾病。影响心肌氧气和水谷精微供应、血行动力、脉、血等因素都可引起心肌损伤。心肌损伤主要的病理特点表现为线粒体功能异常,心肌细胞溶解、坏死、凋亡,心肌兴奋收缩偶联受损,心肌收缩功能障碍,进而继发纤维化;心血管损伤包括血管内皮损伤、血管基底膜损伤、引起炎症细胞在微血管周围浸润、微血管周围水肿、出血。根据心血管损伤和心肌损伤的程度,临床上可分为心绞痛、心肌梗死和心力衰竭等不同阶段。

在临床上能够导致心肌受损的危险因素包括以下几个方面。

(1) 病原体感染:包括病毒、细菌、支原体等,以病毒性感染引发的心肌炎最为多见。

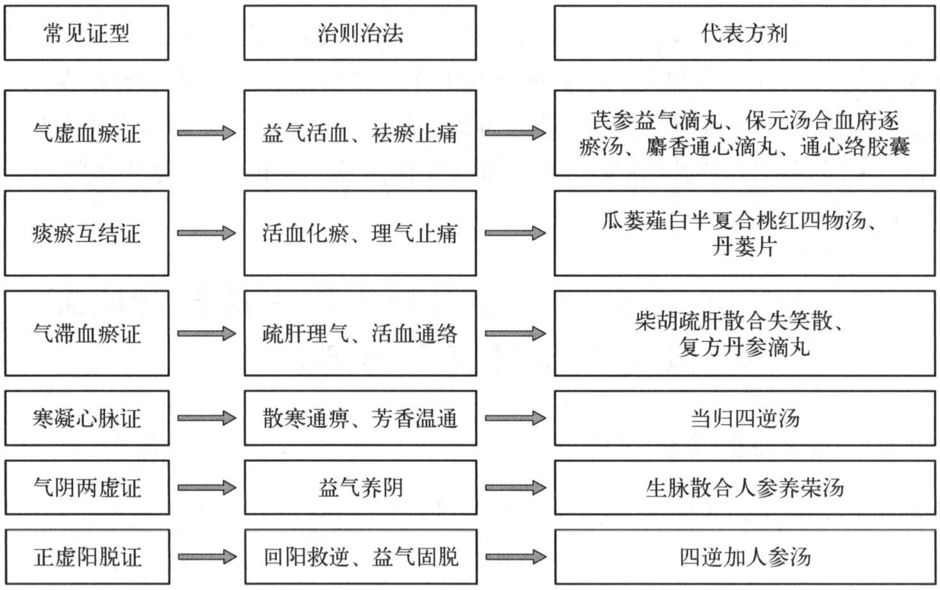

图 9－15　心肌损伤常见证型、治则治法与代表方剂

（2）心肌细胞缺血、缺氧性病变：包括冠状动脉严重狭窄或闭塞、严重的贫血、重症肺炎、心跳、呼吸骤停各种原因导致的休克、快速性心律失常、心力衰竭等，以冠状动脉病变最为多见。

（3）药物损伤：多见于长期服用具有心脏毒性的药物，如抗肿瘤药、抗风湿药、解热止痛药等。

（4）免疫系统疾病：包括系统性红斑狼疮、皮肌炎、大动脉炎等。

（5）中毒性损伤：包括一氧化碳等气体中毒、百草枯中毒及各种食物中毒等。

（6）其他因素：包括恶性肿瘤细胞浸润、甲亢或甲减等内分泌系统疾病。

案例：芪参益气滴丸干预心气虚血瘀的心肌损伤

一、芪参益气滴丸干预心气虚血瘀的心肌损伤的中西医理论基础

芪参益气滴丸是由黄芪、丹参、三七、降香提取物组成的复方制剂，具有补气活血、化瘀的功效，于 2003 年经国家食品药品监督管理局批准上市（国药准字 Z20030139），君药黄芪补气、臣药丹参活血、臣药三七活血止痛、佐药降香提取物行气，诸药合用发挥补气活血作用。芪参益气滴丸中黄芪的主要补气成分以黄芪甲苷为代表，丹参的主要活血成分以丹参素为代表，三七的主要补气活血成分包括人参皂苷 Rb_1、Rg_1、三七皂苷 R_1 为代表，降香以降香油为主。芪参益气滴丸已经广泛地用于治疗气虚血瘀型冠心病、心绞痛、心肌梗死溶栓和介入后、心力衰竭等疾病。

二、芪参益气滴丸干预心气虚血瘀的心肌损伤的研究思路及结果

用心肌缺血再灌注（ischemia and reperfusion，IR）方法建立产气不足的心肌损伤模型；用压力负荷方法建立耗气过多的心肌肥厚和心肌损伤模型；建立心肌损伤继发的心肌纤维化、心肌肥厚继发的心肌纤维化模型，研究芪参益气滴丸改善心肌损伤、继发性心肌纤维化、心肌肥厚的作用及机制（图 9－16）。

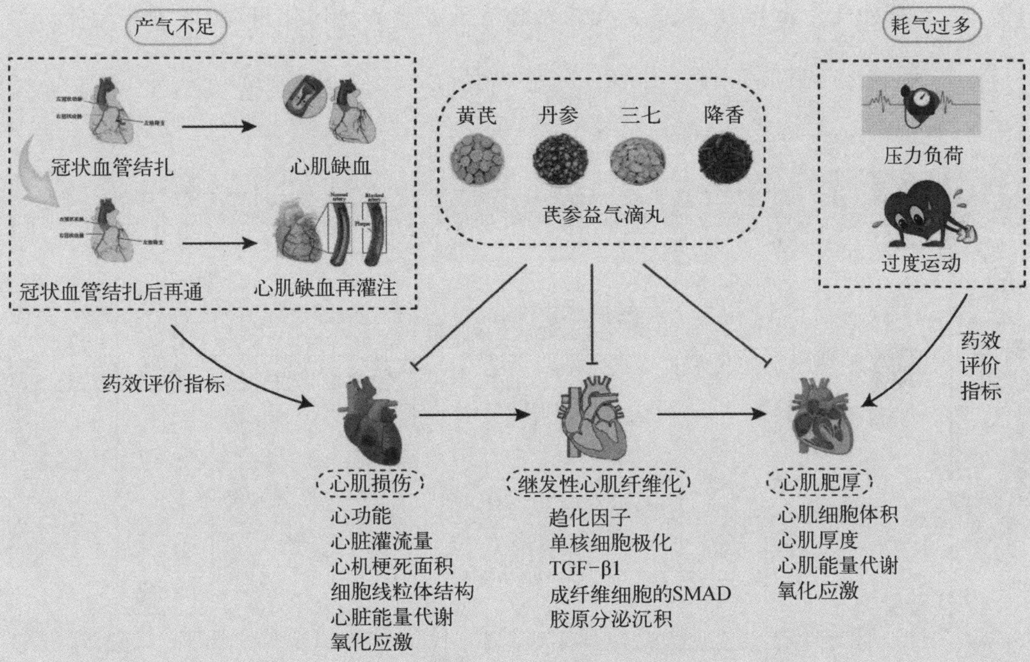

图 9-16　芪参益气滴丸研究思路图

SMAD：Sma-and Mad-related protein（Sma 和 Mad 相关蛋白）

（一）芪参益气滴丸对产能不足引起的心肌损伤及其继发性心肌纤维化的作用

1. 芪参益气滴丸及其主要成分改善冠状血管结扎引起的心肌损伤　冠状血管结扎可引起大鼠的心肌线粒体 ATP 合酶及其亚基 ATP5D 的低表达，心肌 ATP 含量降低，心肌细胞 F－actin 和心肌纤维断裂，心脏灌流量降低和心功能低下。由黄芪、丹参、三七、降香组成的补气活血复方中药芪参益气滴丸可以抑制冠状血管结扎引起的大鼠心肌线粒体 ATP 合酶及其亚基 ATP5D 的低表达，抑制心肌 ATP 含量降低，抑制心肌细胞 F－actin 和心肌纤维断裂，抑制心脏灌流量降低和心功能低下，发挥补心气行血的作用。芪参益气滴丸的该作用主要是由黄芪的主要成分黄芪甲苷、三七的主要成分 Rb_1 承担的。

2. 芪参益气滴丸及其主要成分改善冠状血管结扎再通后的心肌损伤　用冠状血管结扎后再通的方法，模拟急性冠脉综合征溶栓或介入再通血管引发的 IR 损伤。芪参益气滴丸在 IR 前灌胃给药，可以上调 IR 大鼠心肌组织提取蛋白中的 ATP 合酶及其亚基 ATP5D 的表达，增加心肌 ATP 含量，减少 F－actin 解聚和心肌纤维断裂，减轻心肌梗死，改善心功能和心脏灌流量，发挥补心气行血的作用。

芪参益气滴丸中黄芪的主要成分黄芪甲苷可以上调 ATP 合酶和 ATP5D 的表达，增加细胞内 ATP 含量，减轻心肌梗死，改善心功能和心脏灌流量，发挥补气行血的作用；丹参的主要成分丹参素可以作用于去乙酰化酶－1，恢复 NADH：泛醌氧化还原酶亚基 A10（NADH：ubiquinone oxidoreductase subunit A10，NDUFA10）的表达，抑制过氧化物产生和心肌凋亡，减轻心肌梗死，改善心功能和心脏灌流量，发挥活血作用；三七的主要成分人参皂苷 Rg_1 可以抑制无氧酵解相关的 HIF－1α、果糖二磷酸醛缩酶 A（fouctose-bisphosphate aldolase A，ALDOA）和烯醇化酶 α（enolase α，ENOα）的高表达，抑制脂肪酸代谢相关的烯酰辅酶 A 水合酶 1（enoyl－CoA hydratase 1，ECH1）的低表达，与人参皂苷 Rb_1 共同抑制 RhoA 的活性，与人参皂苷 Rb_1 和人参皂苷 R_1 共同抑制 Rho 相关卷曲螺旋蛋白激酶 1（Rho associated coiled-coil containing protein kinase 1，ROCK1）活性，恢复

ATP5D 表达，发挥补气活血作用；芪参益气滴丸含有多成分的协同作用，发挥了补气行血作用（图9－17）。

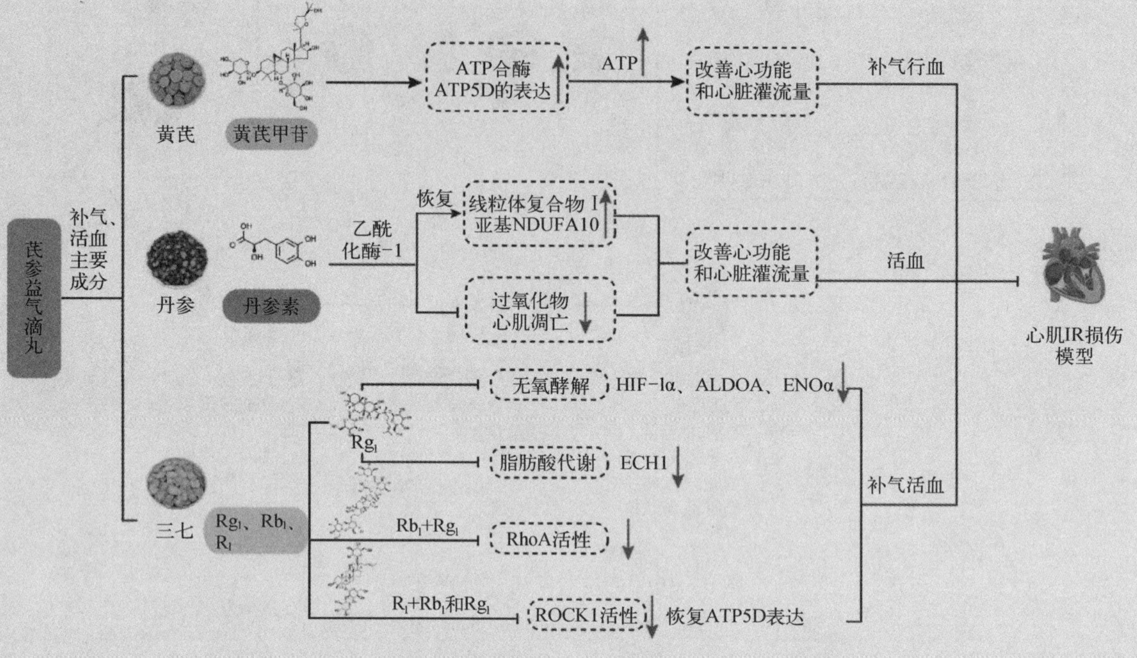

图9－17　芪参益气滴丸多成分协同发挥补气行血作用

3. 芪参益气滴丸及其主要补气成分黄芪甲苷改善冠状血管结扎再通后的心脏微血管渗出　芪参益气滴丸可抑制 IR 引起的大鼠心脏微血管渗出。芪参益气滴丸可抑制 FITC 标记的血浆白蛋白经由心脏微静脉和毛细血管漏出，抑制心脏血管、微血管内皮细胞缝隙连接的开放及血管内皮细胞质膜微囊数量。其抑制心脏微血管内皮细胞缝隙连接的开放，是通过抑制血管内皮细胞的 RhoA、ROCK1 的活化，抑制线粒体复合物Ⅴ及其亚基 ATP5D 的活性，增加内源性 ATP 的产生，抑制 F－acitn 的解聚，抑制血管内皮细胞间紧密连接蛋白和黏附连接蛋白的低表达实现的。芪参益气滴丸抑制血管内皮细胞质膜微囊数量，主要是通过抑制 Src 磷酸化和 Cav－1 磷酸化实现的。芪参益气滴丸还可抑制 MMP－2/9 的活化，抑制组织蛋白酶的活化，减少血管基底膜的损伤。黄芪甲苷抑制 IR 引起的大鼠心脏微静脉和毛细血管的渗出，该作用是其抑制血管内皮细胞线粒体复合物Ⅴ及其亚基 ATP5D 活性的降低，增加 ATP 含量，抑制血管内皮细胞间缝隙连接蛋白的低表达实现的。

4. 芪参益气滴丸及其主要成分改善 IR 引起的心肌损伤继发的心肌纤维化　在 IR 3 h，心脏微循环障碍、心脏灌流量低下、心肌损伤发生后，芪参益气滴丸可减轻心肌纤维化，改善心脏灌流量和心功能。芪参益气滴丸的该作用是通过抑制心肌损伤，减少趋化因子核糖体蛋白 S19（ribosomal protein S19，RPS19）的释放，抑制单核细胞的活化，游出于血管外，向 M2 型巨噬细胞极化；抑制 TGF－β1 的释放，减少成纤维母细胞膜上的 TGF－βⅡ受体的高表达，抑制 Smad2/3/4 的高表达、Smad3 磷酸化，抑制 Smad6/7 的低表达，减少胶原沉积实现的（图9－18）。

（二）芪参益气滴丸及其主要成分对耗气过多的心肌损伤的改善作用

1. 芪参益气滴丸及其主要成分改善心脏压力负荷引起的心肌肥厚　在压力负荷第 4 周开始，连续给予芪参益气滴丸 4 周，可以减轻压力负荷第 8 周的大鼠心肌肥厚、改善心功能和心脏灌流量。芪参益气滴丸中黄芪甲苷可以抑制无氧酵解相关的 HIF－1α、ALDOA、磷酸果糖激酶

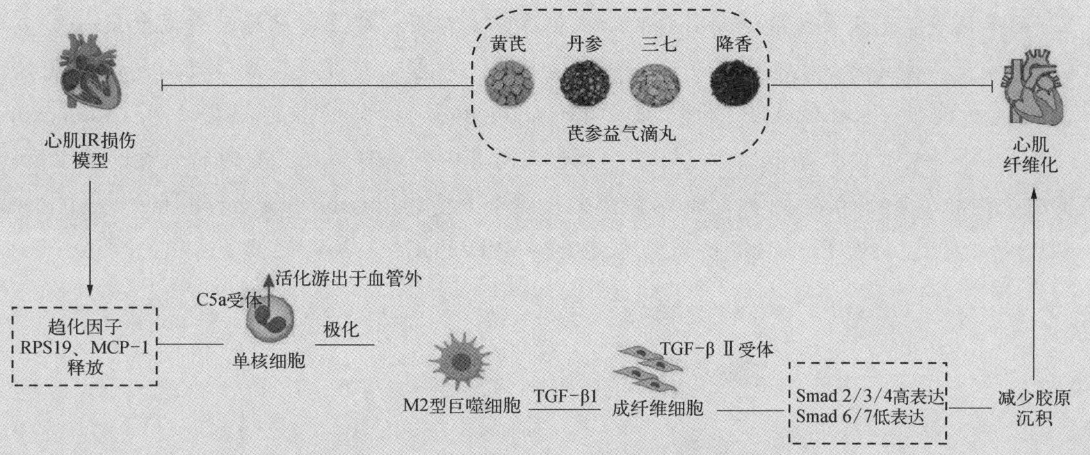

图 9-18　芪参益气滴丸改善心肌 IR 损伤继发的心肌纤维化的机制

(phosphofructokinase,PFK)、HSP70 和 ENOα 的高表达,抑制糖氧化相关的丙酮酸脱氢酶复合物(pyruvate dehydrogenase complex,PDH)的低表达、抑制脂肪酸代谢相关的 ECH1、线粒体膜上的转运蛋白肉碱棕榈酰转移酶 1A(carnitine palmitoyl transferase,CPT1A)的低表达,抑制氧化应激相关的热休克蛋白家族 B 成员 1[heat shock protein family B (small) member 1,HSPB1]、Rho GDP 解离抑制因子 1(Rho GDP dissociation inhibitor 1,RhoGDI1)和锰超氧化歧化酶(superoxide dismutase [Mn],SODM)的低表达;其中,黄芪甲苷可抑制 HIF-1α、ALDOA、PFK 和 ENOα 的高表达,抑制 PDH 的低表达,ECH1 和 CPT1A 的低表达;丹参素可以抑制丙二醛(malondialdehyde, MDA)、HSPB1、RhoGDI1 和 SODM 的高表达;人参皂苷 R_1 既可以改善心肌能量代谢相关的 HIF-1α、HSP70 的高表达,抑制 PDH 的低表达,又可以抑制心肌氧化应激损伤;降香油可以抑制 CPT1A 的低表达,有助于脂肪酸进入线粒体进行 β 氧化。芪参益气滴丸所含有的补气(黄芪)、活血(丹参)、补气活血(三七)和行气(降香)的主要成分的协同,发挥了补气行血的作用,改善了心肌肥厚、心功能和心脏灌流量(图 9-19)。

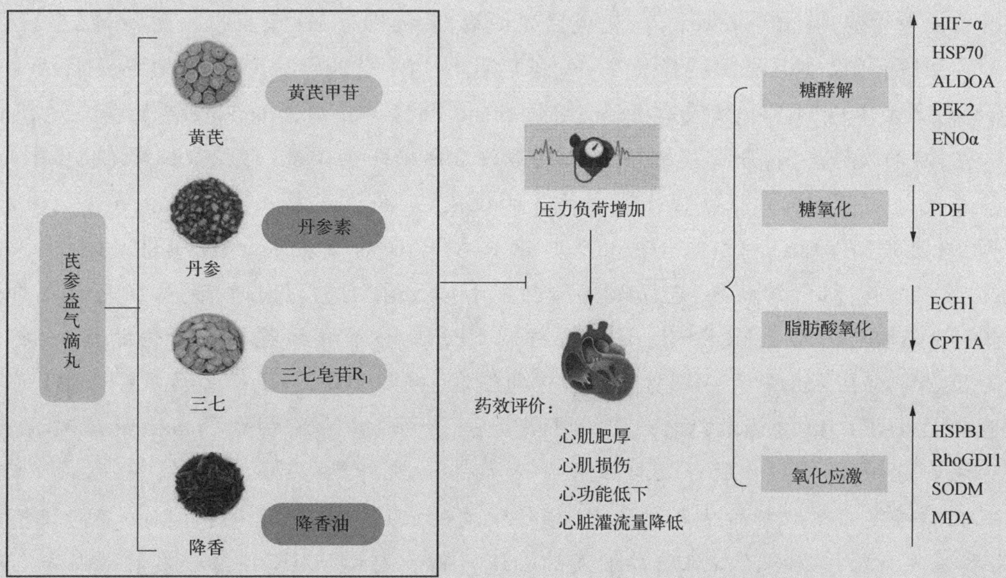

图 9-19　芪参益气滴丸改善压力负荷引起的大鼠心肌肥厚机制

2. 芪参益气滴丸改善过度运动引起的心肌肥厚　用跑步机建立过度运动引发大鼠心气虚的模型，其心肌能量代谢异常的类型与压力负荷一致。芪参益气滴丸可改善过度运动引起的大鼠心肌线粒体呼吸链功能低下，增加 ATP 含量，减少 F－actin 解聚、抑制缝隙连接蛋白 43（Connexin 43，CX43）低表达、抑制心肌肥厚和心功能低下。该作用与其抑制糖酵解相关蛋白的低表达、提高糖氧化和脂肪酸代谢相关蛋白的表达，抑制胰岛素样生长因子 1 受体（insulin-like growth factor－1 receptor，IGF－1R）的低表达，抑制 PI3K/Akt 的低表达，抑制 AMPK/PGC－1/Nrf1 的低表达相关（图 9－20）。

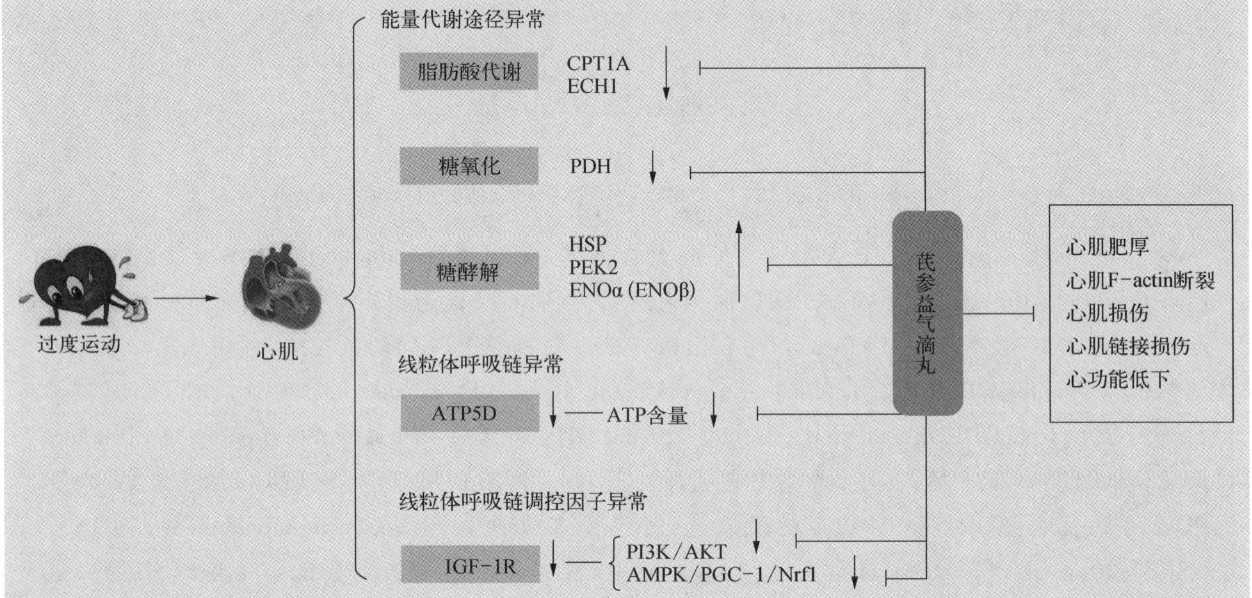

图 9－20　芪参益气滴丸改善过度运动引起的大鼠心肌肥厚机制

PGC－1：PPARγ 共激活因子（PPARγ coactivator 1）

3. 芪参益气滴丸及其主要成分改善压力负荷引起的心肌肥厚继发的心肌纤维化　心肌肥厚可引起心肌损伤，释放 MCP－1 和 RPS19 等趋化因子。RPS19 作用于单核细胞的 C5a 受体，诱导单核细胞黏附于微血管壁，游出于微血管外，变成巨噬细胞，又极化为 M1 型巨噬细胞和 M2 型巨噬细胞。损伤的心肌细胞和 M2 型巨噬细胞释放 TGF－β1，TGF－β1 作用于成纤维母细胞膜上的 TGF－β2 受体，TGF－β2 受体与 TGF－β1 受体融合，活化 Smad 系统。其中，Smad2/3/4 的高表达，Smad3 的磷酸化入核，启动胶原基因，分泌胶原，使胶原的分泌和降解平衡紊乱，形成心肌纤维化（图 9－21）。

芪参益气滴丸可抑制心肌线粒体复合物Ⅱ的低表达，减少了氢离子溢出和氧化应激损伤，减少心肌凋亡；可抑制心肌线粒体复合物Ⅴ及其亚基 ATP5D 的低表达，恢复 ATP 的产生，抑制 F－actin 的解聚，抑制心肌纤维断裂，进而改善心功能和心脏灌流量。同时，芪参益气滴丸抑制心肌释放的 TGF－β1、趋化因子 MCP－1、RPS19；抑制 RPS19 与单核细胞 C5a 受体的结合，抑制单核细胞的游出、M1 型巨噬细胞和 M2 型巨噬细胞的浸润；抑制 TGF－β1 的释放、TGF－β1 与成纤维母细胞膜上的 TGF－β2 受体的结合及其与 TGF－β1 受体的融合，抑制 Smad3 的磷酸化入核，抑制胶原分泌和沉积，调节胶原的分泌和降解平衡，抑制心肌纤维化和心功能低下。

心肌肥厚继发的心肌纤维化与心肌 IR 损伤继发的心肌纤维化途径相同，异病同证有其相同机制，芪参益气滴丸异病同治心肌肥厚继发的心肌纤维化与心肌 IR 损伤继发的心肌纤维化也是通过干预相同途径实现。

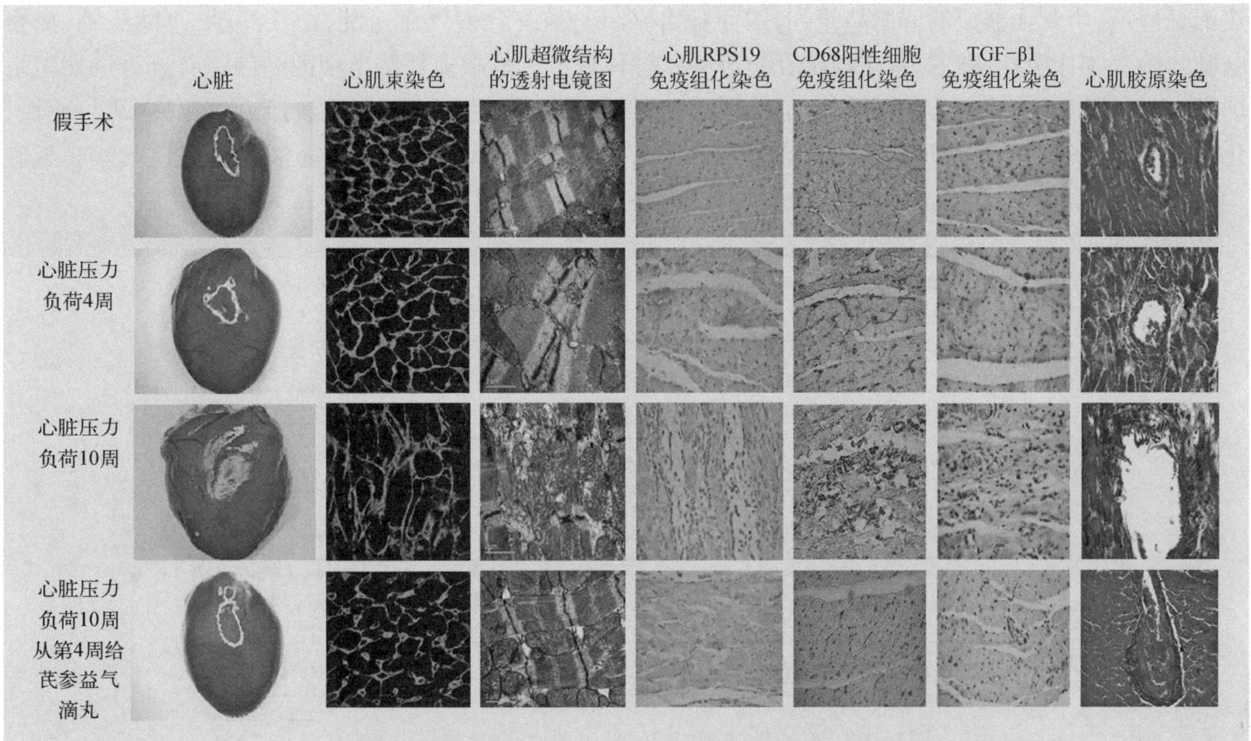

图 9－21　芪参益气滴丸改善压力负荷引起的心肌肥厚继发的心肌纤维化机制

三、总结与展望

尽管西药和介入疗法在心血管疾病的治疗中已经被广泛地应用，但我国心血管疾病的死亡率仍然持续地上升，中医药在治疗心血管疾病方面的作用还有待进一步地发挥。

补气行血理论和方剂对心肌损伤的作用及机制，补气行血方剂在减轻心肌损伤继发性心肌纤维化方面的作用及机制的研究结果，丰富了中医药救治心血管疾病的理论和方法。

关于行气行血理论和方剂改善气滞血瘀、温经活血理论和方剂改善寒凝血瘀、化痰活血理论和方剂改善痰瘀互结等科学内涵正待被揭示。用动态可视化技术、化学生物学技术、结构药理学技术等多学科技术诠释复方中药物质基础和作用机制有待深入。

第四节　改善缺血性脑卒中的中药药理研究（以补阳还五汤和养血清脑制剂为例）

脑卒中是以半身不遂、肌肤不仁、口舌㖞斜、言语不利，甚或突然昏仆、不省人事为主要临床表现的脑血管疾病。因其发病骤然，变化迅速，故名中风。脑卒中包括缺血性脑卒中和出血性脑卒中，其中，缺血性脑卒中占脑卒中的 70%以上。

一、缺血性脑卒中的中医学认识

缺血性脑卒中的主要病机是阴阳气血失调，脉络瘀阻，病位在脑。若气虚不行血，可导致脑的脉络血行无力，导致脉络瘀阻；血虚，脑络不充，导致脉络失养和闭阻；气滞不调血，引起血行不畅，导致脉络瘀阻；寒邪客于脉，脉收引，亦可致脉络瘀阻；痰饮既可阻碍气血循行，也可与血瘀互结，导致脉络瘀阻；

热消烁津液,引起血稠瘀滞和脉络损伤,因而脉络瘀阻。最终致使气血逆乱,窜扰经脉,直冲犯脑,血瘀脑脉。中医临床治疗原则是标本兼治、综合治疗、整体调节。据缺血性脑卒中的病因将其分为风痰阻络证、风火上扰证、痰热腑实证、阴虚风动证、气虚血瘀证等证型,主要治则治法包括活血化瘀、清热凉血、化瘀通腑、滋阴潜阳、祛痰通络等。代表方剂和中药复方有温胆汤、清开灵注射液、复方丹参针剂、天麻钩藤饮、星蒌承气汤、养血清脑颗粒、镇肝熄风汤、补阳还五汤等(图 9－22)。

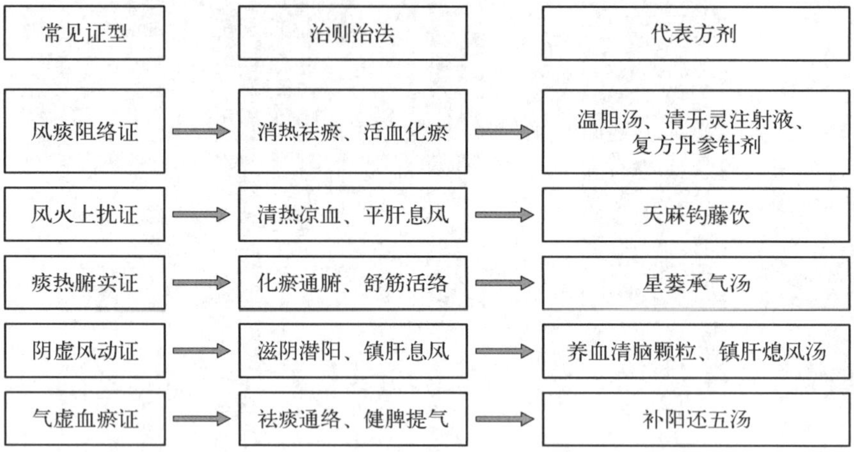

图 9－22　缺血性脑卒中的常见证型、治则治法与代表方剂

二、缺血性脑卒中的形成机制

(一) 脑微循环障碍

1. *脑微血管*　是指心脏射出的血液,经过颈动脉和椎动脉、脑动脉的各级分支流,到直径在 200～500 μL 间的小动脉,再到 100 μL 以下的、肉眼看不见的、CT、磁共振成像和血管造影都检测不到的小动脉、微动脉、毛细血管、微静脉、小静脉组成的微血管区。脑微血管区,占脑血管总数的 90%。

2. *脑微循环*　血液在脑微血管区的循环,以及气体、液体、营养物质和代谢物在微血管网的交换,叫脑微循环。血液携带的氧气和营养物质从脑微血管区的毛细血管释放到脑组织中,为神经元和其他细胞的 ATP 产生提供了原料。二氧化碳和代谢物,经由毛细血管、微静脉,或经过星形胶质细胞的水通道蛋白－4 吸收,传递到脉络膜回收。因为心脏将血液推送到脑微循环区,发挥养神和藏神的作用,所以称心主血脉,藏神。

3. *脑微循环障碍*　脑微循环障碍是复杂的病变过程,包括小动脉和微动脉的收缩或反复地收缩舒张;血管内皮细胞损伤;白细胞沿血管壁的滚动、黏附、游出;黏附释放和过氧化物,损伤内皮细胞缝隙连接和增加质膜微囊,引起血浆白蛋白等大分子渗漏到微血管外;黏附白细胞释放 MMP－9,损伤微血管基底膜,引发出血;血小板黏附,形成软血栓;纤维蛋白原活化,形成硬血栓等。

4. *引起的脑微循环障碍的主要原因*　脑微循环障碍属于血瘀的范畴,气虚、血虚、气滞、痰饮、热毒、伤害等都可引起脑脉络瘀阻。

(1) 气虚: 心气虚不行血,导致血行速度降低;脉气虚不固摄,导致血浆白蛋白和液体渗漏;液体渗漏到微血管外,引起微血管周围水肿和血容量减少,导致脑脉络瘀阻。

(2) 血虚: 血虚是血流容量减少的状态。血虚导致脑的微血管灌注量不足,甚至引起部分微血管低灌注,导致脑脉络瘀阻。

(3) 气滞: 应激、紧张等导致脑蓝斑多巴胺氢化酶活化,交感神经兴奋,去甲肾上腺素释放增加,小动脉或微动脉反复地收缩和扩张，使血压升高或波动，引起毛细血管和微静脉的血行不畅，导致脑脉络瘀阻。

（4）痰饮：停聚在微血管内的津液成痰饮，渗漏到微血管外的津液停聚也成痰饮。痰饮一方面阻塞了脑微血管的气血循行，影响氧气和水谷精微向脑组织弥散，另一方面还可压迫微血管，均可导致由痰致瘀，导致脑脉络瘀阻。

（5）热毒：热毒可损伤脑毛细血管和微静脉内皮细胞缝隙链接，使内皮细胞的质膜微囊数量增加和移动加速，引起脑微血管血浆白蛋白和液体渗漏。热毒还可引起白细胞黏附于微血管壁，释放炎症因子、过氧化物和 MMP－9，损伤内皮细胞间缝隙和血管基底膜，引起微血管渗出和出血，导致脑脉络瘀阻。

（6）损伤：脑梗死的取栓、溶栓等治疗，既疏通血管，也可引起脑 IR 损伤。阿替普酶等溶栓药，在激活纤溶酶，溶解血栓的纤维蛋白时，也可溶解微血管内皮细胞和基底膜。阿替普酶还作用于脑血管内皮细胞的低密度脂蛋白受体，使血管内皮细胞分泌 MMP－9，损伤血管基底膜。脑梗死的取栓、溶栓等医疗伤害，可引起脑微循环障碍，导致脑脉络瘀阻。

（二）缺血性脑卒中的形成

缺血性脑卒中由脑动脉硬化、脑血栓、脑栓塞导致脑脉络血瘀所致。

1. *脑动脉硬化*　是动脉硬化引起的脑动脉管壁增厚，管腔狭窄或闭锁，引起脑脉络血瘀，下游血管和脑组织的缺血缺氧。

2. *脑血栓*　是血小板、白细胞、血管内皮细胞黏附分子过表达，引起的血小板、白细胞黏附在脑微血管，形成软血栓，阻塞血管，引起下游血管和脑组织的缺血缺氧。进而，纤维蛋白原活化为纤维蛋白，形成硬血栓，阻塞脑血管，导致脑血管闭锁，下游的血管和脑组织缺血缺氧。

3. *脑栓塞*　多为心脏或颈动脉的栓子脱落，阻塞脑小动脉、微动脉，或毛细血管，阻塞血管，下游的血管和脑组织缺血缺氧。

脑动脉硬化、脑血栓、脑栓塞等引发的阻塞血管，导致下游的血管缺血缺氧，不能向脑组织提供氧气和水谷精微，细胞线粒体的三羧酸循环和呼吸链异常，ATP 产生减少，F－actin 降解为 G－actin，神经元坏死。

临床上，在缺血性脑卒中发生 4.5 h 内，主要用取栓或溶栓的方法开通血管，恢复大血管的灌注。但是，在闭锁的血管开通后，即使脑血管内皮细胞、神经元等获得了氧气和水谷精微的重新供应，线粒体的三羧酸循环和呼吸链尚未恢复，不仅没有完全恢复 ATP 的产生，反而导致线粒体呼吸链中的氢离子溢出，产生过氧化物，诱导氧化应激损伤；线粒体膜电位异常和细胞色素 c 漏出，诱导了凋亡；微血管出血，还引发铁死亡；脑微血管内皮细胞缝隙连接开放和血管内皮细胞质膜微囊数量增加，介导了血浆白蛋白和液体的渗漏；黏附于脑微血管壁和游出到微血管外的白细胞释放 MMP－9，损伤血管基底膜，引起出血。缺血性脑卒中溶栓后的脑微循环障碍和血脑屏障损伤，致使缺血性脑卒中患者在溶栓后的脑出血率为 10%，死亡率为 5%。

缺血性脑卒中溶栓后的脑微循环障碍和血脑屏障损伤是临床急需解决，且是尚未解决的问题。

案例：复方中药及主要成分干预缺血性脑卒中溶栓后脑微循环障碍和血脑屏障损伤

一、复方中药及主要成分干预缺血性脑卒中溶栓后脑微循环障碍和血脑屏障损伤的病证基础

脉络瘀阻是缺血性脑卒中的主要病机。在脉络瘀阻期间，下游血管和脑组织缺血缺氧，多呈现气血两虚。因为溶栓后的脑微循环障碍和血脑屏障损伤加重血瘀，所以缺血性脑卒中溶栓后

的脑微循环障碍和血脑屏障损伤多见气虚血瘀，补气活血和补气固摄是其治疗的主要治法。血为气之母，养血活血也可以发挥作用。

二、补气活血和养血活血的复方及其主要成分干预缺血性脑卒中溶栓后脑微循环障碍和血脑屏障损伤的研究思路

补阳还五汤源自王清任的《医林改错》，由黄芪、当归、赤芍、地龙、川芎、红花、桃仁组成，具有补气活血，祛瘀通络的功效。用线栓法建立大脑中动脉 IR 大鼠模型，灌胃给予补阳还五汤提取物，观察大鼠脑梗死体积、缺血区祖细胞增殖、半影区血管新生。结合网络药理学和蛋白质组学研究，并且利用 Autodock 分子对接，筛选补阳还五汤的活性成分和作用靶标，探索补阳还五汤对抗缺血性中风的潜在机制。用线栓法建立大脑中动脉 IR 小鼠模型，观察补阳还五汤对缺血性脑卒中小鼠脑血流灌注、神经行为学评分、神经元损伤及缺血区域的血管生成的影响。用多重脑蛋白质组学分析，从血脑屏障完整性、神经毒性、能量代谢等多个方面观察补阳还五汤煎剂对缺血性脑卒中小鼠的作用（图 9－22）。

养血清脑制剂含养血清脑颗粒和养血清脑丸，均由当归、生地黄、川芎、白芍、鸡血藤、延胡索、钩藤、夏枯草、决明子、珍珠母、细辛组成，具有养血活血、平肝潜阳，用于治疗血虚肝旺的头疼和眩晕。口服养血清脑制剂后，从外周血中可以检测到原儿茶酸、咖啡酸、阿魏酸、芍药苷、生地黄梓醇、川芎嗪、延胡索乙素、松香酸、乌索酸、决明素、钩藤碱等成分，在脑脊液中可以检测到延胡索乙素。建立大脑中动脉血栓 4.5 h 组织型纤溶酶原激活剂（tissue plasminogen activator，tPA）溶栓引起的脑微循环障碍和血脑屏障损伤的小鼠模型。在 tPA 溶栓前，灌胃给予养血清脑制剂，观察小鼠脑血流灌注量、脑梗死体积、伊文思蓝渗出、脑微血管血浆白蛋白漏出和白细胞黏附、脑含水量、脑出血、神经行为学评分、脑微血管内皮细胞缝隙连接蛋白、脑微血管基底膜胶原蛋白。用线栓法建立大脑中动脉 IR 大鼠模型，观察养血清脑颗粒对 IR 引起的大鼠脑微循环障碍和血脑屏障损伤的改善作用。在此基础上，检测养血清制剂的入血成分，研究延胡索乙素改善 IR 引起的小鼠脑微循环障碍的作用和机制（图 9－23）。

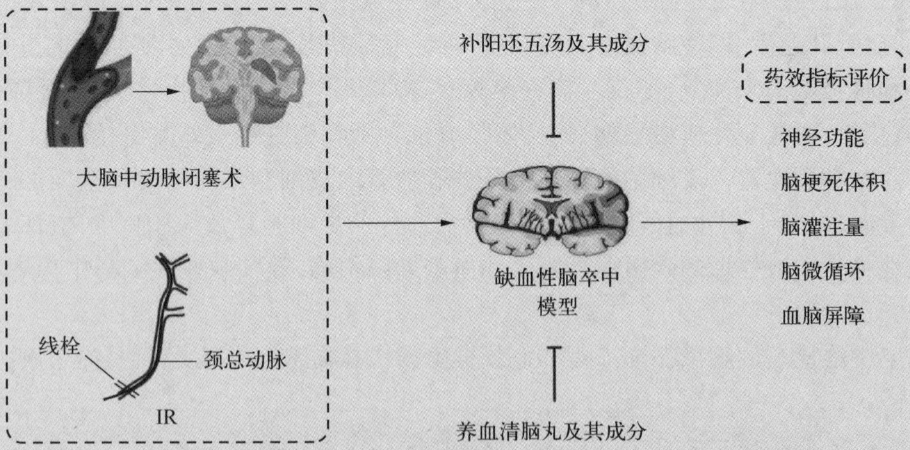

图 9－23　补气活血/养血活血的复方抗缺血性脑卒中的研究思路

三、研究结果

（一）补阳还五汤及主要成分干预缺血性脑卒中溶栓后血脑屏障损伤

1. 补阳还五汤提取物可改善大脑中动脉闭塞后大鼠神经功能缺损和梗死体积　在大鼠大脑

中动脉闭塞30 min后的第3、7和14天测量神经功能缺损评分和梗死体积，结果表明，补阳还五汤提取物显著改善了脑缺血大鼠的神经行为学评分，减少了梗死体积。该作用与其增加了海马和脑室下区祖细胞的增殖相关。

VEGF及胎肝激酶-1(fetal liver kinase-1, Flk-1)是重要的神经营养、神经保护和神经增殖因子。补阳还五汤提取物能增加缺血性大脑脑室下区(subventricular zone, SVZ)和皮层中VEGF阳性和Flk1阳性细胞的数量。该结果提示补阳还五汤对神经功能缺损恢复的治疗作用与其刺激祖细胞增殖和增强缺血脑中VEGF和Flk1的表达有关(图9-24)。

2. 补阳还五汤煎剂可抑制和改善IR引起的小鼠脑微循环障碍和血脑屏障损伤　补阳还五汤煎剂在IR 6 h后给药，连续7天，可以减轻神经元损伤，改善小鼠的行为学评分。并且还可以激活YAP1/HIF-1α信号通路，促进IR小鼠损伤后的血管生成，增加小鼠的脑灌流量，改善脑微循环障碍，提高小鼠存活率。

通过多重蛋白质组学发现，补阳还五汤煎剂后给药可以抑制IR后tPA诱导的血脑屏障损伤，降低血浆白蛋白渗漏及减少血脑屏障分解的标志物纤维蛋白原α链。补阳还五汤煎剂后给药还可以抑制神经炎症相关蛋白和神经兴奋性毒性相关蛋白的表达(图9-24)。

3. 补阳还五汤及其主要成分可以抑制IR引起的大鼠TNF、PI3K/Akt和钙信号通路激活　在大鼠大脑中动脉闭塞模型中，补阳还五汤可以改善神经行为学评分、脑梗死体积、减少炎症因子的释放，进而减少大鼠的神经炎症损伤，发挥出神经保护作用。补阳还五汤还能降低大脑IR大鼠的TNF-α和CD38水平，上调ATP2B2、PDE1A、CaMK4、p-PI3K和p-AKT。蛋白质组学分析显示TNF-α、PI3K/Akt和钙信号通路可能是补阳还五汤改善大脑损伤的关键环节(图9-24)。

通过超高效液相色谱从补阳还五汤提取物中鉴定主要活性成分，结合网络药理学和Autodock分子模拟对接，筛选出了13种活性化合物和对应的112个共同靶标，其中，包括钙信号转导和PI3K/Akt通路中的关键靶标(ATP2B2、PDE1A、CAMK4、CD38、TNF-α、PI3K、AKT)。利用AutoDock工具进行分子对接，发现这些靶标与13种活性化合物之间具有相对稳定的结合能，其中亲和力最高的化合物是没食子芍药素，亲和力最低的化合物是异甘草素(图9-24)。

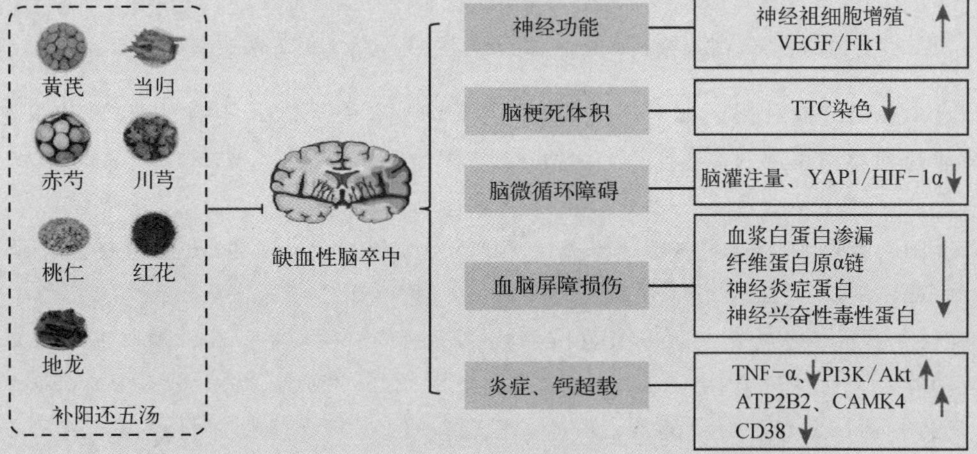

图9-24　补阳还五汤干预缺血性脑卒中溶栓后血脑屏障损伤的作用

（二）养血清脑制剂及主要成分干预缺血性脑卒中溶栓后脑微循环障碍和血脑屏障损伤的研究结果

1. 养血清脑丸可抑制大脑中动脉血栓 4.5h tPA 溶栓后小鼠脑微循环障碍和血脑屏障损伤　养血清脑丸可以改善脑血栓 4.5 h tPA 溶栓后 24 h 小鼠脑灌注量（图 9－25），抑制脑组织伊文思蓝的渗出和脑水肿，抑制小鼠脑微静脉血浆白蛋白的渗出，抑制紧密连接蛋白 Occludin、黏附连接蛋白、VE－cadherin 的低表达和排列不连续，其抑制 VE－cadherin 低表达的作用与其抑制 Rho GTP 酶激活蛋白 21 的低表达，抑制 α－catenin 和 β－catenin 的低表达相关有关（图 9－25）。

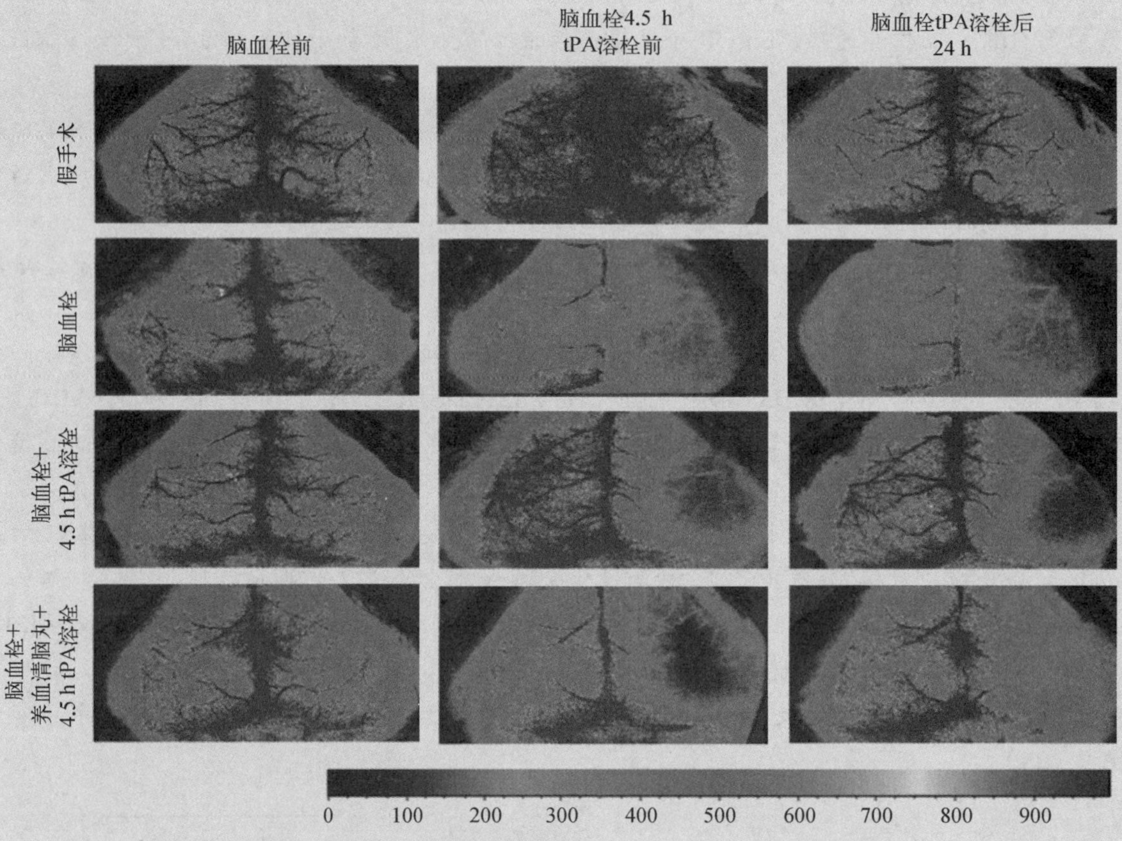

图 9－25　养血清脑丸改善脑血栓 4.5 h tPA 溶栓后小鼠脑灌注量

养血清脑丸还可以抑制大脑中动脉血栓 4.5 h tPA 溶栓后的小鼠脑出血，该作用与其抑制小鼠脑微静脉内白细胞黏附，抑制中性粒细胞、单核细胞的浸润，减少 MMP－9 的释放，导致小鼠脑微血管基底膜Ⅳ型胶原和层黏蛋白不连续和低表达有关（图 9－26）。

养血清脑丸可以抑制大脑中动脉血栓 4.5h tPA 溶栓后的小鼠脑梗死、抑制 mNSS 评分的增加，抑制 NES 评分，导致步态异常和生存率降低（图 9－26）。

2. 养血清脑颗粒可抑制和改善 IR 引起的大鼠脑微循环障碍和血脑屏障损伤　在氯化铁刺激下颈动脉血栓机械脱离，导致缺血性中风模型中，养血清脑丸可以减轻 tPA 引起的脑血管渗出，表现为抑制血浆白蛋白渗漏、减少伊文思蓝和脑含水量增加，抑制神经元凋亡和神经元坏死，减轻脑梗死体积、改善神经学评分（图 9－27）。

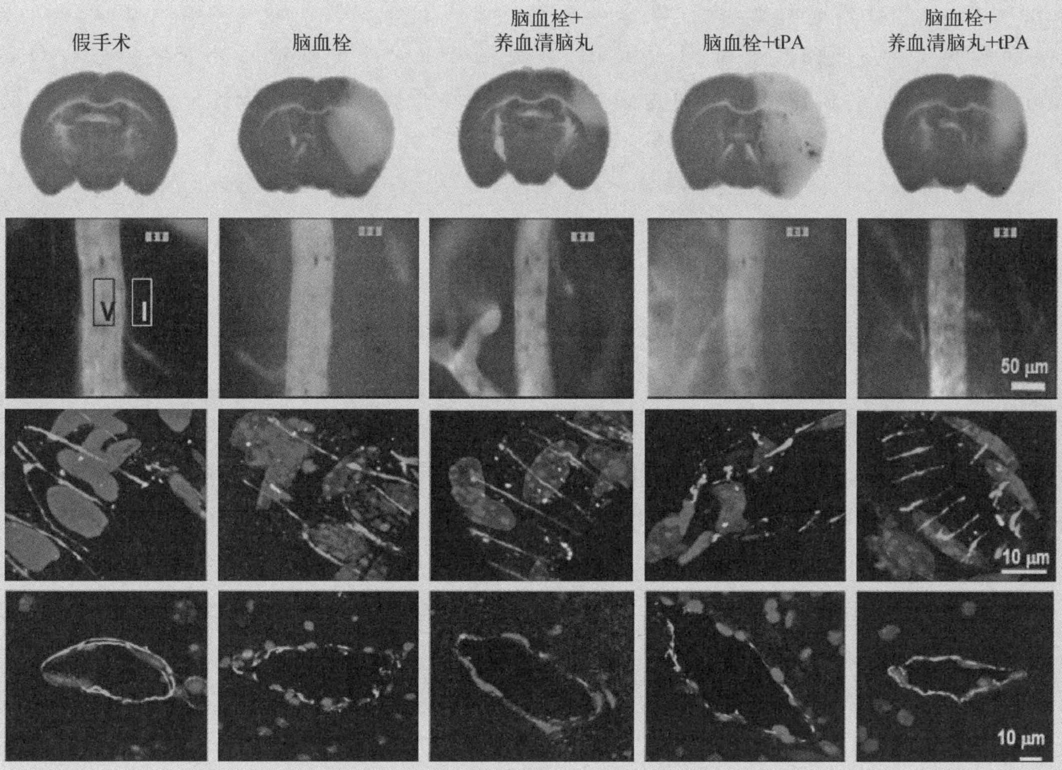

图 9-26　养血清脑丸改善小鼠脑微血管血浆白蛋白渗漏、脑微血管细胞间 Occludin 低表达、血管基底膜Ⅳ型胶原不连续

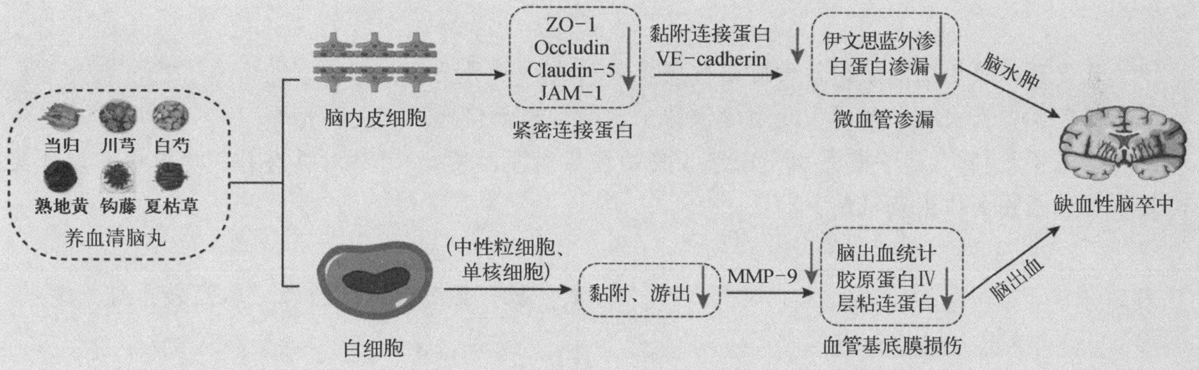

图 9-27　养血清脑丸改善脑梗死 rtPA 溶栓及 IR 引起血脑屏障损伤

通过蛋白质组学结合 KEGG 通路主要筛选出辅助因子的生物合成、铁死亡、产热、癌症中 PD-L1 表达和 PD-1 检查点通路、核质转运和白细胞跨内皮迁移。其中 Rho GTP 酶激活蛋白 21 和 Ras 抑制蛋白 1(Rsu1)是主要上调的蛋白，与细胞间连接和白细胞跨内皮迁移有关。养血清脑丸减少了黏附的白细胞的数量，抑制 IR 导致 MMP 的释放。其中，养血清脑丸显著逆转 tPA 诱导的小鼠胶原蛋白Ⅳ和层粘连蛋白的降解，与抑制脑出血引起的血脑屏障损伤相关(图 9-27)。

3. 养血清脑制剂的主要成分延胡索乙素可以抑制 IR 引起的小鼠脑微循环障碍和血脑屏障损伤　延胡索乙素可以抑制 IR 引起的小鼠脑组织伊文思蓝渗漏和脑水肿，减轻脑微静脉血浆白蛋白渗出，改善脑灌流量，减轻脑梗死体积。延胡索乙素改善脑微血管渗出的作用与其抑制 Src 的磷酸化和质膜微囊蛋白-1 磷酸化，抑制脑微血管内皮细胞间紧密连接蛋白 Occlidin、Claudin-5 低表达，抑制脑微血管内皮细胞间缝隙连接开放以及抑制 MMP-2、MMP-9 的活化相关。

三、总结与展望

养血清脑丸可以减轻大脑中动脉血栓 4.5 h tPA 溶栓小鼠脑微血管渗出、脑水肿和出血，减轻脑梗死体积、改善神经学评分和生存率。

养血清脑颗粒通过抑制血管内皮细胞间紧密连接蛋白和黏附连接蛋白的低表达，抑制血管内皮细胞质膜微囊蛋白-1 的磷酸化，预防和改善缺血再灌注引起的脑微血管渗出，减轻脑微血管周围水肿，改善皮层神经元损伤和脑梗死，预防和改善海马角 1 区（cornu ammonis 1，CA1）神经元的损伤。

养血清脑制剂的主要入血成分延胡索乙素可抑制 Src 的磷酸化和质膜微囊蛋白-1 磷酸化，抑制脑微血管内皮细胞间紧密连接蛋白 Occlidin 低表达，抑制脑微血管内皮细胞间缝隙连接开放，改善 IR 引起的脑微循环障碍和血脑屏障损伤。

脑微循环障碍和神经元损伤是个复杂的变化过程，需要具有多成分的复方中药进行网络调控才能解决。养血清脑制剂是具有多成分的复方中药，有改善脑微循环障碍和神经元损伤的作用，其多成分网络调控脑微循环障碍和神经元损伤的作用还需要进一步解析。

思考题

（1）某中药从痰论或从瘀论治动脉粥样硬化如何进行科研设计？

（2）研究某中药对动脉粥样硬化血管泡沫细胞的影响如何选取相关指标？

（3）产气不足、耗气过多都是引发心肌损伤的重要病理因素，如何针对具有补气功效中药设计实验证明其抗心肌损伤的作用及机制？

（戴　敏　吴鸿飞　刘雅蓉　韩晶岩　刘　建）

第十章
中药对神经系统疾病的药理研究

第一节　概　　述

一、神经系统疾病的中医学认识

神经系统疾病在古代医书中没有相应的名称,但记载所涉及的中医病证包括"痴呆""郁证""颤证""头痛""眩晕""癫狂""痫证""中风"等。《黄帝内经》最早记载有"癫疾""癫狂""郁证"等多种脑病,《素问·病能论》提出"生铁落饮"为治疗癫狂奇方。东汉张仲景的《金匮要略·妇人杂病脉证并治第二十二》记载多种情志病证,如脏躁、梅核气等,提出的"甘麦大枣汤""半夏厚朴汤"等经典名方在现代临床中也常用于治疗抑郁等精神类疾病。宋代《太平惠民和剂局方》治疗头痛的名方"川芎茶调散"也一直沿用至今。明代李东垣在治疗脑病时灵活运用"益气聪明汤"。清代医家王清任利用活血化瘀疗法,研究出"通窍活血汤""补阳还五汤""癫狂梦醒汤"等名方,在中医治疗神经系统疾病中发挥了独特的作用。

神经系统疾病的中医病机主要为肝肾亏虚、痰瘀互结、血脉痹阻、气血失和、脑髓损伤等特征。其发病不外乎虚实两类,虚以肝肾虚、气血虚为主;实以痰瘀阻滞为主。脑为元神之府,内充精髓,喜盈恶亏;禀赋不足,年老体虚,久病及肾,情志失调等,均可导致肾虚而脑髓不足、神机失用、清窍失灵、脑脉不通。若髓海不足、痰浊蒙窍、瘀阻脑络,临床常见于阿尔茨海默病(Alzheimer disease,AD);痰火扰心、神明逆乱,则为癫狂;积痰内伏、气血逆乱、蒙蔽清窍,则为癫痫;筋脉失养、虚风内动,则为帕金森病(Parkinson disease,PD);情志所伤、气机郁滞、脏腑功能失调,则为抑郁;阴阳失调、气血逆乱、上冲犯脑,则为脑卒中。

因此,神经系统疾病的中医治则多根据虚实辨证以补虚泻实,治法以填精补髓、补肾益气养血,兼豁痰开窍、活血化瘀为主。常用的治疗方剂包括:大补元煎、归脾汤、通窍活血汤、涤痰汤、补阳还五汤、一贯煎、补中益气汤等;创新中药包括清开灵注射液、通天口服液、参麦注射液、通脉舒络注射液、脑泰通颗粒等;单味中药包括地黄、人参、川芎、银杏叶、黄芪、天麻等。

二、神经系统疾病的现代医学认识

神经系统疾病是包括中枢(脑和脊髓)和外周神经系统等疾病的总称,其中脑病主要包括AD、PD、抑郁症、癫痫、躁狂症等精神疾病。此类疾病病因复杂、临床症状严重、治疗难度大,药物研发困难。

(1) AD:是最常见的神经退行性变性疾病,可导致神经元和突触缺失、脑萎缩和死亡。临床表现为进行性认知功能障碍、精神和行为异常、不能独立生活或工作。根据不同的病理特点,AD分为家族性(早发型)AD和散发性(迟发型)AD。只有5%的AD病例是家族性AD,可能是由β-淀粉样蛋白前体蛋白、早老蛋白1/2(presenilin 1/2,PS1/2)常染色体突变引起的;而近95%的AD患者被归类为散发性AD,是由遗传因素和环境危险因素共同引起的,通常没有AD家族史的记录。关于AD机制的假说众多,主要包括：β-淀粉样蛋白(amyloid β-protein，Aβ)沉积、tau 蛋白过度磷酸化、神经炎症、神经元突触损伤等。AD 目前尚没有特别有效的治愈方法，只能通过药物和非药物治疗来缓解症状或延缓进展，预防和早期干预对于阻止 AD 患者的病程发展具有重要意义。

(2) PD：是一种常见于中老年人的黑质及黑质-纹状体通路变性所致的锥体外系疾病，是运动障碍性疾病中最常见的一种。以静止性震颤、肌肉强直、动作迟缓、姿势平衡障碍的运动症状和睡眠障碍、嗅觉障碍、自主神经功能障碍、认知和精神障碍等非运动症状的临床表现为显著特征。在病理上表现为黑质多巴胺能神经元变性，导致黑质多巴胺、纹状体多巴胺分泌减少。而多巴胺受体途经受到多巴胺分泌减少影响大脑神经信号往返运动皮层与丘脑之间的作用，最终导致运动障碍。确切病因仍不清楚，遗传因素、环境因素、年龄老化、氧化应激等均可能参与 PD 多巴胺能神经元的变性死亡过程。目前左旋多巴制剂治疗是其最主要的治疗手段，但临床效果有限，手术治疗是一种有效补充，康复治疗、心理治疗及良好的护理也能在一定程度上改善症状且显著提高患者的生活质量。

(3) 抑郁症：是一类常见的精神病理状态及情感障碍综合征，以明显且持续情绪低落、思维缓慢、认知功能下降为临床特征。患者长期处于对自己的否定情绪中，自杀、自伤，甚至暴力倾向的可能性同比增高，临床上开发靶向抗抑郁药物迫在眉睫。现代医学认为，抑郁症发生与遗传、单胺类神经递质、炎症反应、下丘脑-垂体-肾上腺轴、肠道微生物、神经可塑性及脑源性神经营养因子等诸多因素有关。药物治疗虽是抑郁症治疗的主流方法，但存在起效慢、不良反应多、停药易复发等不足。因此，开发靶向抗抑郁药物迫在眉睫。同时现有研究发现，合理情绪疗法的远期疗效甚至优于药物，能够提高患者的应激能力，减少复发，结合经颅电刺激等物理治疗更有助于改善抑郁症状。

精神障碍疾病常见的有多种类型，如精神分裂症、情感性精神障碍、脑器质性精神障碍等，其特征是幻觉、妄想、混乱的思想、强烈的联想、回声症和异常的运动行为，如奇怪的姿势或刻板印象。患者通常不能正常地学习、工作、生活，有自杀或攻击、伤害他人的动作行为。精神病多在青壮年时期发病，有的间歇发作，有的持续进展，并且逐渐趋于慢性化，复发率高、致残率高，如不积极治疗，可出现精神衰退和人格改变。治疗应侧重于抗精神病药物和心理干预，包括认知行为治疗、家庭心理教育、个人治疗和职业培训，以消除或减轻患者的种种障碍。

脑卒中(又称中风)是一种急性脑血管疾病，以突然间昏倒在地、不省人事，或突然间发生口眼㖞斜、语言不利、半身不遂等为特征，是脑部动脉或支配脑的颈部动脉发生病变，引起局灶性血液循环障碍，进而导致的急性或亚急性脑损害。可分为出血性和缺血性两大类：出血性中风包括脑出血和蛛网膜下腔出血；缺血性中风包括短暂性脑缺血发作、脑血栓形成和脑栓塞。脑出血是指非外伤性脑实质内的较大面积出血，又称脑溢血。脑卒中的发病原因有很多，其中包括高血压、高血脂、糖尿病等慢性疾病。不健康的生活方式，如缺乏运动、饮食不健康、吸烟等也是脑卒中的高危因素。针对中风的预防和治疗，可以从改善生活方式和积极治疗慢性疾病两方面入手。

神经系统疾病是威胁人类健康和生命的重要疾病，针对这些疾病的治疗一直是人类医学所关注的焦点。中西医药物治疗、手术治疗、物理治疗和神经刺激治疗等多元化治疗方式将为神经系统疾病带来更多的治疗选择，治疗效果也将大幅度提升。

第二节　阿尔茨海默病的中药药理研究(以桂皮醛为例)

一、阿尔茨海默病的中医学认识

在中医学中，AD 属于“痴呆”范畴，与“多忘”“健忘”“呆病”等相关。本病多因先天不足，或年老体虚，或后天失养,或久病不复,以及久郁不解,或中风外伤,或外感热毒等,导致髓海不足,或损伤脑络,终致神机失用、神明不清而成痴呆。本病病位在脑,与心、肝、脾、肾相关,尤与心、肾的关系最为密切,以本虚标实、虚多实少、虚实兼杂者多见,多从心、肾、痰、瘀以辨治之。心主神明,为五脏六腑之大主,神明之处;肾藏精、精生髓,脑为髓之海。年老虚衰,心气渐虚及阳,无以鼓动营血养神,神气不充、神窍渐蒙,故致痴呆;肾虚失藏精亏、不能上充脑髓,脑失所养,髓海渐空,故而善忘。老年人心肾既亏,因虚而致气血运行无力、津液输布不畅,内生血瘀、痰浊,脑髓空虚而受痰瘀阻络,甚则日久化热。

根据 2018 年 AD 中医诊疗联合共识小组制定的《阿尔茨海默病的中医诊疗共识》,本病早期以肾虚为主,应以补肾为原则;中期呈现痰瘀火并现,应化痰、祛瘀、泻火交替或并行;晚期因痰、瘀、火日久而化生毒浊所致,虚极毒盛、形神衰败,需补肾固元、解毒化浊。代表方剂有七福饮加龟鹿二仙胶、桂枝甘草龙骨牡蛎汤、还少丹、归脾汤加减、洗心汤、通窍活血汤加味、天麻钩藤饮加味、黄连解毒汤加遗忘双痊丹等(图 10－1)。

常见证型	治则治法	代表方剂
髓海渐空	滋补肝肾，生精养髓	七福饮加龟鹿二仙胶
心阳不振	温补心阳，安神定悸	桂枝甘草龙骨牡蛎汤
脾肾两虚	温补脾肾，养元安神	还少丹
气血亏虚	补益健脾，养血安神	归脾汤加减
痰浊蒙窍	化痰开窍，通阳扶正	洗心汤
瘀阻脑络	活血化瘀，通窍醒神	通窍活血汤加味
心肝火旺	清肝泻火，安神定志	天麻钩藤饮加味
毒盛虚极	解毒通络，补肾固元	黄连解毒汤加遗忘双痊丹

图 10－1　AD 中医常见证型、治则治法与代表方剂

二、阿尔茨海默病的发病机制

AD 是一种以进行性认知障碍、行为障碍和人格改变为特征的神经退行性疾病,后期记忆力严重减退,最终丧失生活自理能力,给患者、家庭和社会带来沉重的负担。AD 主要的病理特征包括: Aβ 积聚形成的细胞外淀粉样斑块(senile plaques, SP)、tau 过度磷酸化形成的细胞内神经原纤维缠结(neurofibrillary tangle, NFT)、突触和神经元缺失、脑萎缩等。

AD 的病因和发病机制尚未明确,目前主要的机制假说包括: Aβ 级联假说、tau 异常假说、神经炎症假说、突触缺失假说、胆碱能损伤假说、糖脂代谢紊乱假说(图 10－2)。

1. *Aβ 级联假说*　细胞外大量 Aβ 的积累导致寡聚体或 SP 形成,不但直接损伤突触,而且还可以激活小胶质细胞和星形胶质细胞,造成补体分子和促炎因子的大量释放,进一步导致突触变性及递质缺乏、神经元丢失出现脑萎缩,引发认知障碍和精神异常等行为。

2. *tau 异常假说*　tau 蛋白是微管相关蛋白的主要成分,具有合成和稳定神经元骨架的作用。在 AD 病程中 tau 蛋白被过度磷酸化,形成双螺旋纤维丝,进而形成 NFT,对神经元具有毒性作用。

3. *神经炎症假说*　该假说日益受到关注,神经炎症通常是指中枢神经系统内的一种炎症反应,可

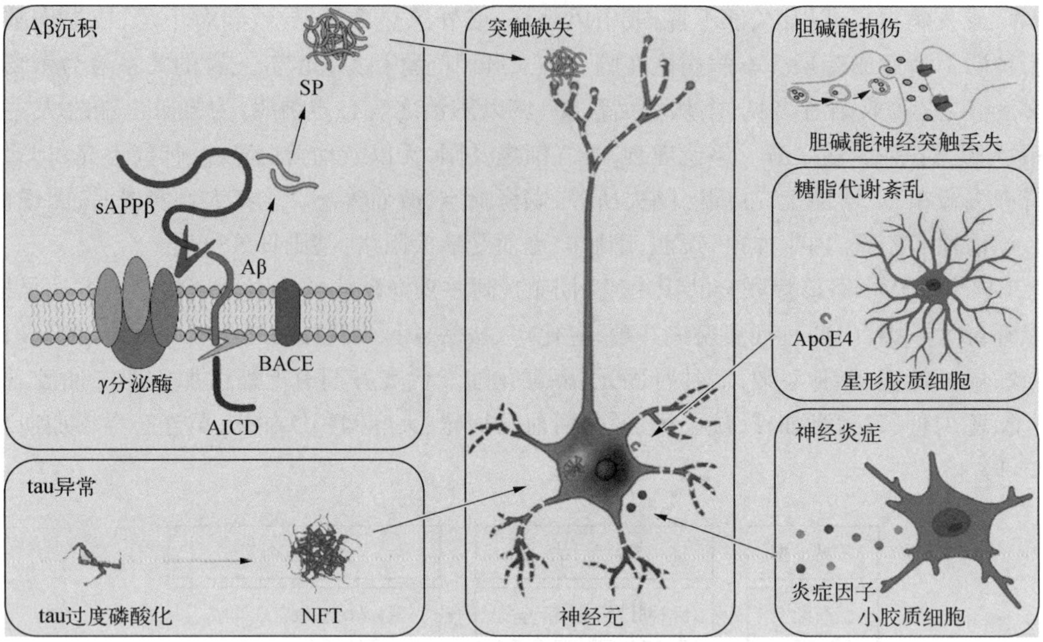

图 10－2 AD 的发病机制

注：sAPPβ（分泌型 β 淀粉样蛋白前体）

由各种病理损伤引起，包括感染、创伤、缺血和毒素。在 AD 患者死后的尸检中发现大脑皮质的 SP 病灶周围常存在激活的小胶质细胞和星形胶质细胞，说明胶质细胞激活引发的神经炎症在 AD 的发病过程中发挥重要作用。小胶质细胞作为脑内的免疫细胞，时刻监控脑的内环境变化，其表面受体可以识别病原体、细胞碎片或异常蛋白（包括 Aβ），并诱导小胶质细胞由静息状态转化为激活状态，可吞噬清除病原体、死亡的细胞、Aβ 等有毒蛋白等，以维持脑内环境稳态。但小胶质细胞激活的作用是双向的，在 AD 病理过程中小胶质细胞长期过度激活可分泌大量促炎因子和神经毒性介质，包括 NO、TNF－α、IL－1β、补体因子、PGE_2、ROS 等，诱发脑内出现严重的神经炎症反应，攻击突触和神经元，导致神经元功能损伤或死亡，最终出现认知缺陷和精神异常等行为。由此可见，神经炎症可能是 AD 的诱因或促进因素，控制神经炎症反应作为治疗策略对 AD 患者改善记忆障碍将具有潜在作用。

4. 突触缺失假说　大量研究证实，AD 患者在病程早期已经在海马或前额叶皮质等与记忆密切相关脑区的神经元中突触出现损伤和功能下降等病理变化，包括突触前膜囊泡或后膜等相关蛋白缺失，导致神经递质生成、释放、传递出现障碍，突触后受体或离子通道蛋白功能异常，如 NMDA 受体和 AMPA 受体、GABA 受体等表达异常，导致突触可塑性下降、突触后电位输入的兴奋性/抑制性平衡紊乱，神经元、神经环路信息传播过程受损，均为导致 AD 出现记忆下降和行为异常的关键病理机制。

5. 胆碱能损伤假说　AD 患者大脑皮质和海马胆碱乙酰转移酶含量显著下降，导致乙酰胆碱合成减少及胆碱能功能受损，而胆碱酯酶抑制剂可通过抑制突触间隙的胆碱酯酶而增加胆碱能传递，轻度缓解 AD 患者症状。

6. 糖脂代谢紊乱假说　载脂蛋白 E（apolipoprotein E，ApoE）作为血浆脂蛋白的一种重要成分，具有 3 个等位基因（*ApoE2*、*ApoE3*、*ApoE4*）。脂代谢紊乱以 *ApoE4* 等位基因高表达为主，*ApoE4* 基因携带者是散发性 AD 的高危人群，患者有发病提早和生存期缩短的趋势，而 *ApoE2* 等位基因则可能对本病有保护作用。糖代谢紊乱以 2 型糖尿病标志性前期事件——胰岛素抵抗在 AD 患者和动物模型脑内普遍存在，且被认为是 AD 认知功能障碍的危险因素之一。

一般认为 AD 发生与高龄、遗传、文化程度低、心血管代谢疾病（如高血压、糖尿病、血脂异常、冠心病、脑卒中）等危险因素有关。年龄是发生 AD 最重要的危险因素，60 岁以后 AD 发病率每 10 年约增加 1 倍。在 AD 的危险因素中，遗传因素发挥重要作用，其中对 AD 与 *ApoE* 等位基因相关研究最为丰富。糖尿病、高血压、高胆固醇血症、肥胖及吸烟等血管性危险因素与 AD 关系密切。低教育水平、身体活动不足和社会隔离均与 AD 的风险增加相关，较高的教育水平及认知和社会活动可增加认知储备，从而减少神经变性对认知功能的影响。另外，包括心房颤动、过度饮酒、慢性肾脏病、阻塞性睡眠呼吸暂停、焦虑抑郁、头部创伤、听力损失、病毒感染、暴露于某些药物和毒素等因素也可能增加 AD 风险。

当前临床上 AD 治疗药物主要有两大类：改善认知功能症状的药物和控制精神症状的药物。改善认知功能症状的药物主要有：胆碱酯酶抑制剂（多奈哌齐、卡巴拉汀等）和 NMDA 受体拮抗剂（美金刚），我国自主研发并获得有条件上市的甘露特钠胶囊（GV－971），以及 2023 年 7 月美国 FDA 获批的抗 AD 新药仑卡奈单抗药物，是人源化抗可溶性 Aβ 药物，适用于轻度认知障碍患者。由于 AD 病因和发病机制尚不明确，以上药物仅可改善某些症状，目前尚没有阻止或逆转 AD 病程发展的治疗药物。中医药在 AD 治疗上具有独特的中医理论和丰富的实践经验，通过整体综合治疗方法可能减轻病情和延缓发展，尤其在抗炎和神经保护方面一些中药或中药来源的活性成分被报道具有潜在的疗效（如银杏提取物、姜黄素、白藜芦醇等），有待进一步的研究和验证。

案例：桂枝活性成分桂皮醛干预阿尔茨海默病

一、桂枝活性成分桂皮醛干预阿尔茨海默病的中西医理论基础

中药桂枝或肉桂为樟科植物肉桂（*Cinnamomum cassia*）的干燥嫩枝，始载于《神农本草经》，味辛甘，性温，具有发汗解表、解肌祛痛、通阳利水、活血化瘀、平冲降逆、温经通络等功效。在《伤寒论》和《金匮要略》中，张仲景擅长用含有桂枝的方剂治疗精神情志疾患（惊悸、烦惊、谵语、烦热、奔豚、如狂、发狂等），如桂枝加桂汤、桂枝甘草龙骨牡蛎汤、柴胡加龙骨牡蛎汤、茯苓桂枝甘草大枣汤、桃仁承气汤、小建中汤和温经汤等。

桂枝的主要挥发油成分为桂皮醛（trans-cinnamaldehyde，TCA），又名肉桂醛、苯丙烯醛，微溶于水，溶于乙醇、乙醚、氯仿，其化学分子式 C_9H_8O，相对分子质量为 132.16。现代药理研究发现，TCA 具有抗炎、抗病毒、抗菌、解热镇痛、抗肿瘤、降糖、抗肥胖和神经保护等多种药理活性，对神经系统、心血管、肿瘤、糖尿病等疾病均有一定的防治作用。同时发现 TCA 尚能镇静安神、抗惊厥，为治疗 AD 等精神情志疾病提供了有力的支撑。

二、桂皮醛干预阿尔茨海默病的研究思路及结果

AD 患者脑内 Aβ、tau 蛋白与炎症因子等病理产物增多，导致痰浊瘀血内生，久羁化毒，损伤脑络，发为痴呆。桂枝辛散温通，具有助阳化气、温通经脉等功效，作为经典方中治疗 AD 等精神类疾患的主要中药，其活性成分 TCA 可能发挥了重要的作用。为探明 TCA 是否为桂枝发挥改善 AD 的药效物质基础，近年来开展药理学研究进行了证实，TCA 能显著改善多种 AD 模式小鼠的认知功能下降；减少脑中 Aβ 和 p－tau 蛋白沉积等病理改变，修复损伤的突触和神经元功能。进一步深入探究 TCA 改善 AD 记忆缺陷的分子机制，发现 TCA 具有明显的抑制小胶质细胞激活所导致的神经炎症反应，从而逆转突触功能损伤，最终改善 AD 的认知障碍（图 10－3）。

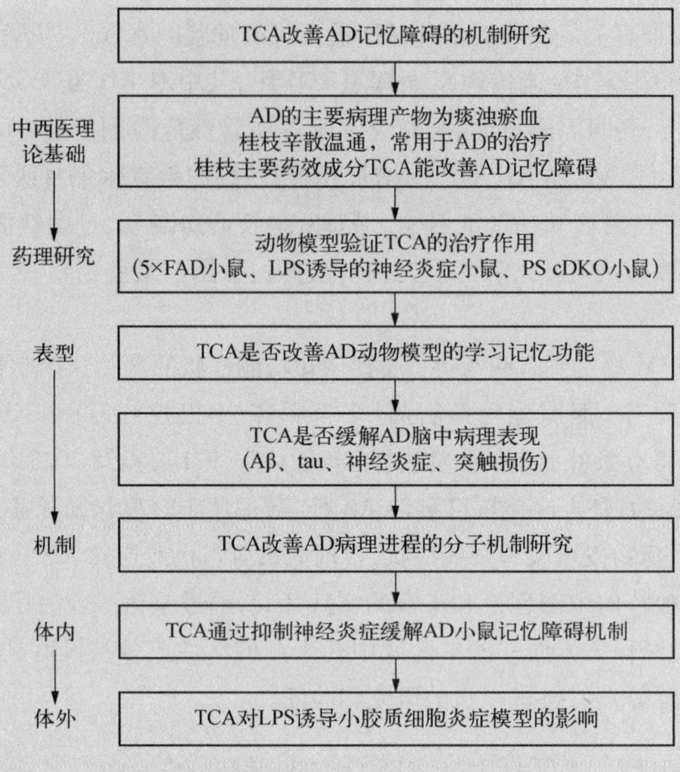

图 10-3　桂皮醛防治 AD 的总体研究思路

（一）TCA 对不同 AD 动物模型药效学作用

AD 临床表现为以记忆力减退为主的多种认知功能障碍，并伴有精神行为异常的表现。其核心病理表现要与 Aβ 沉积、tau 蛋白磷酸化、神经元丢失、神经炎症等有关。在体研究中的 AD 动物模型包括：自然衰老模型/快速老化模型；化学损伤诱导模型，如注射 Aβ、*D*-半乳糖、三氯化铝、东莨菪碱、LPS 等诱导模型；另外，遗传基因模型动物是当前国内外学者常用的 AD 模型，包括 APP 转基因模型、PS 转基因模型、tau 转基因模型、双转基因模型（APP/PS1 小鼠）、多重转基因模型（3×Tg、5×FAD 小鼠）等。其中，5×FAD 小鼠、LPS 诱导的神经炎症小鼠及早老蛋白 1/2 双基因条件性敲除（presenilin1/2 conditional double knockout mice，PS cDKO）小鼠常被用于 TCA 治疗 AD 疾病的研究，主要观察学习记忆、Aβ、tau、突触可塑性及神经炎症等指标。

1. 5×FAD 小鼠　是一种常用的遗传性早发性 AD 模型，5×FAD 小鼠体内表达人类突变型 *APP* 和 *PS1* 基因，这些突变分别为 APP 的瑞典型（*K670N/M671L*），佛罗里达型（*I716V*）和伦敦型（*V717I*）突变，以及 PS11 的 *M146L* 和 *L286V* 突变。2 月龄模型小鼠出现大脑 Aβ 沉积病理表型，并随着年龄的增长而加重，6 月龄时斑块沉积逐渐饱和，同时伴有严重的神经元丢失及胶质细胞增生。5×FAD 小鼠模型表现出认知和行为缺陷，包括学习和记忆能力下降，以及焦虑和抑郁样行为。研究表明，TCA 可能对改善 5×FAD 小鼠的认知功能和减少 Aβ 沉积具有潜在作用，可能通过减少炎症反应、抑制 Aβ 的形成和沉积、促进神经元存活等途径，对 5×FAD 小鼠的病理生理过程产生积极影响。

2. LPS 诱导的神经炎症小鼠　当大脑发生炎症反应、感染、创伤或其他神经系统疾病时，小胶质细胞迅速被激活，激活的小胶质细胞可影响神经元之间的突触连接，促进神经炎症反应发生，诱发认知功能障碍。大量研究证实，大脑中持续存在的免疫炎症反应已经成为 AD 的重要病理特征。LPS 作为一种内毒素，可以激活单核细胞释放细胞因子从而启动全身炎症反应。给予小鼠腹腔注射的 LPS，导致小鼠脑中神经胶质活化并释放大量炎症因子，行为学测试中表现出明显的记忆障碍。因此，此模型常用于模拟 AD 的神经炎症。TCA 干预 LPS 诱导小鼠模型发现，TCA 能改善 LPS 诱导的小鼠认知障碍和神经炎症。

3. PS cDKO 小鼠　美国普林斯顿大学科研团队于 2004 年构建的 PS cDKO 小鼠能较好地模拟 AD 的临床症状。利用 Cre/loxP 系统将前脑兴奋性神经元特异性 *PS1* 敲除小鼠与全身 *PS2* 敲除小鼠杂交来生成 PS cDKO 小鼠模型。PS cDKO 小鼠脑内虽未出现明显的 Aβ 沉积，但存在 tau 过度磷酸化，神经元丢失，脑体积萎缩；并且小鼠从 3 月龄开始即出现明显的小胶质细胞激活和相关的神经炎症反应、突触可塑性下降，随着月龄增长进行性出现明显的认知障碍与情绪行为异常等多方面症状，因此该小鼠模型特别适合用于 AD 病理中神经炎症相关的机制探讨和药物研发工作。TCA 能够很好地改善 PS cDKO 小鼠的记忆能力，减轻神经元胞体内 tau 的过度磷酸化，缓解神经元丢失和神经炎症。

（二）TCA 改善 AD 模型小鼠的突触功能和认知障碍

1. TCA 改善 AD 小鼠的认知障碍　记忆力的减退和丧失是 AD 的主要表现，研究 AD 相应的动物模型也表现出学习和记忆能力的改变，可利用多种实验方法对 AD 的转基因小鼠进行行为学的测试，以评估小鼠的认知功能及药物潜在治疗干预的效果。新异物体识别实验主要是利用小鼠喜欢探索新物体的特点，判定小鼠对环境中新引入物体的识别和记忆能力；同时 Y 迷宫依据小鼠对新环境偏爱的习性，检测小鼠的空间近期记忆能力；莫里斯（Morris）水迷宫测试小鼠在迷宫中学习寻找隐藏的平台，通过测量其找到平台的能力来评估认知功能，是评价 AD 动物模型认知功能障碍最重要的行为学方法；条件性恐惧实验用于研究动物对特定刺激产生的条件恐惧反应，以评价条件性恐惧学习的程度。多种行为学实验检测发现，5×FAD 小鼠、LPS 诱导小鼠及 PS cDKO 小鼠的记忆能力明显低于正常对照组，而 TCA 能显著提高 AD 模式小鼠的记忆障碍。

2. TCA 改善 LPS 诱导的 AD 神经炎症小鼠的认知障碍　除了 Aβ 斑块和 NFT 外，AD 患者的大脑还存在持续性炎症反应。小胶质细胞作为神经炎症的主要功能执行者，在神经退行性疾病病理中扮演重要角色。小胶质细胞被激活时，呈现炎症表型，并通过释放促炎细胞因子（如 IL－1β、TNF－α 和 IL－6）和 ROS 等发挥神经毒性作用，导致神经元功能障碍和进一步的 Aβ 和 tau 沉积。因此，调节小胶质细胞的激活状态有助于抑制神经炎症，这可能成为延缓 AD 疾病进程的重要手段。

通过给小鼠腹腔注射 LPS，4 h 后即可出现海马和前额皮层的小胶质细胞明显增生和激活，形态呈现胞体增大、突起回缩变短，大量促炎因子释放，提示神经炎症反应明显；同时新异物体识别实验、Morris 水迷宫等认知行为学测试发现 LPS 注射后小鼠出现明显记忆障碍；电生理检测发现小鼠海马长时程增强（long-term potentiation，LTP）降低，表现为显著的突触可塑性下降。可见，LPS 腹腔注射可导致小鼠出现明显的类似 AD 样的神经炎症反应和突触损伤。

TCA 治疗小鼠 4 周后，LPS 小鼠的认知障碍行为学出现改善，海马和前额皮层的小胶质细胞形态变化恢复，p－ERK1/2 和促炎因子减少，并可逆转海马 LTP 的降低。综上所述，TCA 治疗可通过阻断 ERK1/2 信号通路减少小胶细胞激活和神经炎症反应改善 LPS 诱导 AD 小鼠的突触可塑性和记忆障碍。

3. TCA 抑制 AD 模式小鼠的神经炎症从而改善突触功能损伤和认知障碍　PS cDKO 小鼠表现出认知能力衰退，类似 AD 神经退行性病理变化。给予 90 天的 TCA 治疗后，进行行为学检测

（旷场实验、新异物体识别实验、Y 迷宫、莫里斯水迷宫、条件性恐惧实验）发现，6 月龄的 PS cDKO 小鼠经过 TCA 治疗后明显改善认知障碍和突触可塑性下降，海马和前额皮层的小胶质细胞激活形态被部分恢复，以及大量的促炎因子 IL－1β、TNF－α 与 iNOS、COX－2 的 mRNA 和蛋白质水平降低，表明神经炎症反应被逆转；同时突触相关蛋白降低，包括 NMDA 受体各亚型（NR1、NR2A、NR2B）、PSD95、SYP、p－αCaMKⅡ也有一定上调作用，tau 的过度磷酸化也得到抑制，突触可塑性 LTP 和 NMDAR 电流下降等突触功能损伤有一定的修复作用。TCA 治疗可以抑制 NF－κB 抑制蛋白（inhibitor of NF－κB，IκB）磷酸化、NF－κB p65 核转运；接下来通过将 shRNA－Rela 腺相关病毒注入 PS cDKO 小鼠的海马 CA1 区敲低 *NF－κB* 基因，进一步明确 TCA 通过阻断 IκBα/NF－κB 通路减少海马的神经炎症反应，从而恢复突触功能损伤并改善 PS cDKO 小鼠的认知障碍（图 10－4）。

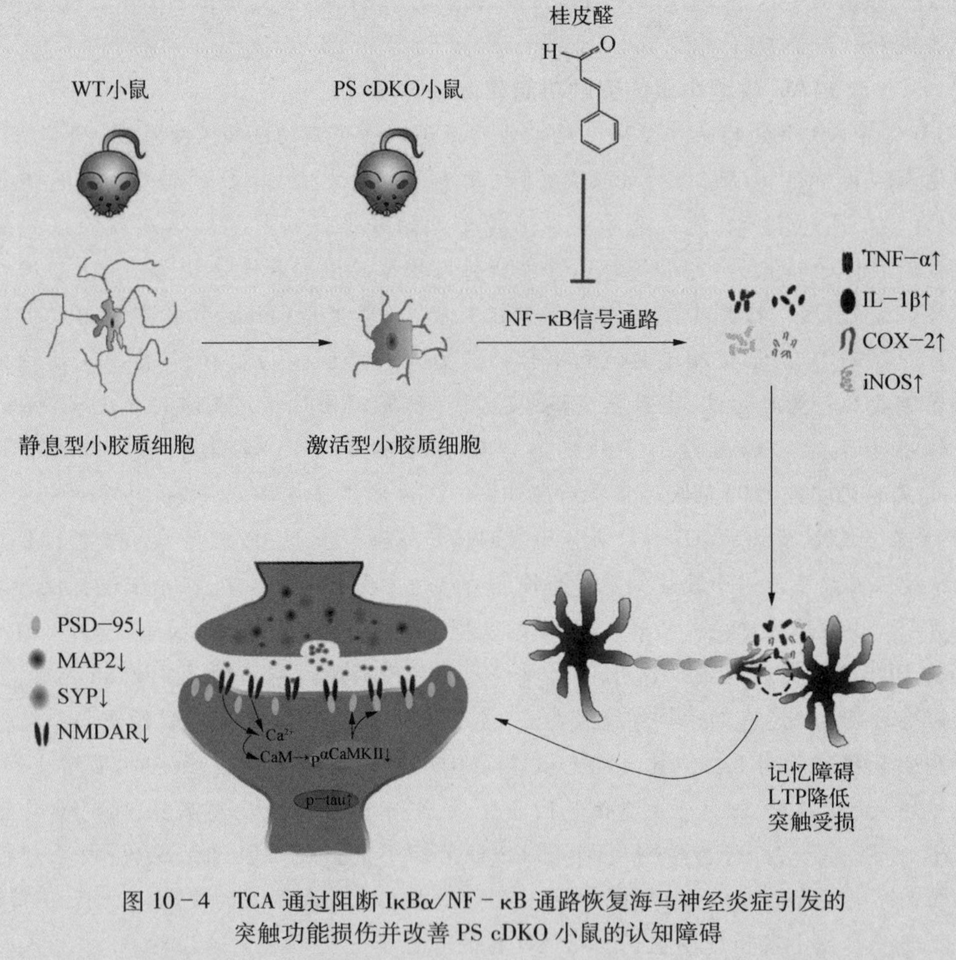

图 10－4　TCA 通过阻断 IκBα/NF－κB 通路恢复海马神经炎症引发的突触功能损伤并改善 PS cDKO 小鼠的认知障碍

（三）TCA 抑制小胶质细胞激活所致神经炎症

体外细胞实验利用 LPS 刺激小胶质细胞系 BV2 细胞及原代小胶质细胞激活，模拟 AD 的体外神经炎症模型，以此探讨 TCA 对神经炎症的药理作用。

1. TCA 抑制 LPS 刺激的 BV2 细胞激活并改善神经元损伤　LPS 刺激 BV2 小胶质细胞后，细胞形态由静息状态的梭形转为激活状态的阿米巴样圆球形，且胞体变大、突起回缩变短；同时 qRT－PCR、ELISA 和蛋白质印迹检测发现，BV2 细胞激活后有大量的促炎因子释放，包括 NO、

IL－1β、TNF－α、iNOS、COX－2 等炎症相关合成酶的产生；双荧光素酶报告实验结果显示，IκBα 磷酸化增加导致转录因子 NF－κB 明显激活并大量入核，提示 LPS 刺激 BV2 细胞激活后炎症通路 IκBα/NF－κB 的活性增强是导致大量促炎因子产生的主要途径；LPS 刺激 BV2 细胞和 PC12 神经元共培养体系，出现明显神经炎症反应并导致 PC12 细胞活性明显下降。而 TCA 干预后可部分恢复 BV2 细胞激活形态的改变，通过阻止 IκBα/NF－κB 炎症通路减少促炎因子的释放，从而发挥保护神经元活性的显著药理作用(图 10－5)。

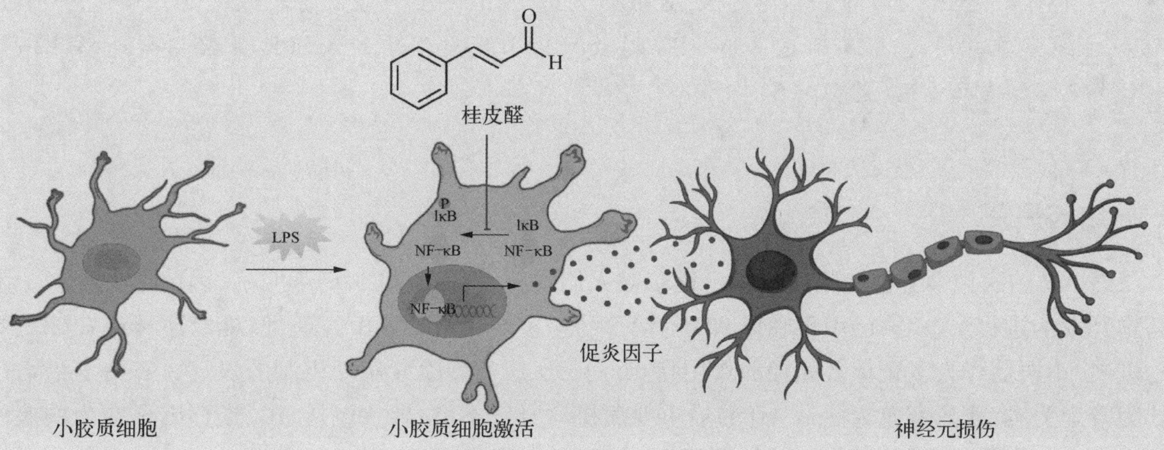

图 10－5　桂皮醛通过阻止 NF－κB 信号通路抑制小胶质细胞激活并改善神经元活性的机制

2. TCA 通过降低 iNOS mRNA 稳定性抑制 LPS 刺激原代小胶质细胞的神经炎症反应　乳鼠出生后 24 h 内分离原代小胶质细胞，经纯化和培养后利用 LPS 刺激后发现，原代小胶质细胞形态由静息状态(胞体较小，呈梭形)转变为阿米巴样的激活状态(胞体变大、突起缩短，呈球形)，并产生大量促炎因子，如 NO、IL－1β、TNF－α 和 iNOS。而 TCA 干预可明显减少 LPS 刺激的原代小胶

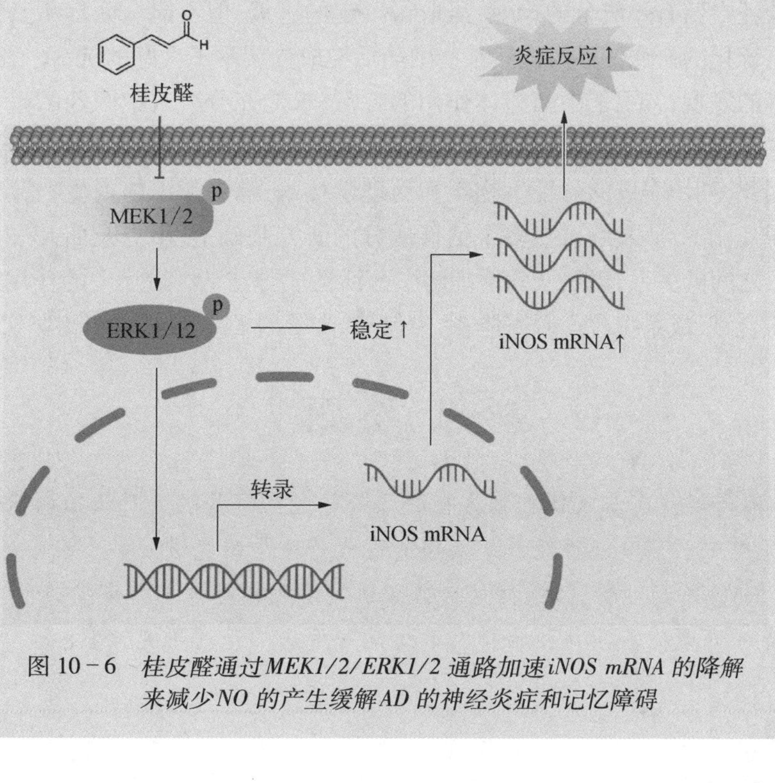

图 10－6　桂皮醛通过MEK1/2/ERK1/2 通路加速iNOS mRNA 的降解来减少NO 的产生缓解AD 的神经炎症和记忆障碍

质细胞 NO 产物、IL-1β，以及 iNOS mRNA 和蛋白质表达水平，具有抑制小胶质细胞的过度激活和神经炎症反应的作用；深入研究发现，在不同时间点 qRT-PCR 检测 LPS 刺激的原代小胶质细胞 4 h 后，发现 iNOS mRNA 表达水平开始增高，12 h 后达到峰值，24 h 后下降；而 TCA 治疗发现对 12 h iNOS mRNA 处于峰值及之前时间点的升高现象均无抑制作用，仅对 LPS 刺激 24 h 后的 iNOS mRNA 升高有抑制作用，提示 TCA 可能对 iNOS mRNA 的合成过程没有作用，但对合成后 mRNA 衰减过程的稳定性有调节作用。采用放线菌素追逐实验检测 mRNA 半衰期进一步证实 TCA 是通过加速 iNOS mRNA 衰减降低其稳定性，从而减少 iNOS mRNA 和蛋白质表达及 NO 的生成，并且该抗神经炎症作用是 TCA 通过降低 LPS 刺激原代小胶质细胞的 MAPK 炎症信号通路中 p-ERK1/2 活性发挥作用（图 10-6）。

三、总结与展望

虽然 AD 的病理学特征和临床症状已逐步被人们了解，但发病机制仍不明确，因此很大程度上限制了药物开发的进程。迄今，已用于临床 AD 的治疗药物主要是针对 Aβ 病理，但难以逆转认知障碍等病程的进展，中医药作为多靶标多途径的作用特点，对 AD 这类多因素病理机制的疾病具有一定潜力。中医认为肾虚为本、痰浊瘀血为标是 AD 的最重要病机。肾气不足，导致包括 Aβ、炎症因子在内的痰浊瘀血等病理产物在体内堆积，损伤脑髓从而促发 AD 的发生和发展。近年来，众多学者将中医药与现代医学相结合深入探索药理机制和靶标。例如，临床上以桂枝为主药的方剂桂枝茯苓丸治疗瘀阻型 AD 表现出较好效果，其药理研究发现桂枝有效成分 TCA 可通过减少 Aβ 和 p-tau 蛋白沉积、抑制神经炎症、突触损伤及神经元丢失等途径来改善记忆功能障碍，这些结果为 TCA 作为 AD 的潜在治疗药物提供实验依据，同时也为中医药在神经退行性疾病中的应用提供了新的思路。

中药的临床应用重视整体调节、辨证论治，展现出多成分、多靶标整合的独特优势。目前的研究通过细胞或动物实验以验证中药有效成分的疗效，虽取得一定的进展，但不能全面揭示其复杂的物质基础，尚需进一步构建更为系统化的研究体系。虽然某些中药活性成分展示了良好的抗 AD 潜力，研究重点主要集中在信号通路或靶标的发现，忽视了中药整体作用的特点，未能充分融入中医药的整体观念与辩证思维，难以全面阐释中药的科学内涵。鉴于中药成分的复杂性与整体疗效，其药效物质基础研究成为中医药现代化研究的关键。因此，利用先进的分子生物学和药理学技术，综合考虑体内生物分子网络的复杂性，避免仅关注上下游因子变化的局限性，可在多个活性成分的研究基础上，由点及面，深入解析中药发挥药效的物质基础及各成分之间的关系，以更全面地理解中药活性成分在 AD 治疗中的作用机制，实现基础研究与临床实践的深度融合，形成系统化的研究体系，为保障 AD 的中药研发提供更为坚实的理论依据。

思考题

（1）AD 等认知障碍类疾病与人体脏腑内在联系是什么？哪些脏腑对认知功能的影响较大？

（2）检索文献了解中医药改善神经系统疾病的现代药理学研究进展。

（3）开展中药对 AD 的药理研究时，如何选择合适的动物模型和细胞模型？

（4）请你设计某中药复方或单体防治神经系统某一疾病的药理研究方案。

（徐　颖）

第十一章
中药对代谢性疾病的药理研究

第一节 概　　述

一、代谢性疾病的中医学认识

中医学认为过食肥甘、酗酒致使五谷之气过盛满溢，损伤肝脾，肝脾功能失调，气机壅遏，不能运化过多摄入的饮食，津液膏浊留滞体内，则形成痰湿、痰浊等。肝主疏泄，脾主运化，两脏功能相互协调，才能保障机体新陈代谢正常。若肝脾郁滞则精微不能运化，郁而生脂（痰瘀）、生湿（水停）、生热（胃热、肺热、肝热、肾热）。痰瘀互结可表现为脂肪肝、高脂血症等；痰瘀痹阻经脉则可出现胸痹、中风等；水停于内又兼肝热则易出现高血压；肺、胃、肾燥热明显，伤阴耗气则易多见2型糖尿病。

中医学认为代谢成分异常聚集（代谢性疾病病前状态）与中医"脾瘅"相吻合。中医提出的"脾瘅"即中满内热状态，认为"脾瘅"的病因是"数食甘美而多肥也"，重在于"数"。"生病起于过用"，因摄食过多，脾代偿性运化，致使输布不及，聚成痰湿则郁而化热的状态。若脾瘅未及时纠正，内热加重，渐耗阴液，致使脾运化水谷之精微日渐浓厚，输布不得而蓄积化浊，阻碍气血生成及运行，则会导致多种代谢性疾病的发生。治疗上，应以清热为主，同时兼顾整体。胰岛素抵抗所导致高胰岛素血症多表现为脾胃郁热之证，此时血糖升高多以寒凉药治之，方剂有白虎汤、三黄丸等；郁热日久则阴虚与燥热并见，以阴虚为主，治疗多益气养阴，方剂有玉液汤等。古代中医文献对黄连苦寒清热以治疗脾瘅有丰富记载，如《名医别录》记载黄连"止消渴"。临床上针对脾瘅的核心病机，提出了开郁清热启脾的治则，使用黄连、清半夏、瓜蒌子三味药，以清热化痰，从而达到改善代谢状态的疗效。

高脂血症的中医病因病机为本虚标实，主要以肝、脾、胃、肺、肾的"气、阴、阳"虚为本，尤以肝脾功能失调多见，以痰热瘀滞为标。临床用药以调理肝脾为主，兼顾肺肾以治其本，重用清热化痰（湿）、行气活血类降脂药以治其标。肝胃郁热、热瘀互结、脾虚痰湿是代谢综合征早中期的主要证型，分别以开郁清热法、清热活血法、健脾利湿祛痰法为治法。大柴胡汤、加味三黄汤、六君子汤为常用的治疗方剂。

目前研究较多的治疗代谢性疾病中药复方包括益气养阴活血方、健脾化湿方、补肾方、四妙丸、五苓散等；创新中药包括复方贞术调脂胶囊、糖肾胶囊、脑心通胶囊等；单味中药包括黄芪、山楂、丹参、半夏、黄连、葛根等。

二、代谢性疾病的现代医学认识

代谢性疾病主要包括两大类，一类是因基因遗传缺陷导致的先天性代谢性遗传病；另一类是指机体蛋白质、脂肪、碳水化合物等物质发生代谢紊乱的病理结果，包括非酒精性脂肪性肝病（nonalcoholic fatty liver disease，NAFLD）［需要指出的是，2020年国际脂肪肝专家组建议NAFLD更名为metabolic dysfunction-associated fatty liver disease（MAFLD），同年亚太肝病学会发布MAFLD诊疗指南。2023年以美国肝病学会为首的多学会建议将NAFLD更名为metabolic dysfunction-associated steatotic liver disease

(MASLD)]。考虑到NAFLD使用的普及性和广泛接受度,故本教材中继续沿用NAFLD名称。不同类型的代谢性疾病之间大多存在部分共性病理基础,如超重或肥胖、胰岛素抵抗、慢性炎症等。

(一)非酒精性脂肪性肝病

NAFLD是指排除过量饮酒史、病毒性肝炎及药物性肝病等其他有明确损肝因素,符合肝脏活检组织学改变或影像学诊断的肝脏脂肪变性。根据疾病进展程度,分为单纯性脂肪变性、非酒精性脂肪性肝炎、肝纤维化、肝硬化和肝细胞癌。NAFLD的发病机制仍不明确,“二次打击”学说是NAFLD发病的经典学说,即肝细胞内脂质过度蓄积形成的第一次打击,以及诱发的氧化应激与脂质过氧化加剧肝细胞损伤,形成第二次打击。然而,NAFLD的发病机制复杂,近年提出的“多重打击”学说为NAFLD的发病机制提供了更全面的解释。其中,生活方式、代谢及遗传等多种因素相互叠加,共同导致机体脂肪酸及胆固醇代谢异常、胰岛素抵抗、炎症反应、脂肪细胞功能紊乱及肠道菌群失衡等。

(二)糖尿病及其并发症

糖尿病是由于胰腺β细胞胰岛素分泌缺陷或机体对胰岛素的敏感性降低而引起的一种以血糖水平升高为特征的慢性代谢性疾病。超过90%的糖尿病为2型糖尿病,以胰岛β细胞分泌胰岛素不足、组织胰岛素抵抗和代偿性胰岛素分泌反应不足为特征。随着2型糖尿病的进展,会导致心脏、脉管系统、微循环、肾脏和中枢神经系统等受损。2型糖尿病发病的危险因素主要包括遗传与环境因素,常见的诱发因素有种族、家族史/遗传易感性,以及肥胖、缺乏运动和不健康饮食等。

(三)高脂血症

高脂血症是脂蛋白代谢异常导致胆固醇、甘油三酯或低密度脂蛋白胆固醇水平升高,或高密度脂蛋白胆固醇水平下降。高脂血症是中风、心肌梗死等心血管疾病的独立危险因素,也是肥胖、NAFLD、糖尿病等代谢性疾病的共性特征。

代谢性疾病的治疗方式包括生活方式干预和药物治疗等。临床上,化学药物(如双胍类、磺酰脲类、他汀类等)治疗代谢性疾病的疗效确切,但也伴随一些不良反应发生,如胃肠道不适、低血糖、肝功能障碍等。近年来,鉴于肠道菌群失衡在代谢性疾病发生、发展中的重要性被越来越多的研究所证实,针对肠道菌群调节的治疗策略,如益生菌、益生元、合生元等手段也逐步被认为是调节机体代谢,改善代谢性疾病的有效手段。

第二节　中药对非酒精性脂肪性肝病的药理研究(以四妙方为例)

一、非酒精性脂肪性肝病的中医学认识

中医学上并无NAFLD病名,根据其症状表现可归属“胁痛”“积聚”“痞满”“肝胀”“肝癖”“肥气”“痰证”“痰浊”“湿阻”等范畴。“十一五”国家中医药管理局中医肝病重点专科协作组将NAFLD的中医病名确定为“肝癖”。2017年修订的《非酒精性脂肪性肝病中医诊疗专家共识意见(2017)》将其病名定为“肝癖”“胁痛”“积聚”。病因多为过食肥甘厚味,或情志不遂,或劳逸失度,或久病体虚,或素体肥胖,或禀赋不足。过食肥甘厚味,超过脾的转输能力,水谷精微输布失常,聚而化湿生痰,外溢于肌肤则多见肥胖,内积于肝则多见脂肪肝。同时,肥甘太过可壅滞中焦,损伤脾胃,化生湿浊,停聚日久郁而生热,炼津为痰,痰(湿)热内蕴而变生本病。根据中华中医药学会脾胃病分会制定的《非酒精性脂肪性肝病中医诊疗专家共识(2023)》,NAFLD的证候分类包括湿浊内停证、肝郁脾虚证、湿热蕴结证、痰瘀互结

证、脾肾两虚证；治法包括祛湿化浊、疏肝健脾、清热化湿、活血化瘀兼祛痰散结、补益脾肾。代表方剂有胃苓汤、逍遥散、三仁汤合茵陈五苓散、膈下逐瘀汤合二陈汤、四君子汤合金匮肾气丸等。另外，苓桂术甘汤来源于汉代张仲景的《金匮要略·痰饮咳嗽病脉证并治第十二》，其为温化水湿的代表方，具有温阳化饮，健脾利湿功效。目前，苓桂术甘颗粒已获批上市，成为首个按古代经典名方目录管理的中药复方制剂。常见 NAFLD 常见证型、治则治法与代表方剂如图 11－1 所示。

常见证型	治则治法	代表方剂
湿浊内停证	祛湿化浊	胃苓汤
肝郁脾虚证	疏肝健脾	逍遥散
湿热蕴结证	清热化湿	三仁汤合茵陈五苓散
痰瘀互结证	活血化瘀，祛痰散结	膈下逐瘀汤合二陈汤
脾肾两虚证	补益脾肾	四君子汤合金匮肾气丸

图 11－1　NAFLD 常见证型、治则治法与代表方剂

二、非酒精性脂肪性肝病的发病机制

NAFLD 根据疾病进展程度，分为单纯性脂肪变性、脂肪性肝炎、纤维化、肝硬化和肝细胞癌。为了规范 NAFLD 的筛查、诊断、治疗、随访，中华医学会肝病学分会在 2018 年发布了《非酒精性脂肪性肝病防治指南(2018 更新版)》，并于 2024 年对指南进行了修订，更名为《代谢相关(非酒精性)脂肪性肝病防治指南(2024 年版)》，该指南规定了代谢相关脂肪性肝病的临床诊断标准，即需要排除过量饮酒(每周乙醇摄入量男性≥210 g，女性≥140 g)和可能导致脂肪肝的其他原因，并且患者至少存在 1 项代谢综合征组分(表 11－1)。

表 11－1　代谢综合征组分的工作定义

术　语	工　作　定　义
超重/肥胖	体质量指数≥24.0 kg/m^2，或腰围≥90 cm(男性)和 85 cm(女性)，或体脂肪含量和体脂百分比超标
动脉血压增高/高血压病	动脉血压≥130/85 mmHg，或在接受降血压药物治疗
糖尿病前期或 2 型糖尿病	空腹血糖≥6.1 mmol/L，或糖负荷后 2 h 血糖≥7.8 mmol/L 或糖化血红蛋白≥5.7%，或 2 型糖尿病史，或胰岛素计算稳态模型胰岛素抵抗指数≥2.5
血液甘油三酯增高	空腹血清甘油三酯≥1.70 mmol/L，或正在接受降血脂药物治疗
血液高密度脂蛋白胆固醇下降	血清高密度脂蛋白≤1.0 mmol/L(男性)和 1.3 mmol/L(女性)，或正在接受降血脂药物治疗

胰岛素抵抗会导致脂肪细胞功能失常，促进脂肪分解并释放脂肪细胞因子和促炎细胞因子如 TNF－α、IL－6 等，进一步加剧胰岛素抵抗。胰岛素抵抗会促进肝细胞中脂肪酸从头合成，增加肝细胞

内脂质含量。脂肪分解释放的过多游离脂肪酸，与胆固醇及其他脂质代谢物导致肝细胞线粒体功能障碍，产生过多 ROS 和内质网应激，加剧肝脏炎症。

人类肠道拥有一个极其复杂的共生微生物群落，由 1 000 多种细菌和少量的真菌、病毒和古生菌组成。目前认为，肠道菌群所含有的基因是宿主基因组 150 倍以上。目前认为肠道菌群失调是 NAFLD 重要发病因素之一。肠道菌群失调导致肠黏膜通透性增加，使得进入血液循环肠道细菌来源的 LPS 增加，而 LPS 可激活炎症信号通路，促进炎症细胞因子的释放。此外，肠道菌群不仅参与机体免疫系统发育，炎症反应调节，还具有调控胆汁酸代谢的作用。肠道菌群失衡导致胆汁酸代谢紊乱，进一步引起糖脂代谢失常，促进 NAFLD 的进展。综上所述，NAFLD 形成的机制十分复杂，其发病因素包含了饮食、遗传与环境因素等（图 11－2）。

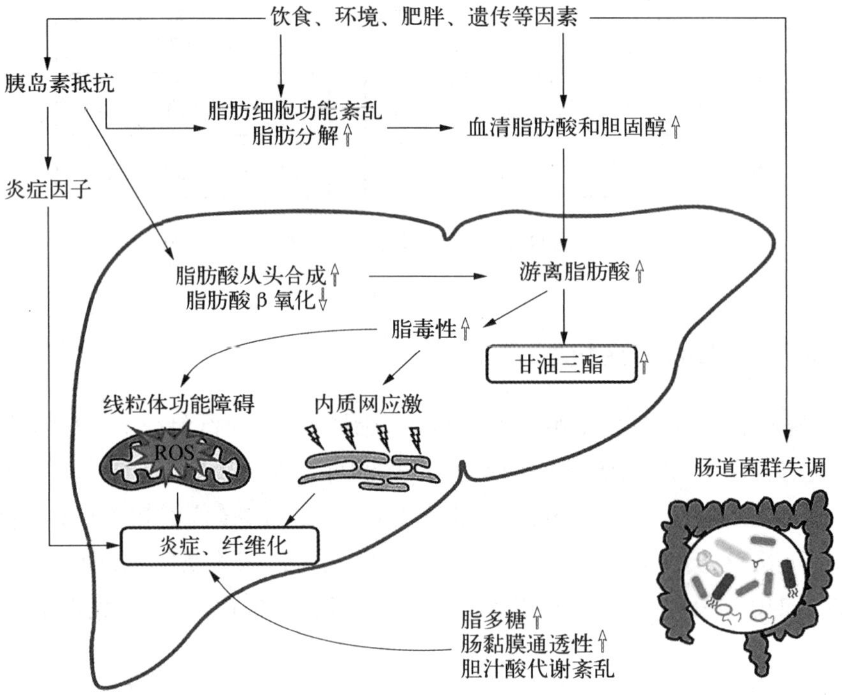

图 11－2　NAFLD 发病机制图

注：加粗向上的箭头表示加重或升高，加粗向下的箭头表示减弱或下降

案例：四妙方干预非酒精性脂肪性肝病

一、四妙方干预非酒精性脂肪性肝病的理论基础与科学假说

该研究中的四妙方源自清代张秉承的《成方便读》，由黄柏、苍术、薏苡仁、牛膝组成的四妙丸（黄柏：苍术：薏苡仁：牛膝＝2：1：2：1）。方中黄柏清热燥湿，苍术燥湿健脾，牛膝补肝肾、强筋骨，薏苡仁渗湿健脾、舒筋缓急；四味药合用，共奏清热燥湿的功效。临床上主要用于湿热内蕴或湿热下注的病证。根据中华人民共和国中医药行业标准《中医内科病证诊断疗效标准》，湿热蕴结证是痛风的主要证型之一。因此，四妙丸为治疗痛风的经典方剂。嘌呤代谢紊乱及（或）尿酸排泄减少所致的高尿酸血症是痛风的主要病理基础，而四妙丸可显著降低痛风患者血清尿酸水平。

"异病同治"是中医学的基本治则，是针对不同疾病的相同证型或病因病机所采用的相同治疗原则或方法。流行病学研究表明，血液尿酸水平与 NAFLD 的发生呈正相关。临床上高尿酸血症患者往往具有更高的 NAFLD 发生风险，提示高尿酸是 NAFLD 形成的独立危险因素。因此，NAFLD 与痛风两者具有共性的中西医学基础，即湿热蕴结证与作为共性危险因素的高尿酸血症，由此提出"四妙方可能对 NAFLD 具有防治作用"的科学假说。

中药复方成分复杂多样，一些中药成分进入肠道后，与肠道菌群发生相互作用。一方面，中药成分可以影响肠道菌群的结构和功能；另一方面，肠道菌群表达的多种酶对中药成分进行代谢转化。由于肠道菌群失衡在 NAFLD 进展中扮演了重要的角色，近年来针对肠道菌群参与 NAFLD 发病机制，以及介导中药药效方面的研究证据越来越多。因此，该研究以肠道菌群为切入点，探讨四妙方改善 NAFLD 的药效机制与物质基础。

二、四妙方干预非酒精性脂肪性肝病研究思路

以中医学"异病同治"思想为指导，基于痛风与 NAFLD 两种疾病所包含的湿热蕴结证的共性中医学基础，以及高尿酸血症的共性危险因素，提出"四妙方可能对 NAFLD 具有防治作用"的科学假说。以高脂高糖诱导的 NAFLD 小鼠模型评价四妙方防治 NAFLD 的药效学作用。在此基础上，以肠道菌群调节为四妙方防治 NAFLD 机制的切入点，探讨四妙方对 NAFLD 模型动物肠道菌群的调节作用，并结合粪菌移植实验（fecal microbiota transplantation，FMT）验证四妙方防治 NAFLD 与肠道菌群的因果关系。进一步基于拆方实验的药效学及肠道菌群调节关系，探讨四妙方防治 NAFLD 的菌群调节机制，并最终解析了四妙方中调节肠道菌群的关键活性成分（图 11－3）。

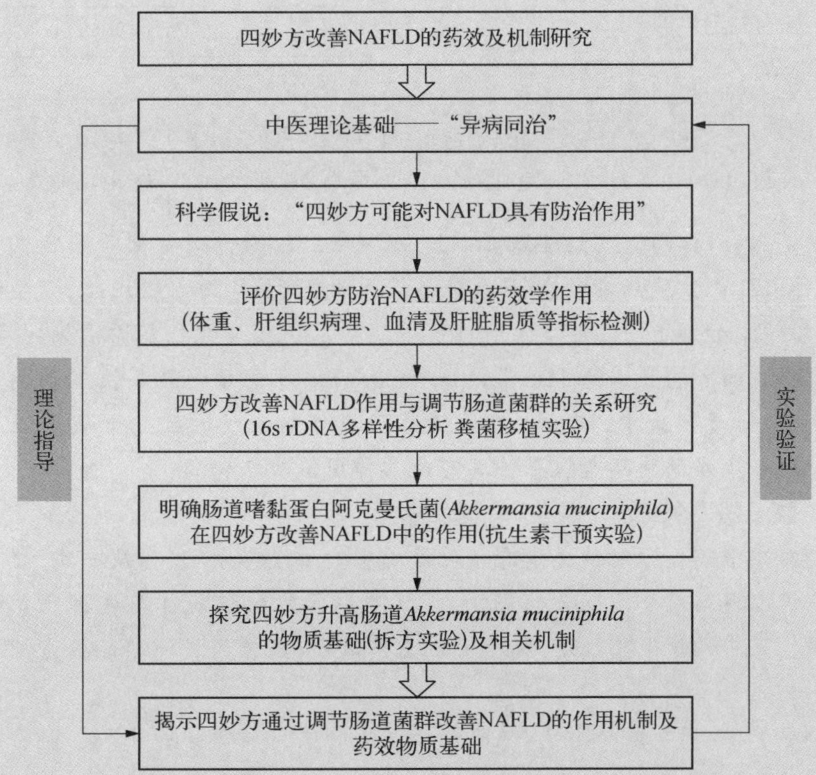

图 11－3　四妙方干预非酒精性脂肪性肝病研究思路

三、研究结果

（一）四妙方干预非酒精性脂肪性肝病小鼠的药效学评价

采用高脂饲料联合30%蔗糖水连续喂养16周复制NAFLD小鼠模型，观察四妙方（黄柏：苍术：薏苡仁：牛膝=2：1：2：1）高（20 g生药/kg）、低（10 g生药/kg）剂量干预对小鼠脂肪肝形成的影响（图11－4）。结果表明，四妙方两个剂量组均可显著抑制小鼠体重增长、减轻肝脏重量和肝脏脂肪变性程度，降低肝组织脂质含量和血清转氨酶水平。同时，对小鼠附睾白色脂肪重量、血清脂质水平均有显著降低作用（图11－4）。因此，四妙方具有改善小鼠肝脏脂肪变性、降低体重及降低血脂作用。

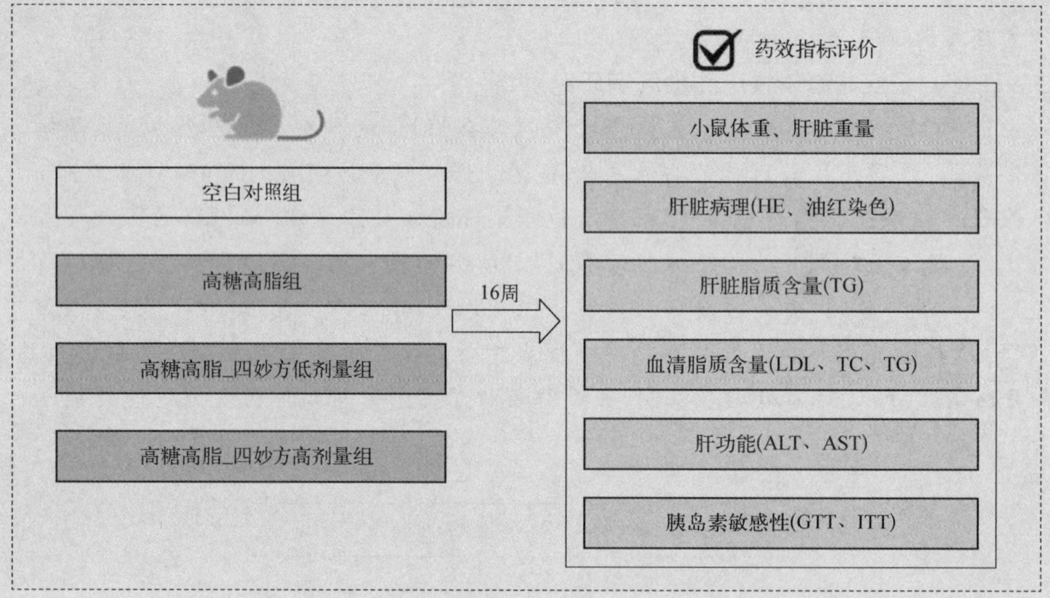

图11－4 四妙方改善NAFLD作用研究方案

ALT：丙氨酸转氨酶；AST：天冬氨酸转氨酶；GTT：葡萄糖耐量试验；ITT：胰岛素耐量试验

胰岛素抵抗是NAFLD的重要病理基础。进一步采用葡萄糖耐量试验和胰岛素耐量试验考察了四妙方对NAFLD小鼠胰岛素敏感性的影响。结果显示，与正常组相比，模型组动物空腹血糖水平升高，而四妙方干预组动物的空腹血糖水平明显低于模型组。在葡萄糖耐量试验中，模型组动物血糖在各个时间点均显著高于正常对照组，而四妙方干预明显加快了动物血糖水平的恢复。同样，在胰岛素耐量试验中，四妙方显著改善了模型组动物的胰岛素敏感性。上述结果表明，四妙方对NAFLD小鼠的胰岛素敏感性具有改善作用。

（二）基于"缺一法"的四妙方拆方药效学评价

拆方实验是探究中药复方配伍规律与药效物质基础的经典方法。"缺一法"是通过将方中的中药逐步减去一味以观察对全方药效的影响，寻找中药复方配伍规律与发挥作用关键药味的常用方法。鉴于该方只有四味中药组成，属于配伍关系清晰，药味组成简单的经方，因此，采用基于整体药效的"缺一法"组方功效评价策略。

以高脂高糖喂养16周复制的小鼠NAFLD模型为对象，依据"缺一法"策略，分别去除四妙方方中君药（黄柏）、臣药（苍术）、佐药（牛膝）、使药（薏苡仁），形成包括正常组、模型组、四妙方组及4个拆方组（分别简称为黄苍牛、黄苍薏、黄牛薏、苍牛薏），连续干预16周（图11－5）。

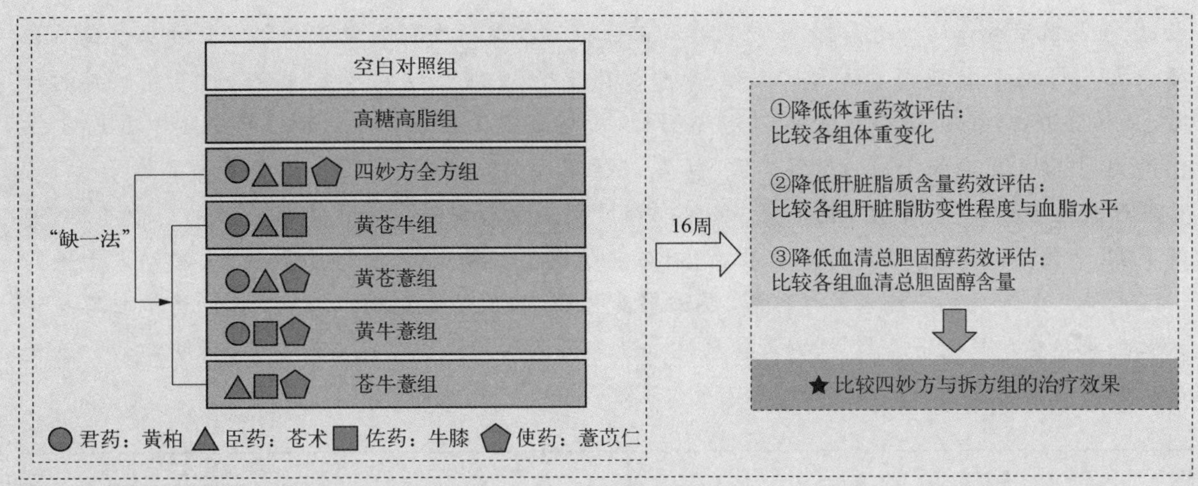

图 11－5　四妙方药效学评价方案

结果表明，各给药组不同程度地抑制小鼠体重增长、改善肝脏脂肪变性程度与血脂水平。其中，在抑制体重增长方面，四妙方、黄苍牛和黄苍薏效果相对较好，即在抑制体重增加方面，同时含有黄柏和苍术的组合药效好于其他组，推测黄柏和苍术共同发挥关键药味的作用；而黄苍牛、黄苍薏、黄牛薏组在降低肝脏脂质含量方面弱于四妙方全方组，提示方中单味中药的缺失会不同程度地削弱全方在降低肝脏脂质方面的药效。在降低血清总胆固醇含量方面，苍牛薏组稍低于其他几组，提示君药黄柏可能是全方中降血脂作用的关键中药。综合在降低体重、改善脂肪肝及降脂等方面的药效，拆方实验表明四妙方全方的综合效果最佳。

（三）四妙方改善非酒精性脂肪性肝病与调节肠道菌群的相关性研究

为探究四妙方改善 NAFLD 的作用是否与调节肠道菌群有关，利用 16S rRNA 基因测序技术，对各组小鼠盲肠内容物中的肠道菌群组成进行了分析。主坐标分析（principal co-ordinates analysis，PCoA）是一种非监督的多维统计分析方法，用来研究样本之间的相似性或差异性。PCoA 结果显示，正常组、模型组及四妙方组动物样本之间可以明显区分，说明模型组小鼠肠道菌群组成发生明显变化，而四妙方干预则显著改变了模型动物的肠道菌群组成。进一步在各分类水平上对三组间的菌群组成进行分析，在门（phylum）水平，小鼠的肠道菌群主要由厚壁菌门（*Firmicutes*）、拟杆菌门（*Bacteroidetes*）、疣微菌门（*Verrucomicrobia*）、变形菌门（*Proteobacteria*）、放线菌门（*Actinobacteria*）等 22 类微生物组成，其中 3 个优势菌门为厚壁菌门、拟杆菌门和疣微菌门。与正常组相比，模型组动物肠道拟杆菌门比例减少，疣微菌门比例增加；经四妙方干预后，拟杆菌门、厚壁菌门比例减少，而疣微菌门比例显著增加。在属（genus）水平，对排名前 10 位的物种进行差异比较分析，发现与模型组相比，四妙方组阿克曼菌属（*Akkermansia*）、粪杆菌属（*Faecalibaculum*）属水平的丰度显著升高，以 *Akkermansia* 属最为显著。以上结果提示四妙方改善 NAFLD 的作用可能与其调节肠道菌群有关，尤其是增加 *Akkermansia* 属细菌的相对丰度。

（四）四妙方改善非酒精性脂肪性肝病与调节肠道菌群的因果关系研究

肠道菌群组成分析结果显示，四妙方能够明显改变模型小鼠的肠道菌群组成，但药物干预下的肠道菌群改变既可能是药物发挥作用的原因，也可能是药物干预机体之后所产生的结果。为了明确四妙方改善 NAFLD 的作用是否确实依赖于肠道菌群，即四妙方引起的肠道菌群变化是否是其发挥改善 NAFLD 作用的关键，进一步开展了 FMT。FMT 是一种将供体的粪便菌群植入受体肠道，直接改变受体的肠道菌群，依此观察肠道菌群对机体所发挥生理效应的实验方法。目前在临床上 FMT 已经被应用于顽固性便秘、艰难梭菌感染、免疫性疾病等多种难治性复杂疾病的治疗，且取得了积极的疗效。本研究中，将 NAFLD 模型小鼠及经四妙方干预后的小鼠作为 FMT 供体动物，收集上述两组小鼠的新鲜粪便，制备 FMT 粪菌样本。同时，将两组受体小鼠连续给予 7 天联合抗生素干预，制备伪无菌小鼠，分别接受模型动物与四妙方干预小鼠来源的粪便菌群，连续 FMT 干预 16 周（图 11－6）。结果表明，与接受模型动物 FMT 受体小鼠相比，四妙方干预的 FMT 受体小鼠动物体重增长幅度减缓、脂肪肝变性程度减轻、肝脏甘油三酯、血清总胆固醇与甘油三酯等指标均呈现下降趋势，血清转氨酶水平与胰岛素抵抗程度也显著降低，说明四妙方改变的肠道菌群具有改善 NAFLD、抑制体重增长及改善胰岛素抵抗的作用。

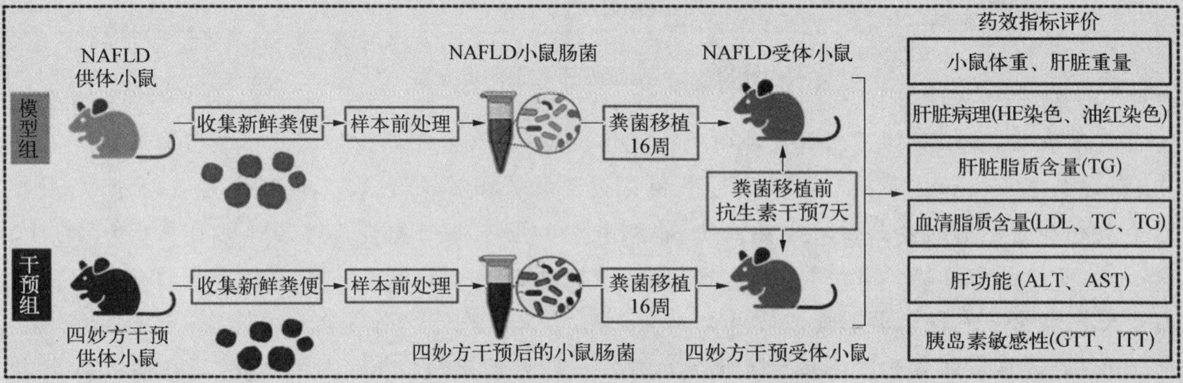

图 11－6　四妙方改善 NAFLD 与调节肠道菌群的因果关系研究方案

（五）四妙方升高肠道嗜黏蛋白阿克曼氏菌（*Akkermansia muciniphila*）水平与其改善非酒精性脂肪性肝病的关系研究

基于上述 FMT 的研究证据，提示四妙方改善 NALFD 作用可能至少部分依赖于其所调节的肠道菌群。在前面的研究中，还观察到四妙方显著升高肠道 *Akkermansia* 属细菌丰度，经数据库比对，在细菌种层面，四妙方显著升高的是 *Akkermansia* 属中 *Akkermansia muciniphila*（以下简称为 *A. muciniphila*）菌丰度。既往研究表明，*A. muciniphila* 作为“下一代益生菌”，其在改善代谢紊乱方面具有重要作用，如给予小鼠活的 *A. muciniphila* 及巴氏灭活的 *A. muciniphila* 菌均可减轻饮食诱导的肥胖。但是，*A. muciniphila* 在四妙方改善 NALFD 及胰岛素抵抗中是否发挥作用尚不清楚。

首先利用荧光定量 PCR 法对四妙方干预动物来源的 FMT 实验中动物肠道的 *A. muciniphila* 数量进行了定量检测。结果显示，四妙方 FMT 受体组小鼠的粪便 *A. muciniphila* 数量显著上升，是模型 FMT 动物受体小鼠组的 30 倍以上，说明四妙方确实能够上调动物肠道 *A. muciniphila* 的丰度。为了进一步探讨四妙方改善 NAFLD 与增加肠道 *A. muciniphila* 的关系，研究人员首先在体外开展了 *A. muciniphila* 的抗生素敏感性试验，并确认大观霉素在体外可以剂量依赖性地杀灭 *A. muciniphila*，而 *A. muciniphila* 对链霉素不敏感。在此基础上，将动物分为 6 组，即对照－纯水组、对照－大观霉素组、对照－链霉素组、四妙方－纯水组、四妙方－大观霉素组、四妙方－链霉素组，均采用高脂饲料联合 30% 蔗糖饮用水喂养小鼠，并在饮用水中添加或不添加相应的抗生素，给予四妙方干预或空白对照，连续干预 20 周。结果显示，大观霉素干预可以消除四妙方抑制动物体重增长的作用。同样，肝脏 H&E 染色显示大观霉素干预明显弱化了四妙方改善脂肪肝的作用，而链霉素则不改变四妙方的药效。在葡萄糖耐量试验中，在无抗生素或链霉素干预条件下，四妙方组动物血糖水平明显下调；而在大观霉素干预下，四妙方的降血糖作用明显减弱。同样，在胰岛素耐量试验中，也观察到类似的现象。因此，*A. muciniphila* 敏感的抗生素干预降低了四妙方改善 NAFLD 作用，提示增加的 *A. muciniphila* 可能在四妙方改善 NAFLD 作用中发挥关键作用（图 11－7）。

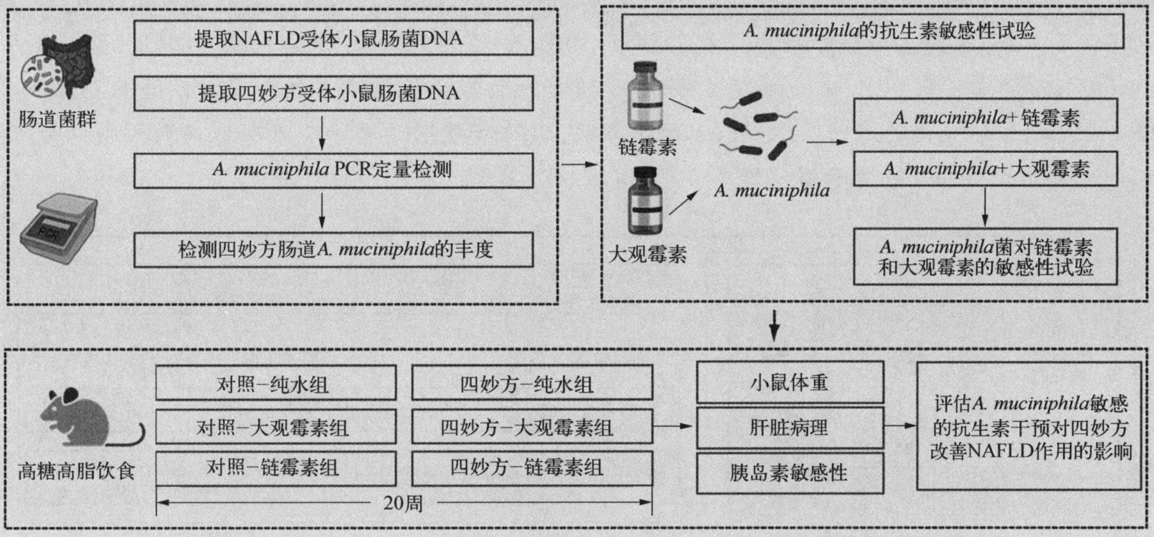

图 11－7　四妙方升高肠道 *A. muciniphila* 水平与改善 NAFLD 关系研究方案

（六）四妙方升高嗜黏蛋白阿克曼氏菌（*Akkermansia muciniphila*）的物质基础研究

为进一步明确四妙方中增加 *A. muciniphila* 数量的关键药味，采用“缺一法”对四妙方进行拆方，并对不同组合的复方干预动物肠道 *A. muciniphila* 进行定量检测。结果显示，含君药黄柏的各拆方组合均可显著升高小鼠肠道 *A. muciniphila* 数量，说明君药黄柏可能是四妙方中升高 *A. muciniphila* 数量的关键中药。进一步在高脂高糖喂养的小鼠中观察了四妙方与君药黄柏对小鼠肠道 *A. muciniphila* 数量的影响，发现单独黄柏与四妙方几乎相同程度地增加了小鼠肠道 *A. muciniphila* 数量，说明四妙方中的君药黄柏是该方中增加 *A. muciniphila* 数量的关键药味。

鉴于黄柏对于增加 *A. muciniphila* 数量的明确作用，为进一步明确黄柏中升高 *A. muciniphila* 的关键活性成分，利用超高效液相色谱串联四极杆飞行时间液质联用仪（UPLC－Q－TOF－MS）对黄柏提取液中的化学成分开展了分析，发现黄柏提取液中峰信号响应最强的成分为小檗碱（berberine，BBR）。因此，提出推测，即 BBR 可能是黄柏升高 *A. muciniphila* 的关键活性成分。为证实该推测，在接受高脂高糖喂养的小鼠中，分别给予黄柏提取液或经剂量折算后等量的 BBR 干预，2 周后检测各组小鼠粪便中 *A. muciniphila* 数量。结果显示，黄柏水提液组与 BBR 组动物粪便中 *A. muciniphila* 数量升高的倍数相当，说明黄柏水提液中的 BBR 很可能是其升高肠道 *A. muciniphila* 的关键成分。

（七）小檗碱升高嗜黏蛋白阿克曼氏菌（*Akkermansia muciniphila*）的机制研究

为探究 BBR 升高 *A. muciniphila* 作用的机制，首先通过体外 *A. muciniphila* 培养观察 BBR 对 *A. muciniphila* 生长作用的影响。结果显示，BBR 在 1 μmol/L 浓度时，对 *A. muciniphila* 生长无明显影响，当 BBR 浓度提高到 10 μmol/L 时，对 *A. muciniphila* 生长呈现浓度相关性的抑制作用，说

明 BBR 对肠道 *A. muciniphila* 的生长没有直接的促进作用,其提高 *A. muciniphila* 含量可能是通过对动物肠道环境的调节间接发挥作用。

A. muciniphila 是一种肠道黏液降解菌,可利用肠道中的黏蛋白作为自身生长的能量来源。为探讨 BBR 是否具有刺激肠道杯状细胞分泌黏蛋白的功能,使用不同浓度的 BBR 干预 LS174T 细胞(一种研究杯状细胞功能的体外细胞模型),结果显示,BBR 可浓度依赖性地促进 LS174T 细胞黏蛋白编码基因 *Muc2* 的表达。在验证了 BBR 可显著升高高脂高糖喂养小鼠肠道内 *A. muciniphila* 的含量基础上,进一步发现 BBR 可以增加动物结肠黏液层的厚度,显著升高黏蛋白分泌及杯状细胞分化的基因表达。以上结果表明,BBR 可能通过增加小鼠肠道内的黏蛋白分泌,从而为 *A. muciniphila* 的生长提供能量和环境(图 11-8)。

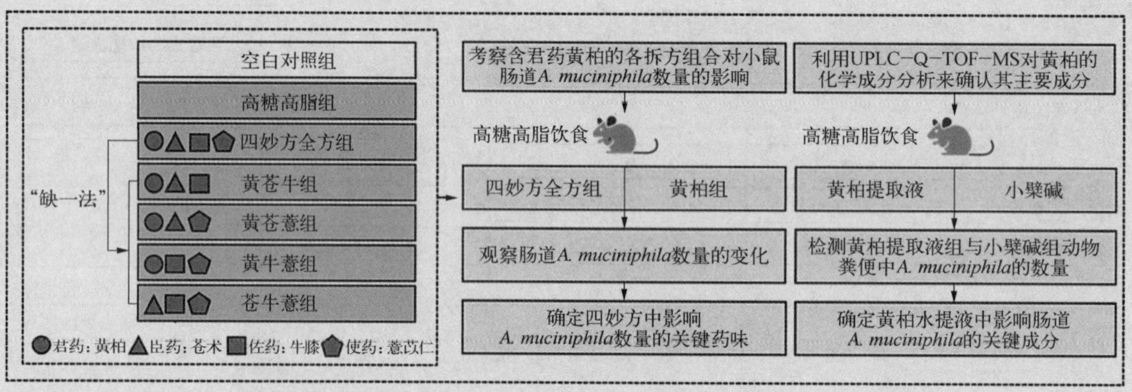

图 11-8　小檗碱升高 *A. muciniphila* 的机制研究方案

三、总结与展望

该研究以中医学“异病同治”思想为指导,基于痛风与 NAFLD 所共有的湿热蕴结证为切入点,同时,结合高尿酸血症作为痛风与 NAFLD 的共同病理基础,提出四妙方可能对 NAFLD 具有防治作用的假说。另外,肠道菌群失衡已经被广泛认为是促进 NAFLD 发生、发展的关键因素之一,在明确了四妙方对 NAFLD 干预的药效学基础上,研究从肠道菌群调节的角度探讨四妙方的药效机制。该研究包含了药效学、拆方药效比较、肠道菌群相关性、肠道菌群因果关系、药效物质基础与机制等中药药理研究策略,初步揭示了四妙方防治 NAFLD 的肠道菌群相关机制及关键成分。

中药复方所包含的化学成分多样,药效机制十分复杂。基于该课题的工作进展,未来可能深入的研究方向包括: ① 四妙方所调控的肠道菌群,尤其是 *A. muciniphila* 在该复方药效中所发挥的实际贡献还需要结合药效学进行进一步的研究;② 四妙方调控肠道菌群改善 NAFLD 的分子机制尚不清楚,该方所调控的肠道菌群变化与宿主靶器官功能调节之间的关系有待于进一步的探讨;③ 该研究提示四妙方中的黄柏与 BBR 是其促进 *A. muciniphila* 生长的关键中药与成分,但是,单独黄柏或 BBR 并不能代替原方的整体功效,说明促进 *A. muciniphila* 生长的作用应该是四妙方改善 NAFLD 功效机制的一部分,该方改善 NAFLD 的整体机制仍有待进一步的研究;④ 基于 BBR 对动物肠道中 *A. muciniphila* 生长的明显促进作用,提示四妙方中的君药黄柏能否被黄连等富含 BBR 的清热中药替代值得探讨。

需要指出的是,该研究以肠道菌群调节机制为切入点,探讨了一种中药复方药效评价、机制阐释和关键活性物质分析的研究策略。不过,鉴于中药复方药效机制与物质基础的复杂性,四妙方改善 NAFLD 的确切药效机制仍有待系统研究。

第三节　中药对 2 型糖尿病的药理研究（以葛根芩连汤为例）

一、2 型糖尿病的中医学认识

中医认为，过食“膏粱厚味”为肥胖形成的主要外因，脾虚为内因。过食肥甘，脾胃功能受损，食滞中焦而成中满；脾土壅滞，运化失司，水谷精微转输失常，聚而成痰湿，日久则化热。内热累及脾、胃肠、肝胆，可见胃热、肠热、肠胃俱热，或胆热、肝热等。2 糖尿病可归属为中医“消渴”范畴，该病证前期阶段内热尚未化燥伤津，故多无典型“三多一少”症状。病情发展至消渴阶段，可出现明显“三多一少”症状；胃火炽盛，消谷过度则多食易饥；胃肠热盛，灼伤肺胃之津液，脾阴不足，且燥热上燔心肺，故烦渴多饮；肺津受损，肺失宣降，水不化津，直趋膀胱，且肾失濡养，固摄失权，可见多尿；胃火炽盛，脾土不健，消谷不化，水谷精微不布，机体失养，故消瘦。因此，内热积于中焦导致的胃肠热盛是形成消渴的重要环节。

2 型糖尿病的发展过程经历了郁、热、虚、损 4 个阶段，分别代表疾病的发生、发展和结局，消渴是其中虚的阶段。① 郁的阶段，代表疾病早期，由于长期饮食积滞或情志不调等使机体处于一种郁滞状态，表现为食郁、气郁、火郁等，治疗以清郁开郁为主。② 热的阶段，代表疾病的发展。气郁、食郁等日久化热，热邪弥漫，波及脏腑，则见肝热、胃热、肠热、肺热、血热等。热的阶段属糖尿病早、中期，病性以实为主，治疗以清热泻火为根本。③ 虚的阶段，代表疾病的进一步发展。火热持续，势必伤阴耗气，伤及脏腑元气，致各种虚象渐显，同时因气血津液运行不利，致痰浊瘀血等病理产物逐渐内生。此阶段以热为根源，虚为表象，病性属虚实夹杂，古代所论消渴即为虚的阶段，2 型糖尿病已发展至中后期，治疗应虚实并重。④ 损的阶段，代表疾病的终末。2 型糖尿病后期，诸虚渐重，气阴两虚，阴损及阳或因虚极而脏腑受损，或因久病入络，络瘀脉损而成，表现为络损（微血管）和脉损（大血管）及以此为基础导致的脏腑器官损伤。此期痰浊瘀毒等病理产物积聚，各种并发症相继而生，治疗以调补阴阳为基础。⑤ 除以上证候外，痰、湿、浊、瘀是本病常见的兼证。兼痰主要见于 2 型糖尿病患者；兼湿主要见于 2 型糖尿病胃肠病变；兼浊主要见于 2 型糖尿病血脂、血尿酸较高的患者；兼瘀主要见于 2 型糖尿病血管病变（图 11－9）。

二、2 型糖尿病的形成机制

糖尿病是由于胰岛 β 细胞分泌胰岛素缺陷或机体对胰岛素的敏感性降低而引起的一种以高血糖为特征的代谢性疾病。随着疾病的进展，糖尿病会导致心脏、脉管系统、眼睛、肾脏和神经受损。超过 90% 的糖尿病为 2 型糖尿病，目前认为遗传因素和环境因素等共同作用导致胰岛素抵抗和胰岛 β 细胞功能障碍是 2 型糖尿病的两种核心病理生理机制。

胰岛素的产生主要通过葡萄糖刺激胰岛素分泌通路。血糖升高使胰岛 β 细胞膜葡萄糖转运体将葡萄糖转运到胞内，随后葡萄糖激酶将细胞内葡萄糖磷酸化为葡萄糖 6－磷酸，并进一步在细胞质中进行糖酵解，产生丙酮酸、还原型烟酰胺腺嘌呤二核苷酸（reduced nicotinamide adenine dinucleotide，NADH）和少量 ATP。丙酮酸和 NADH 随后被运输到线粒体中，并通过三羧酸循环和电子传递链产生大量 ATP。ATP 被转运至细胞质，ATP/ADP 比值的上升抑制细胞膜上的 ATP 敏感钾离子通道，并使细胞膜去极化，导致电压依赖性的钙离子通道打开，胞外大量 Ca^{2+} 流入，胞内 Ca^{2+} 浓度增加，促进胰岛素的释放。

图 11－9　糖尿病各阶段的常见证型、辨证要点及代表方剂

胰岛素抵抗指靶组织对胰岛素信号反应能力的丧失。遗传缺陷、不良的生活方式和(或)代谢功能障碍综合征导致甘油三酯升高,游离脂肪酸升高,过量脂质沉积在非脂肪组织中,阻断胰岛素信号通路,导致胰岛素抵抗。同时肝脏产生葡萄糖,减弱葡萄糖摄取,从而增加血糖和基础胰岛素水平,胰岛素升高又进一步促进脂质沉积,加重胰岛素抵抗,形成恶性循环。

胰岛素抵抗是 2 型糖尿病发生的始动因素,胰岛 β 细胞功能异常是 2 型糖尿病发病的中心环节。胰岛素抵抗的发生启动了 2 型糖尿病的发病历程,胰岛 β 细胞代偿性增加,但随着疾病发展,遗传因素、细胞因子、脂毒性和糖毒性等逐渐影响胰岛 β 细胞的存活,胰岛 β 细胞从代偿性增加转变为功能减少和胰岛 β 细胞数量减少,成为胰岛素分泌不足的主要因素。同时,慢性炎症、内质网应激等引起的胰岛 β 细胞自噬、去分化等也参与胰岛 β 细胞的丢失和功能失调,并最终导致 2 型糖尿病的发生和发展(图 11－10)。

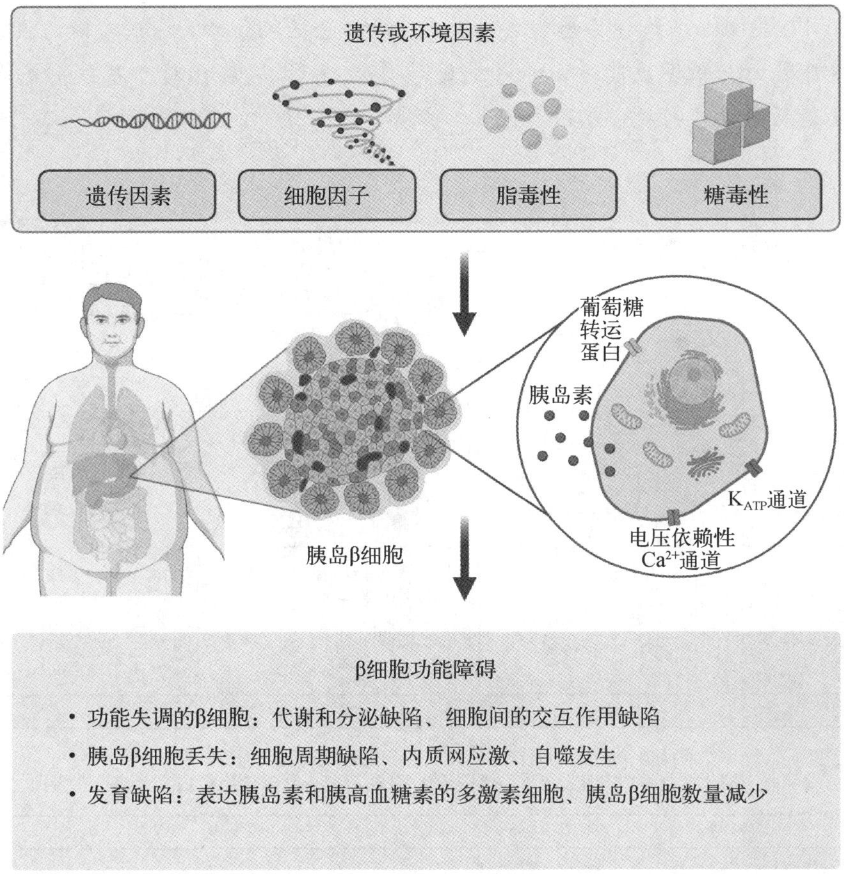

图 11－10　2 型糖尿病的危险因素及导致胰岛功能障碍的病理因素

案例：葛根芩连汤治疗 2 型糖尿病的临床与实验研究

一、葛根芩连汤治疗 2 型糖尿病的中医学理论基础

2 型糖尿病早期属于中医“脾瘅”，发展到后期出现“消渴”症状。“脾瘅”因过食肥甘厚腻之品，导致脾主运化失常，食物积于胃中郁而化热，内热积于脾，脾气上溢于口，故而出现口干。湿热内蕴、气滞津亏是 2 型糖尿病的始动因素，脾失健运，气机不畅，湿浊困阻中焦，湿热内生，故而引发本病，治疗清热利湿为主。

葛根芩连汤源自汉代张仲景《伤寒论》，由葛根、黄芩、黄连、甘草四味中药组成，是治疗湿热所致的腹泻和痢疾的经典方剂。方中葛根为阳明经药，以除阳明内热，生津润燥为主治；黄芩、黄连可清胃肠湿热，黄芩尤能清肺胃实热；黄连用量过多易苦寒伤中，耗伤津液，葛根与黄连相配可以制约黄连之燥性；甘草养脾胃，生津液，和中调味，全方共奏清热燥湿，生津润燥之功。葛根芩连汤清热生津的功效正好切中 2 型糖尿病胃肠湿热、燥热伤津的病机，可谓古方新用。

二、葛根芩连汤治疗 2 型糖尿病临床研究思路

近年，葛根芩连汤常被用于 2 型糖尿病及其并发症的临床治疗，并取得明确疗效。在一项随机、双盲、安慰剂对照的临床试验中，入组 224 例 2 型糖尿病患者随机分为 4 组，包括低、中、高剂量的葛根芩连汤治疗组，以及安慰剂对照组，连续治疗 12 周。期间，分别于试验的第 0、4、8 和 12 周，检测患者空腹血糖、餐后 2 h 血糖、体重指数、腰围及臀围等指标，并于试验开始（第 0 周）

与试验终点(第12周)时,系统评估患者各项生化指标,包括糖化血红蛋白、胰岛素、总胆固醇、甘油三酯、高密度脂蛋白与低密度脂蛋白等。通过计算治疗12周后相对于基线时的各项指标变化值,评估葛根芩连汤的临床疗效(图11-11)。

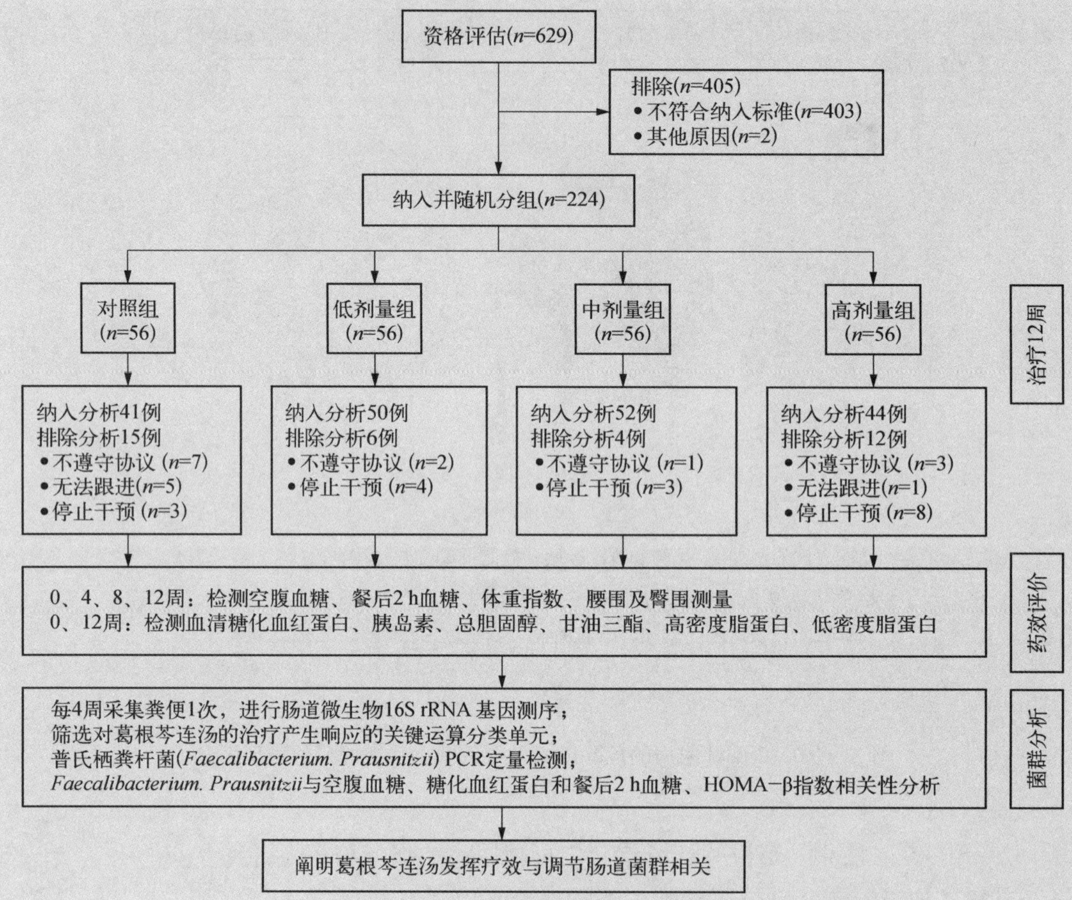

图11-11　葛根芩连汤治疗2型糖尿病临床研究方案设计图

注：HOMA-β指数(homeostasis model assessment-β,HOMA-β)

三、葛根芩连汤治疗2型糖尿病的研究结果与机制探讨

1. 葛根芩连汤治疗2型糖尿病的临床研究结果　各组患者的基线指标没有显著差异。经过12周葛根芩连汤治疗,与安慰剂及低剂量组相比,葛根芩连汤中、高剂量组显著降低2型糖尿病患者的空腹血糖及糖化血红蛋白,且葛根芩连汤高剂量组显著升高糖尿病患者的HOMA-β指数(HOMA-β指数是用于评价个体胰岛β细胞功能的指标,胰岛β细胞功能降低则其数值降低,功能增强则其数值升高)。以上结果表明,葛根芩连汤对2型糖尿病具有治疗作用。

2. 葛根芩连汤治疗2型糖尿病的机制探讨　糖脂代谢异常、胰岛素抵抗及炎症反应是2型糖尿病的典型特征和关键病理基础。研究表明,葛根芩连汤治疗2型糖尿病的作用与调节糖脂代谢平衡、改善胰岛素敏感性及降低机体的炎症水平有密切关系。2型糖尿病患者的糖原合成、糖酵解及三羧酸循环减弱,肝内的糖异生增强,促进了血糖升高。葛根芩连汤能够降低KK-Ay小鼠的空腹胰岛素、甘油三酯、血清总胆固醇及胰岛素水平,并升高高密度脂蛋白。在2型糖尿病大鼠模型中,葛根芩连汤显著提高模型大鼠的HOMA-β指数,提高胰岛素敏感性,其提高胰岛素敏感性的机制可能与调控 SIRT1/FoxO1 信号通路，或 cAMP 调控的胰高血糖素样肽-1 的分泌等有关。

在葛根芩连汤治疗 2 型糖尿病的物质基础研究上，葛根素、黄芩苷、黄芩素、小檗碱等是其主要活性成分。体内外研究表明，葛根素可通过刺激胰岛素的分泌、抑制胰岛 β 细胞凋亡及蛋白糖基化等途径改善胰岛素敏感性，降低 2 型糖尿病大鼠血糖水平。近年来，小檗碱在改善胰岛素敏感性、调节糖脂代谢、抑制炎症反应及调节肠道菌群等方面的作用得到了广泛的关注和证实。尽管小檗碱的口服吸收生物利用度极低，研究表明小檗碱具有促进胰高血糖素样肽-1 分泌，增加胰岛 β 细胞数目等作用。黄芩苷与黄芩素可以增加葡萄糖的消耗，抑制胰岛细胞凋亡，调节胱天蛋白酶-3 的表达，降低诱导型一氧化氮合酶表达，增加胰岛素分泌等途径，发挥降低血糖的作用。因此，葛根芩连汤治疗 2 型糖尿病的作用机制可能与调节糖脂代谢紊乱、胰岛素敏感性、炎症反应等病理基础有关。葛根芩连汤治疗 2 型糖尿病的物质基础除了葛根素、小檗碱、黄芩苷、黄芩素等主要活性成分以外，其他化学成分的作用及成分之间的协同关系尚有待深入的研究。

3. 葛根芩连汤治疗 2 型糖尿病与调节肠道菌群的关系探讨　2 型糖尿病的发生、发展与肠道菌群失衡密切相关。肠道菌群失调、肠道黏膜屏障功能受损、炎症因子及细菌内毒素大量释放入血等因素造成的代谢性内毒素血症，导致胰岛素抵抗和糖脂代谢异常等病理过程，促进 2 型糖尿病的发生、发展。为了进一步明确葛根芩连汤治疗糖尿病的作用与改善肠屏障功能的关系，采用链脲佐菌素[(streptozotocin, STZ)，一种能破坏胰岛 β 细胞的有毒葡萄糖类似物]联合高脂饮食诱导的糖尿病大鼠模型，观察葛根芩连汤干预 12 周对糖尿病大鼠的糖代谢、肠道屏障功能、血清炎症因子水平的影响，并采用 16S rRNA 基因测序对各组大鼠的肠道微生物多样性进行分析。结果证实，葛根芩连汤具有减轻糖尿病大鼠高血糖，调节肠道菌群结构、降低肠道屏障通透性、抑制炎症的作用。该研究从动物水平进一步验证了葛根芩连汤调节血糖、改善胰岛素敏感性、保护胰岛细胞的作用，提示葛根芩连汤抗糖尿病的作用与调节肠道菌群的相关性。

既往研究表明，糖尿病患者体内的丁酸产生菌如 *Faecalibacterium prausnitzii* 显著减少，而鲍氏梭菌(*Clostridium bolteae*)及硫酸盐还原菌(*Desulfovibrio sp.*)等条件致病菌显著增加。鉴于葛根芩连汤在临床上对 2 型糖尿病患者的明确疗效，通过葛根芩连汤治疗前后糖尿病患者肠道微生物的变化分析，发现葛根芩连汤治疗后明显改变了糖尿病患者的肠道菌群结构。葛根芩连汤治疗 4 周后，糖尿病患者的肠道菌群结构即发生明显变化，且这种变化一直持续到第 12 周治疗结束。进一步的肠道菌群分析显示，146 个关键运算分类单元对葛根芩连汤的治疗产生响应，物种注释显示 *Faecalibacterium* 属细菌在葛根芩连汤治疗后显著升高，其中 *Faecalibacterium. prausnitzii* 的相对丰度在治疗后明显增加，且 *Faecalibacterium. Prausnitzii* 的丰度与患者空腹血糖、糖化血红蛋白和餐后 2 h 血糖呈负相关，与 HOMA-β 指数呈正相关，提示葛根芩连汤治疗 2 型糖尿病的临床疗效可能与增加 *Faecalibacterium. Prausnitzii* 的丰度有关。

上述实验和临床研究表明，葛根芩连汤在临床上治疗 2 型糖尿病的作用可能与调节患者的肠道菌群有关，特别是增加肠道 *Faecalibacterium* 属细菌的丰度。

4. 葛根芩连汤治疗 2 型糖尿病与调节肠道菌群的物质基础研究　临床和基础研究证据显示葛根芩连汤治疗 2 型糖尿病与调节肠道菌群的关系，但是该方中发挥作用的关键物质基础是什么？从黄连中提取的小檗碱在现代研究证实，具有改善代谢紊乱的作用，其作用机制与促进肝脏脂质代谢、脂肪褐变有关。一项随机、对照、双盲临床试验中，糖尿病患者被随机分为单用小檗碱、益生菌+小檗碱、单用益生菌及安慰剂对照组，共计12周。结果表明，糖化血红蛋白在单用小檗碱及益生菌+小檗碱两组的改善程度显著高于单用益生菌组及安慰剂对照组。宏基因组学和代谢组学研究表明，小檗碱的降糖作用可能与抑制布氏瘤胃球菌（*Ruminococcus bromii*）对脱氧胆酸的生物转化有关。

鉴于黄连中的小檗碱已经被证实具有调节血糖和肠道微生物的作用，推测小檗碱可能是葛根芩连汤中调节肠道菌群的主要成分。在自发性2型糖尿病大鼠模型中，葛根芩连汤和小檗碱均能缓解糖尿病症状、减轻糖尿病大鼠全身和局部（肠和胰岛）炎症。同时，二者均可增加丁酸产生菌的丰度，促进丁酸生成，而丁酸在减少肝脏葡萄糖的产生、改善胰岛素抵抗、增强肠道屏障功能、抗炎方面具显示明确的功效。在调节肠道菌群方面，葛根芩连汤和小檗碱表现出相似的效果，因此推测小檗碱可能是葛根芩连汤调节肠道菌群从而降低血糖的关键药效成分。不过，需要指出的是，葛根芩连汤治疗2型糖尿病的药效物质基础及复杂机制仍有待更系统的探讨。

三、总结与展望

葛根芩连汤是源自《伤寒论》的经典方，现代医家依据中医经典理论与2型糖尿病病理基础，探索了其在临床上用于2型糖尿病患者的治疗，并取得了积极的临床疗效，是基于中医经典理论指导的古代经方应用于现代医学概念下疾病治疗的有益尝试。在该研究案例中，严格的临床试验方案所获得的高质量循证医学证据是支撑中医经典方剂临床应用的关键。在针对葛根芩连汤治疗2型糖尿病的药理机制与物质基础探讨上，现有的研究表明，该方能够对2型糖尿病的多个病理过程发挥调节和恢复的作用，且这些作用的物质基础可能与四味中药中的主要活性成分有关。

需要注意的是，葛根芩连汤作为一个临床应用的复方中药，目前的研究证据仅仅证明了其治疗2型糖尿病的临床疗效，不过，鉴于该临床研究的队列规模较小，后期还需要在更大规模的2型糖尿病患者队列中进行验证。另外，有关葛根芩连汤发挥作用的机制与物质基础十分复杂，现有的研究证据尚不能完整揭示其发挥作用的药理机制，而该方发挥药效的物质基础研究则任重而道远。未来需要站在整体的角度，充分应用系统生物学的策略，从葛根芩连汤全方的化学物质组、入血成分、肠道菌群相互作用、体内多靶标调控等多维角度深入阐释其作用机制与物质基础。

第四节　中药对糖尿病认知功能障碍的药理研究（以玉液汤为例）

一、糖尿病认知障碍的中医学认识

糖尿病认知功能障碍（diabetic cognitive impairment，DCI）在中医学中属于消渴、健忘范畴。古籍中可见与此病类似或相同的症状描述，如《素问·奇病论》载："有病口甘者，……此五气之溢也，名为脾瘅。……肥者令人内热，甘者令人中满，故其气上溢，转为消渴"；《兰室秘藏·消渴门》载："上下齿皆麻，舌根强硬，肿痛，四肢痿弱，……喜怒善忘"；《圣济总录》载："消渴病，……健忘怔忡，筋骨羸劣"，表明中医学对DCI可能有较早的认识。DCI病因主要归为年老体衰、脏腑虚损、肾精不足、髓海空虚、大脑失养，属本虚标实，虚实夹杂之证。中医认为消渴病以阴虚为本，燥热为标，迁延日久，气阴两伤，阴虚内热，灼津成痰，瘀阻脉络。该病病本在肾，肾为先天之本，藏精生髓，而上通于脑，肾精亏虚，则脑髓失养，故而痴呆健忘。心主神志，有赖于心血荣养，脾为后天之本，气血生化之源，脾气不足，则生化乏源，气血亏虚，神明失养，神志不清；脾失健运，水湿内停，积聚成痰，痰瘀互结，蒙蔽清窍，亦可出现健忘痴呆。DCI 常见证型有肾精亏虚型、气阴两虚型、痰浊蒙窍型、瘀血阻络型；治则治法主要包括补肾填精、充养髓海、益气滋阴、固肾止渴、健脾化浊、豁痰开窍，祛瘀通络、活血通窍等；代表方剂有地黄饮子、玉液汤、洗心汤、血府逐瘀汤（图 11－12）。

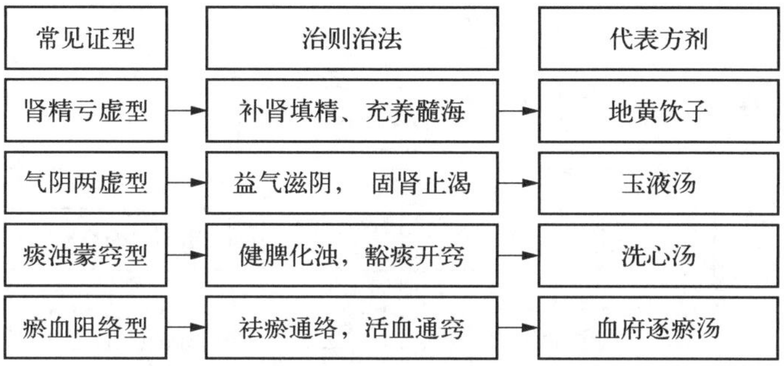

图 11－12　糖尿病认知功能障碍常见证型、治则治法与代表方剂

二、糖尿病认知功能障碍的发病机制

DCI 是糖尿病的常见并发症之一，其多由糖脂代谢紊乱引起，有别于糖尿病合并急性脑血管病及其他影响因素造成的认知功能缺陷。临床主要表现为记忆力、注意力的下降及信息处理速度的减慢，伴或不伴有其他认知功能不全的表现。DCI 的主要病理特点是脑体积萎缩，脑白质损伤，脑部血流灌注减少，脑神经功能改变。脑体积萎缩是 DCI 的典型特征。临床上通常表现为灰质密度减小、脑室容积扩大。患者脑部皮质体积较正常人群显著减小，尤其在右侧颞叶更为突出，颞中叶皮质厚度显著下降。脑白质损伤是 DCI 患者常见的病变，主要表现为磁共振成像图像上 T2 加权像高信号和脑白质体积萎缩，白质纤维束的完整性受损。脑部血流灌注减少与糖尿病患者发生脑血管疾病以及轻度认知障碍的发生正相关，这种血管性病变与认知障碍的关系可能是由脑部血流动力学改变所引起，其表现包括脑血流灌注减少及脑血管反应性下降等。轻度认知障碍患者脑部的神经活动强度及神经活动的一致性均较正常人有所下降，且病变部位主要位于中央后回及枕叶皮质，这种改变与胰岛素抵抗呈正相关。

糖尿病对于脑神经功能改变是一个长期渐进的过程，作用机制复杂多样，至今尚不完全清楚。DCI 的危险因素主要包括年龄、体重、遗传因素、不良生活方式及心理学因素等。目前认为其发病机制主要包括胰岛素抵抗、Aβ 聚集和 tau 蛋白过度磷酸化、晚期糖基化终末产物（advanced glycation end product，AGE）、氧化应激和神经营养因子缺乏等。胰岛素抵抗会导致大脑组织内糖代谢的紊乱及神经营养因子的缺乏，并最终导致中枢神经系统功能损伤。糖尿病患者的糖代谢异常激活神经细胞，从而增强炎症介质分泌，使 Aβ 产物增加，进一步激活神经细胞释放炎症因子，促使神经细胞损伤。另外，糖尿病患者体内的高糖环境还会刺激海马神经元，从而激活细胞周期依赖性蛋白激酶的活性，促使 tau 蛋白磷酸化，使神经细胞正常生理功能受损，形成认知功能障碍。AGE 是糖尿病患者长期处于高血糖环境下，糖代谢发生改变，过量的糖和蛋白质、脂质等大分子物质在体内合成稳定的 AGE。AGE 在体内过度积累，诱发或加剧了糖尿病引起的认知障碍和动脉粥样硬化等慢性退化性疾病的发展。过量 AGE 积累不仅直接导致神经元细胞死亡，还可通过激活晚期糖基化终末产物受体（receptor for advanced glycation end product，RAGE）上调靶基因表达而导致氧化应激和神经细胞损伤等；与此同时，氧化反应会增加 AGE 的产生和促进神经元细胞凋亡。因此,氧化应激和AGE的积累构成恶性循环。高血糖也会导致脂质过氧化物含量增加,脑内的超氧化物歧化酶、过氧化氢酶及抗氧化酶活性明显下降,从而造成氧化应激损伤,最终导致认知障碍。此外,炎症是DCI和AD的共同病理基础,AD患者的脑部小胶质细胞的炎症反应明显激活,后者加剧了神经炎症反应,导致认知功能损伤(图11-13)。

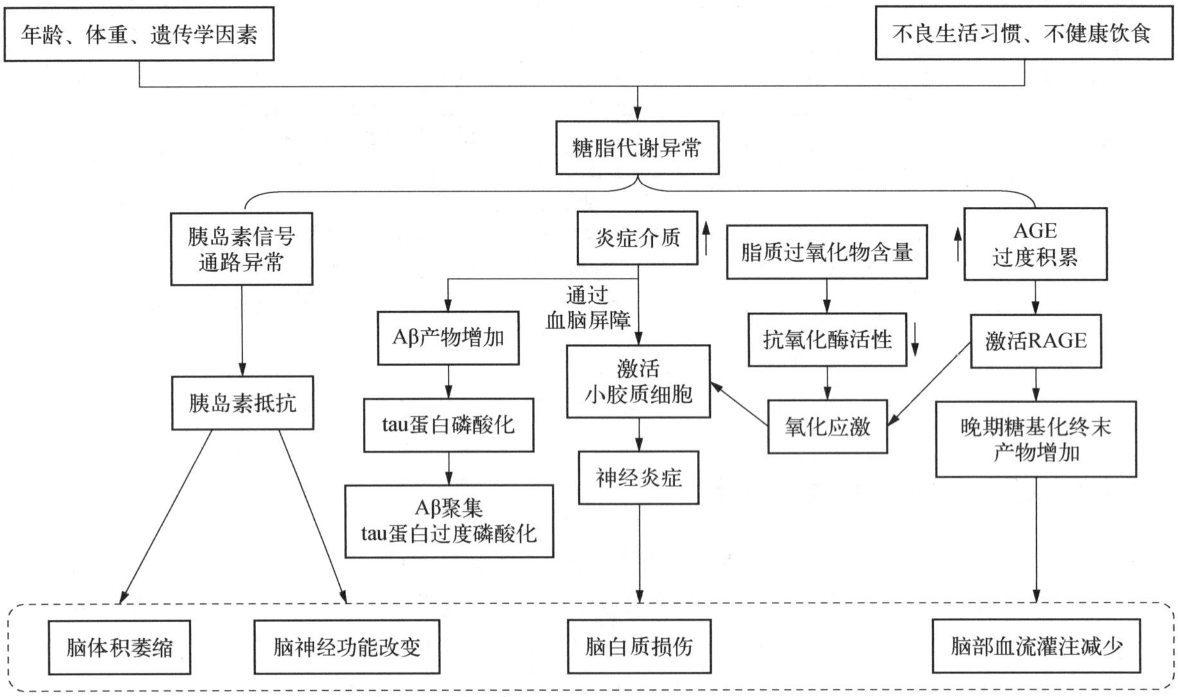

图11-13　糖尿病认知功能障碍的发病机制总结图

案例:玉液汤抗糖尿病认知功能障碍

一、玉液汤抗糖尿病认知功能障碍的中西医理论基础

"脾脑相关"理论是中医治疗DCI的重要理论基础。中医学中的"脾"涵盖了现代医学解剖学上的脾和胰的功能在内。因此,脾主运化的功能涵盖了胰腺的分泌功能,在糖脂代谢中扮演了重要的角色。胰腺分泌胰岛素的相对或绝对不足,是引起糖尿病及其并发症的重要原因,故以中医脾的功能为基础探讨糖尿病及其并发症的病理变化与干预策略具有合理性。脾为五脏之本,五脏功能之发挥责之于脾。《中西汇通医经精义·上卷》记载:"脾阳不足则思虑短少,脾阴不足则记忆多忘"。脾虚也会导致脾不藏营,营不舍意,脑不耐思虑,不思饮食,神情呆滞出现善忘、呆钝。"气为血之帅,血为气之母",气虚无力则无法推动血液运行,瘀血阻滞脑络,脑络不通,气血不得正常输布,脑失所养,瘀血不去,新血不生,心神失养,导致神机受挫,认知损害,可见瘀血作为主要病理产物贯穿DCI始终。研究发现,氧化应激分子在瘀血形成初期就发生了明显变化,提示机体氧化/抗氧化系统失衡。随着血瘀证的持续加重,氧化应激损伤明显加重,氧化应激损伤引起的靶器官损害也被认为是衡量血瘀证的客观依据及药物预后和疗效评价的参考指标。许多活血化瘀药物都通过缓解氧化应激反应对血瘀证进行治疗。因此,从脾论治,补气养阴,活血通络,减轻瘀血及氧化应激反应,可延缓DCI的发生和发展。

玉液汤出于清代张锡纯的《医学衷中参西录》,由黄芪、葛根、山药、天花粉、知母、五味子、鸡内金七味中药组成。方中黄芪补脾气,得清热生津之葛根可助其升发脾气,将津液输布于上而止渴;山药为肺、脾、肾三脏的平补之品,与黄芪共用为君药。臣以天花粉、知母清热,兼滋补胃、肾之阴;五味子味酸收敛,固肾生津,助山药固精生津之力,同时减少水饮下趋;鸡内金健脾胃、止消渴,运化水谷、化糖为津。全方补脾益胃、益气养阴、生津止渴、敛阴固肾,对气阴两虚型消渴合并痴呆症有显著药效。

二、玉液汤抗糖尿病认知功能障碍的研究思路及结果

玉液汤为中医治疗气阴两虚型糖尿病的有效复方,本研究以高脂高糖饲料诱导 DCI 动物模型,探讨玉液汤是否具有抗 DCI 的药效,并系统研究玉液汤防治 DCI 的作用机制。研究基于中医"脾脑"相关学说,发现玉液汤具有减轻氧化应激反应的作用,进而聚焦到氧化应激损伤,探讨玉液汤改善线粒体功能,提高细胞活力,减轻氧化应激损伤,改善 DCI 模型的分子机制(图 11－14)。

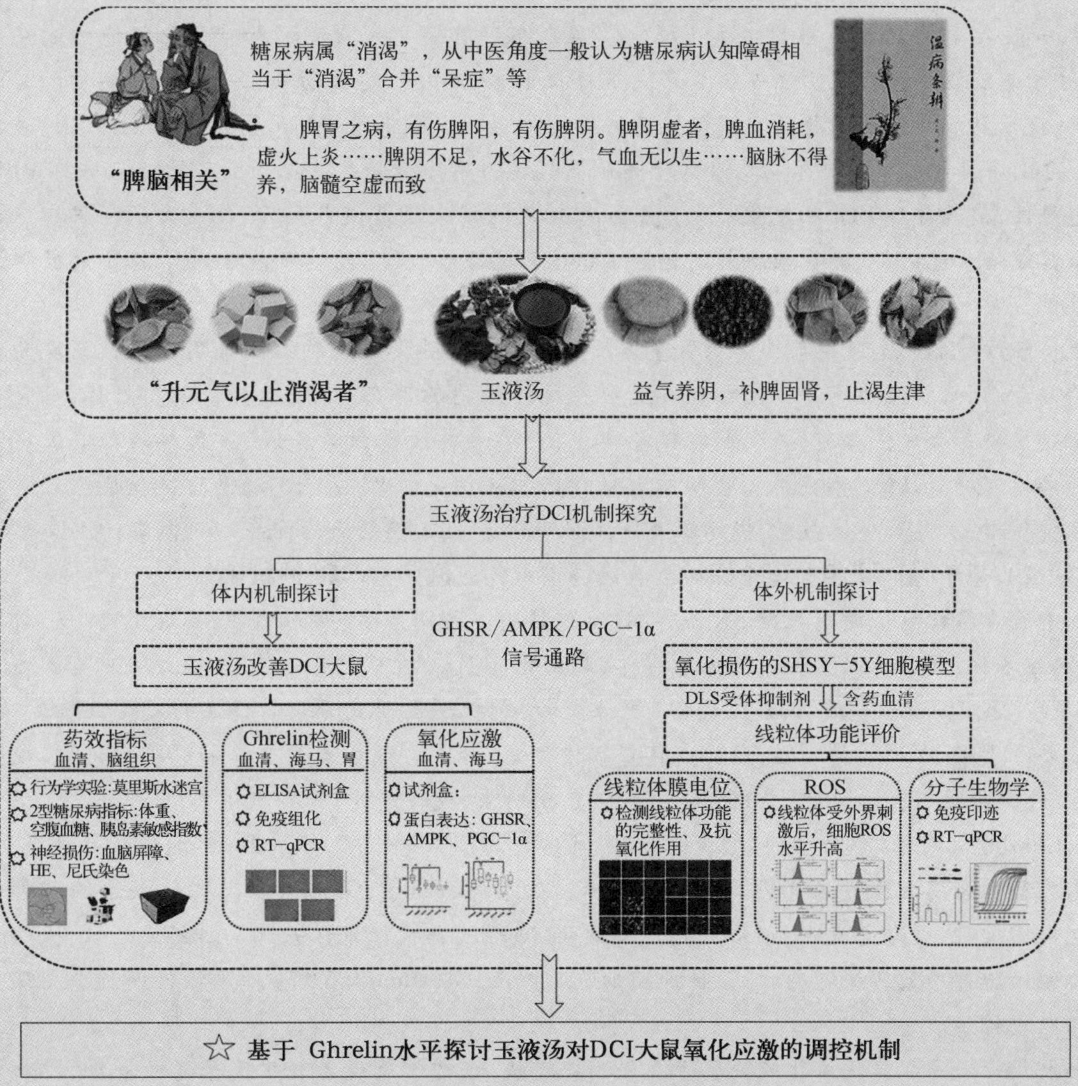

图 11－14　玉液汤抗 DCI 的研究思路

注:FBG:空腹血糖(fasting blood glucose);GHSR:生长激素促分泌素受体(growth hormone secretagogue receptor);SHSY－5Y:分化型人神经母细胞瘤细胞;DLS:[*D*－lys3]－生长激素释放肽－6(*D*－lys3－growth hormone releasing peptide－6);Ghrelin:胃生长激素释放素

（一）玉液汤对糖尿病认知功能障碍动物模型药效学评价

采用高糖高脂饮食联合小剂量链脲佐菌素（streptozotocin，STZ）法制备 DCI 动物模型，实验动物选择 SD 大鼠。高糖高脂饲料（配比为基础饲料 59%，白砂糖 20%，猪油 18%，鸡蛋黄 3%），持续喂养 4 周。禁食 12 h 后，用预冷的 0.1 mmol/L 柠檬酸缓冲液（pH = 4.55）配置 10 mg/mL 的 STZ（现配现用）。以 35 mg/kg 剂量腹腔注射，注射 72 h 后，用血糖仪取尾尖静脉血检测大鼠空腹血糖（FBG），以 FBG≥16.8 mmol/L 为筛选条件，获得糖尿病造模成功的动物继续喂养高糖高脂饲料 8 周。该方法所建大鼠模型与人类 2 型糖尿病的疾病特点具有较高的相似性。

空白组（Con）和对照组（Mod）给予 0.9% 生理盐水，玉液汤各剂量组（YYT）和二甲双胍组（Met）给予相应剂量药液，连续灌胃 4 周，普通饲料喂养。主要药效指标包括体重、血糖、莫里斯水迷宫空间学习记忆能力、组织病理学等，其中组织病理学主要是海马神经细胞形态学变化（尼氏小体的数量等），其他药效指标包括氧化应激、炎症标记物等。玉液汤干预可降低 DCI 大鼠的 FBG，并改善 DCI 动物体重的持续下降。莫里斯水迷宫是用来检测动物空间记忆能力的经典方法，给予玉液汤干预后能明显缩短 DCI 大鼠寻找平台的时间，延长动物在平台周围运动的时间和距离，提示药物干预后动物的空间记忆能力得到改善。血脑屏障（blood brain barrier，BBB）破坏是 DCI 的致病因素之一。糖尿病患者持续高血糖引起的局部和全身炎症等病理改变可破坏 BBB 结构完整性，最终导致 DCI 的发生。大鼠脑组织切片的伊文思蓝染色显示，DCI 大鼠全脑组织颜色呈深蓝或暗紫色，玉液汤干预组大鼠全脑组织蓝紫色减淡，提示药物可能改善了 DCI 大鼠的 BBB 完整性。

神经细胞的形态或尼氏小体的数量是反应神经功能的标志。脑组织损伤最直接表现为神经元的凋亡增加，神经功能异常也会直接反应在神经细胞的形态、排列及数量上。同时，尼氏小体的功能主要是合成蛋白质，尼氏小体数量减少，会影响神经蛋白的合成，导致神经功能障碍。通过苏木精-伊红（H&E）和尼式染色观察大鼠神经细胞病变情况，发现玉液汤可减少变形的神经细胞数量，并增加尼氏小体数量，提示玉液汤干预可改善 DCI 模型动物神经细胞损伤。

（二）基于“脾脑”相关理论探讨玉液汤调控氧化应激防治 DCI 的机制

中医古籍记载：“脾胃之病，有伤脾阳，有伤脾阴。脾阴虚者，脾血消耗，虚火上炎……脾阴不足，水谷不化，气血无以生……脑脉不得养，脑髓空而致”，近代医家在此基础上亦多有阐述。从“脾胃”立论，认为脾胃虚弱，痰湿内阻、气血失和、气机逆乱而发呆证。DCI 的发生病机复杂，发病主要源于脾、心、肝、肾四脏，尤其以脾胃损伤常见。因此，对其治疗当以补益脾胃为主，使脾胃得运，气血得生，脑髓得以充养；健脾运湿，使痰无所生，气血通畅，则神机得用。

Ghrelin 具有维持葡萄糖和能量稳态，同时参与大脑保护作用。Ghrelin 可通过降低神经炎症、增加海马神经发生及突触可塑性等改善认知。在海马组织内，Ghrelin 与其受体表达的增加参与记忆巩固过程，并通过减少 tau 蛋白过度磷酸化、减轻胰岛素抵抗保护海马神经元。此外，Ghrelin 可抑制细胞毒所致的细胞凋亡，保护神经细胞。综上，Ghrelin 具有改善外周糖代谢和中枢认知功能的双重作用。

氧化应激是机体抗氧化能力弱于氧化的失衡状态，常常表现为氧化因子释放增加、抗氧化酶活力下降。高血糖会使容易发生并发症的组织产生氧化应激，大脑由于其高耗氧率、丰富的脂质含量和抗氧化酶的相对缺乏而容易受到氧化损伤，其中的神经细胞也对氧化损伤特别敏感。因此，作为 2 型糖尿病患者氧化还原失衡的产物，ROS 也被认为是神经毒物，高浓度的 ROS 可刺激炎症细胞因子的上调并激活 NF－κB 信号通路，引发神经炎症促进 BBB 渗漏使炎症因子等有害物质流入中枢神经系统，影响神经细胞突触功能导致神经元损伤或死亡，同时还可以破坏线粒体结构，增加膜通透性和破坏细胞膜中的 DNA 和脂质，造成线粒体功能障碍，最终导致认知能力下降，加重 DCI 的病理过程。

基于 Ghrelin 的生物学作用和“脾脑”理论，通过玉液汤调节 Ghrelin 的水平，探究其从氧化应激角度对 DCI 的防治作用及机制（图 11－15）。

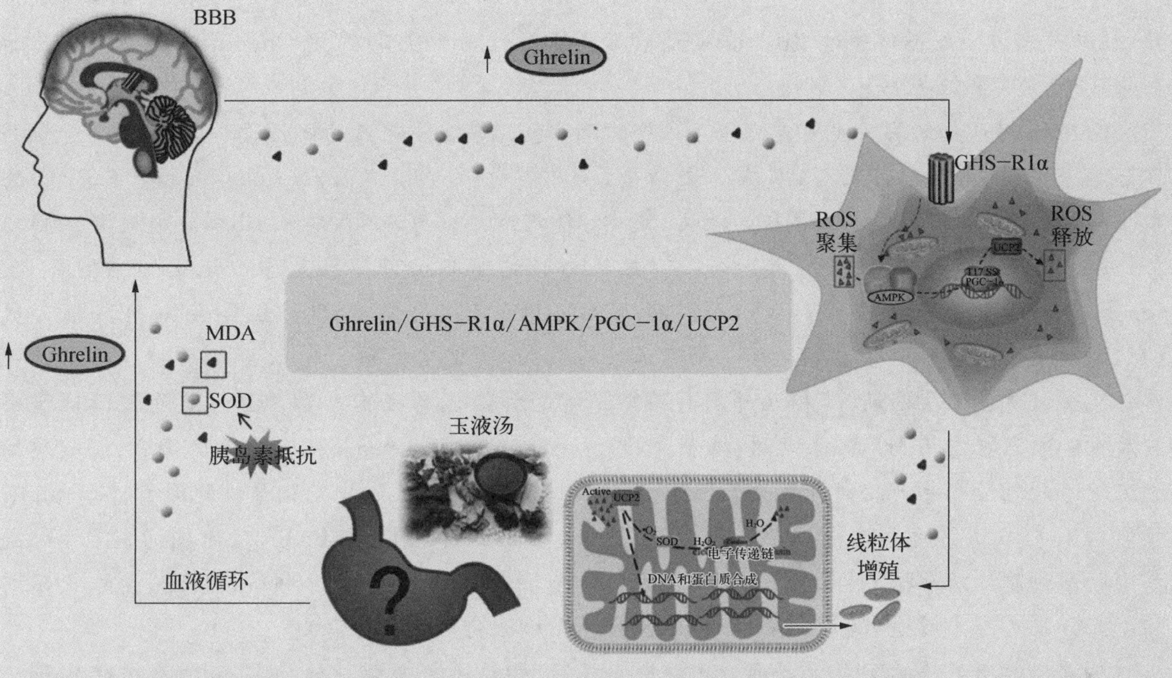

图 11－15　玉液汤通过调控 Ghrelin 水平抗氧化损伤的机制

1. 玉液汤调控 Ghrelin 抑制大鼠海马组织氧化损伤的机制研究

（1）玉液汤改善胰岛素抵抗：胰岛素抵抗指机体为维持血糖稳态而大量分泌胰岛素，过高的胰岛素水平可导致机体对胰岛素的敏感性下降，多见于 2 型糖尿病患者。外周和脑部的胰岛素抵抗均可使海马区产生大量的 Aβ 沉积，导致突触传导障碍，从而引发神经元死亡。胰岛素抵抗可抑制肝脏糖原合成酶的作用，导致糖原合成减少，血糖升高；长期的高血糖状态导致 AGE 水平升高，造成糖毒性的产生致使局部神经元损伤，损伤大脑记忆功能，加速大脑老化，促进了 DCI 的发生和发展。胰岛素抵抗还可增加机体的氧化应激反应，提高氧化物质的活性，降低抗氧化酶的活性，损伤线粒体 DNA（mtDNA），导致线粒体功能障碍，认知功能进一步下降。玉液汤干预可改善 DCI 大鼠的胰岛素抵抗，改善模型动物的糖代谢异常，可能与其延缓 DCI 的发展有关。

（2）玉液汤改善氧化应激反应：SOD 作为内源性氧自由基清除剂的代表，是一种重要的抗氧化酶，起到清除自由基，抑制脂质过氧化，减轻细胞损伤，降低炎症反应的作用，其活力的高低可间接反映机体清除氧自由基的能力。MDA 是生物体脂质过氧化的常见产物之一，是体现细胞内脂质过氧化程度的重要指标，能间接地反应细胞损伤的程度，其高低可评估机体细胞受氧自由基损伤的程度。过度的氧化刺激会阻碍细胞蛋白质、脂类及核酸的合成，导致大量的 ROS 堆积，诱导细胞死亡，同时在脑部可形成 Aβ 堆积，促进 tau 蛋白过度磷酸化，最终导致认知功能障碍的发生。

目前有大量的研究已经证实了氧化应激与脑组织损伤的关系，氧化应激会损伤大脑的多个区域，导致神经功能损伤。玉液汤干预能够提高 DCI 大鼠血清中 SOD 的活性，降低 MDA 水平，改善过氧化程度，减少神经细胞的损伤，发挥神经保护的作用。

（3）玉液汤升高 Ghrelin 的表达：Ghrelin 在体内主要有酰化 Ghrelin 及非酰化 Ghrelin 两种存在形式，均可进入中枢组织。主要作用于中枢而调节摄食行为，除了诱导进食，其增加体重，调节体脂量的作用使其在某些情况下通过减少饥饿刺激的代偿机制来维持机体的能量平衡。Ghrelin 信号传递至中枢有两种途径，一是直接与胃内的 GHSR 受体结合，通过迷走神经将信号传递至下丘脑；二是经过血液循环透过 BBB 进入大脑各区发挥作用。研究发现，Ghrelin 不仅可以调节葡萄糖代谢，还可改善认知。

Ghrelin 对认知的影响主要包括以下 3 个方面。① Aβ 沉积导致的记忆障碍是 Ghrelin 干预的环节之一，Ghrelin 注射可激活 Aβ 前体激活蛋白，即蛋白磷酸酶 1(protein phosphatase 1，PP1)的水平而抑制 NF－κB 及上游 IKKβ 的活化，减少 Aβ 沉积。研究表明，酰化 Ghrelin 通过激活脑内 AMPK 可减少 AD 大鼠海马 Aβ 沉积。② 突触的形成和突触可塑性是学习记忆的关键部分，Ghrelin 主要通过增加树突棘形成和长时程增强(LTP)来促进突触可塑性，Ghrelin 可降低大鼠 LTP 的阈值和减少 LTP 发生刺激频率而增加兴奋性，抑制记忆障碍。③ 大脑各类神经胶质细胞参与了神经炎症发生发展，其相互作用对维持正常的神经稳态极其重要。Ghrelin 处理降低了小胶质细胞激活标志物 MAC－1 表达，抑制 TNF－α、IL－1β 的释放而减缓神经元的死亡，小胶质细胞激活时此信号介导产生的神经生长因子前体(pro NGF)也会促进少突胶质细胞凋亡，Ghrelin 不仅能抑制 LPS 诱导的小胶质细胞激活，也减轻少突胶质细胞损伤。Ghrelin 可通过抑制 DM 大鼠星形胶质细胞激活维持 pro NGF－NGF 之间的平衡、降低炎症因子保护海马神经元，受体抑制则阻断此效应。综上所述，调节机体 Ghrelin 水平对认知功能具有重要意义。

玉液汤具有显著的 DCI 大鼠血清中抗氧化效应，但这是否与调控体内 Ghrelin 有关仍需进一步研究。通过 ELISA 检测 DCI 大鼠血清中 Ghrelin 水平，免疫组化及 RT－qPCR 检测胃黏膜和海马中 Ghrelin 的表达，发现玉液汤能升高 DCI 大鼠血清中 Ghrelin 水平，促进胃黏膜和海马区 Ghrelin 的表达和转录，改善认知功能；并通过体外细胞实验，验证了玉液汤含药血清可能通过介导血清中 Ghrelin 与 GHS－R1α(GHSR 的一种亚型)相互作用。

（4）玉液汤对海马 GHS－R1α/AMPK/PGC－1α/UCP2 信号通路表达的调节作用：GHS－R1α 是 Ghrelin 的受体，可在海马组织表达。AMPK、PGC－1α、UCP2 是参与线粒体功能和能量代谢调节的重要功能蛋白。海马组织中 ROS 堆积及抗氧化能力下降会引发氧化应激，AMPK 作为细胞能量传感器，受 ROS 的激活，进而触发下游蛋白 PGC－1α 激活抗氧化系统，清除过量堆积的 ROS，维持细胞的代谢稳态。PGC－1α 是 PPARγ 的转录共激活辅助因子，其通过增强几个关键的转录因子活性来调控线粒体的生物发生。AMPK 促进 PGC－1α 磷酸化，磷酸化的 PGC－1α 即能激活线粒体蛋白 UCP2，使电子传递链发生解偶联，减少 ROS 的产生，PGC－1α 在海马神经元中的低表达使树突线粒体数量及 ATP 输出减少，进而降低海马 CA1 区神经元的兴奋性，导致认知障碍的产生。

利用蛋白质印迹及 RT－qPCR 检测 GHS－R1α/AMPK/PGC－1α/UCP2 蛋白及 mRNA 的表达水平，评价其在玉液汤改善 DCI 中的作用。结果显示，玉液汤干预能上调海马组织中 GHS－R1α/AMPK/PGC－1α/UCP2 的蛋白及 mRNA 水平，提示玉液汤改善 DCI 大鼠记忆功能可能与调节该信号通路有关。

2. 基于血清药理学方法研究玉液汤改善糖尿病认知障碍的分子机制

（1）玉液汤含药血清的制备：中药血清药理学是将中药或中药复方经灌胃给药后采集动物血液，制备含药血清。将含药血清作为反应中药吸收入血的活性成分或其代谢产物直接用于体外反应体系，是研究中药药效及机制的常用方法之一。含药血清的制备方法有单次高浓度给药法、多次给药法或连续给药法，使得药物达到稳态血药浓度，理想的采血时间应在动物末次给药后 1~2 h 之内。中药血清药理学能够避免因中药材本身的理化性质及其含有的大量未知成分对实验结果带来的干扰，且能够模拟药物在胃肠道经肠道菌群及宿主体内的代谢转化，所制备的含药血清不仅包含中药的部分可吸收原型成分、经肠道菌群及机体代谢转化的次级成分，以及经中药干预后机体的内源性成分等，因此，含药血清能够在一定程度上反映药物在体内的"真实"状态。

玉液汤含药血清制备：选取 40 只 SPF 级健康雄性 SD 大鼠，分为空白组，玉液汤低、中、高剂量组，每组 10 只，空白组灌胃给予等体积的生理盐水，其余各组灌胃相应剂量玉液汤水煎液，连续灌胃 7 天，末次灌胃后 1~2 h 内腹主动脉取血，室温下静置 30 min，3 500 r/min 离心 15 min，收集血清，经 0.22 μm 滤膜过滤，分装于−20℃保存备用。

（2）玉液汤含药血清调控 Ghrelin 抑制神经细胞氧化损伤机制：氧化应激所导致的线粒体功能障碍是 DCI 的主要诱因及表现，改善线粒体功能障碍是减轻氧化损伤的根本目的。线粒体是体内最重要的能源中心，也是产生能量和 ROS 的主要场所，其结构和功能的改变，都会引起细胞程序化死亡。细胞代谢稳态和细胞受损后功能恢复在神经退行性疾病中起着举足轻重的作用。糖尿病患者长期处于高血糖状态下易产生氧化损伤，进而导致线粒体结构被破坏，造成线粒体功能异常，ATP 含量降低。表现为显著的 MMP 含量降低和过量 ROS 的产生。PGC−1α 参与线粒体的生成和功能调节，可反映线粒体功能障碍程度。线粒体功能异常可致氧化应激及神经凋亡。有研究表明线粒体内产生的 ROS 增多可将自身作为首要靶目标导致线粒体损伤，包括对线粒体呼吸链及其内外膜和基质蛋白的影响，导致 ROS 产生更多，则 ATP 合成减少，进而线粒体膜通透性改变，启动线粒体凋亡途径诱导细胞凋亡。

（3）玉液汤含药血清对 H_2O_2 诱导 SHSY−5Y 细胞氧化应激的抑制作用观察：分化型 SHSY−5Y 是广泛用于研究脑部疾病的细胞，其分化型可表达 GHS−R1α 受体。因此，本研究使用分化型 SHSY−5Y 研究玉液汤含药血清对氧化应激的作用。通过 CCK8 实验检测细胞活力，选取以浓度为 10%的玉液汤低剂量(4.575 g/kg)、玉液汤中剂量(9.15 g/kg)、玉液汤高剂量(18.3 g/kg)含药血清预处理细胞，再用 400 μmol/L H_2O_2 刺激 2 h，以建立氧化应激细胞模型，并设置 DLS 受体抑制剂。通过模拟体内环境观察 Ghrelin、玉液汤含药血清与氧化损伤的 SHSY−5Y 细胞之间的关系，评价玉液汤含药血清和 DLS 受体抑制剂对细胞活力的影响，验证玉液汤含药血清的抗氧化效应，明确 Ghrelin 调节抗氧化途径时是否是通过激活 GHS−R1α 受体而起效。CCK8 与蛋白质印迹实验结果显示，玉液汤含药血清提高了细胞活力，减轻了 H_2O_2 刺激引起的氧化损伤，玉液汤含药血清各剂量组均不同程度的升高了 GHS−R1α/p−AMPK/PGC−1α/UCP2 蛋白的表达；DLS 受体抑制剂较 H_2O_2 刺激组显著降低了细胞活力，且预处理细胞 1 h 后可抑制 GHS−R1α 表达，同时较 H_2O_2 刺激组显著降低其下游 p−AMPK/PGC−1α/UCP2 蛋白的表达，证明 DLS 受体抑制剂可通过抑制 GHS−R1α 阻断了酰化型 Ghrelin 的抗氧化作用。

(4) 玉液汤含药血清对氧化损伤 SHSY－5Y 细胞线粒体膜电位的维持作用：线粒体膜电位是评价线粒体功能的指标之一，其水平高低直接反映线粒体功能及数量。当线粒体受到各种因素刺激时，线粒体膜电位的缺失会导致氧化磷酸化解偶联、氧自由基生成增多，ATP 产生减少，影响线粒体的功能，导致细胞凋亡和坏死。因此线粒体膜电位的损伤是线粒体功能紊乱的重要信号。JC－1 是一种广泛用于检测线粒体膜电位的荧光探针，JC－1 染料以电势依赖性的方式积聚在线粒体内，可以用来检测细胞、组织或纯化的线粒体膜电位。正常的细胞膜具有极性，JC－1 指示剂会透过正常的细胞膜，在线粒体内形成多聚体而发射红色荧光，而细胞凋亡时，线粒体膜电位去极化，JC－1 从线粒体呈单体形式释放并发射绿色荧光。

通过免疫荧光技术检测线粒体膜电位含量，结果显示玉液汤含药血清能延缓氧化损伤的 SHSY－5Y 细胞线粒体膜电位含量下降，保护线粒体功能。

(5) 玉液汤含药血清降低氧化损伤 SHSY－5Y 细胞线粒体 ROS 的作用观察：细胞膜内 ROS 是影响线粒体功能的重要因素。正常状态下，线粒体内氧化还原系统保持着动态平衡，细胞代谢过程中产生的少量 ROS 可以被抗氧化系统及时清除。但是，当线粒体功能发生障碍时，细胞内的抗氧化系统难以及时清除产生的 ROS，导致细胞内 ROS 大量堆积，引起氧化应激、神经炎症等相关的病理改变，从而加剧认知功能障碍。细胞内堆积的 ROS 会进一步造成线粒体膜、呼吸链、mtDNA 受损及线粒体膜电位下降等结构和功能改变，从而加剧线粒体功能障碍。线粒体功能障碍又进一步增加 ROS 的生成，最终形成线粒体功能障碍和 ROS 之间的恶性循环，使细胞内供能障碍，从而导致神经元死亡。本研究发现，玉液汤含药血清干预能够抑制氧化损伤的 SHSY－5Y 细胞 ROS 水平的增加，从而改善线粒体功能，提示玉液汤改善认知功能损伤与抑制细胞内 ROS 有关。

三、总结与展望

该研究以中医学“脾脑”相关理论为指导，以氧化应激贯穿 DCI 全过程及玉液汤治疗气阴两虚型糖尿病为依据，在明确玉液汤干预具有改善 DCI 作用的基础上，采用 DLS 受体抑制剂和 SHSY－5Y 细胞探讨了玉液汤在调控 DCI 氧化应激的作用机制中与 Ghrelin 酰化类型的关系。

该研究揭示了氧化应激是 DCI 致病的核心因素之一，调节 Ghrelin 的分泌在 DCI 中发挥重要作用，为阐明中医“脾脑”相关学说与 DCI 发病中氧化应激反应的内在联系提供了科学依据。阐明玉液汤防治 DCI 的作用特点，其可通过增加血清、胃黏膜、海马中 Ghrelin 的含量进而减轻氧化应激对脑部的损伤，改善线粒体功能，保护神经细胞，丰富了玉液汤从脾脑论治 DCI 的科学内涵，为玉液汤的进一步开发利用奠定了科学基础。

DCI 是一种缓慢进展的疾病，随着人口老龄化、饮食结构及生活方式的改变，其发病率呈逐渐升高趋势。因此，寻找有效的治疗方法或开发新的药物来对抗 DCI 非常必要。内源性脑肠肽 Ghrelin 作为中医药理论和疾病之间的关键枢纽，从脾胃论治玉液汤调控 Ghrelin 水平对 DCI 的防治作用机制，可能为未来研究策略之一。但是样本量有限、个体差异，以及相关临床数据的缺乏，导致 Ghrelin 及其受体在 DCI 中的具体作用途径、信号级联和分子机制还需进一步探索。同时有研究显示 Ghrelin 对有些代谢性疾病可能具有潜在的不良反应，可能会加重病情的发展，使这一问题进一步复杂化。因此，未来的研究将集中于阐明脑肠肽与其下游途径之间的具体作用机制及开发位点特异性疗法对于在 DCI 治疗期间控制 Ghrelin 水平至关重要。

思考题

(1) 如何客观认识和评价肠道菌群在中药功效中的贡献度?

(2) 中医药微生态研究所面临的挑战有哪些?

(3) 请分析四妙方和玉液汤两个研究案例设计中的不足之处有哪些?

（李后开　郑宁宁　刘继平）

第十二章
中药对血液系统疾病的药理研究

第一节　概　　述

一、血液系统疾病的中医学认识

“血病”是中医学最早对与血相关疾病的总称，出自《素问·三部九候论》中的“经病者治其经，孙络病者治其孙络血，血病身有痛者，治其经络。”后见于隋代巢元方的《诸病源候论》。根据其临床表现和发病特征可以将血液病归属于“血虚”“血瘀”“血证”“虚损”“虚劳”“急劳”等范畴。《黄帝内经》等论述了关于血液病的生理、病理、治疗等，至第一部中医出血性疾病专著《血证论》的成书，历时千载，积渐而成。《血证论》内容广泛，论述涉及各种血证的病因病机、诊断方法、辨证论治、治疗转归等，其中提出的止血、消瘀、宁血、补虚的治血四法，作为统治血证的大纲。

血病的发生或因外感六淫毒邪，气血逆乱；或内伤七情，损及五脏；或饮食所伤，痰瘀互阻；或起居失调，气血不足等，临床表现为贫血、出血、发热，或肝、脾、淋巴结肿大为特征。临床上常见的血病病证有血虚证、血瘀证、血热证和血寒证。

血虚证可分为脾胃两虚证、肾亏血虚证、血虚兼湿证和血虚兼瘀证等。脾胃两虚症因病机为脾胃运化失司，气血生化乏源，故而气血两虚，治疗以“温”“补”为要，兼以“和”法，健脾益胃、益气生血为其根本治法。方剂选异功散、八珍汤、十全大补汤等加减。肾亏血虚证以肾虚为因，血虚为果，又分为肾阴虚、肾阳虚、肾阴阳两虚。临证以补肾填精益髓为基本治则，辨证补肾为主，兼以补脾，遵循凉、平、温、热的用药规律，以参芪仙补汤（人参、黄芪、仙鹤草、补骨脂）为基本方剂。血虚兼湿证，湿或从热化呈湿热为患，熏蒸肝胆，胆汁外溢，发为阳黄；或以寒化致寒湿为患，寒湿阻滞，胆失常道而发为阴黄，日久阻滞血行而兼瘀，即本虚标实，宜急则治其标，祛邪以扶正，利湿为其要，可予清开灵注射液、茵栀黄注射液静脉输注清热利湿退黄，联合龙胆泻肝汤、茵陈蒿汤加减治疗，兼顾补养气血。血虚兼瘀证，见于血虚证后期，气虚血亏无力鼓荡脉道，血液运行不畅，或久病入络，脉络瘀阻而成瘀，治疗以扶正为主，兼以清热利湿、活血化瘀、软坚散结，宜于益气活血、清热利湿基础上合用桃红四物汤、膈下逐瘀汤加减。血虚证多见于血液系统的红细胞系统疾病，亦可见于白血病、淋巴瘤、多发性骨髓瘤等恶性血液系统疾病及出凝血疾病伴失血性贫血患者（图12－1）。

常见证型	治则治法	代表方剂
脾胃两虚证	健脾益胃、益气生血	异功散、八珍汤、十全大补汤加减等
肾亏血虚证	补肾填精益髓	参芪仙补汤加减
血虚兼湿证	扶正祛邪利湿	清开灵注射液，茵陈蒿汤加减等
血虚兼瘀证	扶正活血化瘀	桃红四物汤、膈下逐瘀汤加减

图12－1　血虚的常见证型、治则治法与代表方剂

血瘀证多因嗜食烟酒、情志不舒，或湿热毒邪内生，阻塞血脉，或肝郁化火，气机郁滞，火灼津液，血液黏稠，滞而不畅致瘀血内停。老年患者多因脏腑功能虚弱，正气不足，气虚推动无力而瘀血阻滞，以虚为本。基本治法为活血化瘀，但上述疾病均为邪毒内蕴之恶性血液病，故多兼解毒法，并根据虚实盛衰的不同，确立相应的个体化治疗措施，攻补兼施，标本同治。血瘀证主要见于血液系统疾病中真性红细胞增多症、原发性血小板增多症、骨髓纤维化等，此外白血病、淋巴瘤伴肝脾肿大者，亦多从血瘀论治。而临床上常用方剂为血府逐瘀汤（《医林改错》）加减，该方含桃仁、红花、甘草、当归、白芍、生地黄、柴胡、桔梗枳壳、牛膝、川芎，方中当归、白芍、生地黄、川芎活血化瘀、止血养血；柴胡、枳壳行气活血止血；牛膝引血下行；桔梗开肺气、载药上行；甘草调和诸药；桃仁、红花去瘀生新。若血瘀明显者可酌情加桃仁、红花、牡丹皮、鸡血藤；若脾肾阳虚明显者可加附子、肉桂、干姜、巴戟天、肉苁蓉、锁阳等。

血热证指火热内炽，侵迫血分，血热妄行所产生的证候，主要表现为身热口渴、斑疹、吐衄等，属实热证候。病因病机多为情志过激，气郁化火；外感热邪，或他邪化热，传入血分；过食辛辣燥热之品，化热生火，火热内生，侵扰血分，迫血妄行。临床上急性髓系白血病、急性早幼粒细胞白血病和急性淋巴细胞白血病等常见热毒炽盛的症状。常用方剂为犀角地黄汤（《外台秘要》）加减，该方含水牛角、生地黄、牡丹皮、白芍、生石膏、知母、金银花、连翘、蒲公英、地丁、白花蛇舌草、龙葵、白英、莪术。方中水牛角清心，凉血解毒；生地黄清热凉血养阴；芍药、牡丹皮凉血消瘀；石膏、知母、金银花、连翘、公英、地丁清热解毒。出血重者加白茅根、大小蓟、藕节、三七粉，清热凉血，活血止血。

血寒证指寒邪客于血脉，凝滞气机，血行不畅所产生的证候，主要表现为患处冷痛拘急等，属实寒证候。是因寒邪侵犯血脉，或阴寒内盛，凝滞气机，脉道拘挛，血行不畅，凝滞脉络。寒凝困遏阳气，气血运行不畅，阳气不得流通，形体失于温养，所以常表现为形寒畏冷；寒客血脉，脉道拘挛，血行不畅，症见手足苍白或青紫发凉；寒凝气机，凝滞收引致痛，其痛具有拘急冷痛、得温痛减的特点。临床上自身免疫性溶血性贫血、原发性血小板增多症等常见肾虚寒凝和寒凝血瘀的症状。代表方剂：当归四逆汤（《伤寒论》），由当归、桂枝、芍药、细辛、炙甘草、通草、大枣（擘）等药材组成。具有温经散寒、养血通脉的功效，主治血虚寒厥证，症见手足厥寒，或腰、股、腿、足、肩臂疼痛，口不渴，舌淡苔白，脉沉细或细而欲绝（图 12－2）。

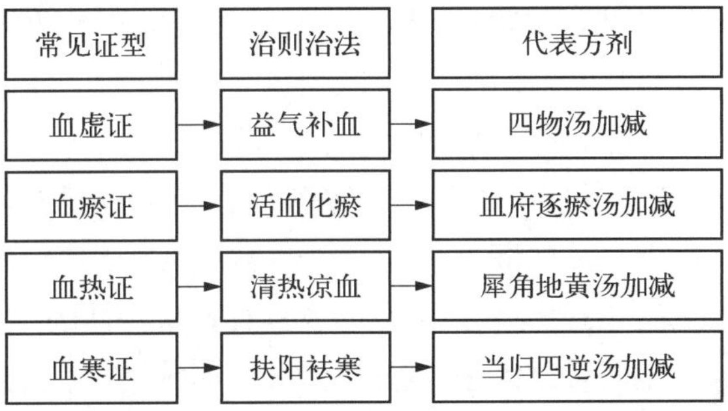

图 12－2　血液病常见证型、治则治法与代表方剂

二、血液病的现代医学认识

现代医学认为血液病是原发于造血系统，或造血系统成分异常改变的一类疾病，临床症状主要以贫血、出血、发热为特征。根据血液病临床特点可分为 3 大类，红细胞疾病（如缺铁性贫血、地中海贫血、自身免疫溶血性贫血、再生障碍性贫血、红细胞增多症等），白细胞疾病（如白血病、恶性淋巴瘤、多发性骨髓瘤、骨髓增生异常综合征等），出血性疾病（如血友病、过敏性紫癜、原发性血小板增多症等）。血液病可以是原发的，其中大多数是先天性造血功能缺陷或骨髓成分的恶性改变引起；也可以继发于其他疾病如营养缺乏、代谢异常及物理化学因素等导致血液或骨髓成分有较明显改变者。

红细胞生成于骨髓内，在氧气和二氧化碳运输中起重要作用。红细胞异常导致的疾病主要是各种类型的贫血，包括缺铁性贫血、巨幼细胞性贫血、再生障碍性贫血、自身免疫溶血性贫血等疾病。红细胞疾病在临床上通过一般治疗、药物治疗、手术治疗等方式进行改善。缺铁性贫血一般通过口服或静脉铁剂进行补铁治疗。巨幼细胞性贫血的主要病因是维生素 B_{12} 或叶酸缺乏，患者通常口服或肌内注射

维生素 B_{12} 或叶酸直至血象恢复正常。对于再生障碍性贫血患者一般通过输注红细胞、血小板或粒细胞等一般治疗缓解症状,针对发病机制的治疗方式包括免疫抑制治疗、促造血治疗等。自身免疫性溶血性贫血是由免疫球蛋白 G(IgG)自身抗体对红细胞破坏增加引起的,常规治疗药物包括糖皮质激素(如泼尼松)、免疫抑制剂(如环孢素 A)和免疫球蛋白,在伴随严重并发症情况下通过脾切除手术进行治疗。

白血病是一类造血干细胞的恶性克隆性疾病,主要是由于白血病细胞自我更新增强,增殖失控,分化障碍,凋亡受阻等。根据白血病的发展过程和白血病细胞成熟程度可分为急性和慢性两大类。急性白血病发病急骤,出现贫血、出血、发热、继发感染、肝脾肿大等症状。慢性白血病发病缓慢,病程长,早期出现乏力、低热、多汗、体重减轻等或无症状。根据病变细胞来源不同,可分为骨髓性白血病和淋巴性白血病。综合以上两种分类方法,白血病可分为急性髓系白血病(acute myeloid leukemia,AML)、急性淋巴细胞白血病(acute lymphoblastic leukemia,ALL)、慢性淋巴细胞白血病(chronic lymphocytic leukemia,CLL)、小淋巴细胞淋巴瘤(small lymphocytic lymphoma,SLL)和慢性粒细胞白血病(chronic myelocytic leukemia,CML)。目前白血病的治疗包括化学治疗、放射治疗、骨髓移植、分子靶向治疗等。化学治疗为主要治疗手段,通常分阶段联合治疗。放射治疗为姑息治疗,一般局部照射有明显肿大的肝、脾或淋巴结,以缓解压迫症状,或用于骨髓移植前的大剂量全身照射。成年慢性粒细胞白血病患者化疗缓解后仍易复发,故骨髓移植是相当重要的治疗方法。分子靶向治疗是利用蛋白质组学技术发现一系列白血病相关抗原,包括:α-烯醇酶、醛缩酶 A、HSP70 蛋白 8、β-微管蛋白和原肌球蛋白亚型、MAGE-A3 等,这些均可作为免疫治疗的分子靶标。

白血病的确切病因至今未明,但其发生与炎症、病毒感染、食品污染(农药残留等)、装修污染(苯、甲苯、二甲苯、氡及其子体等)以及滥用药物等密切相关。研究发现,白血病发病主要与基因组异常有关,染色体的断裂和易位可使癌基因激活或位置发生改变,染色体内基因结构的改变可直接引起细胞发生癌变。染色体异位可以形成具有肿瘤特性的融合基因,也可使一些与细胞周期相关的调控基因表达失控(如编码转录因子、酪氨酸激酶基因等),干扰细胞增殖、分化、成熟与凋亡的正常途径,从而引发白血病。

出血性疾病有多种,临床上主要根据出血性疾病的病因和发病机制进行分类,可分为血管性、血小板性、凝血因子异常等。① 血管性,如遗传性毛细血管扩张症、血管性血友病、过敏性紫癜、单纯性紫癜和自身免疫性紫癜等。② 血小板性,如免疫性血小板减少症、再生障碍性贫血、原发性血小板增多症和真性红细胞增多症等。③ 凝血因子异常,如血友病、先天性低(无)纤维蛋白原血症等。出血性疾病以治疗个体化、积极治疗原发病为主,包括药物治疗、手术治疗及免疫治疗。常见药物有糖皮质激素、去氨加压素、垂体后叶素。免疫治疗,如对特发性血小板减少性紫癜,可应用糖皮质激素等进行免疫治疗。

第二节　中药对急性早幼粒细胞白血病的药理研究(以三氧化二砷/复方黄黛片为例)

一、急性早幼粒细胞白血病的中医学认识

根据急性早幼粒细胞白血病临床表现,可归属于中医学“内伤发热”“血证”“虚劳”“症瘕”等病证范畴,该病起病急、变化快、症状重、死亡率高。初起即见血分证及营分证症状,又与温病类似,属“髓毒”“温病”范畴。多因正气内虚,感受邪毒,未解入里,或情志失调、饮食损伤等因素而致毒热内生,日久毒邪蕴结骨髓。其主要病机变化为骨髓造血失司,气血生化乏源而致气血亏虚,毒热之邪乘虚内扰,加之气血津液运行失常,导致痰瘀互阻,日久积滞而成症瘕、瘰疬,久病则伤阴耗气,故成虚实夹杂之病。

因此，该病病因或为禀受于先天胎毒，或为感受外邪，或为正气亏虚邪毒入里，病机多为邪毒炽盛、气阴两虚，兼夹湿热瘀血阻滞。常见证型有热毒炽盛证、气血两虚证、湿热内蕴证、脾肾阳虚证、肝肾阴虚证。热毒炽盛证，气分热炽则壮热；热邪迫津外泄则汗出；津液损伤，不能上承则口干口渴。以清热解毒、凉血止血，佐以扶正为治法。代表方剂为犀角地黄汤（《外台秘要》）加减，方中包含水牛角、生地黄、赤芍、牡丹皮。方中水牛角清热解毒，生地黄、赤芍、牡丹皮滋阴凉血止血。气血两虚证，心脾亏虚，气血不足，血不能上荣于面，面色无华；心血不足，心脉失养，心悸怔忡，悸动不安。气虚、津液外泄而见自汗，脾气虚，食少纳呆，气虚失于固摄，血溢脉外则肌肤紫斑。以益气养血、健脾补肾为治法。代表方剂为八珍汤（《丹溪心法》）加减，方中包含党参、黄芪、白术、茯苓、熟地黄、赤芍、当归、川芎、阿胶、何首乌、枸杞子、女贞子、旱莲草、山茱萸。湿热内蕴证，湿热之邪蒸斥肌肤而见肌衄发热；湿为阴邪，其性重浊，则身重；清空不利，头晕头重如裹；阻于中焦，郁而不达，导致脾胃功能失调，胃失和降，浊气上逆则腹胀纳滞。以清热利湿、化浊解毒为治法。代表方剂为六君子汤（《医学正传》）加减，方中包含人参、茯苓、白术、甘草、泽泻、猪苓、陈皮、半夏、柴胡、黄芩、龙胆草、栀子、白花蛇舌草。脾肾阳虚证，脾气虚日久不愈伤及脾肾之阳，使阳气亏虚，阴寒内盛，运血无力导致脉络阻滞，再则气虚失摄，也可见紫斑反复发作；阳气亏虚、温煦无权，则倦怠乏力，畏寒肢冷。以温补肾阳，化瘀散结为治法。代表方剂为右归丸（《景岳全书》）加减，方中包含熟地黄、山药、山茱萸、茯苓、牡丹皮、杜仲、补骨脂菟丝子、附子、巴戟天、肉苁蓉、肉豆蔻、草果仁、砂仁、三棱、莪术、青黛、半枝莲。肝肾阴虚证，久病阴液亏耗，血脉不充，血液运行不畅而瘀滞，瘀血阻滞，有碍阴精的化生而加重虚损之候。以滋补肝肾，软坚散结为治法。代表方剂为六味地黄丸（《小儿药证直诀》）加减，方中包含生地黄、山茱萸、山药、枸杞子、沙参、麦冬、黄柏、知母、牡丹皮、赤芍、夏枯草、鳖甲。

发病过程中，脾胃受到影响，运化功能失职，则水湿停聚或四溢，湿与热合，则湿热受蒸，影响脾胃运化之功，脾失运化，气血不足。如见湿热蕴积，尽早投以清热化湿之剂，化浊解毒之剂，如六君子汤加减等。

白血病后期，阴精耗伤，气血不足均应注意调补。补脾胃能生气血，益肾填精能促髓生血，两者均有生血及促进造血的治疗作用。肾内藏先天之精和后天之精，元气根于肾。肾中精气化生的元气，使肝气得以疏泄条达，脾气得以转输，并促进血液的运行，从而更好地使血液再生，也即"精血同源"，精能生血，血能化精，所以补肾能达到滋血、生血的效果。因此，脾肾阳虚证则温补肾阳、化瘀散结，临床方剂常以右归丸加减为主；肝肾阴虚证以滋补肾阴为主，临床常用六味地黄丸加减（图 12－3）。

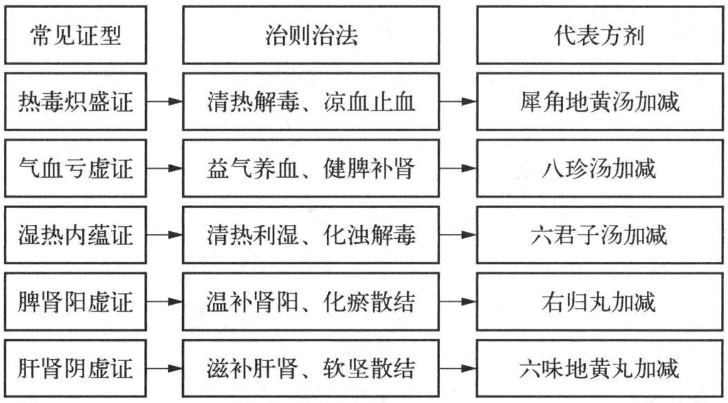

图 12－3　急性早幼粒细胞白血病常见证型、治则治法与代表方剂

二、急性早幼粒细胞白血病的发病机制

急性早幼粒细胞白血病（acute promyelocytic leukemia，APL）属于急性髓系白血病的一种 M3 亚型，骨髓中以多颗粒的早幼粒细胞为主。主要是由 15 号染色体与 17 号染色体易位引起，位于 15 号染色体

长臂上的维 A 酸受体 α(retinoic acid receptor α,*RARα*)基因与 17 号染色体长臂上的早幼粒细胞白血病(promyelocytic leukemia,*PML*)基因发生易位,形成 *PML* - *RARα* 融合基因。RARα 是一类可被配体诱导的转录因子,PML 具有抑制肿瘤生长和促进细胞凋亡的功能。PML - RARα 融合蛋白通过以下机制引起 APL 的发生:① 通过显性负调控作用,抑制早幼粒细胞分化成熟和凋亡,从而在骨髓和其他造血组织中大量堆积而致病;② PML - RARα 融合蛋白促进 RARα 与转录共抑制复合物的结合;③ 高浓度的 PML - RARα 融合蛋白可抑制 *PML* 基因表达,并阻碍 PML 的抑制增殖和促进凋亡的关键功能,进而阻止早幼粒细胞分化成熟而导致的大量异常积累和浸润;④ *PML* - *RARα* 融合基因可使在细胞分化过程中起信号转导作用的 PML - RARα 目标基因编码适配器分子- 1(PML - RARα regulated encoding an adaptor molecule - 1,PRAM - 1)蛋白表达下调,导致白血病细胞分化成熟受限;⑤ PML - RARα 蛋白还可通过募集甲基化酶,导致抑癌基因的异常甲基化,从而抑制抑癌基因的表达。研究发现,约 98%的 APL 都是由于 *PML* - *RARα* 融合基因的形成而引发(图 12 - 4)。

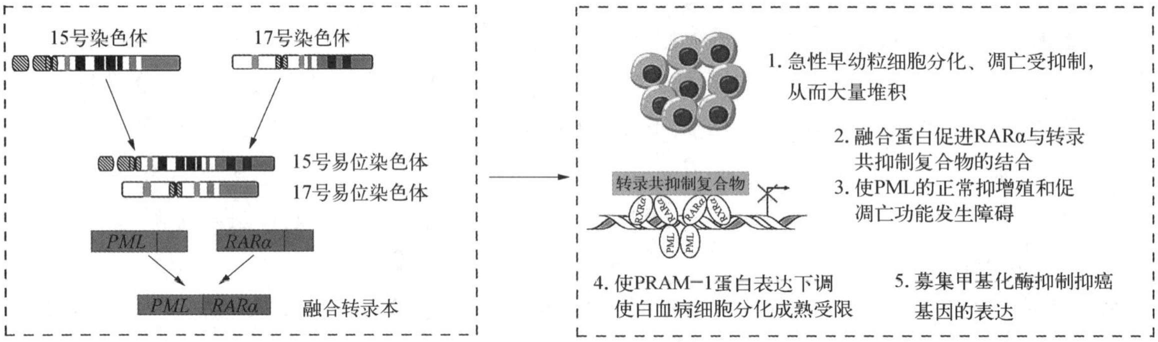

图 12 - 4 急性早幼粒细胞白血病的发病机制

案例:三氧化二砷/复方黄黛片干预急性早幼粒细胞白血病

一、三氧化二砷/复方黄黛片干预急性早幼粒细胞白血病中西医理论基础

(一)三氧化二砷治疗急性早幼粒细胞白血病的中西医理论基础

目前,国际认可的治疗 APL 的药物分为常规化学药物(全反式维 A 酸、阿糖胞苷、甲氨蝶呤等)、单克隆抗体(主要指吉妥珠单抗)、三氧化二砷(arsenic trioxide,ATO)等,并采用多药联合方式进行治疗。常规化疗药的不良反应较多,甚至加重出血倾向,达不到治疗预期;单克隆抗体价格昂贵,临床应用受限。其次,虽然全反式维 A 酸(all-trans retinoic acid,ATRA)治疗 APL 有显著的疗效,但易引起致命性分化综合征,容易复发并产生耐药性。

砷具有毒性和致癌性,同时对包括恶性肿瘤在内的多种疾病具有治疗作用。20 世纪 70 年代,哈尔滨医科大学张亭栋教授发现其具有治疗 APL 良好药效。2000 年,美国食品药品监督管理局批准 ATO 注射液 Trisenox™ 用于治疗新诊断和难治性/复发性 APL 患者。ATO 是目前公认的治疗 APL 的一线化疗药物,通过涉及多种信号转导途径的多种机制发挥作用,其细胞效应是通过诱导分化、诱导凋亡、抑制生长、诱导自噬、抑制血管新生介导,患者不会出现骨髓抑制等严重副作用,对 APL 的各个阶段如复发之后的诱导缓解,原发疾病的治疗及治疗后的巩固或维持阶段都具有很好的效果。

(二)三氧化二砷治疗急性早幼粒细胞白血病的主要机制

1. 三氧化二砷诱导 APL 细胞分化 自 ATO 对 APL 的治疗效果被临床证实以来,上海交通大学医学院附属瑞金医院的陈竺、陈赛娟院士团队对其治疗机制进行了系列研究。最初发现，ATO 对 APL 细胞的作用具有剂量依赖性的双重效应，即高浓度(0.5~2 μmol/L)诱导 APL 细胞凋亡，低浓度(0.1~0.5 μmol/L)诱导 APL 细胞分化。采用 APL 细胞株 NB4 细胞[即早幼粒白血病基因-维 A 酸受体 α 基因(PML－RARα 融合阳性)]和人原代 APL 细胞进行实验发现 PML－RARα 融合蛋白的降解是导致 ATO 出现两种效应的原因。进一步的研究证实，ATO 引起的 NB4 细胞分化是通过作用于 PML－RARα 融合蛋白的 PML 区域所实现的。ATO 可以直接靶向作用于 PML，导致 PML 的小泛素相关修饰后的 PML 能够招募环指蛋白 4(ring finger protein 4，RNF4)，而 RNF4 是一种泛素连接酶，聚泛素化的 PML－RARα 可以通过泛素-蛋白酶体途径被降解。PML－RARα 融合蛋白的降解能够抑制该融合蛋白对 PML 或 RARα 正常功能，从而解除 APL 细胞的分化阻滞现象。虽然 ATO 能够诱导 APL 细胞的分化成熟，但是只是在低浓度时才显示出这种潜能，可见诱导白血病细胞分化并非为 ATO 能够治愈 APL 的根本原因。

2. 三氧化二砷诱导 APL 细胞凋亡　细胞凋亡是一种程序性的细胞主动性死亡方式，ATO 可在高浓度时诱导 APL 细胞凋亡。ATO 0.5~2 μmol/L 可选择性地抑制 NB4 细胞的增殖，ATO 处理的 NB4 细胞出现了明显的染色质固缩和 DNA 断裂的现象。ATO 可下调抗凋亡蛋白 Bcl－2 表达；此外，ATO 还可诱导细胞内 ROS 的形成，降低谷胱甘肽(glutathione，GSH)的含量，激活线粒体天胱蛋白酶系统的活性，而这些都可直接对 DNA 和 RNA 造成损伤，诱导白血病细胞凋亡。研究表明，当给予更高浓度 ATO 时，U937 和 HL－60 细胞也会出现凋亡。NB4 细胞中谷胱甘肽氧化酶的含量明显高于 U937 细胞和 HL－60 细胞，而 ROS 水平相对较高，这有可能是造成细胞反应出现差异的原因。上述结果说明，ATO 诱导的凋亡有细胞选择性及浓度依赖性。

此外，PML－RARα 融合蛋白可与组蛋白去乙酰化酶和 DNA 甲基转移酶结合，阻断参与髓系细胞分化和凋亡的基因表达。ATO 可通过诱导 PML－RARα 蛋白泛素化降解，抑制 TET2－FOXP3－Lyn－Akt 轴调控的 *MCL1* 基因转录和翻译，下调异位逆转录病毒整合位点－1(ecotropic viral integration site－1，EVI－1)mRNA 和癌蛋白水平，激活 JNK 凋亡通路，从而导致白血病 THP－1 和 K562 细胞凋亡。

3. 三氧化二砷抑制 APL 细胞生长　ATO 作为治疗 APL 的重要药物，在降解 PML－RARα 蛋白的同时，可引起细胞周期阻滞。细胞周期相关基因是管家基因的成员，并且这些基因的启动子在正常组织中处于低甲基化状态，ATO 处理后，APL 细胞系 NB4 细胞中 22 个细胞周期相关基因启动子甲基化状态发生了改变，ATO 可诱导 *CCND1*、*CCNE1*、*GADD45α* 基因表达，抑制 *CCNF*、*CDKN1A* 基因表达，并诱导细胞周期阻滞于 G_2/M 期。此外，ATO 可调节 APL 细胞系中大量与癌症相关的 miRNA，其中大多数与细胞周期阻滞有关。

4. 三氧化二砷诱导 APL 细胞自噬　自噬是 ATO 抗白血病作用的重要机制，ATO 可诱导 APL 细胞 PML－RARα 融合蛋白自噬降解。P62/SQSTM1 是一个关键的选择性自噬接头蛋白，其在 ATO 治疗过程中对 PML－RARα 和其他癌蛋白的降解起着重要作用。ATO 对具有 FMS 样酪氨酸激酶 3 基因内部串联重复序列(Fms-like tyrosine kinase 3－internal tandem duplication，FLT3－ITD)突变的 AML 细胞具有显著的抗癌活性，ATO 可以诱导 P62/SQSTM1 参与将 FLT3－ITD 蛋白运送到溶酶体的过程，最终被自噬降解。此外，白血病干细胞(leukemia stem cell，LSC)是 AML 复发和耐药的主要原因，ATO 可以抑制耐药 LSC 增殖并诱导其凋亡，研究表明 ATO 至少部分通过自噬通路靶向 LSC 来发挥抗白血病作用。

5. 其他机制 ATO还具有抑制血管新生的作用。血管新生对肿瘤的发生、发展起着非常重要的作用，而抑制血管新生则可抑制白血病的转化。ATO对端粒长度和端粒酶的活性也有一定的影响，对APL患者外周血中的端粒酶活性和端粒酶切片段的长度分析结果表明，90%以上的APL患者其端粒长度较正常人短，而端粒酶活性较正常人高，在多数复发的APL患者中，端粒酶的活性也都维持在一个较高的水平。给予ATO治疗的过程中，端粒酶活性则出现了下降的趋势。说明端粒长度和端粒酶活性是与APL患者预后密切相关的两个指标。恶性程度高、预后差及对ATO治疗不敏感的APL患者其端粒酶的活性可能较高，提示端粒酶抑制剂可能是治疗APL的一个候选药物。有关ATO对端粒长度及端粒酶活性的影响还有待更多的基础和临床研究加以验证(图12-5)。

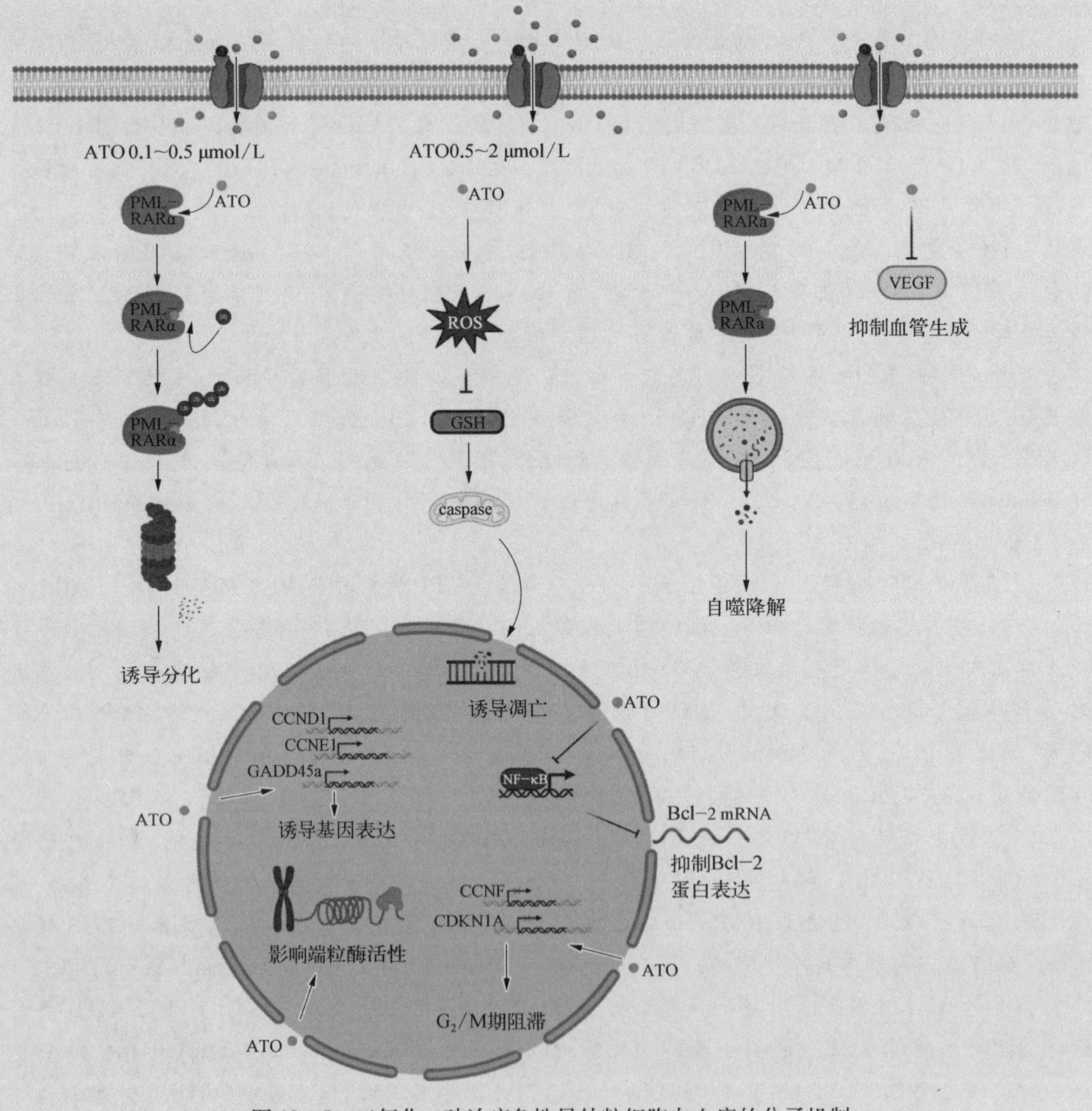

图12-5 三氧化二砷治疗急性早幼粒细胞白血病的分子机制

（三）复方黄黛片及其有效组分干预急性早幼粒细胞白血病的中西医理论基础

ATO的成功促使更多的研究人员持续探索其他砷类药物，这些药物可能具有与ATO类似的抗癌作用。雄黄的主要成分是四硫化四砷，已成为继ATO之后的又一个研究热点，而我国早在使用ATO治疗APL时就已经在临床使用含雄黄的方剂治疗某些类型的白血病。

复方黄黛片由雄黄、青黛、丹参、太子参四味中药配伍而成，方中雄黄解毒祛邪。《本草纲目·石部第九卷·金石之三》记载："雄黄，乃治疮杀毒要药也"；"……积聚诸病，用之有殊功，又能化血为水"，以毒解毒，为方中之君药。青黛，清热解毒，兼可凉血；《本经逢原》中记载："治温毒发斑"。以青黛为臣药，协同雄黄增强解毒清热效力，临床与基础研究表明青黛虽无直接诱导凋亡的作用，但与雄黄配伍合用可显著增强其诱导白血病细胞凋亡的作用，并减少雄黄的用量，降低毒性。丹参活血祛瘀，太子参益气生血，同为佐使。"以丹参一物，而有四物之功，补血生血，功过归地，调血敛血，力堪芍药，逐瘀生新，性倍芎䓖。"（《本草汇言》引《妇人明理论》），与太子参同用可逐瘀、益气、生血而为方中之佐使。诸药相合则具祛邪扶正，解毒清热，活血生血的功效。

陈竺院士团队采用系统生物学策略，从致病性蛋白、细胞分化和细胞周期相关蛋白、通道蛋白等方面解析了复方黄黛片治疗白血病的多成分、多靶标的作用机制。研究选取APL小鼠模型和人白血病细胞模型对复方黄黛片治疗APL的分子机制开展系统研究，并利用现代医学方法对方剂的"君臣佐使"的配伍原理进行了阐释。

（四）复方黄黛片治疗急性早幼粒细胞白血病的研究思路及结果

复方黄黛片中四硫化四砷(A)、靛玉红(I)、丹参酮ⅡA(T)、太子参总皂苷(S)分别是雄黄、青黛、丹参、太子参的主要有效成分。君药四硫化四砷的衍生物硫化砷对APL的致病性PML－RARα癌蛋白的降解破坏能力明显增强；臣药青黛所含靛玉红显著降低细胞周期促进基因的蛋白质表达水平，而显著促进细胞周期抑制基因的蛋白质表达水平；佐使药丹参有效成分丹参酮ⅡA显著促进细胞分化相关基因表达水平，显著降低细胞分化相关基因表达水平；佐使药太子参的总皂苷能够提高细胞凋亡和自噬水平，并增强PML^{A216V}－RARα癌蛋白的降解。丹参酮ⅡA与靛玉红增加负责运输硫化砷的水甘油通道蛋白9的含量，促使进入白血病细胞的硫化砷明显增多，说明二者通过联合应用产生协同效应。采用系统生物学研究手段，可在一定程度上验证中药复方黄黛片"君臣佐使"的内涵，揭示其治疗APL的多靶标协同作用机制（图12－6）。

1. 四硫化四砷、丹参酮ⅡA和靛玉红对小鼠APL模型具有良好的治疗作用　FVB/NJ小鼠注射表达PML－RARα的NB4细胞构建APL小鼠模型，给予ATI处理。结果显示，单药A、T和I治疗后，A组的治疗效果最佳；与载体对照、单药或双药治疗相比，ATI组合治疗小鼠的中位总生存期明显延长；脾脏和肝脏的重量减轻，而动物体重并没有变化；终末分化的粒细胞占主导地位；骨髓和脾脏中表达粒细胞分化抗原Gr－1和Mac－1的细胞更高；播散性疾病和组织结构的破坏明显减少。上述结果表明，ATI组合疗法对小鼠APL模型的治疗效果更佳，且未见明显副作用。

2. ATI对人APL细胞的协同作用　单药A或T处理人APL细胞系NB4和APL的原代细胞，能一定程度的诱导细胞分化；ATI组合处理诱导细胞分化的程度更高，单药I处理无效。此外，ATI组合处理细胞活性更高，氮蓝四唑还原测定检测到的氧化能力更高，CD11b或CD14表达上调。随后，采用中位效应法分析单药或联合药物治疗的剂量效应曲线检验A、T、I对APL细胞是否发挥协同作用，联合指数小于、等于和大于1分别表示协同作用、相加作用和拮抗作用。结果显示，浓度范围为0.25~1.0 μmol/L的A、T和I的联合指数值<1，表明各药具有协同作用。

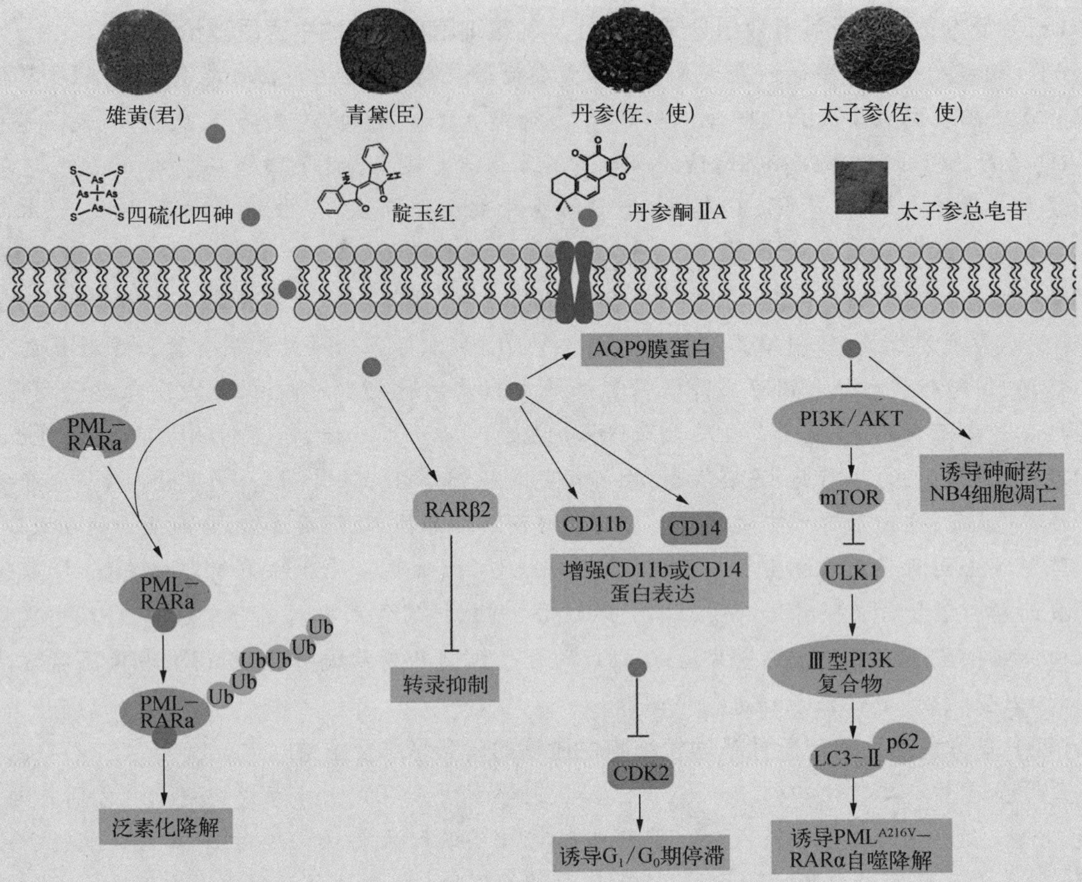

图 12-6 复方黄黛片治疗急性早幼粒细胞白血病的作用机制整体思路图

3. A、T和I协同诱导PML-RARα癌蛋白泛素化降解 ATO治疗APL的作用机制是将PML/PML-RARα从核质转移到核基质上,并通过蛋白酶体途径诱导其降解。四硫化四砷与ATO一样,可以触发PML-RARα蛋白的降解。研究发现,单药A处理触发PML-RARα分解代谢,T或I联合A处理可以增强该效果,而ATI组合的效果再进一步增强。研究发现,单药A处理诱导PML/PML-RARα从核质到核基质具有明显转变及泛素化作用,而TI联用使A触发癌蛋白的泛素化增强,且单药T或I处理没有作用。A下调NB4细胞PML-RARα的蛋白水平,单药T、I处理或TI组合处理作用不明显,而ATI联用的作用增强,表明A对PML-RARα的降解可以通过T和I协同作用。上述研究表明,A、T和I在PML-RARα癌蛋白泛素化水平上发生协同效应,A是该方中的主要成分,而T和I具有增强作用。

4. A、T和I组合缓解对转录因子的抑制作用 CCAAT/增强子结合蛋白(CCAAT/enhancer binding protein,C/EBP)和PU.1转录因子,在正常骨髓生成和粒细胞成熟中发挥重要作用,且在APL中受到抑制。研究发现,NB4细胞中C/EBPα的蛋白水平在A或T给药后第2天上调,随后下降;ATI组合给药上调C/EBPβ1/2和C/EBPε的蛋白水平。癌基因*c-Myc*阻碍骨髓细胞分化,ATI组合处理C-Myc蛋白和mRNA水平降低;含有天然维A酸反应元件RAR-β2与组蛋白脱乙酰酶1(histone deacetylase 1,HDAC1)解离,有助于RARβ2转录的激活,ATI组合处理明显上调RARβ2的mRNA水平。PML-RARα的显性失活效应对转录因子的抑制参与APL的发生、发展。上述研究表明,ATI组合可能缓解APL细胞被抑制的转录功能,说明了复方黄黛片治疗APL的合理性。

5. A、T和I协同抑制APL细胞的细胞周期　单药T处理后处于G_1/G_0期的细胞比例增加，而AT、AI和TI组合进一步导致G_1/G_0周期阻滞，ATI组合处理则增强对NB4细胞中G_1/S转变的抑制作用。周期蛋白依赖性激酶2(cyclin-dependent kinase 2，CDK2)对于细胞周期从G_1期进展到S期发挥重要作用，而I是细胞CDK2有效抑制剂，单药A和I处理都能使NB4细胞中的CDK2蛋白水平显著下调，且ATI组合作用显著增强。CDK2能够磷酸化组蛋白H1，磷酸化的H1在从G_1到S期的过渡过程中会增加，含有I的组合明显降低H1的磷酸化。p27抑制CDK的表达，它负向调节从G_1到S期的进展。单药A、T、I处理或联合处理NB4细胞，都能明显增加P27蛋白的表达水平。Rb调控细胞进入S期。含有T(T、AT、TI和ATI)的治疗组处理NB4细胞，肿瘤抑制因子Rb蛋白的表达略有增加，而低磷酸化的Rb明显上调。以上研究表明，A、T和I对抑制APL细胞的细胞周期具有协同作用。

6. A、T和I协同促进砷化合物的跨膜转运蛋白AQP9表达增加

分别用ATI、AT、AI和A处理NB4细胞4天，再用A孵育4 h，通过原子吸收光谱仪系统评估细胞内砷浓度{[As]i}。用ATI处理的细胞具有最高的[As]i，而用AT和AI处理的细胞中的[As]i高于用A处理的细胞，表明T或I有助于砷的吸收。ATI处理在24~96 h后砷化合物的跨膜转运蛋白AQP9的表达明显增加，T、I或Indirubin-3′-monoxime(3m)(I的类似物)与A协同上调AQP9的mRNA或蛋白质水平。免疫荧光测定证实了T和I与A协同上调AQP9表达，而ATI组合处理上调效果最明显。使用RNA干扰(RNA interference，RNAi)抑制*AQP9*基因，验证AQP9在砷吸收中的作用，将AQP9 siRNA表达载体转染至NB4细胞中，导致AQP9表达减少约一半，结果表明，*AQP9*沉默致使用A、AT、AI或ATI组合处理的细胞的[As]i减少。此外，敲低*AQP9*抑制了ATI诱导的细胞成熟。上述结果表明，AQP9对砷的运输至关重要，T和I通过辅助A上调AQP9，从而促进砷的吸收。

陈竺院士团队采用现代科学技术方法，从分子水平阐明了一个完全依据中医理论研发出来的中药复方黄黛片治疗白血病的多成分多靶标作用机制，进而用现代医学的方法阐释了中药方剂“君、臣、佐、使”的配伍原则。将中医药自身特有的理论体系，翻译成现代生命科学能够理解的“语言”。

第三节　中药对慢性粒细胞白血病的药理研究（以黄连解毒汤为例）

一、慢性粒细胞白血病的中医学认识

根据慢性粒细胞白血病(CML)在病情发展过程中出现的倦怠乏力、心悸气短、自汗、盗汗、食纳减少、消瘦、出血及肝脾肿大等临床症状，可归属于中医“虚劳”“积聚”“血证”的范畴。

CML的病因归纳起来主要有以下5种。① 先天禀赋。父母身体孱弱，精血不旺，出生后禀赋不足。② 酒色劳倦、情志失调、饮食不节，致使精气亏损，积久而成。③ 邪毒(包括瘟毒)入血伤髓，正虚邪恋，气弱阳衰，或外感缠绵不愈，正气持久不复。④ 境遇艰难，情志抑郁，气血亏损，积渐成劳。⑤ 药误、医误等。

本病的发生由先天不足或后天失养引起脏腑亏虚，或由外感六淫、内伤七情等引起气血功能紊乱，脏腑功能失调，致使邪毒乘虚而入。邪毒入侵，轻者伤及气血，重者伤及骨髓，致使气血亏虚；邪与营血

相搏结,使气血流通失畅,脉络瘀阻,久而成积;邪毒久恋,耗伤正气所致;或邪毒入血,伤及骨髓,而致血瘀,邪毒与瘀血相搏,结积于内形成痞块或邪毒内盛,耗伤气血而致气血双亏;或外邪侵袭人体,客居脉中,暗耗正气,瘀阻脉道,导致血瘀。或气滞血瘀,或气虚血热,总属虚实夹杂、以实为主。CML 的治疗以祛邪扶正、调和阴阳为治疗根本,以 CML 不同发展阶段病机演变情况,分以下 5 种情况。① 本病初始或亚临床阶段,可针对其发病机制予祛邪扶正、调和阴阳,以期尽早消除恶性克隆细胞或诱导其向正常分化;② 慢性期治以益气养阴扶正、泻火解毒祛邪为法;③ 慢性期以巨脾为主,或经治疗后脾脏缩小不理想而易发生脾栓塞者,治宜活血散结、解毒消痈;④ 加速期有急变倾向宜益气养血、祛邪抑癌;⑤ 发生急变或转为骨髓纤维化,易继发感染、出血等致命性并发症,治当固护元气、清热解毒、凉血止血。

此病是在正虚感邪、正邪斗争、正不胜邪的情况下,邪气踞之,逐渐发展而成,所以要辨明正、邪的盛衰。常见证型包括气滞血瘀证、正虚瘀结证、正复邪减证和热毒炽盛证。气滞血瘀证,疾病早期,病在气分及血分,正气未伤,病性属实,七情内伤,导致气机不畅,肝气郁结。治法: 疏肝解郁,活血化瘀。代表方剂为膈下逐瘀汤(《医林改错》)加减,配方为桃仁、红花、三棱、莪术、牡丹皮、赤芍、五灵脂乌药、枳壳、青黛、雄黄、甘草、柴胡、郁金。正虚瘀结证,疾病中期,正虚邪实,病势已久,正气已衰,脉络瘀阻,故腹部结块坚硬,疼痛加剧。治法: 气血两虚兼血瘀者,治宜益气养血散瘀。代表方剂有八珍汤(《丹溪心法》)加减,其由太子参、白术、茯苓、甘草、当归、熟地黄、赤芍、三棱、红花、延胡索、桃仁、丹参、青黛、半枝莲、雄黄、黄药子组成。气阴两虚兼瘀者,治宜益气养阴散瘀。另一代表方剂为六味地黄丸(《小儿药证直诀》)加减,其由青黛、雄黄、白花蛇舌草、黄芩、川连、赤芍、生地黄、麦冬、五味子、山茱萸、山药、枸杞子、沙参、黄芪、党参组成。正复邪减证,患者治疗期间为疾病慢性期阶段,邪气渐衰,正气渐复,脉络阻滞逐渐减轻。治法: 补益气血兼祛邪。代表方剂为补中益气汤(《脾胃论》加减,其由黄芪、白术、人参、当归、白芍、生地黄、黄柏、白茅根、蔓荆子、延胡索、牡丹皮、赤芍、丹参、青黛、白花蛇舌草、半枝莲、黄药子、重楼组成。热毒炽盛证,慢粒晚期,热毒炽盛,毒入营血,正气衰败,属正虚邪实之证。治法: 清热解毒,凉血滋阴。代表方剂为犀角地黄汤(《外台秘要》)或清营汤(《温病条辨》)加减,其由金银花、连翘、黄芩、黄连、白花蛇舌草、半枝莲、黄药子、大青叶、水牛角、生地黄、牡丹皮、赤芍、玄参、栀子组成(图 12-7)。

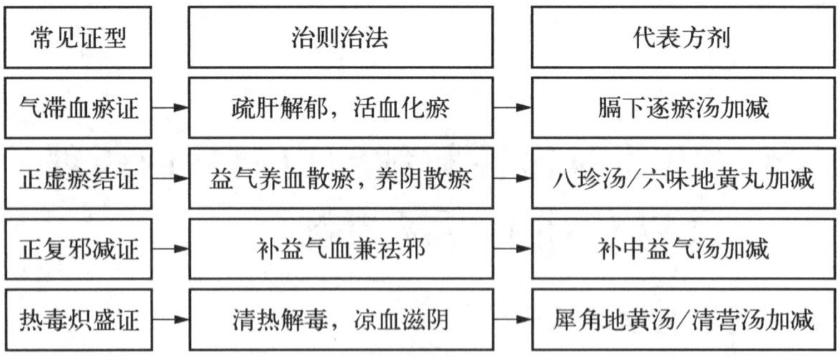

图 12-7 慢性粒细胞白血病的常见证型、治则治法与代表方剂

二、慢性粒细胞白血病的发病机制

CML 是一种主要由癌性多能干细胞在骨髓中的增生失去控制,过度增殖所致的癌症,属于克隆性骨髓干细胞疾病。临床表现为成熟粒细胞和它们的前体细胞显著增多,脾脏明显肿大。典型患者存在 9 号和 22 号染色体异位,形成费城染色体。病程较缓慢,大多因急性病变而死亡。

CML 患者可能出现 3 个疾病阶段：慢性期、加速期、急变期，其特征是髓系、淋巴系或混合与未分化的原始细胞百分比增加，原始细胞（blast cell，BC）危象的发生率为 70%，大约是淋巴原始细胞危象的两倍。95%以上的 CML 患者初诊时存在费城染色体，并且在患者的各个造血系统细胞内均可检测到该异常。这些研究提示该特征性遗传学异常最初发生于造血干细胞水平。该染色体是由 9 号和 22 号染色体长臂的平衡易位导致的，即位于 9 号染色体 q34 的原癌基因 *Abl* 易位至 22 号染色体 q11 上的断裂丛集区（*Bcr*），从而形成 *Bcr* – *Abl* 融合基因。*Bcr* 基因断裂点位置的不同，*Bcr* – *Abl* 融合基因拼接方式亦有差异。CML 中 *Bcr* 基因的断裂点几乎都位于主断裂点从区（*M* – *Bcr*，*Bcr* 外显子 12～16，又称 b1～b5），形成的融合基因转录产物为 b2a2 或 b3a2，表达分子质量为 210 kDa 的蛋白 p210。偶尔，*Bcr* 基因的断裂点位于 μ 区（*μ* – *Bcr*，*Bcr* 外显子 17～20，又称 c1～c4），形成的转录产物为 e19a2，编码分子质量为 230 kDa 的融合蛋白 p230。

p210 是一种异常的受体酪氨酸激酶蛋白，在正常状况下，酪氨酸蛋白激酶的活性受到严格的调控。与正常酪氨酸蛋白激酶比较，p210 具有异常增高的酪氨酸蛋白激酶活性，可引起信号传导通路下游的特定底物蛋白分子的磷酸化水平显著提高。在 CML 患者细胞内，p210 蛋白与 ATP 结合为一系列底物蛋白提供结合位点，如 GAP、GRB – 2、SHC、FES、CRKL 及 Paxillin，使其酪氨酸磷酸化水平大大提高，进而激活 Ras/MAPK、JAK/STAT、PI3K/AKT 等信号传导通路，改变核内基因的表达，如 *c* – *Myc*、*Bcl* – *2*、*Bcl* – *x*、*Bad*、*c* – *Fos*、*Cyclin D*、*NF* – *κB* 等，干扰细胞的正常生理功能。以上 3 条异常的信号传导通路导致细胞增殖加快、生长因子依赖性减弱、凋亡受抑、细胞外基质与基质细胞的相互作用受到干扰，从而引起细胞的恶性转化：① 激活 Ras/MAPK 通路，使前体细胞异常过度增殖；② 通过 STAT 激活下游分子转录活性；③ 通过 PI3K/Akt 通路抑制细胞凋亡；④ 通过细胞骨架蛋白磷酸化，降低 CML 前体细胞与骨髓基质细胞和细胞外基质的黏附性，促使大量异常未成熟细胞释放入外周血。因此，p210 蛋白是 CML 发病最重要的原因（图 12 – 8）。

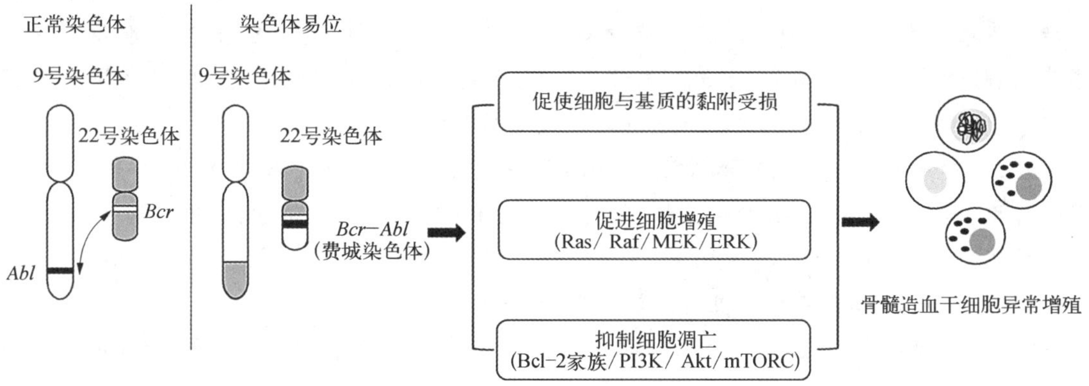

图 12 – 8 慢性粒细胞白血病的发病机制

案例：黄连解毒汤及其有效组分干预慢性粒细胞白血病

一、黄连解毒汤及其有效组分干预慢性粒细胞白血病的中西医理论基础

黄连解毒汤（Huang – Lian – Jie – Du – Tang，HLJDT）原方首次见于晋代葛洪的《肘后备急方》，后在《外台秘要》首次冠以黄连解毒汤之方名，由黄连、黄芩、黄柏、栀子四味药材组成，均为苦寒泄热之品，治疗一切三焦实热火毒、邪热毒蕴之证，故方名曰“解毒”。君药黄连，味苦性寒，为泻火之主药，善入心经以泻心中之热，心火宁，则诸经之火自降；又入中焦，泻中焦之火，故上中二焦之热皆清，是为君药。黄芩性味苦寒，功能清热燥湿、泻火解毒，上行清泻肺火及上焦实热，去诸热为臣药。黄柏气寒，沉而降阴，入足少阴肾经，清泻下焦湿热，故为佐药。栀子轻清上行，清上焦之心火而除烦，导火热之气下行，引热邪从小便而出，清泻三焦之火为佐药。盖阳极而阴衰竭，火热盛则肾水衰，故用大苦大寒之药，热者寒之，抑阳而扶其阴，泻其三焦亢甚之火，而救其欲绝之肾水也。如患者兼夹他症，亦可随症加减。因此，探究黄连解毒汤"解毒"之功效是否能治疗 CML 的"邪毒壅盛"至关重要。

二、黄连解毒汤及其有效组分干预慢性粒细胞白血病的研究思路及研究结果

黄连解毒汤具有清热、泻火、解毒的功效，主治三焦火毒热亢证。现代药理研究发现其具有抗菌、抗炎、抗氧化、降血糖、降血脂、抗肿瘤、调节免疫和肠道菌群、改善脑缺血、保护心肌和胃肠黏膜等作用。

CML 的主要特征是 *Bcr－Abl* 融合基因，其翻译产物 BCR－ABL 蛋白，可显著增强酪氨酸激酶活性，激活一系列下游信号传导通路从而导致 CML 的发生。酪氨酸激酶抑制剂通过竞争性结合酪氨酸激酶催化部位的 ATP 结合位点，使该激酶不能与 ATP 结合而失去催化活性。伊马替尼是首个人工合成的酪氨酸激酶抑制剂(tyrosine kinase inhibitor，TKI)制剂，如今是 CML 患者的一线药物。然而，在治疗中常因患者出现伊马替尼耐药而疗效不佳。临床常常根据致病的原因和疾病的性质，在疾病的初期或复发时使用解毒抗癌的中药缓解和治疗 CML。目前，TKI 是治疗慢粒的主要药物，需要长期服药；其他疗法还有 IFN 及异基因造血干细胞移植等。然而，随着 TKI 治疗的深入，许多患者对当前可用的 TKI 治疗耐药或不耐受，连续使用可用的 TKI 还会增加治疗的失败率。在一项对既往使用两种 TKI 治疗的 CML 患者的分析中，约 55%的患者报告称对既往治疗不耐受。使得该疾病进展风险增加。这些患者亟须更好的疗法。黄连解毒汤中黄连、黄柏的主要成分是小檗碱(BBR)，又名黄连素，具有抗炎、抗心肌缺血、镇静、催眠、抗心律失常、抗肿瘤等作用。黄芩的主要成分为黄芩素，具有抗炎、抗氧化、清除自由基、神经保护、心肌细胞保护、免疫调节、预防心肌缺血、抑制心肌重构等作用。栀子主要成分为京尼平苷，具有保护肝脏、降血压、调节血脂、抗炎、抗肿瘤、抗氧化和抗血栓形成等作用。

因此，探索黄连解毒汤及其活性化合物 BBR、黄芩素和京尼平苷针对 BCR－ABL1 非依赖性耐药的作用，阐明其治疗 CML 的耐药机制，可为克服 BCR－ABL1 非依赖性 CML 的伊马替尼耐药寻找新的治疗方法(图 12－9)。

(一) HLJDT 及其有效组分抑制白血病细胞生长

首先，研究黄连解毒汤及其有效组分对 BCR－ABL1 非依赖性 CML 细胞模型的影响。使用 0 μmol/L、0.1 μmol/L、0.3 μmol/L、0.5 μmol/L、3 μmol/L、6 μmol/L、10 μmol/L 的伊马替尼长时间培养 CML 细胞(K562 和 KCL22)，诱导伊马替尼耐药的 BCR－ABL1 非依赖性 CML 细胞(K562－IMR 和 KCL22－IMR)，构建伊马替尼耐药的白血病细胞模型。随后对黄连解毒汤各个成分进行了分析，黄连解毒汤主要是由黄连、黄芩、黄柏及栀子组成，其中黄连和黄柏中的小檗碱是其含量最高的单体，而黄芩素是黄芩的主要成分，京尼平苷是栀子的主要成分。因此，后续展开了黄连解毒汤及各个成分中含量最高的单体的研究，包括 BBR、黄芩素及京尼平苷。随后，不同浓度的黄连解毒汤、BBR 和黄芩素处理 K562－IMR 和 KCL22－IMR 48 h，采用 MTT 法测定细胞活力。发现黄连解毒汤、BBR 和黄芩素使 K562－IMR 和 KCL22－IMR 细胞活力明显降低，细胞集落数量减少。

随后，在模型动物上研究 HLJDT 的有效组分 BBR 和黄芩素对 CML 的药效。采用成熟 T 细

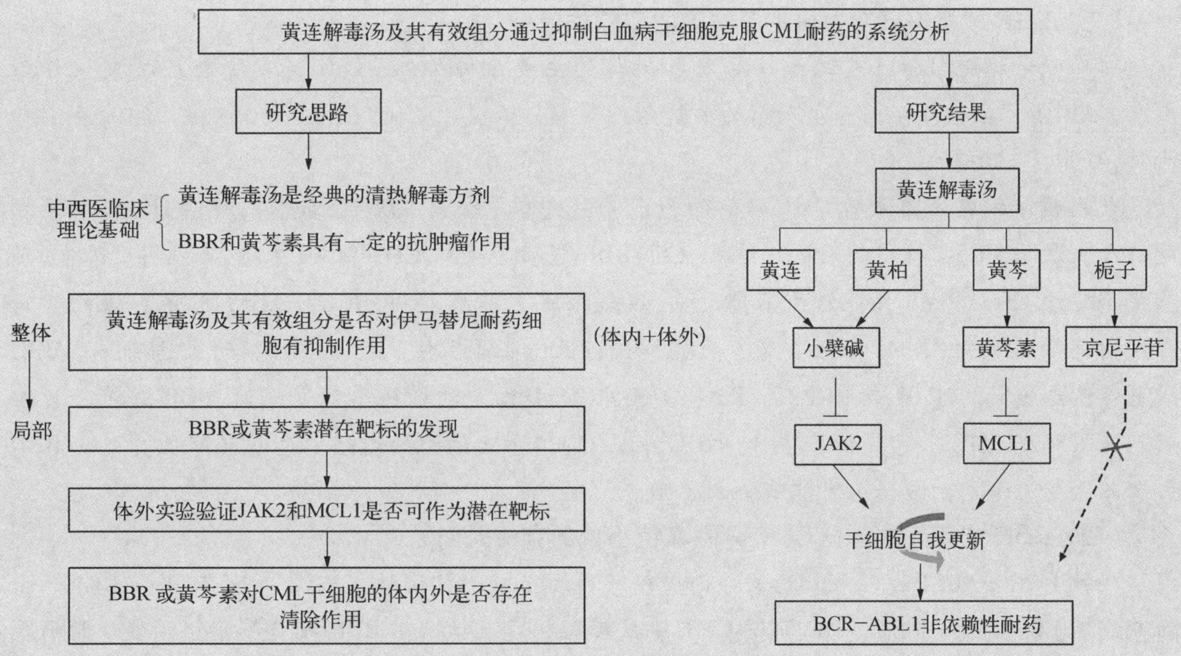

图 12-9　黄连解毒汤及其有效组分干预慢性粒细胞白血病总体思路图

胞、B 细胞和 NK 细胞缺失的严重免疫缺陷 *IL2rg* 基因缺失的 NOD-SCID B-NDG 小鼠(NOD-*Prkdc^scid^ IL2rg^tm1^*/Bcgen mice),B-NDG 小鼠的免疫缺陷水平高于常用的 NOD-SCID 小鼠,适用于人外周血单核细胞、造血干细胞、人源组织或细胞的移植。用萤光素酶标记的 K562-IMR(K562-IMR^{Luc})细胞通过尾静脉注射 B-NDG 小鼠,萤光素酶用于标记白血病细胞在体内的存在情况。生物发光图像显示,BBR 或黄芩素治疗的小鼠体内 K562-IMR 细胞的荧光强度较弱,说明 K562-IMR^{Luc} 细胞的相对数量减少。生存分析表明,BBR 或黄芩素治疗的 B-NDG 小鼠具有更高的生存率。

(二) BBR 或黄芩素潜在靶标的发现

药物靶标是药物作用于人体最为直接和重要的生物学基础,是药物治疗疾病的重要机制。用光交联传感器芯片结合 HPLC-MS 分析 BBR 和黄芩素在 BCR-ABL1 非依赖性伊马替尼耐药细胞内的直接作用靶标,Schrödinger Maestro 软件进行分子对接,表面等离子体共振成像分析具体结合位点。从 HPLC-MS 实验中富集到 74 个小檗碱潜在作用靶标和 89 个黄芩素潜在作用靶标。对潜在靶蛋白进一步筛选发现,JAK2 和 MCL1 可能分别是小檗碱和黄芩素最直接的作用靶标。BBR-JAK2 复合物模型有 3 个活性位点,BBR-JAK2 的结合位点残基如下:肽 1“SPKDFNKYFLT”、肽 2“GNPPFIKLSDP”和肽 3“VVAVKKLQHST”。黄芩素-MCL1 复合物模型的 3 个活性位点分别是:肽 1“VTNWGRIVTLI”,肽 2“YRQSLEIISRY”,肽 3“LDIKNEDDVKS”,随后进行表面等离子体共振成像确定 BBR-JAK2 和黄芩素-MCL1 的结合。

蛋白质印迹法显示,BBR 处理 K562-IMR 和 KCL22-IMR 细胞后 JAK2 蛋白表达明显降低,黄芩素处理后 MCL1 蛋白表达同样明显降低,JAK2 抑制剂或 MCL1 抑制剂处理 48 h 后伊马替尼耐药细胞活力明显下降。

以上结果表明,BBR 或黄芩素通过靶向 JAK2 或 MCL1,增强对 BCR-ABL1 非依赖性伊马替尼耐药细胞的抑制作用。

(三) BBR 或黄芩素对白血病干细胞的清除作用

白血病干细胞(LSC)是白血病复发和耐药的主要来源,抑制 LSC 自我更新已被提议作为 BCR－ABL1 非依赖性伊马替尼耐药的关键治疗策略。人类 LSC 的 $CD34^+$是干/祖细胞的表面标志物,可用于指示 LSC。

采用磁珠细胞分选法从 CML 病例的原代骨髓样本中分离 $CD34^+$细胞群,评估 HSPC 和干细胞的人类抗原 $CD34^+$特征的表达。结果表明,BBR 或黄芩素组 $CD34^+$CML 细胞活力明显降低,而京尼平苷组 $CD34^+$CML 细胞活力不受影响,流式细胞术结果表明,BCR－ABL1 非依赖性的伊马替尼耐药细胞系中 $CD34^+$的表达更多,说明耐药性的持续存在可能与 $CD34^+$的表达有关。BBR 或黄芩素组 K562－IMR 或 KCL22－IMR 细胞中 $CD34^+$细胞的增殖率明显降低,BBR 或黄芩素组对具有 K562－IMR^{Luc} 的异种移植 B－NDG 小鼠 $CD34^+$BM 细胞的增殖率也明显降低。说明 BBR 或黄芩素对 $CD34^+$细胞活力可能有抑制作用。

(四) BBR 或黄芩素延长 CML 骨髓移植小鼠的存活时间

构建 BCR－ABL1 逆转录病毒诱导的骨髓移植白血病小鼠模型,GFP^+(表达 BCR－ABL1 的白血病细胞)数量增加了 55.49%,说明 CML 小鼠模型构建成功。用 BBR 或黄芩素组预处理的细胞几乎没有集落形成,BBR 或黄芩素治疗 CML 小鼠的存活时间明显延长。未经治疗的 CML 小鼠中性粒细胞浸润较多,以杆状核为主,少量巨核细胞分散在其中,含铁血黄素沉积较多。HLJDT、BBR、黄芩素组较伊马替尼耐药组和对照组的 LSK 细胞($Lin^-Sca^-1^+c^-$BM 内的 KIT^+)明显减少。上述结果表明,HLJDT 及其有效组分可减少 LSC 自我更新,并消除 CML 的 LSC。

以上研究表明,HLJDT 的有效组分 BBR 和黄芩素在体内外均可抑制伊马替尼耐药的 CML 细胞生长而发挥治疗作用。中医药具有几千年的临床实践经验,是中华民族的伟大创造和中国古代科学的瑰宝。大量研究表明,中药发挥临床功效必然有其效应物质基础,通过深入研究中药复方中的有效成分,可以更好地理解中药复方的药效和机制,为中医药的临床应用提供科学依据。但中草药复方具有多种有效成分和多种作用机制,可以发挥协同作用来治疗各种疾病。中草药复方的研究还需要进一步深入,以提高其临床应用价值。

三、总结与展望

中医药在治疗血病方面已有数千年的应用历史,在白血病治疗方面积累了丰富的经验,具有完备的理法方药体系和得天独厚的优势,可延长患者的生存期,缓解白血病症状,提高患者的生活质量,减少不良反应等。特别值得一提的是,中医运用 ATO 治疗 APL 取得良好疗效,该药已经是公认的“目前对 APL 患者最为有效的单体”,这项研究成果被认为是“对 21 世纪临床医学的巨大贡献”。此外,2009 年,复方黄黛片在中国上市,是当时市售唯一可以口服的砷剂药物,由中国人民解放军第二一〇医院黄世林教授依据邪毒内蕴、骨髓瘀滞的病机特点创制。和砷剂相比,复方黄黛片临床疗效更佳、安全性更好、医疗费用更低,治疗后患者的生活质量更好,是应用最为广泛的砷剂配伍方案。此后,陈竺院士团队应用现代分子生物学方法揭示了复方黄黛片“君臣佐使”配伍的科学内涵,成为国内治疗非高危 APL 的一线标准方案。

中药复方配伍要遵循“君臣佐使”原则,各成分之间发挥协同增效的作用。在复方黄黛片治疗 APL 作用机制的研究中,砷化合物的跨膜转运蛋白 AQP9 在很大程度上介导了复方黄黛片的治疗效果,是复方黄黛片治疗 APL 的关键转运蛋白。四硫化四砷是主要调节 AQP9 的有效组分，而丹参酮ⅡA 和靛玉红可能通过协助配方中的四硫化四砷增强调节这一关键转运蛋白的作用，这提示了丹参酮ⅡA 和靛玉红对四硫化四砷的协同作用。利用中医基础理论、中药复方配伍理论和现代分子生物学手段，通过在分子、细胞和有机体水平上结合应用分析和综合研究方法，对临床上经方（如复方黄黛片）的作用模式进行剖析。这项研究可能是一次有助于在更大范围内探索中医经方价值的研究模式探索，并有助于在系统生物学时代连接中国传统医学和现代医学。

在黄连解毒汤为代表的研究中，以黄连解毒汤及其关键有效组分通过抑制 LSC 克服 CML 耐药的系统分析，基于黄连解毒汤“清热解毒”的功效和 CML 外感热毒的病因特点为切入点，结合黄连解毒汤现代药理研究为基础，提出黄连解毒汤可能对伊马替尼耐药的 CML 具有防治作用的设想，是对传统经方治疗白血病潜在作用的深入挖掘。因黄连解毒汤清热解毒功效涉及多种药理作用，研究从经方—单味药—有效组分—靶标—治疗疾病的思路开展了中药复方对该疾病的系统评价，加深了对黄连解毒汤复方功效的理解，揭示了 BBR 和黄芩素的关键靶标及其治疗 BCR－ABL1 非依赖性伊马替尼耐药 CML 的潜在作用机制。

中医药治疗白血病的机制研究从宏观的方剂-个体层面不断深入，通过现代科学技术探索中药复方治疗白血病的“君臣佐使”配伍机制，从“多成分、多靶标、多通路”角度深入揭示中药及中药复方治疗白血病的作用机制，从“药效-靶标-作用部位”深入阐明治疗白血病的中药及中药复方多点协同的作用，促进了中医药在精准医疗时代的临床合理应用。

思 考 题

（1）请查阅文献，总结目前治疗血液病的中药或天然药物研究中关注的主要科学问题。

（2）除了表面等离子体共振成像，还有哪些技术可以用于中药有效成分的药理作用及靶标鉴定？

（3）如何理解中医药复方的“多成分、多靶标和多通路”，并用现代科学技术去解析它？

（聂　红　费　嘉）

第十三章
中药对免疫系统疾病的药理研究

第一节　概　　述

一、免疫系统疾病的中医学认识

免疫是机体识别和清除外来入侵抗原或衰老细胞，并维持机体内环境稳定的功能，与中医“正气”一致。外来邪气能否致病，不仅取决于邪气的盛衰，更取决于人体“正气”对各种病邪的防御能力。《黄帝内经·素问》云：“正气存内，邪不可干；邪之所凑，其气必虚。”正气充盛则抗病能力强，邪气难以侵袭；正气不足，则邪气乘虚而入，导致机体阴阳失调，脏腑经络功能紊乱。“正气”功能与脏腑功能关系密切，正气能够维持脏腑功能协调，气血运行畅达。而正气功能的正常发挥有赖于脏腑经络各系统间的协调平衡，若脏腑协调、气血冲和则正气充足，而诸病难生；若脏腑功能失调、气血失和则痰瘀内生，痰瘀互结而日益损伤正气，甚则危及生命。因此，中医正气的科学内涵与机体免疫功能高度一致。

免疫系统疾病是由各种因素引起的变态反应而最终致病的病理状态，与正气虚损、邪盛入侵及痰浊瘀血等有关。正气虚损是变态反应发生的内在因素，与先天不足、劳逸过度及邪盛伤正有关；邪盛入侵是自身免疫病发生的重要外因，如《素问·痹论》云“风寒湿三气杂至、合而为痹也。”痹证即风湿病，其发生与六淫中的风寒湿直接有关，多表现有正气虚衰、阴阳失调、气血失和、气机不畅、脏腑器官经络功能减退及痰浊、瘀血等。痰浊瘀血是人体受某种致病因子作用后，在病程中形成的病理产物，这些病理产物直接或间接地起作用引起新的病证，加重原发病。正气不足，外来六淫之邪乘虚而入，使经脉闭阻不通形成瘀血，损伤正气；在疾病发展的过程中，因虚、邪、痰、瘀互致，瘀血失养并见，形成恶性循环，导致了免疫病理的复杂病机。治疗上，疾病初期，邪气初入，正气未虚，治疗应以祛邪为主，邪去正自安；疾病中后期，正不胜邪，当扶正祛邪并重；疾病终末期，邪不盛正虚，当以扶正为主。

二、免疫系统疾病的现代医学认识

免疫通常是指机体抵御病原微生物侵袭及抵抗疾病的能力。免疫有 3 大基本功能：免疫防御、免疫监视、免疫自稳。免疫系统是机体执行免疫功能的物质基础，包括免疫器官和组织、免疫细胞和免疫分子。当免疫系统本身的成分缺乏或功能缺陷，或免疫应答的水平过高或过低，或针对自身的免疫耐受被打破，所出现的异常免疫应答都可能导致相关疾病的发生，统称为免疫系统疾病。常见的免疫系统疾病包括：自身免疫病（类风湿关节炎、系统性红斑狼疮、干燥综合征等），免疫缺陷疾病（如先天性免疫缺陷病、获得性免疫缺陷综合征），过敏和变态反应疾病（过敏性鼻炎、哮喘、湿疹、荨麻疹等），移植排斥反应等。免疫系统疾病的病因是多种因素综合作用的结果，包括遗传因素、环境因素和免疫系统自身的异常等。免疫系统疾病的发生往往和免疫系统自身的异常有关，免疫系统是一个复杂的调节系统，维持着机体的免疫平衡，当免疫系统的调节出现故障时，可能导致免疫系统疾病的发生。例如，自身免疫病是免疫系统攻击它本应保护的正常组织，从而导致疾病的发生。免疫系统疾病的发病机制十分复杂，涉及免疫系统的异常调节和免疫反应失调。不同免疫系统疾病的发病机制可能不同，但总体上可以归结为以下几个方面。

1. *自身抗原的异常免疫识别*　正常情况下，免疫系统能够识别并差异化自身组织和外来病原体，以对抗外来入侵。然而，在一些免疫系统疾病中，自身抗原可能发生改变，免疫系统无法有效区分自身抗原和外源抗原，导致错误地攻击和损伤机体自身组织。例如，在类风湿关节炎中，关节的滑膜组织两侧存在类似致病菌成分的外源抗原，导致免疫系统错误地攻击关节组织。此外，如果免疫耐受机制失调，免疫系统就会发生异常的免疫反应。例如，免疫系统对本应是无害的抗原（如花粉、食物、药物等）发生过度的免疫反应，导致过敏症状的发生，如过敏性鼻炎、哮喘、药物过敏等。

2. *免疫系统失衡*　免疫系统中各种免疫细胞、调节因子和信号通路之间的平衡被破坏，导致免疫反应不足或过度激活，或者对自身组织产生异常的免疫识别。免疫系统失衡可能导致各种免疫相关疾病的发生。免疫功能过度激活可能导致免疫系统对自身组织、无害物质或感染物的攻击增强，引起一系列的炎症和免疫相关疾病，如类风湿关节炎、系统性红斑狼疮等。若免疫系统的调节机制异常，如调节性 T 细胞功能减弱、免疫抑制因子异常释放等，这种免疫调节失衡可能导致免疫系统对自身抗原失去耐受性，容易发生自身免疫病，如自身免疫性甲状腺疾病、硬化性胆管炎等。

3. *免疫细胞功能异常*　免疫细胞功能异常是指免疫系统中的免疫细胞（如 T 细胞、B 细胞、巨噬细胞、NK 细胞、树突状细胞等）在数量、功能或活性方面出现异常，可导致免疫系统的功能失调，影响机体对感染、肿瘤和自身抗原的识别和应对能力。

4. *炎症反应*　炎症是免疫系统对感染、组织损伤等刺激的免疫反应，当伤害或感染发生时，机体会释放多种炎症因子，如组织骨架产物、细胞因子、趋化因子等。这些因子能够招募和激活免疫细胞，如巨噬细胞和中性粒细胞，导致组织损伤和免疫系统疾病的发生。炎症和免疫是一个问题中的两个侧面，两者相互重叠但是不可分割。炎症因子、炎症细胞和炎症信号通路的异常均可能导致炎症反应的失控。

5. *免疫复合物形成和沉积*　当机体的免疫系统感知到异物（如病原体、药物等）或自身抗原时，会产生免疫复合物。这种复合物由抗原与对其具有特异性的抗体结合形成，然后沉积在不同的组织或器官中，激活免疫系统，引起炎症反应和组织损伤，累积多个器官和脏器。

免疫系统疾病的治疗方法因具体疾病类型和严重程度而有所不同。药物治疗是目前免疫系统疾病最重要的治疗手段之一。治疗方案通常包括抗炎药物、免疫抑制剂、免疫调节药物等，这些药物可以帮助减轻炎症、抑制过度免疫反应或调节免疫系统功能。此外，对于免疫系统疾病患者，支持性治疗也非常重要，包括疼痛管理、营养支持、心理支持等，以帮助其管理症状、减轻不适，并改善生活质量。

第二节　类风湿关节炎的中药药理研究（以白芍为例）

一、类风湿关节炎的中医学认识

类风湿关节炎（rheumatoid arthritis，RA）属中医“痹证”范畴，中医诊断为“尪痹”。RA 的发生与体质因素、气候条件、生活环境及饮食等有密切关系，其他如产后体虚、情志失调、过劳、内外伤亦是 RA 之诱因。正虚卫外不固是 RA 发生的内在基础，邪气痹阻为其病机根本，病变多累及关节、筋骨、肌肉，甚则影响脏腑。素体正气亏虚或先天禀赋不足，复感风寒湿之邪，血气不行，经络闭涩；或风寒湿（热）之邪留滞筋骨关节，久之损伤肝肾阴血，筋骨失养。故见关节肿痛、僵硬、屈伸不利、活动障碍，痉挛肉缩诸症（图 13－1）。

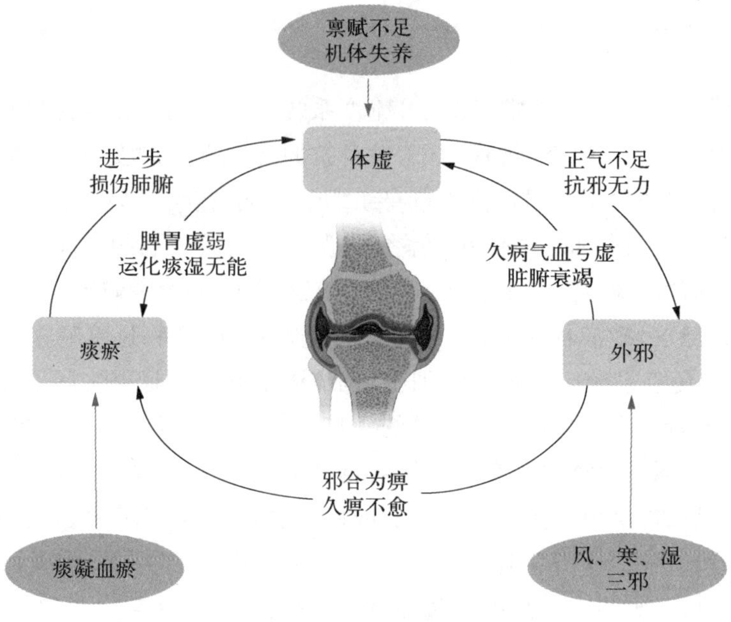

图 13-1 RA 的病机

正气不足,邪气乘虚而入滞留关节、筋骨、肌肉,经络痹阻,不通而痛,是 RA 的基本病机。患者平素体虚,或因饮食不节,损及脾胃,或因年老久病,或因过劳等导致气血阴阳亏虚,肝肾不足,关节筋骨失于所养。《黄帝内经·素问》记载:"邪之所凑,其气必虚",腠理、筋骨不得濡养,则不能守固元气,驱除外邪,易为风寒湿热之邪侵袭,痹阻关节筋骨,而致营卫行涩,经络不通,伤于形则见关节肌肉肿胀,伤于气则见疼痛。且人体禀质各异,寒热病机转化不同,素体阳气偏盛,或阴血不足、内有虚热者,外邪可从阳化热;阳气不足,或阳亏兼内有寒邪者,外邪则可从阴化寒。病机特点可用"虚""寒""湿(热)""痰瘀""久""变"概括。疾病初起以邪实为主,病久还可致正虚或虚实夹杂表现。邪痹经络,络道阻滞,气血津液输布失调,停滞于关节、脉络等而成痰饮。又久病必瘀,病久气血不畅则生瘀。痰瘀互结,则进一步加重关节症状,甚至出现关节畸形、活动不利等表现。还有部分患者久病之后,出现关节症状减轻,而以正虚为主要表现的虚证。肝藏血,主筋,肝血虚则筋失所养,见筋脉拘急屈伸不利,骨节作痛,因而中医有"从肝论治痹证"的学术思想。RA 后期,病邪可内舍五脏,出现心悸、胸闷、咳嗽、便溏等疾病表现。辨证的要点在于掌握体虚与邪实的孰重孰轻,脏腑气血阴阳的亏耗,风、寒、湿(热)、痰、瘀之偏胜,而随证施以祛风除湿、温经散寒、清热除湿、化痰通络、活血化瘀、益气养血、补益肝肾、养阴益气等法。2018 年的中华中医药学会风湿病分会发布的《类风湿关节炎病证结合诊疗指南》根据患者临床病况,中医辨证分型可分为 8 种证型:风湿痹阻证、寒湿痹阻证、湿热痹阻证、痰瘀痹阻证、瘀血阻络证、气血两虚证、肝肾不足证及气阴两虚证(图 13-2)。

二、类风湿关节炎的发病机制

RA 是一种以侵蚀性关节炎为主要临床表现的自身免疫病,可发生于任何年龄,基本病理表现为滑膜炎、血管翳形成,并逐渐出现关节软骨和骨破坏,最终导致关节畸形和功能丧失,可并发肺部疾病、心血管疾病、恶性肿瘤、抑郁症等。目前 RA 发病原因不明,可能与遗传、免疫、感染、环境等多种因素有关。免疫细胞异常活化,与滑膜细胞相互作用,持续刺激滑膜细胞,导致滑膜细胞的异常活化和增生,同时滑膜下层结缔组织增生、血管增殖形成血管翳,引起软骨和骨组织的破坏,最终导致关节畸形和功能障碍。RA 关节局部症状包括晨僵、对称性多关节炎、关节畸形;全身症状可表现为发热、类风湿结节、体

常见证型	治则治法	代表方剂
风湿痹阻证	祛风除湿，通络止痛	羌活胜湿汤加减
寒湿痹阻证	温经散寒，祛湿通络	乌头汤加减 桂枝芍药知母汤加减
湿热痹阻证	清热除湿，活血通络	宣痹汤加减 当归拈痛汤加减
痰淤痹阻证	化痰通络，活血行瘀	双合汤加减
瘀血阻络证	活血化瘀，通络止痛	身痛逐瘀汤加减 桃红饮加减
气血两虚证	益气养血，通经活络	黄芪桂枝五物汤加减
肝肾不足证	补益肝肾，蠲痹通络	独活寄生汤加减 三痹汤加减
气阴两虚证	养阴益气，通络止痛	四神煎加减

图 13－2　RA 常见证型、治则治法与代表方剂

重减轻、贫血及疲乏感等。实验室检查可见红细胞沉降率(erythrocyte sedimentation rate,ESR)和 CRP 升高、自身抗体的出现,包括类风湿因子、抗核周因子、抗角蛋白抗体,以及抗核抗体、抗可溶性抗原抗体等。关节 X 线片可见软组织肿胀、骨质疏松及关节面囊性变、侵袭性骨破坏、关节面模糊、关节间隙狭窄、关节融合及脱位。磁共振成像检查可发现手关节及腕关节的早期滑膜炎病变;关节超声对于滑膜炎、关节积液及关节破坏有鉴别意义。

RA 病理改变主要包括以下 3 个阶段。① 早期: 关节滑膜慢性炎症导致滑膜细胞类肿瘤样增生,而进一步使滑膜增生、增厚;② 进展期: 滑膜大量增生,因耗氧量增加而缺氧,缺氧导致新生血管过度形成,从而形成肉芽肿性血管翳;③ 晚期: 滑膜细胞和血管翳侵袭骨与关节软骨,导致受累关节进行性的、不可逆的结构破坏和功能障碍。RA 关节炎的病理主要表现为滑膜衬里细胞增生、间质大量炎症细胞浸润,以及微血管的新生、血管翳的形成及软骨和骨组织的破坏等。RA 形成的病理机制较复杂,包括以下几个关键方面(图 13－3)。

1. 环境和遗传易感性　目前认为环境和遗传因素是引发 RA 的重要因素。环境因素,如病毒和细菌感染、吸烟、药物和化学物质、寒冷、潮湿等,会直接引发呼吸系统、关节或肠道黏膜表面等蛋白质的转录后修饰(包括瓜氨酸化、氨基甲酰化、糖基化等),修饰后的蛋白质被体内的抗原提呈细胞(巨噬细胞、树突状细胞等)错误识别为自身抗原后呈递给 T 细胞,从而导致免疫系统失调和自身免疫耐受障碍,启动特异性免疫应答,直接促使 RA 的发生。此外,遗传因素也在 RA 中发挥重要作用,人类白细胞抗原(*HLA－DRB1*)基因是目前已知与 RA 最相关的遗传易感基因,特定 *HLA－DRB1* 相关的等位基因与 RA 的发病相关,它们同样可促使抗原提呈细胞错误地将自身抗原呈递给 T 细胞,继而激活一系列免疫炎症反应。

2. 免疫系统紊乱　关节滑膜炎中有大量免疫细胞浸润和积累,主要包括先天免疫细胞(如巨噬细胞、树突状细胞等)和适应性免疫细胞(如 T 细胞、B 细胞)。在某些环境和遗传因素的作用下,机体将外源性或内源性抗原物质通过树突状细胞或巨噬细胞识别呈递给 T 细胞后,进而激活 B 细胞增殖分化成浆细胞,分泌大量自身抗体,包括类风湿因子(rheumatoid factor,RF)和抗环瓜氨酸肽抗体(anticyclic citrullinated peptide antibody,ACPA)。这些自身抗体与关节滑膜内的抗原结合,形成免疫复合物,并激

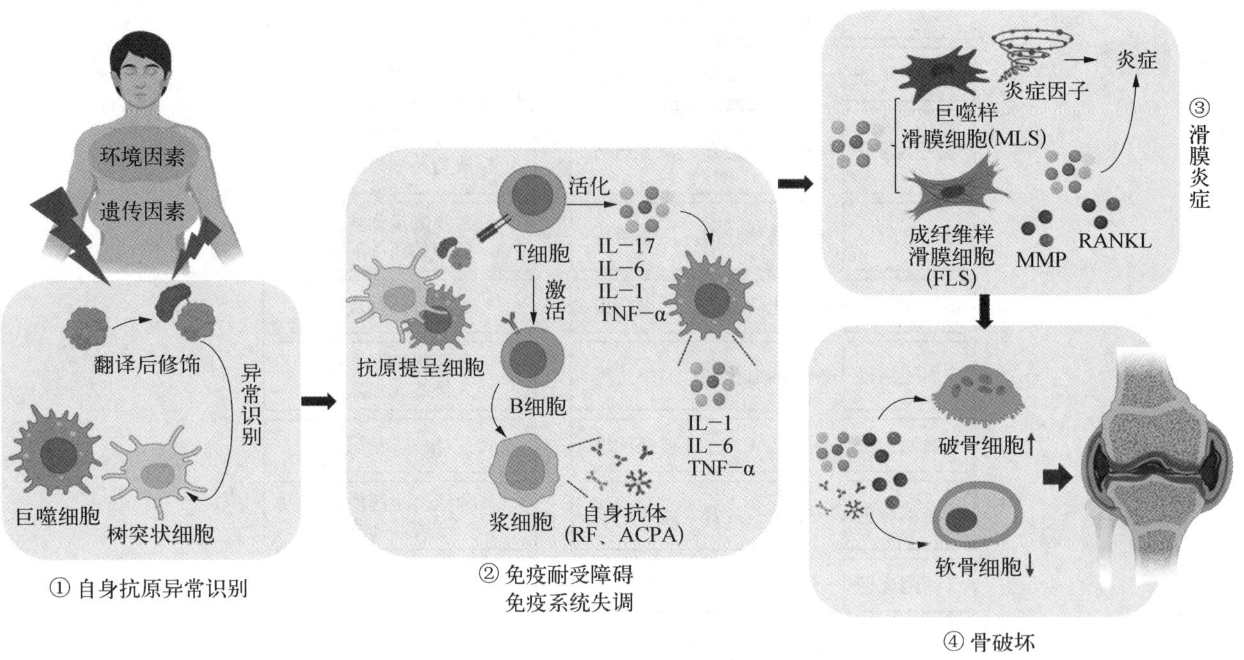

图 13-3　RA 形成的病理机制

活免疫系统，导致炎症反应和关节组织损伤。此外，B 细胞也可作为重要的抗原提呈细胞，参与 T 细胞的活化。另外，T 淋巴细胞受到不同抗原的刺激后也可活化 $CD4^+$ T 细胞（Th1/Th2、Th17/Treg 细胞亚群失衡），浸润至关节滑膜，释放多种细胞因子及炎症因子（IL-17、IL-6 等），进一步激活巨噬细胞，产生更多的炎症因子如 TNF-α、IL-1、IL-6 等，引发炎症反应，加剧关节组织的损伤。

3. *滑膜炎症*　在 RA 受累的关节中，主要受累的细胞类型为滑膜细胞，均可由活化的 T 细胞和巨噬细胞分泌的炎症因子激活。以往认为，滑膜细胞可分为成纤维样滑膜细胞（fibroblast-like synoviocytes，FLS）和巨噬样滑膜细胞（macrophage-like synoviocytes，MLS）。MLS 的激活和异常增殖后可分泌炎症介质，如 TNF-α、IL-1、IL-6 等，这些炎症因子引起滑膜炎症反应，导致关节红肿、疼痛和功能障碍。FLS 持续激活可产生大量基质金属蛋白酶（matrix metalloproteinase，MMP）、VEGF、NF-κB 受体激活蛋白配体（receptor activator of NF-κB ligand，RANKL）等，引起滑膜增生、大量血管新生、软骨基质崩解、骨破坏等。此外，FLS 也会产生炎症因子如 TNF-α、IL-1、IL-6 等，继而进一步促进滑膜的炎症反应。研究认为，滑膜细胞中的 FLS 有不同亚型，尤其滑膜细胞中的巨噬细胞亚型较多，不同于传统的 MLS，其功能需要深入研究。

4. *骨破坏*　RA 患者骨和关节破坏主要与破骨细胞（osteoclast）和软骨细胞（chondrocyte）的功能异常有关。破骨细胞来源于骨髓造血干细胞，主要作用是促进骨质的吸收，在调节骨稳态中发挥至关重要的作用。在 RA 中，免疫细胞和滑膜细胞产生的细胞因子，如 TNF-α、IL-1、RANKL 等，可以刺激破骨细胞的形成和活化。活化的破骨细胞通过释放酸性磷酸酶等酶类物质来溶解和降解骨基质，导致关节周围骨质的破坏。软骨细胞是存在于关节软骨中的细胞类型，主要负责合成和维持软骨基质的结构和功能。免疫细胞和滑膜细胞产生的细胞因子同时可促进软骨细胞的凋亡，导致软骨基质失去正常的合成和修复能力，加速软骨破坏和关节损伤的发展。

综上所述，在治疗中如何有效减少自身免疫反应、抑制关节滑膜炎症、阻止滑膜细胞增生或促进滑膜细胞凋亡、干预破骨细胞和软骨细胞的异常分化和凋亡，是防治 RA 患者关节骨质破坏的关键因素，对于寻找相关治疗策略具有重要意义。

案例：白芍及其有效组分干预类风湿关节炎

一、白芍及其有效组分干预类风湿关节炎的中西医理论基础

目前，临床用于RA治疗的药物有甾体抗炎药、非甾体抗炎药、改善病情抗风湿药（disease-modifying anti-rheumatic drug，DMARD）等。糖皮质激素是临床上使用广泛的甾体抗炎药，代表药物有地塞米松和甲泼尼龙，此类药物可以减轻症状，但长期使用可引起多种不良反应；非甾体抗炎药（如双氯酚酸钠、塞来昔布和依托度酸）抗炎镇痛效果好，症状控制能力强，但难以控制病情进展。DMARD又包括：① 传统合成DMARD（conventional synthetic DMARD，csDMARD），如甲氨蝶呤、来氟米特、柳氮磺吡啶、羟氯喹等；② 生物类DMARD（biologic DMARD，bDMARD），如TNF-α抑制剂（依那西普、阿达木单抗、英夫利西单抗、赛妥珠单抗、戈利木单抗）、抗CD20单克隆抗体（利妥昔单抗）、细胞共刺激信号调节剂（阿巴西普）、IL-6受体拮抗剂（托珠单抗）等；③ 靶向合成DMARD（targeted synthetic DMARD，tsDMARD），如JAK抑制剂（托法替布、巴瑞替尼）；④ 来源于中药和天然药物的DMARD（traditional Chinese medicine and natural medicine DMARD，tnDMARD），如雷公藤多苷、青藤碱、白芍总苷等。csDMARD、bDMARD、tsDMARD可改善病情，长期、联合应用出现诸多较严重的不良反应；tnDMARD可改善RA患者的病情，作用温和，但起效较慢。炎症和免疫是一个问题的两个侧面，单独应用非甾体抗炎药或免疫抑制药治疗RA疗效均不理想，长期应用还可能加重病理过程，因此需要抗炎和免疫调节共同治疗，以提高疗效，降低不良反应。中医药治疗RA等相关风湿病已有数千年历史，在RA治疗中已取得积极进展。

白芍为毛茛科植物芍药（*Paeonia lactiflora* Pall.）的干燥根，其味苦、酸，性微寒，入肝、脾经，具有养血柔肝、缓中止痛、敛阴收汗之功效。味酸善入肝经，滋阴养血，柔肝而止痛，临床上常配伍柴胡、桂枝、白术、防风、甘草等中药。肝藏血，主筋，肝血虚则筋失所养，见筋脉拘急屈伸不利，骨节作痛，因而中医有“从肝论治痹证”的学术思想。情志失调，肝气郁结，疏泄失常是导致痹证的常见病因之一。肝主疏泄，调理气机，故要疏肝理气；肝体阴用阳、肝主筋均是以肝血为物质基础，肝血不足则会疏泄失司或筋失所养，故治疗宜养血柔肝。逍遥散是治疗肝郁气痹的代表方剂，见于《太平惠民和剂局方》，原方主治中即有“肢体疼痛”。在RA发展后期，常表现为气血、肝肾亏虚，虚实夹杂，故在祛邪同时，常配以补气血、滋肝肾药物以补虚。白芍为各医家最常用的补虚药之一，可调和气血，共相荣养，使邪不能伤正。白芍用于治疗RA最早记载于《金匮要略》中，书中记载的药方“桂枝芍药知母汤”可治疗“诸肢节疼痛，身体魁羸，脚肿如脱”。查阅中国中医科学院信息所建设的古籍数据库和方剂组成，发现库中含有白芍，并具有治疗风湿关节炎古代相关病名的方剂有60首。由此可见，白芍是中医治疗风湿痹证方剂中的常用药，方中重用白芍柔肝养肝，使肝有所养，筋有所生，养血敛阴柔肝而缓急止痛，且白芍可破阴结，祛除经络之瘀。白芍用治痹证包含祛除病因，改善临床症状等功能。因此，上述中医学理论思想支撑了白芍对RA具有治疗作用的科学假说。基于中药成分的复杂多样性，以及炎症与免疫因素在RA发生、发展过程中扮演的重要角色，该研究以抗炎、免疫调节作用为切入点，系统探讨白芍及其有效组分对RA的治疗作用及机制。

二、白芍及其有效组分干预类风湿关节炎的研究思路及结果

白芍的化学成分主要为挥发油类、单萜类、三萜类及黄酮类化合物等，以芍药苷和芍药内酯苷为代表的单萜及其苷类成分是白芍中公认的药效物质，以前者含量最高，为质量控制指标成分。白芍总苷（total glucosides of paeony，TGP）是从亳白芍干燥根部中提取的有效部位，成分主要包括芍药苷（paeoniflorin，Pae）、羟基芍药苷、芍药花苷、芍药内酯苷、苯甲酰芍药苷等。芍药苷是一

种单萜葡萄糖苷，占白芍总苷的40%以上，是白芍总苷的主要活性成分。基于白芍是中医治疗风湿痹证方剂中的常用药及其干预RA的病症基础，拟对白芍及其有效组分干预RA的作用进行研究。

白芍的主要有效部位即为白芍总苷，是一组糖苷类物质，为白芍的药效物质基础，因而首先观察了白芍总苷对实验性关节炎的治疗作用及可能机制。白芍总苷具有良好的抗炎与免疫调节作用，已于1998年获批上市，用于治疗RA等自身免疫病，产生了明显的经济社会效益。在明确白芍总苷治疗RA效果的基础上，需要在细胞、分子水平进一步阐明其作用的分子机制，芍药苷为白芍总苷的主要药效成分，其含量高、活性明确，因此有关白芍总苷的作用机制、体内过程等研究均以芍药苷为代表展开。随着研究的深入及临床用药实践，发现白芍总苷治疗RA效果肯定，能明显缓解患者关节疼痛、改善关节功能，且长期用药不良反应较少，耐受性较好，但是起效较为缓慢，其药效发挥存在明显的滞后效应。作为白芍总苷主要活性成分的芍药苷也具有良好的抗炎和免疫调节活性，然而芍药苷口服绝对生物利用度仅为3%～4%，在体内病变组织分布水平也较低，提示白芍总苷起效缓慢可能与芍药苷口服吸收较差存在一定关系。基于药物生物活性发挥与其药动学过程密切相关，故对芍药苷结构进行修饰改造，合成了其衍生物——芍药苷-6′-O-苯磺酸酯（CP-25），以期改善芍药苷口服生物利用度差、起效缓慢的问题（图13-4）。

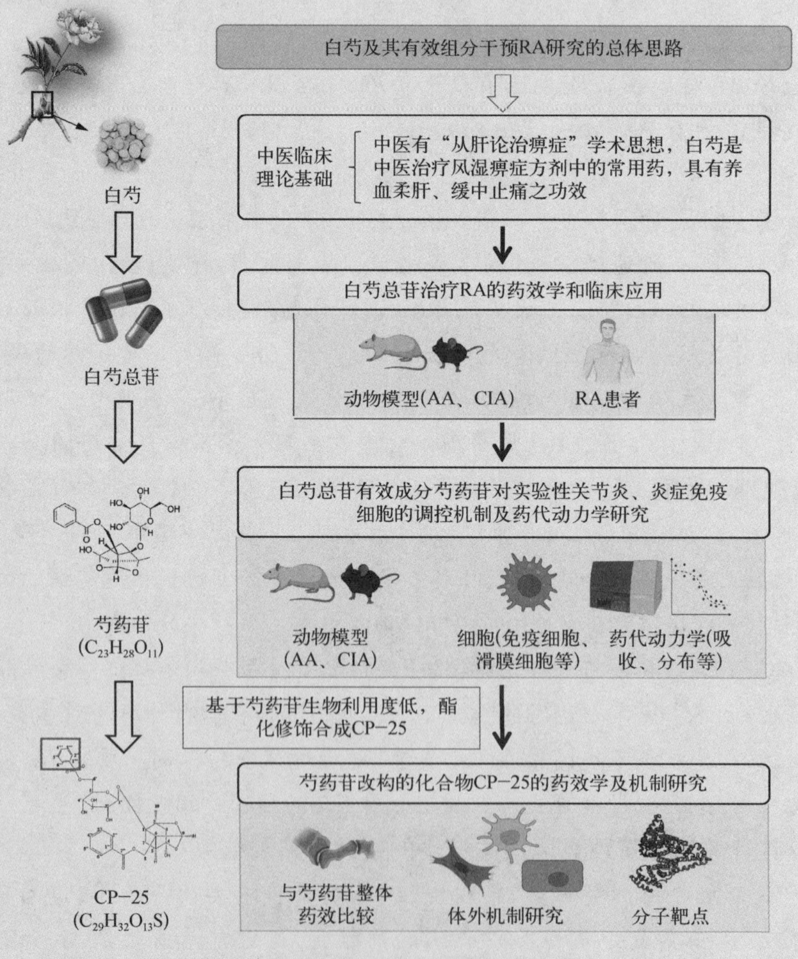

图13-4　白芍及其有效组分干预类风湿关节炎研究的总体思路

AA：佐剂性关节炎（adjuvant arthritis，AA）
CIA：胶原诱导关节炎（collagen induced arthritis，CIA）

(一) 白芍有效部位白芍总苷治疗类风湿关节炎的药效学研究、机制研究及临床应用

1. 白芍总苷对实验性关节炎具有良好的治疗作用　研究人员在整体水平研究白芍总苷对RA模型动物的影响。目前,常用的RA动物模型有佐剂诱导关节炎(细胞免疫介导的炎症反应模型)、胶原诱导关节炎(细胞免疫和体液免疫反应共同参与)、抗原诱导关节炎、胶原抗体诱导关节炎等(表13-1)。分别建立AA模型及CIA模型,灌胃给予白芍总苷。研究发现,白芍总苷抑制了CIA大鼠和AA大鼠的继发性炎症反应、关节损伤和组织学病理学改变。白芍总苷抑制巨噬样滑膜细胞分泌炎症因子IL-1、TNF-α,以及成纤维样滑膜细胞中VEGF、bFGF、MMP-1、MMP-3的表达。在AA家兔模型中,白芍总苷抑制关节骨质疏松症,防止软骨下骨丢失,降低破骨细胞分化因子RANKL的表达,增加骨保护素表达,且白芍总苷升高了AA家兔的骨密度值。以上研究表明,在多个RA动物模型中,白芍总苷通过抗炎和免疫调节作用,发挥对实验性关节炎的治疗作用。

表13-1　实验性关节炎动物模型的特点比较

RA动物模型	病理机制	模型诱导方法	模型特点	常用实验动物
佐剂诱导关节炎	细胞免疫介导的炎症反应模型	弗氏完全佐剂足跖皮内注射	发病周期短,具有自限性	Lewis大鼠、SD大鼠
胶原诱导关节炎	由细胞免疫和体液免疫反应共同参与	尾根部皮内注射同源或异源性Ⅱ型胶原	周期长,关节和骨破坏严重	DBA/1小鼠、SD大鼠
胶原抗体诱导关节炎	不涉及初级免疫反应过程	Ⅱ型胶原抗体腹腔注射或静脉注射对小鼠进行免疫	发病快,可重复性好	C57BL/6J小鼠、DBA/1小鼠

2. 白芍总苷对免疫细胞及滑膜细胞功能的影响　在上述整体动物水平研究明确白芍总苷对RA动物模型治疗作用的基础上,从参与RA病理过程的重要细胞——免疫细胞(T细胞、B细胞、树突状细胞)及滑膜细胞入手,进一步从细胞层面探讨白芍总苷的作用。研究发现,白芍总苷显著降低CIA小鼠中Th1和Th17细胞的数量,减少IL-12和IL-6的产生。同时,白芍总苷降低了T-bet和RORγt的表达,以及STAT1和STAT3的磷酸化水平。B细胞调节T细胞的活化和分化,浆细胞通过产生自身抗体、免疫球蛋白和免疫复合物,参与RA。体外CCK-8实验结果表明,白芍总苷抑制实验性关节炎小鼠的B细胞增殖。白芍总苷还可抑制树突状细胞的成熟和激活,这与白芍总苷治疗的RA患者中成熟树突状细胞数量减少的结果一致。

滑膜细胞是滑膜组织的重要组成成分,通过分泌各种细胞因子、蛋白酶类、花生四烯酸代谢产物等,在关节破坏过程中发挥重要作用。RA滑膜细胞典型特征为增殖异常活化,其分泌的典型细胞因子包括TNF-α、IL-17、IL-1、IL-6、IL-8、PGE_2、MMP、OPG、RANKL等。白芍总苷抑制滑膜细胞功能和促炎细胞因子分泌。研究发现,白芍总苷可抑制CIA大鼠滑膜细胞的异常增殖,抑制滑膜细胞产生过量的IL-1、TNF-α、PGE_2等促炎因子。白芍总苷灌胃给药可明显抑制AA大鼠滑膜组织JNK、ERK、p38的磷酸化程度,且经白芍总苷治疗后,AA大鼠MLS培养上清促进FLS中MAPK通路活化的能力降低至接近正常水平,还可使AA大鼠MLS培养上清促进AA大鼠FLS增殖的能力减弱、MMP-1和MMP-3表达下降。这一结果通过模拟了体内关节炎变化时两种不同滑膜细胞之间的相互作用,提示白芍总苷可能通过抑制AA大鼠滑膜组织MAPK信号

通路活化和改善滑膜细胞功能，延缓 AA 滑膜增生和软骨破坏。上述结果表明，白芍总苷可调节 T 细胞和 B 细胞的活化、增殖和分化，抑制 FLS 和树突状细胞的活化。白芍总苷对免疫细胞的调节作用可能是其治疗 RA 的作用特点之一。

3. 白芍总苷调节细胞信号转导的分子机制　作为大分子的中药有效部位，如何作用于 RA 滑膜细胞，并进一步影响胞内的信号转导途径，从而调节炎症介质分泌或功能蛋白表达失衡的呢？G 蛋白介导的信号转导通路在炎症免疫性疾病中发挥重要作用。细胞因子、神经递质、激素、磷脂、光刺激、嗅觉及味觉特异性配基和丝裂原均可通过跨膜的 G 蛋白偶联受体（G protein-coupled receptor，GPCR）引发 G 蛋白活化及其下游信号传递。GPCR 的配体包括前列腺素 E 受体（prostaglandin E receptor，EP）、趋化因子受体（chemokine receptor）、β_2 受体等，它们在免疫系统和炎症调节中有重要作用，与 RA 的发生密切相关。实验研究假设白芍总苷参与调控实验性关节炎 FLS 中的 G 蛋白偶联受体信号通路变化。研究发现，白芍总苷可升高滑膜细胞中 cAMP 的水平，上调 G 蛋白偶联的 PGE_2 受体——EP2、EP4 蛋白的表达，还可调节 $G\alpha i$ 和 $G\alpha s$ 蛋白的平衡。提示白芍总苷对 GPCR 信号通路的调控作用可能是其治疗 RA 的重要机制之一。

4. 白芍总苷治疗 RA 的临床应用　白芍总苷胶囊于 1998 年被国家食品药品监督管理局批准为缓解 RA 的口服药物，在我国已被广泛使用，疗效显著。在一项为期 24 周、开放标签、随机多中心临床试验中，大多数患者在接受白芍总苷治疗第 12 周和第 24 周时，达到 EULAR 良好或中等结果。另有研究表明，白芍总苷联合甲氨蝶呤或来氟米特对 RA 有良好的治疗效果，表现出改善速度更快、不良反应更少、依从性更高等特点。白芍总苷明显降低 RA 患者血液中红细胞沉降率和 CRP 水平。白芍总苷还可明显降低甲氨蝶呤或来氟米特治疗 RA 患者过程中引起的肝损伤发生率和严重程度，与对照组相比，白芍总苷治疗的 RA 患者 12 周内肝功能异常的发生率明显降低。2017 年，一篇针对 8 项随机临床试验共 1 209 名活动性 RA 患者的系统评价结果表明，白芍总苷与 DMARD 联用可提高 RA 患者 ACR 20/50/70，且不良反应较少，认为这是一种有效改善风湿病情的联合用药方案。临床白芍总苷常见的不良反应是稀便软便，在用药期间或停药后症状会消失。白芍总苷疗效肯定、不良反应少的特点为 RA 患者，尤其是不能耐受西药不良反应或西药疗效不佳的患者提供了新的治疗机会。目前，临床上白芍总苷除用于 RA 患者的治疗外，还广泛应用于慢性湿疹、干燥综合征、银屑病、系统性红斑狼疮等多种炎症免疫相关疾病，取得了较好的疗效。

（二）白芍总苷有效成分芍药苷的药效学、药动学及作用机制研究

上述研究在 RA 多个动物模型及 RA 患者中均证实了白芍有效部位白芍总苷对 RA 的治疗作用，然而，有效部位白芍总苷中含有多种化学活性成分，可能会触发多个分子靶标。要将中药发挥疗效的机制阐释清楚，需要从炎症、免疫、骨破坏、细胞亚群、基因表达调控等多层次进行系统研究，需要运用现代技术来阐明其治疗 RA 的原理及体内过程特点，方能为临床应用发展提供重要支撑。通过采用天然药物化学中的分析方法，已鉴定出了白芍总苷中许多具有抗炎作用的单体或活性成分，其中芍药苷占白芍总苷的 40%以上，是白芍总苷的主要活性成分。因而有关白芍总苷的作用机制、体内过程特点等研究均以芍药苷为代表展开。

1. 芍药苷对实验性关节炎有良好的治疗作用　在整体水平，首先验证芍药苷对 RA 动物模型的治疗作用。结果发现，芍药苷对 CIA 大鼠的关节损伤有改善作用，可抑制继发性炎症反应和组织病理学改变。芍药苷明显降低 CIA 大鼠关节评分，减轻踝关节和足爪肿胀度，改善脾脏组织

病理学，降低 IgA、IgM、IgG 和抗 CⅡ抗体水平。此外，在 AA 和 CIA 动物模型中，芍药苷抑制 T 细胞、B 细胞及 FLS 的增殖，通过减少 PGE_2、LTB4、NO、ROS、促炎细胞因子和趋化因子的产生，进而抑制新生血管的形成和 MMP 水平。以上研究表明，作为白芍总苷主要活性成分的芍药苷确实同样具有抗炎和免疫调节功能，从而发挥治疗实验性关节炎的作用。

2. 芍药苷对免疫细胞及滑膜细胞功能的影响　多种免疫细胞（如 T 细胞、B 细胞、巨噬细胞、树突状细胞）及滑膜细胞在 RA 的发生发展过程中扮演重要角色，分泌大量细胞因子和趋化因子，导致持续的关节炎症和损伤。针对上述介导关节炎症和损伤的病理环节，对芍药苷发挥治疗 RA 作用的分子机制展开多层次的研究（图 13－5）。

（1）芍药苷调节 T 细胞的增殖与活化：T 细胞起源于骨髓干细胞，在胸腺中发育成熟，是多种炎症和自身免疫病的主要驱动因子。根据表达分子的不同，将 T 细胞分为 $CD4^+$T 细胞和 $CD8^+$ T 细胞。其中，$CD4^+$T 细胞包括 Th1、Th2、Th17 和调节性 T 细胞（regulatory T cell，Treg）。Th1 细胞在 RA 患者外周血中通过产生 IFN－γ、IL－2、TNF－α 参与炎症反应。Th2 细胞通过产生 IL－4、IL－6、IL－10 等细胞因子，介导 RA 的免疫反应，Th1/Th2 的失衡常导致 RA 的发生，且 Th1/Th2 值与 RA 疾病活动度呈正相关。Th17 细胞主要分泌 IL－17、IL－21 等炎症细胞因子，具有促进炎症反应和促进关节软骨和骨破坏进程等多重效应。研究发现，芍药苷可诱导 Th1 细胞的免疫耐受，发挥抗炎和免疫调节作用。芍药苷可抑制 AA 大鼠肠系膜淋巴结中淋巴细胞的增殖，芍药苷主要抑制肠系膜淋巴结和派氏结（Peyer's patches）中的 Th1 和 Th17 细胞反应，以发挥治疗关节炎作用。由此，提示芍药苷可调节 T 细胞的增殖与活化。

（2）芍药苷可抑制 B 细胞的活化、增殖和分化：B 细胞介导 RA 的免疫反应包括自身抗原的呈递、自身抗体的产生、细胞因子的分泌及对 T 细胞的活化。以 B 细胞为靶标，如抗 CD20 单克隆抗体治疗 RA 的临床治疗已充分说明了其在 RA 发病过程中的重要作用。当 B 细胞被激活时会分化成为浆细胞，浆细胞会分泌出大量的免疫球蛋白，这些免疫球蛋白和类风湿因子结合后形成免疫复合物，沉积在关节中，进而通过激活补体诱发炎症反应。芍药苷通过选择性阻断自身免疫病中的 LPS/TLR4 信号通路，抑制 B 细胞的活化、增殖和分化，从而减轻炎症和组织损伤。以上结果提示芍药苷可调节 B 细胞的功能，包括 B 细胞的活化、增殖和分化。

（3）芍药苷抑制巨噬细胞的活化并调节巨噬细胞极化：在 RA 的免疫反应中巨噬细胞是重要的抗原提呈细胞，M1 型巨噬细胞分泌趋化因子和促炎症细胞因子，通过呈递抗原参与 RA 的正向免疫应答，发挥免疫监视作用；M2 型巨噬细胞抗原提呈能力较弱，可以通过分泌抑制性细胞因子 IL－10、TGF－β 等下调 RA 的免疫应答。研究发现，芍药苷能明显抑制 AA 大鼠腹腔巨噬细胞过强的吞噬功能，还可明显抑制 AA 大鼠腹腔巨噬细胞产生过高的 IL－1、TNF－α、PGE_2 水平，提示芍药苷可能通过直接作用或抑制腹腔巨噬细胞分泌炎症细胞因子，调节 AA 大鼠免疫功能是其发挥作用的重要途径之一。芍药苷通过抑制 LPS/NF－κB 信号通路，减少诱导型一氧化氮合酶（iNOS）表达及一氧化氮的产生，进而抑制 LPS 诱导的促炎 M1 型巨噬细胞活化。此外，芍药苷可通过激活 IL－4/STAT6 信号通路，上调 Arg－1 的产生，抑制 M1 型巨噬细胞活性，同时增强抗炎 M2 型巨噬细胞功能。上述研究结果提示，芍药苷可抑制巨噬细胞活化，并调节巨噬细胞极化。

（4）芍药苷抑制树突状细胞的成熟，促进未成熟树突状细胞的产生：树突状细胞在免疫反应的启动和发展中起着关键作用。未成熟树突状细胞（immature dendritic cell，imDC）可以在关节局部不断地获得软骨糖蛋白等自身抗原，摄取抗原后分化为高表达共刺激分子和 MHC Ⅰ/Ⅱ的成熟树突状细胞(mature dendritic cell,mDC),成熟树突状细胞呈递抗原,启动T细胞免疫反应,分泌Th1和Th17分化的关键分子IL-12和IL-23,诱导Th1、Th17的分化。抑制树突状细胞的成熟可以改变免疫介导的炎症反应,因而调节性树突状细胞(regulatory dendritic cell,DCreg)作为控制免疫反应以维持免疫耐受的重要组成部分,可成为免疫反应过度激活的自身免疫病如RA的治疗策略。芍药苷可促进imDC的产生,LPS刺激的imDC可以通过上调吲哚胺2,3-双加氧酶的表达,转化为DCreg细胞。芍药苷可以诱导人外周血单个核细胞(peripheral blood mononuclear cell,PBMC)来源的imDC产生DCreg细胞,而不能诱导mDC产生DCreg细胞。用芍药苷处理的DCreg表达高水平CD11b/c和低水平CD80、CD86和CD40,并增强了捕获抗原的能力。芍药苷通过抑制MHCⅡ、CD80、CD86、CD40的上调及IL-12p70的分泌,抑制树突状细胞的成熟。此外,芍药苷限制了mDC刺激T细胞反应的能力,包括异体T细胞增殖、产生IFN-γ的$CD4^+$T细胞的活化。结果表明芍药苷对树突状细胞的成熟具有潜在的抑制作用。

(5)芍药苷抑制滑膜细胞的异常增殖和促炎因子的产生:滑膜细胞可分为MLS和FLS,二者具有不同的标志物,CD68是MLS的特殊标志物,波形蛋白(vimentin)是FLS的特殊标志物。在AA大鼠模型中,MLS产生过量的促炎细胞因子,如IL-1、TNF-α、PGE_2,以促进FLS的增殖和滑膜炎症反应。在RA中,FLS是血管翳-软骨连接处最常见的细胞,通过产生细胞因子、趋化因子和基质降解分子促进关节损伤。FLS功能受到免疫细胞的影响,浸润的免疫细胞、炎症细胞因子和自身抗体在受累关节处形成炎症微环境,从而导致FLS向高度迁移和破坏性的表型转化。本课题组的研究结果显示,芍药苷可能通过抑制CIA大鼠的滑膜细胞功能和调节免疫细胞反应来发挥抗炎作用。芍药苷明显抑制CIA大鼠FLS中炎症因子(IL-1、TNF-α、PGE_2)和Gi蛋白的表达,同时升高了FLS中EP4蛋白的表达、cAMP水平和PKA的活性。在体外研究中,发现芍药苷降低FLS中G蛋白偶联受体激酶2(G protein- coupled receptor kinase 2,GRK2)的活性,抑制FLS的增殖。提示芍药苷可能通过调节滑膜细胞的功能,从而发挥治疗实验性关节炎的作用(图13-5)。

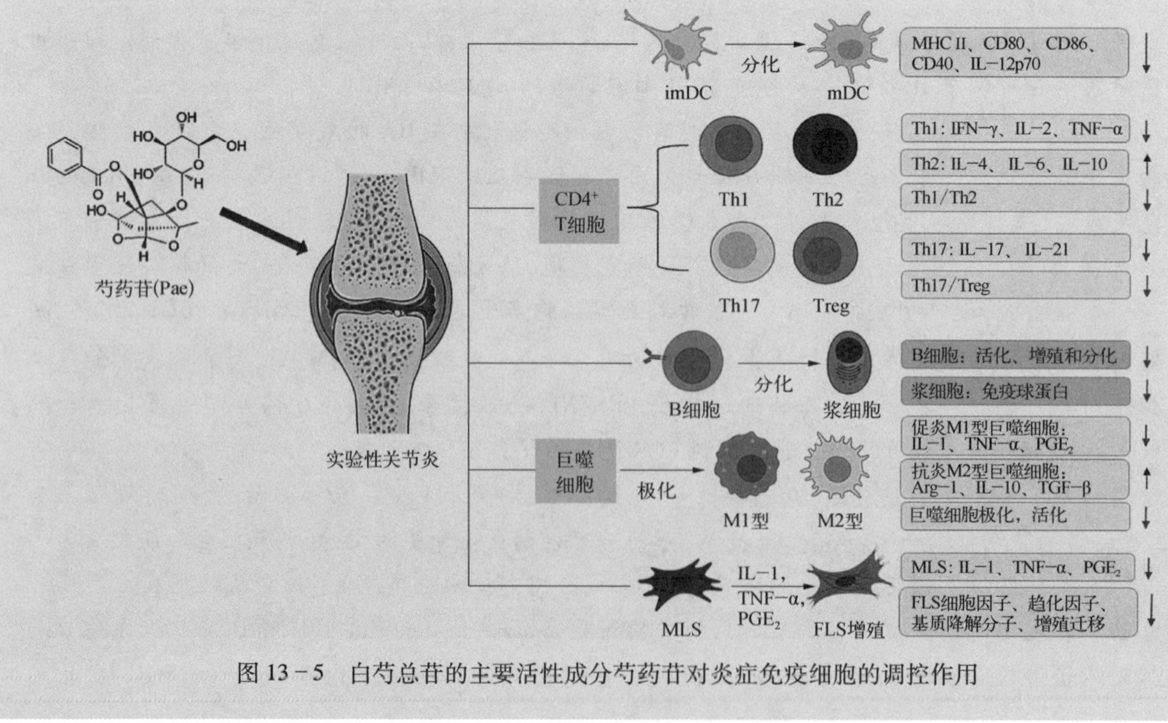

图13-5 白芍总苷的主要活性成分芍药苷对炎症免疫细胞的调控作用

3. 芍药苷调节细胞信号转导通路的分子机制

（1）芍药苷调控实验性关节炎 FLS 中 G 蛋白偶联受体信号通路：FLS 作为滑膜关节的固有间充质细胞，已被认为在实验性关节炎的免疫病理机制中发挥重要作用。炎症因子和 GPCR 信号通路与实验性关节滑膜炎的发病机制有关。研究发现，FLS 中 IL－1 活性、Gi 蛋白表达均增加，同时 PGE_2 和 TNF－α 产生增加，但 cAMP 水平和 PKA 活性降低。随着关节炎炎症的进展，CIA 大鼠滑膜组织中 GRK2 的表达增加，同时在 CIA 大鼠滑膜细胞中，β－拦阻蛋白（β－arrestin）的表达升高；FLS 的增殖与 β－arrestin2 的表达呈正相关，而与 PKA 活性和 cAMP 水平呈负相关。提示增加的 β－arrestin2 表达可能下调 cAMP－PKA 信号通路，进而促进 FLS 增殖。因此，抑制 FLS 功能，阻断相关信号通路不失为治疗 RA 的一个潜在策略。芍药苷可能通过抑制 CIA 大鼠滑膜细胞中促炎因子的产生，调节 PGE_2－EP－cAMP 通路，发挥抗炎作用（图 13－6）。我们还发现，体外芍药苷通过降低 Gαi 蛋白的表达，增加 Gαs 的表达，调节 FLS 中 G 蛋白的平衡。芍药苷还可通过抑制 β－arrestin2 的表达，上调 cAMP－PKA 信号通路，调控 GPCR 从而抑制 FLS 的增殖。因此，芍药苷对 GPCR 信号通路的调控作用可能是其治疗 RA 的重要机制之一。

（2）芍药苷抑制实验性关节炎 FLS 中 MAPK 信号通路：MAPK 信号通路的活化与 CIA 和 AA 的滑膜炎密切相关。在 CIA 和 AA 大鼠的 FLS 中，MAPK 信号通路中 p－ERK1/2、p－MEK1/2 和 JNK1/2 的表达明显升高。炎症因子 IL－1α、TNF－α 和 IL－17 升高 FLS 中 Ras、Raf、p－ERK1/2、p－MEK1/2 的表达，促进 MAPK 信号通路的激活。研究表明，活化的 FLS 中 COX－2、TNF－α、IL－17、RANKL、iNOS 和转录因子（NF－κBp65、AP－1）的表达也升高。给予芍药苷后可抑制 FLS 中 Ras、Raf 的表达及 MAPK 信号通路（ERK1/2、p38、JNK1/2）的激活。结果表明，芍药苷通过抑制 MAPK/NF－κB 信号通路，发挥对 RA 的抗炎作用（图 13－6）。

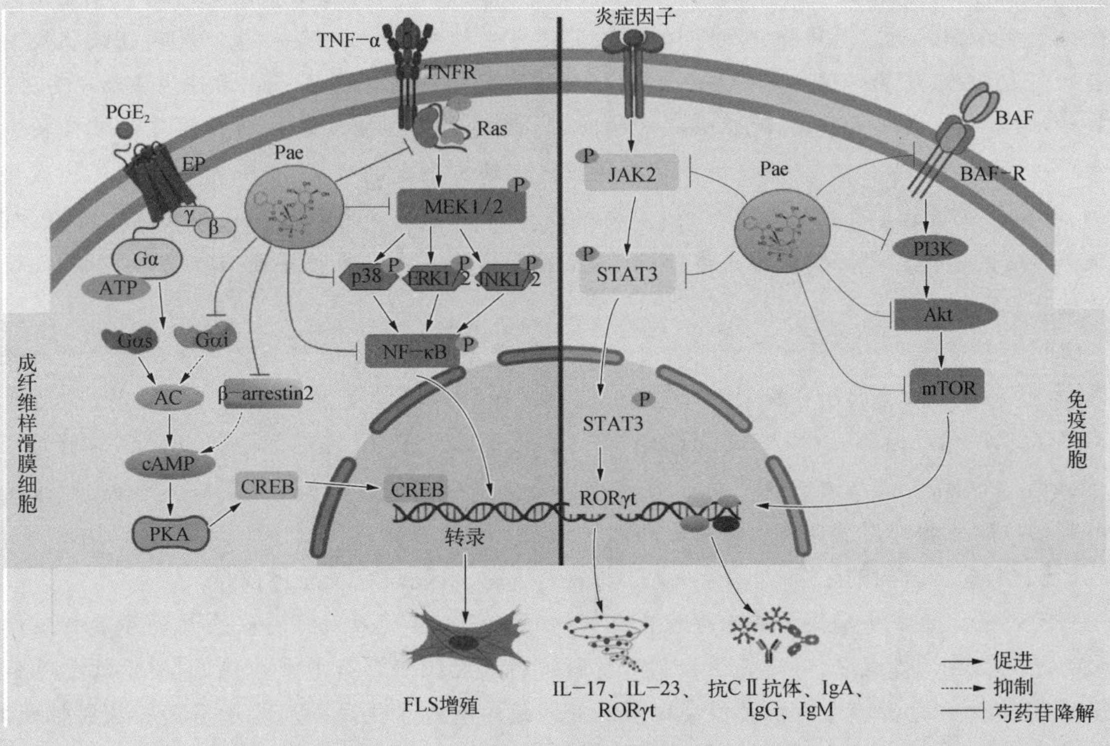

图 13－6　芍药苷治疗实验性关节炎的分子机制

(3) 芍药苷抑制免疫细胞中 JAK2/STAT3 信号通路：JAK/STAT3 通路的激活是炎症导致自身免疫病的重要机制之一。树突状细胞和 Th17 细胞中炎症因子的释放与 IL－6/STAT3 信号通路有关，研究发现，芍药苷在转录和蛋白水平均明显抑制树突状细胞中 IL－6/STAT3 信号激活。将小鼠的 $CD4^+T$ 细胞与芍药苷预处理的树突状细胞共培养，可明显抑制 Th17 细胞标志物 RORγt、IL－17A、IL－23R 的基因表达，与整体实验 IL－17 和 IL－23 分泌减少的结果一致（图 13－6）。这些结果提示，芍药苷可能通过抑制免疫细胞中 JAK2/STAT3 信号通路的激活，改善 RA 炎症。

(4) 芍药苷抑制免疫细胞中 PI3K/Akt/mTOR 信号通路：B 细胞活化因子（B cell-activating factor，BAF）在 B 细胞的存活、分化、激活和稳态中具有重要作用，过表达 BAF 与 RA 等自身免疫病的发病机制密切相关。BAF 受体（BAF－R）作为 BAF 的 3 种受体之一，可促进未成熟 B 细胞发育成熟。研究发现，CIA 大鼠血清中抗 CⅡ抗体、IgA、IgG、IgM 水平升高，同时 BAF、BAF－R、PI3K、p－Akt、mTOR 蛋白高表达，表明 BAF/BAF－R 介导激活的 PI3K/Akt/mTOR 信号通路参与了 CIA 大鼠 B 细胞增殖和抗体的产生。芍药苷可明显抑制 B 细胞增殖，降低 BAF、BAF－R、PI3K、p－Akt 和 mTOR 表达。提示芍药苷对 CIA 大鼠的治疗作用可能与下调 BAF/BAF－R 介导的 PI3K/Akt/mTOR 信号激活有关，进而抑制抗体的产生（图 13－6）。

4. 芍药苷体内药代动力学研究　中药成分十分复杂，即使是单味药物，其所含的有效成分也达数种之多。中药活性成分的药代动力学研究分析活性成分在生物体内的吸收、分布、代谢和排泄特征，阐述中药复杂体系的体内过程，对于帮助揭示中药药效物质基础，开发新制剂提高治疗的有效性均具有重要意义。前述研究已明确芍药苷为白芍有效部位白芍总苷的药效物质基础，因而后续以单体芍药苷来分析其体内过程特点，从一个侧面反映白芍总苷的体内过程。研究发现，在吸收方面，芍药苷在整个小肠均有吸收，无特征性吸收部位，各个肠段之间吸收渗透率大小和吸收速率近似相同。芍药苷口服吸收较差，其绝对生物利用度为 3%～4%。芍药苷吸收较差主要与肠首过效应、药物转运体外排蛋白和理化性质有关。芍药苷是 P－gp 的作用底物。另外，芍药苷亲水性较强，亲脂性较弱，跨膜吸收能力较弱，因而脂溶性较低是制约芍药苷口服吸收影响因素之一。在分布方面，芍药苷在全身主要组织器官均有一定的分布，但分布水平较低。在代谢方面，芍药苷在肠道具有生物降解作用，主要代谢产物是芍药苷元和芍药代谢素。在排泄方面，口服芍药苷原型药主要经粪便排出体外；静脉注射芍药苷主要以肾脏排泄，通过胆汁和粪便排泄则比较少。

上述芍药苷的药效学及作用机制研究证实了芍药苷为白芍总苷发挥治疗 RA 作用的药效物质基础，抑制促炎细胞因子分泌、调节免疫细胞和滑膜细胞功能是其主要药理作用特点，芍药苷对 G 蛋白偶联信号通路、PI3K/Akt/mTOR 信号通路、JAK2/STAT3 通路的调节是发挥作用的主要分子机制。然而，药代动力学研究结果提示芍药苷口服吸收差，生物利用度低。因而，如何提高芍药苷的口服生物利用度成为亟待解决的问题。

（三）芍药苷改构的化合物 CP－25 的药效学研究、机制研究及应用前景

白芍总苷上市多年应用于临床疗效肯定，但起效缓慢，其药效发挥存在明显的滞后效应。作为白芍总苷主要活性成分，芍药苷生物利用度和体内病变组织分布水平均较低，提示改善芍药苷口服吸收、增加组织分布量可能是提高白芍总苷疗效的有效手段之一。基于芍药苷亲脂性较弱，对芍药苷进行酯化修饰可能是提高其口服生物利用度的有效途径之一。为此，将芍药苷的吡喃糖6位羟基进行选择性酯化修饰，合成了芍药苷-6′-*O*-苯磺酸酯（paeoniflorin-6′-*O*-benzene sulfonate，CP-25）。CP-25是对中药单体芍药苷进行结构改造得到的化合物，药动学研究发现，在大鼠中CP-25的绝对生物利用度明显高于芍药苷，灌胃或静脉给予CP-25的药动学参数均优于同等剂量的芍药苷。CP-25生物利用度的提高主要归因于其脂溶性的增加，以及对外排蛋白P-gp抗性的增加。此外，CP-25在大鼠滑膜组织中的浓度明显高于芍药苷，提示相较于芍药苷，CP-25对滑膜具有更高的亲和力。CP-25的药动学研究结果提示，与芍药苷相比，其在体内生物利用度更高，吸收更好，可能具有更好的药理作用，因此，接下来对CP-25的药效学和作用机制进行研究。

1. CP-25对实验性关节炎的治疗作用优于芍药苷　建立AA大鼠模型及CIA小鼠模型，评价CP-25对实验性关节炎的治疗作用。结果显示，CP-25以剂量依赖性方式延缓关节炎的发作并改善AA大鼠和CIA小鼠的关节炎表现。CP-25显著降低关节炎模型的踝关节评分和脾脏组织病理学评分，提示其对关节损伤具有抗炎和保护作用。细胞因子网络调节的炎症在RA病理过程中发挥重要作用。CP-25治疗后，可明显抑制血清及FLS、巨噬细胞培养上清中促炎因子的水平，升高抗炎因子的水平，提示CP-25可恢复细胞因子分泌的平衡。同时，也比较了相同剂量的CP-25、白芍总苷、芍药苷对关节炎的作用效果。结果显示，CP-25在AA模型诱导后第26天即开始起效，其改善实验性关节炎表现的起效时间要早于同剂量的白芍总苷、芍药苷；CP-25具有很强的抑制软骨侵蚀、炎症细胞浸润和滑膜增殖的作用，而白芍总苷和芍药苷对上述病理改变仅有中等程度的改善作用，提示CP-25抗关节炎的作用优于白芍总苷和芍药苷。

甲氨蝶呤为临床治疗RA的一线药物，并作为多数临床试验的“金标准”药物。在实验性关节炎模型中，将甲氨蝶呤设为阳性对照药物，发现CP-25（100 mg/kg）在AA和CIA模型中显示出与甲氨蝶呤相似的疗效。DMARD包括甲氨蝶呤在高剂量或长期用药后会出现不良反应。研究发现，关节炎模型鼠给予甲氨蝶呤（0.5 mg/kg）出现少动、体重减轻、进食减少，然而给予CP-25治疗后未观察到这些反应，提示CP-25在治疗过程中引起的不良反应较少。甲氨蝶呤单药治疗对中晚期RA患者往往无法达到满意的疗效，美国风湿病学会（American College of Rheumatology，ACR）与欧洲抗风湿病联盟（European League Against Rheumatism，EULAR）建议联合DMARD治疗RA。进一步观察了CP-25联合甲氨蝶呤的疗效，为减少甲氨蝶呤的不良反应，采用CP-25联合半常规剂量的甲氨蝶呤，结果显示，其治疗AA大鼠的作用与常规剂量甲氨蝶呤相当，且可以减少单药甲氨蝶呤引起的不良反应。上述研究结果提示，CP-25与半常规剂量DMARD联合治疗RA，可减少DMARD的药物不良反应，同时确保疗效，为CP-25临床治疗RA提供了实验基础。

2. CP-25对免疫细胞、滑膜细胞及内皮细胞的影响

（1）CP-25对免疫细胞的影响：活化的T细胞分泌大量的促炎细胞因子，Th17、Treg、Th1和Th2细胞在介导RA促炎细胞因子（如IL-17、IL-2、IFN-γ）释放中发挥重要作用。CP-25可抑制AA大鼠和CIA小鼠脾脏T细胞增殖，并调节Th1/Th2、Th17/Treg之间的平衡。此外，CP-25可抑制T细胞分泌促炎因子IL-17的水平，上调TGF-β水平。免疫球蛋白D（IgD）作为自身免疫病的标志，与人PBMC $CD4^+$ T细胞上的IgD受体（IgDR）结合，引起T细胞的活化和增殖。CP-25通过抑制淋巴细胞特异性蛋白酪氨酸激酶磷酸化，抑制IgD诱导的$CD4^+$ T细胞活化与增殖。

B细胞的过度增殖和活化与RA的发病机制密切相关。研究发现，CP－25可抑制BAF或TNF－α刺激的B细胞增殖。CP－25还可减少$CD19^+$、$CD19^+CD20^+$、$CD19^+CD27^+$、$CD19^+CD20^+CD27^+$的B细胞数量。与体外实验结果一致，CP－25抑制了CIA小鼠中$CD19^+$B细胞的活化和数量，以及炎症因子的水平。

树突状细胞作为抗原提呈细胞，也参与了RA的病理过程。分离BALB/c小鼠的骨髓来源树突状细胞，使用PGE_2和TNF－α刺激，结果显示，与刺激组相比，CP－25抑制树突状细胞表面标志分子（CD40、CD80、CD83、CD86、MHC－Ⅱ）的表达及其对抗原的摄取。此外，当树突状细胞与T细胞共培养时，CP－25明显抑制树突状细胞介导的T细胞增殖。

滑膜中巨噬细胞数量的增加是RA的早期特征。研究发现，CP－25可以调节AA大鼠巨噬细胞分泌细胞因子的平衡；CP－25还可降低CIA小鼠腹腔巨噬细胞、骨髓来源巨噬细胞、滑膜巨噬细胞中的促炎巨噬细胞标志物（CD86、iNOS）表达，增加抗炎巨噬细胞标志物（CD206、Arg1）表达。提示CP－25可以调控巨噬细胞极化来改善炎症。

（2）CP－25对滑膜细胞的影响：活化的FLS迁移到关节间隙，附着于软骨表面，导致血管翳形成和关节损伤。研究发现，在体外实验中，CP－25可以抑制趋化因子CXCL12诱导的滑膜成纤维细胞系MH7A的迁移。在体内动物实验中，CP－25可抑制AA大鼠和CIA小鼠FLS的过度增殖，以及PGE_2、TNF－α水平的升高。将T细胞与FLS共培养，发现CP－25通过抑制$CD4^+$ T细胞中的BAF受体，从而抑制FLS的增殖和促炎细胞因子的产生，提示CP－25可以干扰T细胞与FLS之间的传导。

（3）CP－25对内皮细胞的影响：RA的典型组织病理学特征之一是血管翳的形成。既往研究发现，CP－25可以改善AA大鼠和CIA小鼠血管翳形成，体外可抑制PGE_2或CXCL12刺激的内皮细胞的增殖、迁移和小管形成，提示CP－25具有抗RA血管生成的作用。

3. CP－25治疗RA的分子机制——G蛋白偶联受体激酶2是其作用的重要靶标　上述研究证实了CP－25对实验性关节炎具有很好的治疗作用，且效果优于白芍总苷、芍药苷，同时在细胞层面明确了CP－25的抗炎免疫调节作用，作为经芍药苷改构的新化合物，其作用靶标为何呢？在结构上，CP－25中的环己烷并二茂环类似于帕罗西汀中的苯并二茂环，据报道帕罗西汀可以抑制GRK2的活性。GRK2是与GPCR快速脱敏相关的激酶，其广泛表达于免疫细胞和非免疫细胞中，与多种疾病的发生、发展有关。在正常生理条件下，GRK2主要定位于细胞质中，影响GPCR的脱敏和复敏，调节（抑制或激活）多种信号分子转导。在炎症因子的持续刺激下，GRK2转位至细胞膜，一方面，引起GRK2磷酸化的GPCR下游信号转导异常；另一方面，GRK2失去其原有的抑制或激活信号分子的能力，导致这些分子的信号转导异常。那么GRK2在RA中的表达和作用如何呢？研究显示，GRK2在RA患者和关节炎动物模型的外周血、FLS、树突状细胞、巨噬细胞、$CD4^+$ T细胞和内皮细胞中均过度表达。同时，通过分子对接实验和微量热泳动技术，CP－25被证实可抑制GRK2的活性，且CP－25结合GRK2的能力高于帕罗西汀，提示GRK2可能是CP－25的潜在靶标。接下来，进一步研究了CP－25靶向GRK2调节信号转导的分子机制。

PGE_2在RA患者的血清和滑膜中水平异常升高。据报道，PGE_2可以通过增加cAMP水平，来调节FLS增殖、内皮细胞的活化、树突状细胞的成熟以及巨噬细胞的极化。PGE_2通过其4种受体(EP1~EP4)介导炎症反应。研究发现,在AA和CIA模型中,PGE_2对FLS、树突状细胞、巨噬细胞和内皮细胞的持续刺激,促进GRK2转位至细胞膜,导致EP4过度脱敏及EP4/cAMP信号转导异常。CP-25可通过抑制GRK2的活性(抑制其膜转位),恢复异常的PGE_2/EP4/cAMP信号转导,从而改善细胞功能,发挥抗炎和免疫调节作用。

GRK2分子本身在细胞内表达多少或胞内定位的变化,会影响其对信号分子的抑制或激活作用。研究表明,RA患者滑膜中趋化因子CXCL12水平与疾病活动度密切相关,CXCL12的受体CXCR4与关节破坏相关。AA大鼠中,CXCL12/CXCR4信号激活ERK通路,导致FLS增殖、迁移和内皮细胞活化。ERK1/2作为MAPK家族的一员,可被炎症因子、丝裂原和生长因子激活,在细胞生长、增殖、分化、存活中发挥重要作用。进一步研究发现,生理状态下,GRK2与ERK1/2主要存在于细胞质中,且细胞质中GRK2可以抑制ERK1/2的磷酸化激活;而在RA病理状态下,高水平的CXCL12刺激使GRK2转位至细胞膜,使其对ERK1/2的抑制作用减弱。给予CP-25后,可下调AA大鼠滑膜组织中CXCL12及其受体CXCR4的表达,并抑制细胞质GRK2转位至细胞膜,从而恢复其对ERK1/2的抑制作用,发挥抑制FLS和内皮细胞增殖、迁移的作用,改善关节滑膜炎症和血管增生。

JAK/STAT3信号通路参与RA中多种免疫细胞的活化和炎症因子的释放。研究发现,JAK/STAT3通路也受到GRK2的调节。在CIA大鼠中,巨噬细胞的细胞膜GRK2表达增加,使其对JAK的抑制作用减弱,激活JAK/STAT3,从而促进巨噬细胞向促炎M1型巨噬细胞极化,分泌IL-6、PGE_2等炎症因子。CP-25可以抑制GRK2的膜转位,增加GRK2在巨噬细胞细胞质表达量,细胞质中GRK2与JAK结合,从而抑制JAK/STAT3通路的激活,促进巨噬细胞向抗炎M2型巨噬细胞极化,在RA中发挥抗炎作用。

上述研究结果提示,CP-25可通过抑制GRK2活性,调节相关信号转导通路(GPCR通路、MAPK通路、JAK/STAT通路等),进而抑制RA中FLS过度增殖、促炎巨噬细胞极化和血管生成,提示靶向GRK2活性对RA治疗有重要作用(图13-7)。

4. CP-25的应用前景　通过研究已证实CP-25在AA和CIA动物模型中具有抗炎和免疫调节作用,然而CP-25对RA患者的疗效仍需进一步的临床试验。GRK2是调节GPCR信号通路的重要分子,也是许多信号转导网络的调节枢纽。临床前研究发现,在心力衰竭、心肌肥厚、高血压、肥胖、胰岛素抵抗等疾病中,GRK2的表达和活性升高,说明GRK2在疾病病理过程中的重要作用,提示抑制GRK2的表达或功能可能对疾病发挥保护作用。本研究结果显示,CP-25的可能作用靶标为GRK2,所以CP-25有可能也对GRK2异常介导的疾病发挥治疗作用。例如,已有研究表明CP-25对炎症性肠病、干燥综合征、系统性红斑狼疮、抑郁症、肝纤维化、肿瘤等炎症免疫相关疾病的动物模型具有一定治疗作用,值得进一步深入研究。

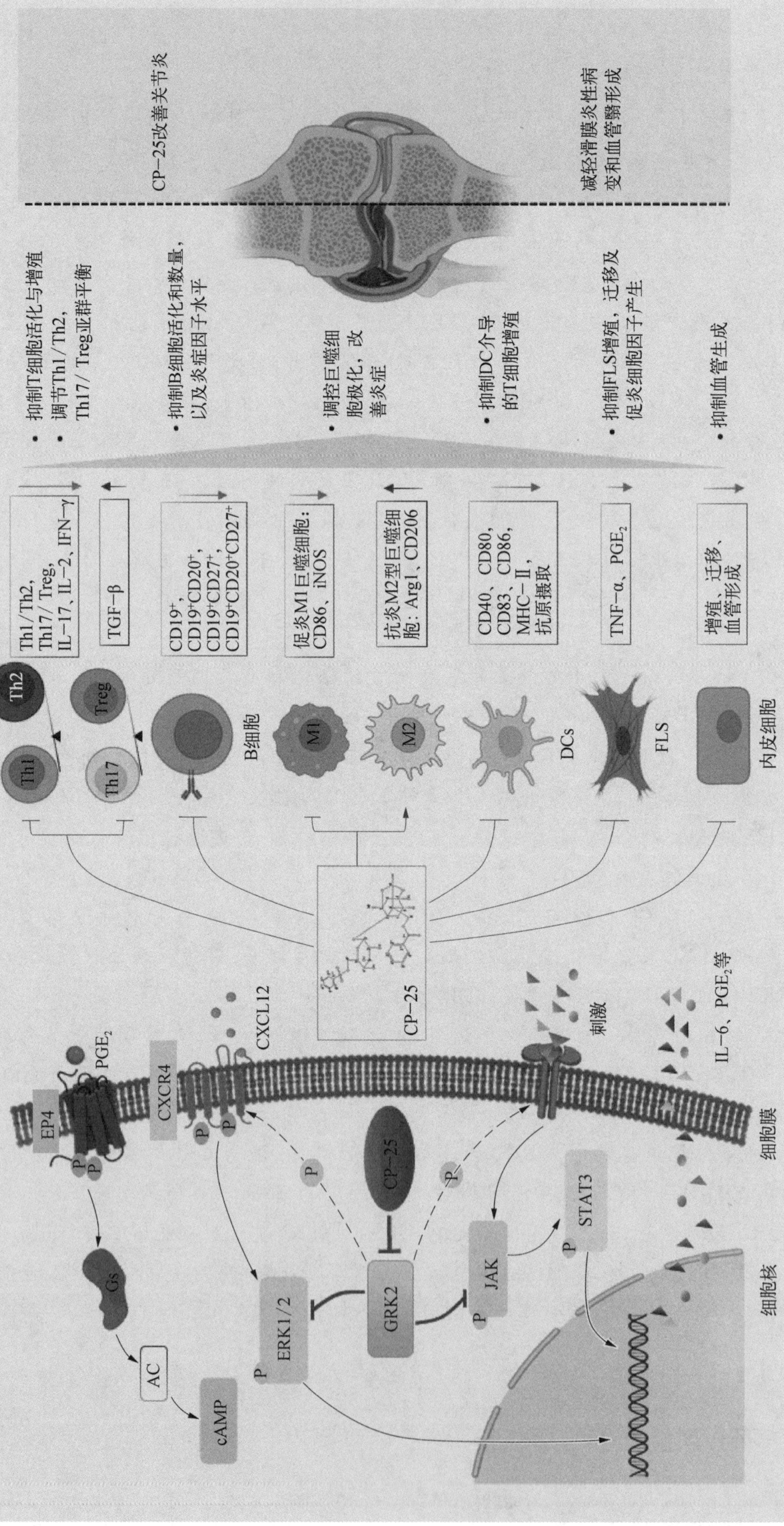

图 13-7　CP-25 治疗实验性关节炎的分子机制

三、总结与展望

RA 为常见的免疫系统疾病之一，该研究以中医学"从肝论治痹证"的学术思想为指导，以及中药白芍具有养血柔肝、缓中止痛、敛阴收汗之功效为依据，在明确白芍总苷是白芍治疗 RA 的有效部位基础上，进一步确定了单体芍药苷是白芍总苷发挥药理作用的物质基础，探讨了白芍总苷有效活性成分芍药苷治疗 RA 的抗炎免疫调节机制。基于研究中发现芍药苷具有口服绝对生物利用度较低，在体内病变组织分布水平也较低的局限性，对芍药苷结构进行修饰改造，合成了其衍生物 CP－25，以改善芍药苷口服生物利用度差、起效缓慢的不足，并对 CP－25 治疗 RA 的效果和分子靶标进行了探讨。该研究显示，经过结构改造的 CP－25 比白芍总苷、芍药苷具有更高的生物利用度，治疗实验性关节炎的效果也更好，不良反应较少。此外，CP－25 在 AA 和 CIA 动物模型中显示出与甲氨蝶呤相当的疗效，且 CP－25 与半常规剂量 DMARD 联合治疗 AA，可减少 DMARD 的药物不良反应，同时确保疗效。机制研究发现，CP－25 在调节各种类型细胞功能方面具有普遍性，其分子机制很大程度上是源于 CP－25 对 GRK2 及其相关信号的靶向作用。

过度的炎症免疫反应是多种系统疾病发生、发展的病理基础，而适度的炎症免疫反应对于保护机体免受内外环境病理损害具有重要作用。在研制治疗药物时，往往设法做到对细胞因子致病作用的抑制，但由此带来的严重不良反应与破坏细胞因子生理功能和网络平衡密切相关。目前，临床上使用的药物如非甾体抗炎免疫药、甾体抗炎免疫药（糖皮质激素类）、免疫抑制药等在 RA 等免疫性疾病的治疗中发挥了较好疗效，但出现的不良反应，尤其是肝、肾、胃肠、呼吸、血液、心血管、骨髓、神经、恶性感染、诱发肿瘤等严重毒性令人困惑。这与抑制过度炎症免疫反应的同时，也损害了机体细胞的生理功能有关。因此，需要研发控制炎症免疫反应相关细胞过度活化，且不损害其生理功能的药物，即炎症免疫反应软调节药物。炎症免疫反应软调节药物不是对细胞功能、基因和蛋白质表达或活性的完全抑制，而是在不同细胞上发现共性的或类似的信号转导和网络调控关键分子及特征，选择性地将异常改变的细胞和分子活性调控至正常生理水平，恢复细胞功能的动态平衡，以发挥药物的治疗作用，且尽量减少不良反应。因而，炎症免疫反应软调节是研发治疗炎症免疫性相关疾病创新药物的新方向，这也符合中医学"整体观"与"阴阳平衡"的理论。平衡调控多个靶细胞的共同关键分子活性是开发治疗炎症免疫性疾病药物的重要研究方向，由于 GRK2 作为 GPCR 和非 GPCR 通路，以及各种信号网络的多功能枢纽，CP－25 可能在炎症免疫性疾病中发挥软调节作用。然而，CP－25 的结构修饰、剂量调整、机制的深入探索等仍有待研究；不同病理情况下 GRK2 水平变化及其功能的影响，以及靶向 GRK2 治疗策略的正确时机也是进一步探索的方向。

思 考 题

（1）类风湿关节炎免疫平衡紊乱的主要特点有哪些？
（2）从中药、天然药物中开发免疫系统疾病治疗药物应关注哪些主要科学问题？
（3）类风湿关节炎药理学研究常见的体内外模型有哪些？

（魏　伟　孙妩弋）

第十四章
中药治疗肿瘤转移的药理研究

第一节　概　　述

一、肿瘤转移的中医学认识

肿瘤转移属中医“传舍”,“传舍”一词首载于《黄帝内经·灵枢》:“虚邪之中人也……留而不去,传舍于经。”“传”即传播扩散,指癌毒脱离原发部位播散至其他部位;“舍”有居留或留住之意,指扩散的癌毒停驻于某一部位,完成转移。中医理论认为恶性肿瘤发生传舍的过程其实是机体正邪抗争的过程,也是人体内阴阳平衡被打破而导致一系列恶性循环的过程。

“癌毒传舍”学说是现代中医认识肿瘤复发转移的一种新理论,20 世纪 70 年代,张泽生首先提出“癌毒”概念,20 世纪 80 年代首届国医大师周仲瑛首倡“癌毒”学说。癌毒传舍是恶性肿瘤转移的主要成因,恶性肿瘤发生传舍包括 3 要素:癌毒、正虚、气滞血瘀痰凝。多数医家认为癌毒是在正气亏虚的基础上,复加外感六淫、内伤七情、饮食不节等内外各种因素共同作用所导致的能对机体产生不利影响的一切致病因素。“虚、痰、瘀、郁、火(热)、毒”是癌毒传舍主要病理因素,转移的主要途径是经络流注。气虚血瘀证、阴虚热毒证、脾虚痰湿证是肿瘤转移的主要证型。中医药在防治癌毒传舍的过程中主要遵循扶正解毒、去宛陈莝、分期论治、防治未病、调畅情志、杂合以治、以平为期、谨守病机的中医治则,主要治法有活血化瘀、扶正固本、清热解毒、化痰利湿、以毒攻毒。鳖甲煎丸、消瘰丸、健脾六君子汤,益气养阴生脉饮、黄芪桂枝五物汤等是常用的治疗方剂。

根据 2024 年中华中医药学会血液病分会、中国中西医结合学会肿瘤专业委员会等制定的《恶性肿瘤中医维持治疗专家共识》,中医药维持治疗的应用当掌握和灵活运用“整体观念”“辨证施治”“平衡状态”“固本清源”等中医理论。对于无可评价肿瘤病灶(肿瘤过小无法测量或已切除)的患者(没有明确的西医治疗方法),可以应用中医理论指导下的维持治疗,以降低肿瘤复发、转移率,提高患者生活质量。治疗上可选用扶正祛邪或单纯祛邪的中成药为主,根据病情、肿瘤类型、分期及适应证,选择中药注射液,或中药注射液与口服中成药序贯、交替使用。如通关藤注射液(消癌平注射液)、艾迪注射液、复方斑蝥胶囊、通关藤糖浆、西黄丸、安替可胶囊、康莱特注射液、鸦胆子油乳注射液、复方苦参注射液等均可根据临床实际选用。

二、肿瘤转移的现代医学认识

肿瘤转移是指肿瘤细胞脱离原发部位,沿淋巴管、血管和体腔,到达与原发瘤不相连续的部位继续生长,形成与原发瘤同样类型肿瘤的过程,这一过程也称转移级联反应(图 14－1),是肿瘤最终且最致命的表现。肿瘤一般可以通过以下几种途径实现转移:淋巴道转移、血道转移及种植性转移等,肺、肝、骨、脑是常见的肿瘤转移靶器官。尽管近年医学界在肿瘤治疗方面取得了长足的进步,但肿瘤转移仍然是肿瘤致死的主要原因。

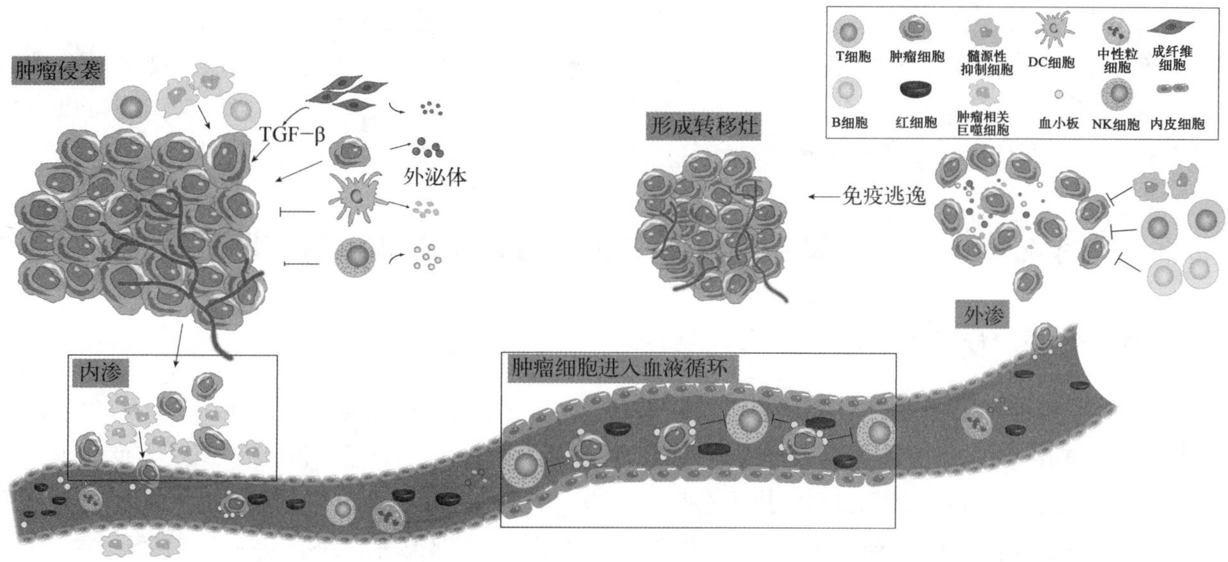

图 14-1　肿瘤转移级联反应图

现代医学对于肿瘤转移的病因病机主要包括以下几种。①“种子和土壤”假说：肿瘤细胞通过血液和淋巴可以播种到其他组织并能使其周围细胞发生改变。肿瘤转移灶不是随机的，而是一些特定器官可以提供适合特定转移灶生长的环境。恶性肿瘤向特定器官转移通常也被称为组织趋向性，并且每种类型的肿瘤对定植特定靶器官的偏好取决于恶性细胞仅在支持恶性生长的特定微环境中播种转移性病变。②“上皮-间质转化”：在肿瘤进展过程中，处于上皮-间质转化状态的肿瘤细胞具有高度可塑性。这种间充质特征可以使其从原发肿瘤中脱落，侵袭邻近组织。在到达远端器官后，又通过“上皮-间质转化”增加自身黏附力，从而在远端器官停留形成转移灶。③转移前生态位：随着肿瘤的进展，远端会形成一种称为“转移前生态位”的局部支持和接受微环境，以准备肿瘤细胞在到达远处器官后定植，从而促进肿瘤沉降和转移。转移前生态位代表一种异常的、无肿瘤细胞的微环境，但这个环境又有利于肿瘤细胞的生长，应将其与肿瘤微环境区分开来。转移前生态位的形成需要 3 个关键因素的相互作用：肿瘤衍生分泌因子、骨髓来源细胞的动员和募集、组织部位基质组分的炎症极化。转移前生态位形成过程与肿瘤转移的过程密切相关。④免疫监视减弱：循环肿瘤细胞由于物理、氧化还原和免疫应激源而遭受广泛的损耗致免疫原性下降，在循环中，包被血小板、中性粒细胞或肿瘤来源的基质细胞，使其免受免疫监视；到达远处器官后，种植性肿瘤细胞处于氧化应激状态，缺乏支持性生长因子或营养素，巨噬细胞、NK 细胞和浸润性 T 细胞的免疫监视减弱。适应肿瘤微环境的肿瘤细胞最终通过再次增殖、血管生成和免疫抑制，来实现大量增殖和器官定植，从而导致肿瘤不受限制地生长，致使器官功能障碍、全身机体功能崩溃，并最终导致患者死亡。

肿瘤转移是恶性肿瘤的一个重要生物学特征，可以分为 3 个阶段：播散、休眠和定植，这 3 个阶段可以共存，并在时间轴上重叠。经历转移级联的肿瘤细胞，具有很多病理特点。①在细胞形态和结构的异常上，转移的肿瘤细胞往往呈现出异型性，细胞大小和形态不一，核质比例失调，核分裂象增多；②致癌基因激活和抑癌基因突变，使转移瘤细胞具有不受控制的生存和增殖、自我更新、迁移和侵袭的特点；③肿瘤转移具有一定的器官偏嗜性，肿瘤细胞有向特定器官转移的倾向；④肿瘤细胞在转移过程中可能发生可塑性改变：肿瘤细胞在从原发性肿瘤发展为转移起始细胞，且能够进行器官特异性转移的过程中，经历了多种表型转变。这些特征可以促进肿瘤细胞在体内的播散、激活和休眠的动态平衡，以及促进肿瘤细胞定植于远处器官。

肿瘤转移是一种影响多器官的全身性疾病，它不仅可以通过直接定植器官并损害其功能，而且还可以通过改变分泌蛋白组的构成及其代谢,最终导致患者死亡。对全身治疗的反应,在同一患者的原发性和转移性疾病中,可能具有截然不同的结果。由于转移性肿瘤对现有治疗方法耐受,临床上的转移性疾病在很大程度上无法治愈。中医药对抑制肿瘤细胞生长甚至扼杀肿瘤细胞有积极作用,同时可以通过改善免疫功能及机体微环境,改变肿瘤细胞生长的“土壤”,起到延缓复发、防止转移的作用。

第二节　活血化瘀法治疗肿瘤转移的中药药理研究

一、活血化瘀法治疗肿瘤转移的中医学认识

肿瘤发生、发展过程中,血瘀证始终贯穿其中,与正气虚衰无力鼓动血行有关,所以一般认为“瘀血内阻”为肿瘤的核心病机。临床上可观察到多数肿瘤转移的患者表现出不同程度的血瘀症状,亦反映出气滞血瘀的环境改变为癌毒的扩散和转移提供了适宜的土壤。如果血瘀状态不纠正,脏腑功能便得不到充分发挥,人体正气的正常生成就会受到影响,机体抗肿瘤能力就会下降,正邪失衡,最终促使肿瘤转移至远端。

针对瘀血内阻的基本病机,治疗应遵循“疏其血气,令其条达,而致和平”的原则,宜采用活血化瘀为中心,配合益气温阳、滋阴养血、理气解郁和抗癌解毒等多种治法,达到气血调和、血脉通畅、阴阳平衡状态,既能扶正治疗虚证,亦可祛邪治疗实证。代表方剂有血府逐瘀汤、复方丹参片和大黄蛰虫丸等,常见的活血化瘀代表药物有丹参、川芎、三七、莪术、水蛭、蒲黄和红花等。

血管生成异常是血瘀性疾病的重要病理学特点,抑制这一过程或可阻止肿瘤的发展与转移。大量临床与实验数据表明,血瘀贯穿肿瘤发生、发展的始终,血瘀证可导致血液循环障碍、血小板活化及黏附聚集、血液高黏状态、血栓形成等多种病理变化。血瘀所致浓、黏、凝、聚的病理状态会打破抑制血管生成因子和促进血管生成因子之间的平衡,导致血管生成异常。因而应用活血化瘀药治疗肿瘤,可以调控新血管生成,阻碍肿瘤转移(图 14－2)。

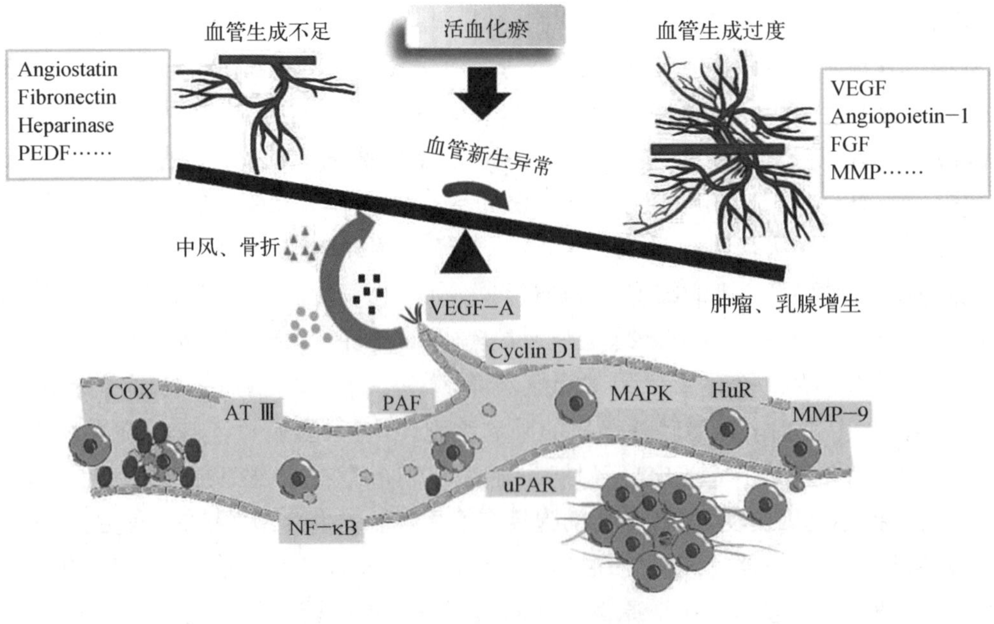

图 14－2　血瘀证出现血管生成异常

Angiopoietin－1：血管生成素－1；Angiostatin：血管抑素；AT Ⅲ：抗凝血酶Ⅲ；COX：环氧合酶；Cyclin D1：细胞周期蛋白 D1；FGF：成纤维细胞生长因子；Fibronectin：纤连蛋白；Heparinase：肝素酶；HuR：人类抗原 R(一种 RNA 结合蛋白)；MMP－9：基质金属蛋白酶－9；PAF：血小板活化因子；PEDF：色素上皮衍生因子；uPAR：尿激酶型纤溶酶原激活物受体；VEGF：血管内皮生长因子

二、肿瘤血管新生促进肿瘤转移

肿瘤的生长、浸润和转移与血管新生密切相关。当肿瘤大小超过 2 mm^3 时，新血管的生成为肿瘤的发生、发展提供了营养和氧气，使肿瘤转移的发生成为可能。血管新生是指活体组织基于已有微血管床上芽生出新的以毛细血管为主的血管系统的生物学过程。诸多重大疾病均有血瘀证候而致血管异常新生。

科学界对肿瘤血管新生(angiogensis)的认知是不断发展的。早在 1971 年，哈佛大学 Judah Folkman 教授就提出，肿瘤的生长和转移都十分依赖肿瘤血管新生，认为抑制血管新生可以有效抑制肿瘤的生长和转移，从而达到“饿死肿瘤”的目的。血管新生通常有出芽和套叠两种方式，在病理和生理过程中皆扮演着重要角色。Judah Folkman 最早于 1971 年提出靶向血管治疗肿瘤理论，曾试图通过去除血管来对肿瘤进行饥饿疗法。1999 年，美国 Marry Hendrix 教授首次提出了一种与经典肿瘤血管生成途径不同，不依赖机体内皮细胞的全新肿瘤微循环模式，即“血管生成拟态”的概念。血管生成拟态是指由具有可塑性、侵袭性的肿瘤细胞围成的血管网络。这对以内皮依赖性血管为肿瘤微循环唯一方式的传统观念提出了挑战，同时也是对肿瘤血管生成理论的重要补充，说明肿瘤还可以通过血管生成拟态提供捷径来实现转移，从而促进了肿瘤的恶性发展。遗憾的是抗肿瘤血管新生疗法临床治疗效果并不理想，因为失去血管支持的肿瘤会变得更加缺氧，这会增加肿瘤细胞的侵袭性，甚至让其生长得更加迅速。基于此，学界开始转换思路：与其清除掉血管，不如让异常的肿瘤血管变得正常化，让血管运输功能更多地发挥作用，从而使更多的 T 细胞等免疫细胞进入肿瘤。21 世纪初，哈佛大学 Rakesh K. Jain 教授提出了肿瘤血管正常化的概念。血管正常化是指通过药物或其他治疗手段使肿瘤血管的结构和功能恢复正常，从而提高药物和氧气的输送效率，降低肿瘤的恶性度。然而，血管正常化的过程是短暂的，存在一个“时间窗”。在这个时间窗内，如果能够有效地进行血管靶向治疗，将有助于提高治疗效果。此外，血管正常化还可以与免疫治疗联手克敌，进一步提高治疗效果(图 14－3)。

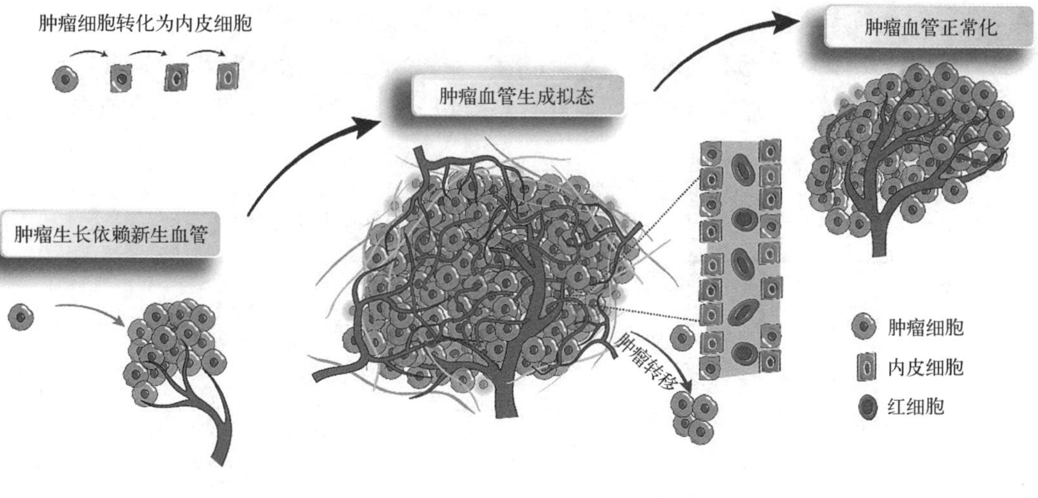

图 14－3　科学界对肿瘤血管新生认知的变迁

肿瘤新生血管的结构和功能有异于正常血管。肿瘤组织环境下，血管呈现结构紊乱、粗细不等、迂回曲折、分支过多、局部膨大的样貌，并且血管内皮细胞形态还会改变，出现层叠生长、伸入管腔，细胞间缝隙加大，形成较多开口；血液渗漏增多，血管渗出和淋巴回流间平衡被破坏，组织间流体静压增高等。这些因素易导致肿瘤血流异常，酸性物质累积，血流灌注受损，妨碍药物输送与扩散，肿瘤细胞更容易入血向远端转移。此外，肿瘤血管呈现显著的结构和功能异常，导致免疫效应细胞浸润至肿瘤内部从而杀伤肿瘤细胞的能力明显减弱。在大多实体瘤患者中，血管异常能帮助肿瘤逃避免疫系统的攻击。

转移到远端的种植性肿瘤细胞必须逃避组织驻留和系统免疫的攻击，才能成功地在远处器官中定植。而纠正肿瘤血管异常，促进血管正常化，是一个促使血管重塑的过程，一定程度上可以恢复脉管系统的形态和功能，促进T细胞等免疫细胞进入肿瘤，增加免疫效应细胞的浸润，有助于改善免疫抑制性肿瘤微环境，即将免疫抑制的肿瘤微环境转变为免疫增强的肿瘤微环境，最终控制肿瘤进展且有利于响应其他疗法，这是治疗肿瘤的新兴策略。

近年来，随着对血管新生、血管拟态和血管正常化的深入研究，人们逐渐认识到，肿瘤血管的形成和功能异常在肿瘤的生长、转移和治疗中起着关键作用。针对肿瘤血管的治疗策略，如抗血管生成治疗、血管正常化治疗等，已成为肿瘤治疗领域的重要研究方向。尽管目前仍存在许多挑战，如耐药性问题、治疗策略的选择等，但随着科学技术的不断进步，未来一定能够找到更加有效的治疗方法，为肿瘤患者带来新的希望。在精准医疗的背景下，针对肿瘤血管的治疗策略将更加个性化和精准，有望进一步提高患者的生存率和生活质量。

案例：中药丹参抑制肿瘤转移

一、活血化瘀中药丹参抑制肿瘤转移的中西医理论基础

目前研究表明，活血化瘀药发挥抑制肿瘤转移的作用主要涉及以下几个方面：改善血液高凝状态，改善微循环；抑制血管新生；直接干预肿瘤细胞增殖或凋亡过程、抑制肿瘤细胞迁移与侵袭；增强机体免疫力，提高免疫细胞功能；增强化疗药物疗效；逆转恶性肿瘤细胞耐药。因此采用活血化瘀药治疗恶性肿瘤具有坚实的中医理论和现代医学研究基础。

活血化瘀代表药丹参为唇形科鼠尾草属植物丹参 *Salvia miltiorrhiza* Bunge. 的干燥根及根茎，具有活血祛瘀、通经止痛、清心除烦、凉血消痈等功效，临床常用于治疗血瘀证候，见于肿瘤、冠心病、脑缺血损伤、下肢缺血等疾病。调研显示，丹参在1 362个抗癌中药经方、验方中应用频率排名第四，位列活血化瘀药第一。相关研究表明，丹参中的活性成分群主要分为脂溶性成分（丹参酮ⅡA、隐丹参酮、丹参酮Ⅰ等）和水溶性成分（丹参素、丹酚酸B、迷迭香酸等），其活性成分可有效调控肿瘤血管的异常状态，从而抑制肿瘤转移（表14－1）。因此，可以着眼于血管正常化研究丹参抗肿瘤转移的机制。

表14－1 丹参多种活性成分调控肿瘤血管的机制

成分	肿瘤/细胞株	作用靶标
丹参酮ⅡA	结肠癌；骨肉瘤CRC细胞；HUVEC；乳腺癌；4T1	VEGF；FGF；TGF－β；HIF－1α
丹酚酸B	MDA－MB－231人源乳腺癌细胞	PDGF－B；PDGFR－β
丹参总酚酸	结肠癌；MC38	COX－2；PGE_2
丹参素	非小细胞肺癌A549	Akt；ERK1/2；Nrf2
丹参素	黑色素瘤细胞B16F10	MMP－2；MMP－9；VEGF
迷迭香酸	艾氏实体瘤；HUVEC	VEGF
丹参酮	前列腺癌	Aurora

续　表

成　　分	肿瘤/细胞株	作　用　靶　标
隐丹参酮	黑色素瘤细胞 B16F10；HUVEC	TNF－α；NF－κB；STAT3
丹参三叶草甲醇提取物	前列腺癌；PC－3；DU－145；HUVEC	ANG；ENA－78；FGF；EGF；VEGF；RANTES
乙酰丹参酮ⅡA	乳腺癌；MDA－MB－453；SK－BR－3；BT－474	RTK；EGFR；HER2；AMPK

二、丹参抑制肿瘤转移的研究思路及结果

针对肿瘤转移的病理生理机制，对丹参抑制肿瘤转移的作用展开研究，总体研究思路如下（图 14－4），具体包括以下 4 个步骤：① 确证丹参的抗肿瘤转移效应，利用多种肿瘤转移小鼠模型及荧光斑马鱼模型整体评价丹参抑制肿瘤转移的效应；② 探究丹参对肿瘤转移过程中肿瘤细胞增殖、迁移、侵袭等不同环节的影响；③ 鉴于血管生成异常对肿瘤转移起重要作用，用动物模型聚焦肿瘤血管，基于肿瘤血管结构和功能探究丹参对肿瘤血管正常化的影响；④ 探讨丹参活性成分促进肿瘤血管正常化从而抑制肿瘤转移的机制。

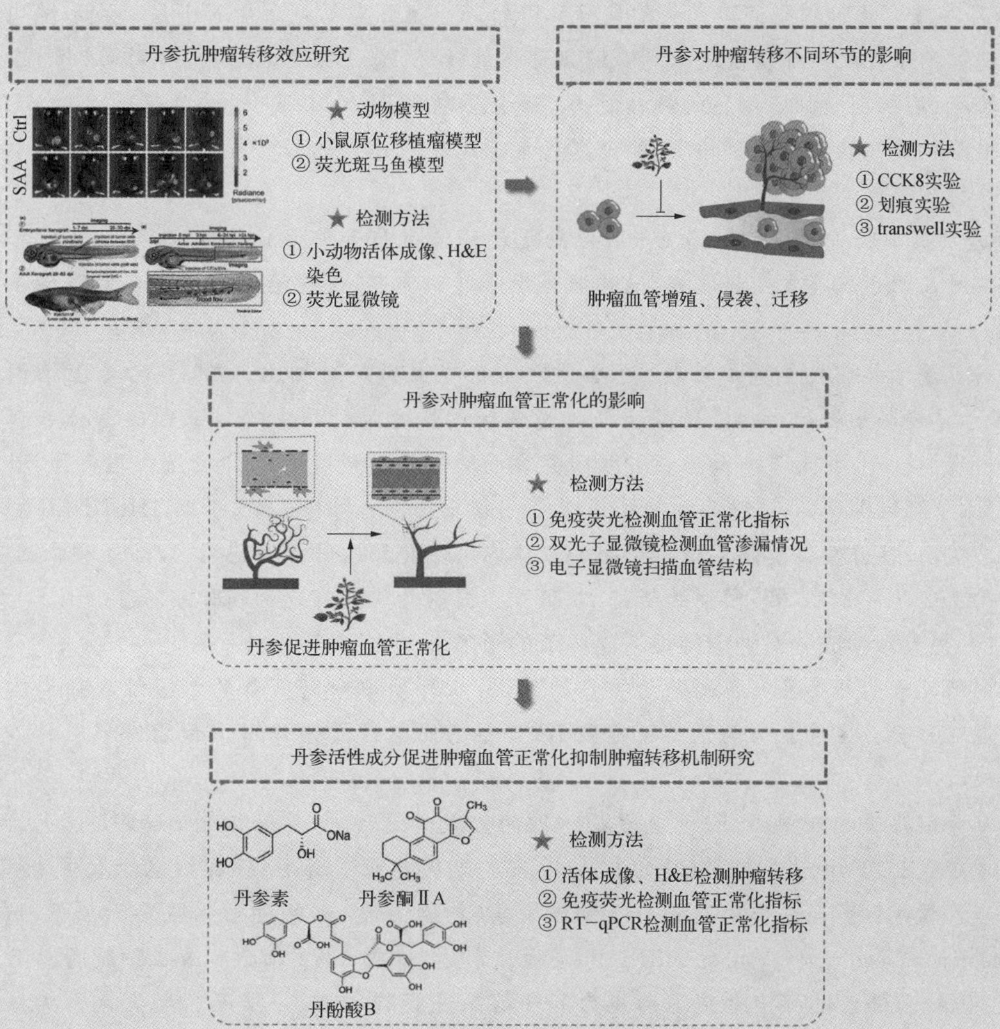

图 14－4　丹参抑制肿瘤转移总体研究思路

（一）丹参抑制肿瘤转移的效应研究

肿瘤转移治疗药物的中药药效学研究，一般以中医药理论为基础，从整体动物实验出发，结合器官、组织、细胞和分子等不同水平相关实验进行验证，多层次实验相结合，有利于阐述中医药治疗肿瘤转移的作用原理。

小鼠是肿瘤转移研究最常用的动物，接种部位可选择皮下、腹腔、胸腔、原位、异位以模拟肿瘤细胞浸润、游走、远隔器官内再生长等阶段；也可以按照血液流向选择，如尾静脉、左心室等，直接在靶器官形成转移灶。可采用生物发光活体成像技术等来监测肿瘤最初的生长及后期转移情况，从而进行抗肿瘤效应的评估。此外，斑马鱼作为独具特点的新兴实验动物，目前也被广泛应用于肿瘤发生和发展、抗肿瘤药物开发和筛选、最佳治疗方案的确定等诸多方面的研究。

1. 丹参提取物抑制小鼠乳腺癌原位肺转移　一般的肿瘤可以通过原位注射形成原位肿瘤后再经由血管或淋巴形成转移灶，如选取 BALB/c 小鼠，在小鼠的第四对乳垫处注射使用利用荧光素酶标记的乳腺癌细胞(4T1 - Luciferase - GFP)，构建小鼠乳腺癌原位瘤模型。借助小动物活体成像、体式显微镜、H&E 染色等方法证实丹参提取物能够显著降低指示癌细胞的肺部荧光信号，减少肺部的转移灶，有效抑制乳腺癌肺转移。

2. 丹参提取物抑制小鼠黑色素瘤尾静脉肺转移　把肿瘤细胞注射入小鼠血液系统内能够较好地模拟肿瘤细胞脱离原发灶进入到血液循环中的情况，通过观察远处器官(肺、肝等)内转移灶的形成情况，能够判断肿瘤细胞的转移能力。如选取 C57BL/6 小鼠，通过尾静脉注射 B16F10 黑色素瘤细胞构建实验性肺转移模型，验证黑色素瘤细胞在体内的转移能力，结果显示丹参提取物能够显著抑制黑色素瘤肺转移。

3. 丹参提取物抑制荧光斑马鱼中肿瘤细胞迁移　斑马鱼作为独具特点的新兴实验动物，目前也被广泛应用于肿瘤发生和发展、抗肿瘤药物开发和筛选、最佳治疗方案的确定等诸多方面的研究。

斑马鱼属于非哺乳类脊椎动物，与无脊椎动物线虫和果蝇相比，与人类的生理结构更加相近，可用于体内肿瘤增殖、分裂、转移及抗肿瘤药物的快速筛选研究。转基因斑马鱼和荧光标记细胞的出现，进一步扩大了斑马鱼在肿瘤研究方面的应用。利用含 GFP 荧光斑马鱼和 DiI 标记的 MDA - MB - 231、B16F10 等肿瘤细胞株构建荧光斑马鱼肿瘤转移模型，借助 THUNDER 宽场高分辨成像系统，证实丹参提取物显著抑制斑马鱼体内远端转移的肿瘤细胞数、缩短迁移距离。

基于上述 3 种肿瘤转移模型的研究，表明丹参提取物能够有效抑制肿瘤转移。

（二）丹参活性成分对肿瘤转移不同环节的影响

体内研究表明丹参具有抑制肿瘤转移的作用，从丹参中分离提取的水溶性成分和脂溶性成分对肿瘤转移会产生什么影响呢？研究显示，丹参不同活性成分作用于肿瘤转移中的不同环节(图 14 - 5)。

丹参素能显著抑制 B16F10 黑色素瘤细胞的侵袭和迁移，并显著抑制 B16F10 黑色素瘤组织和细胞中 VEGF、MMP - 2、MMP - 9 的表达，从而抑制肿瘤血管新生，抑制细胞外基质降解。丹参素抑制黑色素瘤细胞与基质黏附能力及细胞聚集，抑制 A375 黑色素瘤细胞黏附分子(melanoma cell adhesion molecule，MCAM)的 mRNA 和蛋白质表达，抑制 A375 细胞可溶性细胞间黏附分子-1 的释放，并抑制侵袭过程中细胞运动能力和降解基底膜酶类表达，从而抑制黑色素瘤细胞血行转移。

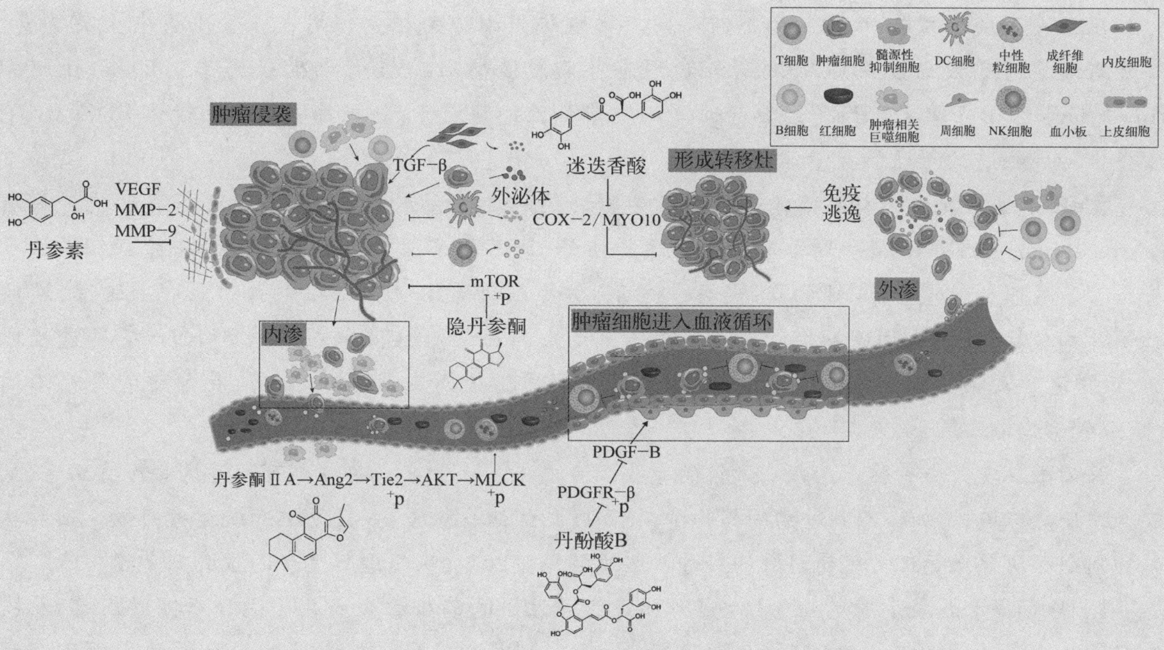

图 14-5　丹参活性成分对肿瘤转移不同环节的影响

注：MYO10：肌球蛋白 X

隐丹参酮可通过抑制多种肿瘤细胞如 Rh30、DU145 细胞周期进程，迟滞细胞周期于 $G_0 \sim G_1$ 期，从而抑制肿瘤细胞增殖，这一过程与细胞周期蛋白 Cyclin D1 的表达和 Rb 蛋白磷酸化被抑制相关。此外，隐丹参酮对处于调节细胞增殖中心环节的 mTOR 有明显抑制作用，可明显抑制磷酸化 mTOR、磷酸化 p70 S6K1 和 4E-BP1，即明显阻断这一信号通路。因此，隐丹参酮是一个作用于 mTOR 信号通路介导 Cyclin D1 与 Rb，诱导细胞周期紊乱的具有抗肿瘤活性的天然化合物。同时隐丹参酮可明显诱导 Rh30、DU145、MCF-7 等肿瘤细胞凋亡，抑制抗凋亡蛋白 MCL1 和存活蛋白（survivin）的表达，这一凋亡过程属于非 Caspase 介导的。进一步研究发现，隐丹参酮可显著激活与凋亡相关的应激信号通路 p38 和 JNK/MAPK，明显增强癌细胞中磷酸化 p38 和 JNK、c-Jun 的表达。此外，隐丹参酮显著抑制磷酸化 ERK1/2 的表达，抑制 ERK/MAPK 通路。同时研究显示 p38 与 JNK/MAPK 通路参与隐丹参酮诱导细胞凋亡进程，而 ROS 是隐丹参酮诱导凋亡的一个非常关键的因素。

此外，COX-2 上调 MYO10 的表达，并促进肿瘤细胞运动，迷迭香酸通过抑制 COX-2/MYO10 信号轴抑制结肠癌转移。

（三）丹参对肿瘤血管正常化的影响

血管生成是由多种细胞和细胞因子参与的动态、协调的过程。参与血管形成的细胞因子分为促进血管生成因子与抑制血管生成因子。其中，最常见的是血管内皮细胞生长因子 VEGF 和既含受体激动剂又含受体抑制剂的促血管生成素（Ang）家族，二者相互协调，共同促进血管形成。VEGF/VEGFR 主要影响血管形成早期阶段，而 Ang、Tie2（一种跨膜酪氨酸激酶受体）主要影响血管形成晚期阶段。VEGF 是重要的血管生成正性调节因子，是整个肿瘤生命周期中唯一已知的持续表达的血管生成因子。Ang 和受体 Tie2 主要影响血管的重塑和成熟。Ang1 主要维持血管内皮细胞的稳定性和完整性；Ang2 主要由内皮细胞表达，竞争性抑制 Ang1，降低内皮细胞的稳定性，使血管异常。Tie 家族对肿瘤新血管生成亦有重要促进作用，Tie2 参与构建血管非内皮细胞的部分，使血管结构得以成熟。

在血管生成过程中,周细胞的更新及内皮细胞与周细胞的相互作用在血管生成中至关重要,缺乏周细胞将导致内皮细胞增生及血管形态异常。B型血小板衍生生长因子(platelet-derived growth factor-B,PDGF-B)是经典的促周细胞覆盖的细胞因子,与周细胞表达的受体PDGFR-β结合维持周细胞的密度和数量。

MMP是迄今发现的与肿瘤侵袭关系最为密切的一类蛋白水解酶,其除了可降解细胞外基质(extracellular matrix,ECM)、增加毛细血管通透性外,还参与了血管生成的过程。一方面,MMP参与血管基底膜的重塑和ECM的降解;另一方面,其使血管周细胞从正在生成的血管上脱落,造成血管结构破坏,使内皮细胞从血管壁上脱落下来形成新血管。ECM被破坏后,毛细血管通透性增加,促进了循环液体和肿瘤细胞从血管内渗出,使间质压升高,挤压肿瘤血管,导致血管管径不均匀,血管形态扭曲。

肿瘤微环境是影响肿瘤治疗有效性的重要因素之一。血管生成抑制剂可通过诱导血管正常化,改善肿瘤微环境,增加渗透到肿瘤的药物量,提高肿瘤组织含氧量,并提高化疗或放疗疗效。血管生成抑制剂在诱导血管正常化的同时增加进入远端的免疫细胞,从而调节患者的抗肿瘤免疫功能。

1. 丹参提取物减少肿瘤血管渗漏、增加血管灌注　肿瘤血管生成在于向肿瘤提供正常血供,然而肿瘤血管生成后不成熟、壁薄且灌注不良,容易发生渗漏。非功能性肿瘤血管的生成进一步加剧了血管的紊乱,加剧肿瘤血管异常,造成恶性循环。高压、缺氧及酸中毒都是肿瘤血管异常所致,更有利于肿瘤细胞的扩散与转移。

利用向荷瘤小鼠尾静脉注射血管渗漏探针FITC-Dextran和血管灌注探针FITC-lectin,激光共聚焦显微镜下观察到丹参提取物减少FITC-Dextran渗出血管的面积,增加FITC-lectin的血管灌注量。向荷瘤小鼠尾静脉注射缺氧探针,瘤组织再进行CD31/pimonidazole(血小板-内皮细胞黏附分子/哌莫硝唑)双染,激光共聚焦显微镜观察,结果表明丹参提取物减少肿瘤血管周围缺氧面积,缓解肿瘤缺氧微环境。

2. 丹参提取物促进肿瘤血管结构完整　血管的内壁由内皮细胞组成,内皮细胞通过血管内皮钙黏蛋白(vascular endothelial cadherin,VE-cadherin)、密蛋白-5使内皮彼此连接,形成具有流线表面的单层。而活化的肿瘤血管内皮失去极性,内皮细胞骨架收缩,VE-cadherin表达降低,导致内皮迁移和连接松散,显示出非典型的形态特征。周细胞是成熟血管的重要组成部分,活化的周细胞与内皮细胞连接松散,密度较低,形态异常,表达更多未成熟、收缩较少的壁细胞标志物。此外,周细胞活化导致血管平滑肌细胞松散附着或与内皮细胞脱离,呈不规则形状,周细胞与基底膜之间连接被破坏导致血管壁不完整。

使用扫描电子显微镜观察肿瘤血管壁结构,结果表明丹参提取物改善肿瘤血管不规则、无序组织和不连续的血管内皮内衬;分别采用CD31/VE-cadherin、CD31/NG2、CD31/αSMA和CD31/胶原Ⅳ免疫荧光双染考察内皮细胞的紧密连接,周细胞和平滑肌细胞在血管壁的覆盖情况,以及细胞外基质在血管外壁的沉积。上调CD31/VE-cadherin表达,增强内皮细胞紧密连接,上调CD31/NG2和CD31/αSMA表达,增加周细胞和平滑肌细胞的覆盖,上调CD31/胶原Ⅳ表达,促进基底膜的包被,进而促使肿瘤血管结构趋于完整。

(四)丹参活性成分促进血管正常化从而抑制肿瘤转移的机制探讨

丹参的活性成分主要分为两类:水溶性的总丹酚酸类化合物和脂溶性的总丹参酮类化合物。采用LC-MS检测丹参水提物,其水溶性的总丹酚酸类成分主要包括丹参素、原儿茶醛、原儿茶酸、咖啡酸、丹酚酸 A、丹酚酸 B 等;脂溶性的总丹参酮类成分主要包括丹参酮Ⅰ、丹参酮ⅡA、丹参酮ⅡB、隐丹参酮、二氢丹参酮Ⅰ、异丹参酮Ⅰ、异丹参酮Ⅱ等。丹参酮ⅡA 是市售产品丹参酮ⅡA 磺酸钠的活性形式,为脂溶性活性成分代表;丹酚酸 B 是丹参注射液和丹参多酚酸盐等产品中水溶性活性成分代表。

1. 丹参酮ⅡA 促进肿瘤血管正常化　研究证实丹参酮ⅡA 可以改善肿瘤血管结构的完整性,这反映在其可以增强周细胞(NG2 标记)覆盖率和增加基底膜(胶原Ⅳ标记)沉积。此外,丹参酮ⅡA 还可减少肿瘤血管渗漏,缓解缺氧,恢复肿瘤血管功能,延缓肿瘤进展。

在血管正常化过程中,血管生成素/酪氨酸激酶受体(Ang/Tie)信号级联反应在诱导血管正常化中起着重要作用。周细胞分泌的 Ang1 能够与内皮细胞上的 Tie2 结合,有利于血管成熟和稳定。然而,在肿瘤微环境中,血管内皮细胞分泌大量的 Ang2,虽然 Ang2 不能诱导 Tie2 磷酸化,但它竞争性地阻断了 Ang1 的生物效应,严重损害血管的功能。抑制 Ang2 有助于增加周细胞覆盖和基底膜重塑、增强内皮细胞的紧密连接,改善血管形态。

使用 PCR 技术对血管生成相关因子 mRNA 进行检测,结果显示丹参酮ⅡA 显著降低血管生成相关不稳定因子 Ang2、VEGF 和 MMP－9 的 mRNA 表达,增加血管生成相关稳定因子 TEK、PDGFB 的 mRNA 表达。通过“重新编程”基因表达模式,将支持血管生成的特征转变为血管稳定的特征。MST 技术证实丹参酮ⅡA 与 Ang2 结合。进一步结合正反向实验确证丹参酮ⅡA 能够抑制 Ang2 的过量分泌,使得其下游 Tie2 的磷酸化水平升高,进一步激活 Akt,降低 MLC 磷酸化水平,降低内皮细胞的通透性,改善由 Ang2 引起的内皮细胞紧密连接蛋白(ZO－1 和密蛋白－5 标记)的破坏。总之,丹参酮ⅡA 通过靶向 Ang2/Tie2/Akt/MLC 级联来维持血管稳定(图 14－6)。

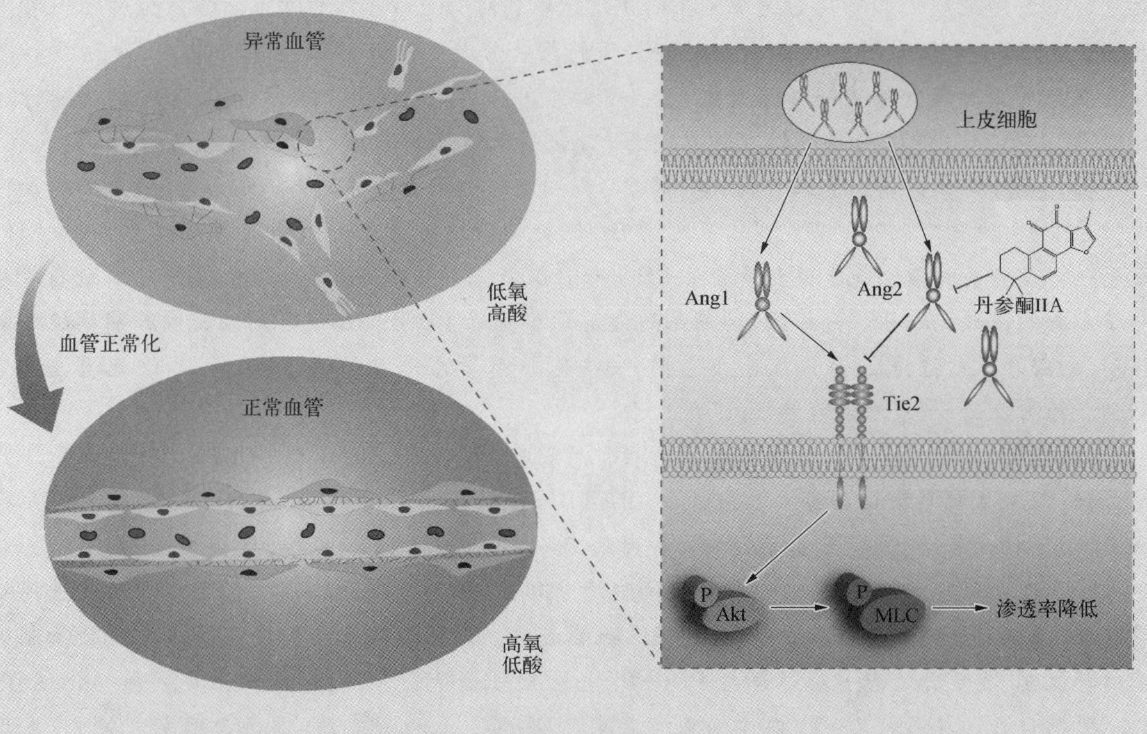

图 14－6　丹参酮ⅡA 与 Ang2 结合促进肿瘤血管正常化抑制肿瘤转移

2. 丹酚酸 B 调控血管正常化　丹酚酸 B 是丹参代表性水溶性成分，采用 4T1 鼠源乳腺癌细胞和 MDA－MB－231 人源乳腺癌细胞两种原位乳腺癌模型（该模型的主要特征是存在过度的血管生成和大量不成熟的血管），通过瘤体积测量、瘤组织 Ki67 免疫组化染色、H&E 染色考察丹酚酸 B 对肿瘤生长的抑制作用，以此评价丹酚酸 B 的干预效果。研究发现，丹酚酸 B 抑制肿瘤生长和增加瘤内坏死区域的作用不显著，但丹酚酸 B 对肿瘤血管结构与功能的完善具有显著促进作用。

（1）丹酚酸 B 降低肿瘤血管渗漏性：采用 3D 多普勒成像、扫描电镜、免疫组化、免疫荧光的实验方法考察丹酚酸 B 对肿瘤血管的分布、数量及结构的影响。利用光声血氧成像、免疫组化、免疫荧光等实验方法考察丹酚酸 B 对肿瘤血管功能的影响。结果表明，丹酚酸 B 对肿瘤组织的增殖没有显著抑制作用，不显著增加肿瘤组织的坏死区域。丹酚酸 B 不影响血管在瘤组织内部的分布，但是相比于模型组，丹酚酸 B 给药组的血管呈现规则的平坦内衬。丹酚酸 B 10 mg/kg 对肿瘤血管生成无显著抑制作用，40 mg/kg 能显著抑制肿瘤血管生成。丹酚酸 B 不抑制肿瘤细胞的拟态行为，能显著增加肿瘤血管周细胞（αSMA 和 NG2 标记）覆盖、保持基底膜（胶原Ⅳ标记）的完整和增强血管内皮细胞间的紧密连接，显著减少肿瘤血管的渗漏。丹酚酸 B 能够显著提高肿瘤组织内部的氧气供应，缓解缺氧状态，增强肿瘤血管的灌注功能。以上结果表明，丹酚酸 B 调控肿瘤血管主要是促进肿瘤血管结构的完整及其功能的完善。

（2）丹酚酸 B 通过血管正常化增强化疗药递送：采用移植鼠源乳腺癌细胞 4T1 构建小鼠原位乳腺癌模型，以丹酚酸 B 与顺铂（cisplatin）联合给药，考察二者联用的疗效。发现相较于单独给予顺铂组，联合给药组更早展现出抑制肿瘤增殖的趋势，增加肿瘤组织内部坏死区域，促进肿瘤细胞的凋亡。利用 LC－MS 检测肿瘤组织内部药物含量，发现联合给药组肿瘤血管附近化合物的分布增加，肿瘤组织内部也有更高的药物含量。而体外细胞实验中，丹酚酸 B 和顺铂的联合并未出现如体内一样显著的促进凋亡作用。总之，将丹酚酸 B 与化疗药顺铂进行联合给药，丹酚酸 B 能够增强顺铂在肿瘤内蓄积，表明正常化的肿瘤血管药物递送增加。

（3）丹酚酸 B 促进血管正常化机制探索：周细胞作为保护血管的第一道屏障，被肿瘤的伪内皮信号吸引，使肿瘤血管更易表现出高通透性，促使肿瘤细胞易于进入血液循环发生血行转移。由于一些类型的肿瘤细胞能够大量分泌 PDGF－B 且能表达 PDGFR－β，这使得肿瘤细胞高度参与了血管的成熟化过程。一方面，肿瘤细胞能够通过分泌 PDGF－B 促进周细胞向肿瘤细胞方向移动，向成纤维细胞转化，从而脱离血管壁，失去保护血管的作用；另一方面，肿瘤细胞通过自分泌环激活自身的迁移，增强运动性。

通过虚拟分子对接寻找丹酚酸 B 的潜在作用靶标，发现丹酚酸 B 与 PDGFR－β 潜在结合作用最强，CETSA 结果验证丹酚酸 B 可能与 PDGFR－β 结合。利用 PCR、蛋白质印迹和 ELISA 检测 PDGF－B 的转录、表达和分泌水平，并结合原代周细胞的黏附实验，发现丹酚酸 B 能抑制 PDGFR－β 的磷酸化水平，而不影响肿瘤细胞的 PDGF－B 的分泌，从而抑制 PDGF－B 促进周细胞迁移，维持周细胞覆盖在血管壁表面，促进血管成熟。再结合转录组测序挖掘丹酚酸 B 抑制肿瘤转移机制，发现丹酚酸 B 通过调控 PDGFR－β/Akt/EZH2 信号通路，降低上皮间质转化过程，抑制肿瘤侵袭与转移。又通过内皮细胞渗漏实验及 ZO－1 和密蛋白－5 的免疫荧光检测，发现 PDGF－B 刺激后损伤内皮屏障，而丹酚酸 B 能够有效恢复内皮屏障功能，防止肿瘤细胞入侵血管（图 14－7），最终确证丹酚酸 B 能促进肿瘤血管正常化。

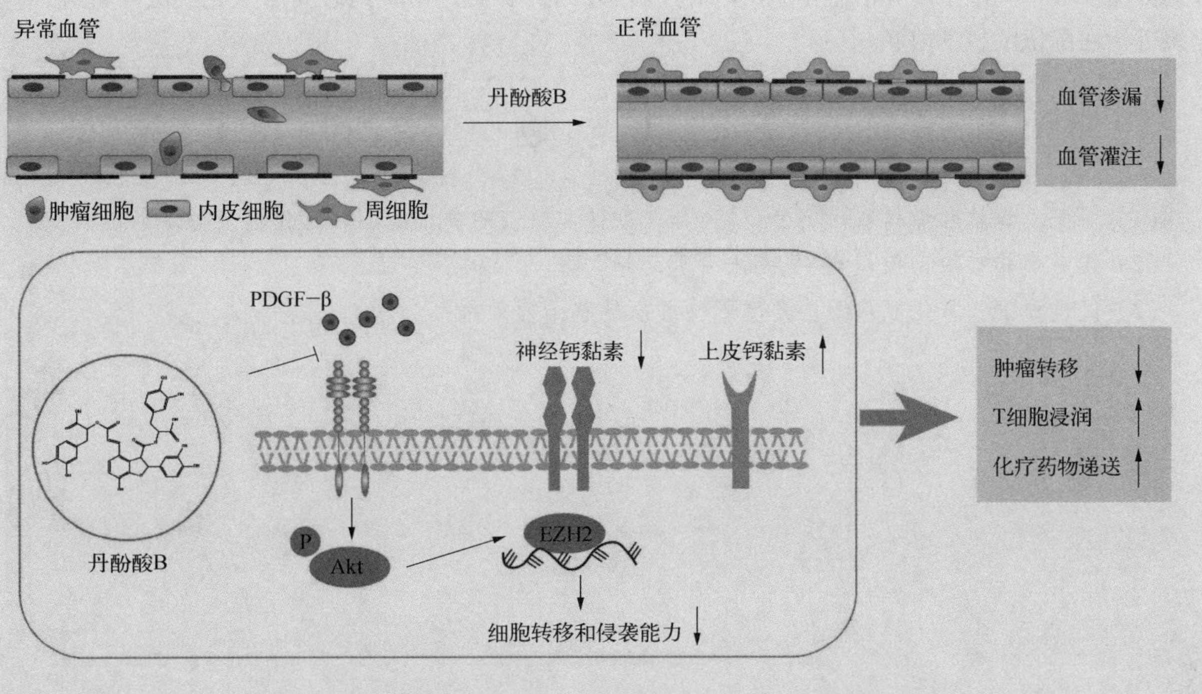

图 14-7　丹酚酸 B 通过促进肿瘤血管正常化从而抑制肿瘤转移

通过以上研究确认，丹参主要活性成分丹参酮ⅡA、丹酚酸 B 分别通过不同的途径发挥促进肿瘤血管正常化从而抑制肿瘤转移的作用。

三、总结与展望

血瘀贯穿肿瘤发生发展始终，上述研究以中医学“活血化瘀”理论为指导，选取经临床充分验证的活血化瘀中药丹参，以肿瘤血管生成异常为研究切入点，明确丹参多维度多模态调控血管新生异常的药理学表征，发现丹参促进血管正常化的功效物质及潜在的生物学本质，并基于靶向血管正常化重塑肿瘤微环境，进一步探究丹参活性成分抑制肿瘤转移的作用机制。肿瘤的生长和转移依赖于血管生成，传统的治疗观念是促进或者抑制血管生成，此研究重点关注肿瘤血管的“质量”而非仅仅是数量，阐明了丹参促进肿瘤血管正常化的作用特点，为丹参在肿瘤治疗方面的应用提供了理论依据，丰富了从活血化瘀角度论治恶性肿瘤的科学内涵。同时也为中医药其他治则治法的研究提供了可借鉴的思路与方法。

活血化瘀药对肿瘤转移影响的研究，目前不仅局限于对血管新生的研究，也有关注活血化瘀药对肿瘤细胞耐药的影响、活血化瘀药与化疗药联合用药的效果等。如红花的有效成分红花黄色素可提高乳腺癌 MCF-7/ADR 细胞的缝隙连接蛋白 Cx43 表达水平，逆转耐阿霉素的乳腺癌细胞的耐药性；川芎有效成分川芎嗪可通过 MAPK 信号通路诱导肺癌耐顺铂细胞株 A549/DDP 凋亡，从而逆转肺癌细胞对顺铂的耐药性。活血化瘀药活性成分可以通过不同途径增强化疗药效果。如丹参酮与环磷酰胺联合使用可诱导小鼠肺癌细胞凋亡，从而阻止肿瘤转移，且其作用较单用环磷酰胺更强；盐酸川芎嗪联合顺铂可明显上调小鼠 Lewis 肺癌细胞上皮钙黏素水平，而单独应用盐酸川芎嗪或顺铂则上皮钙黏素变化不明显，表明盐酸川芎嗪与顺铂联用时，其抗肿瘤转移作用有所增强。

活血化瘀法作为治疗恶性肿瘤的重要方法，并不是单一作用的，临床通常根据病机随证变法，随法选方，常以活血化瘀法结合清热解毒、化痰、化湿、祛风、散寒等方法，运用四诊合参，辨证施治。未来研究的方向应当不局限于研究活血化瘀法对肿瘤转移的影响，而是拓展到研究活血化瘀法与益气、清热、化痰等治法配伍的科学内涵。

思考题

(1) 对于具有抗肿瘤转移作用的中药，如何设计实验证明其抗肿瘤转移作用及其作用机制？

(2) 在肿瘤转移中如何理解“先安未受邪之地”理论？

(3) 促进血管正常化能从哪些角度影响肿瘤转移治疗效果？

（王爱云　陆　茵）

主要参考文献

柏冬,王瑞海,刘丽梅,2016. 近十年中药药代动力学新技术新方法概述[J]. 环球中医药,9(7):891-895.

柏兆方,王伽伯,肖小河,2022. 中药毒性认知创新与安全精准用药[J]. 中国中药杂志,47(10):2557-2564.

边晶,张洪义,2016. 苏合香丸古今应用初探[J]. 中医药临床杂志,28(6):875-878.

曹雪涛,2018. 医学免疫学(7 版)[M]. 北京:人民卫生出版社.

曹雪涛,张烜,2021. 免疫系统与疾病(2 版)[M]. 北京:人民卫生出版社.

陈彬,2023. 在器官芯片千亿级"蓝海"探索新模式[N]. 中国科学报,2023-08-21(004).

陈灏珠,钟南山,陆再英,2018. 内科学 9 版[M]. 北京:人民卫生出版社.

陈利青,2018. 麝香保心丸质量标准提升研究[D]. 中国人民解放军海军军医大学.

陈奇,张伯礼,2006. 中药药效研究方法学[M]. 北京:人民卫生出版社.

陈旺琨,冯方俊,2012. 试述脾胃与老年性痴呆[J]. 实用中医药杂志,28(10):875.

代云桃,靳如娜,吴治丽,等,2020. 基于标准汤剂(物质基准)的经典名方制备工艺和质量标准研究[J]. 中国实验方剂学杂志,26(2):164-174.

戴敏,訾晓梅,彭代银,等,1998. 鹌鹑实验性动脉粥样硬化模型及药物作用观察[J]. 中国药理学通报,14(6):562-563.

杜松,胡镜清,卢红蓉,2015. 痰瘀互结证现代理论研究进展述评[J]. 中国中医基础医学杂志,21(4):477-482.

段佳荞,咸楠星,裴宇鹏,等,2022. 基于"痰浊-痰结-痰瘀"论动脉粥样硬化性相关心血管疾病的病机演变[J]. 中医临床研究,14(10):81-84.

范维琥,吴宗贵,施海明,2018. 麝香保心丸治疗冠心病心绞痛中国专家共识[J]. 中国中西医结合杂志,38(2):145-153.

高月,李川,梁爱华,等,2022. 常用"有毒"中药减毒配伍研究进展及策略[J]. 中国中药杂志,47(8):1989-1994.

龚文容,2020. 临床免疫学[M]. 武汉:华中科技大学.

韩立炜,果德安,刘菊妍,等,2020. 2020 年度中医药重大科学问题及工程技术难题[J]. 中医杂志,61(19):1671-1678.

胡鸿毅,方祝元,2021. 中医内科学[M]. 北京:人民卫生出版社.

华爽,吕明慧,刘倩颖,等,2019. 糖脂代谢病的发病机制:多重打击学说[J]. 世界中医药,14,638-644.

黄敏,2023. 血液系统疾病伴癫痫发作 65 例临床研究[D]. 浙江中医药大学.

季光,赵宗江,2016. 科研思路与方法[M]. 北京:人民卫生出版社.

贾晓波,康永,2019. 中医药现代化发展应处理好传承和创新的关系[J]. 世界科学技术-中医药现代化,21(1):6-11.

贾英杰,于建春,杨佩颖,等,2014. 扶正解毒祛瘀法防治化疗后骨髓抑制的探讨[J]. 中医杂志,55(3):198-201.

姜泉,2022. 实用中医风湿免疫病学[M]. 北京:中国中医药出版社.

孔令东,郝海平,郭淑贞,等,2018. 中西医结合防治代谢性疾病的关键科学问题[J]. 中国科学基金,32,434-441.

李光达,李蕊白,潘一鸣,等,2022. 砷剂治疗急性早幼粒细胞白血病的不良反应与中医防治[J]. 北京中医药,41(8):930-934.

李建生,2011. 正虚积损为慢性阻塞性肺疾病的主要病机[J]. 中华中医药杂志,26(8):710-713.

李建生,2015. 中医临床肺脏病学[M]. 北京:人民卫生出版社.

李建生,蔡永敏,2021. 中医经典肺病学[M]. 北京:科学出版社.

李建生,龙旭阳,2020. 肺病方剂学[M]. 北京:中国中医药出版社.

李建生,秦燕勤,田燕歌,等,2023. 补肺益肾组分方Ⅱ活性成分优化及组分方Ⅲ的建立[J]. 中华中医药杂志,38(6):2526-2532.

李建生,王至婉,李素云,等,2012. 慢性阻塞性肺疾病稳定期证候诊断标准的建立[J]. 辽宁中医杂志,39(7):1199-1202.

李建生,余学庆,2019. 慢性阻塞性肺疾病中医分期分级防治策略[J]. 中医杂志,60(22):1895－1899.
李兰,张丹参,2020. 药物体外肝代谢研究方法[J]. 神经药理学报,10(4):10－13,28.
李戎,闫智勇,李文军,等,2002. 创建中药谱效关系学[J]. 中医教育(2):62.
李梢,2011. 网络靶标:中药方剂网络药理学研究的一个切入点[J]. 中国中药杂志,36(15):2017－2020.
李梢,王永炎,季梁,等,2002. 复杂系统意义下的中医药学及其案例研究[J]. 系统仿真学报(11):1429－1431,1442.
李晓宇,郝海平,王广基,等,2008. 三七总皂苷多效应成分整合药代动力学研究[J]. 中国天然药物(5):377－381.
李艳,侯媛芳,伍永富,等,2022. 一测多评法同时测定六味地黄丸中 8 种成分[J]. 中成药,44(5):1405－1410.
李云飞,程翼宇,范骁辉,2010. 中药多维谱效关系研究思路探讨[J]. 中国天然药物,8(3):167－170.
李芝奇,范琦琦,陈美琳,等,2021. 中药肝毒性的物质基础与作用机制研究进展[J]. 中草药,52(13):4082－4095.
李志杰,张悦,2017. 六味地黄丸(汤)治疗肾脏病的研究进展[J]. 中成药,39(5):1024－1028.
林力,刘建勋,张颖,等,2009. 从药代参数 AUC 值探讨中药复方双参通冠的配伍[J]. 药学学报,44(9):1029－1033.
林婷婷,詹亚熹,付书梅,等,2018. 阿尔茨海默病相关药物靶点和临床治疗进展[J]. 中国科学技术大学学报,48(10):825－837.
刘佳星,王彦礼,李彧,等,2019. 四神丸对腹泻型肠易激综合征大鼠肠道菌群影响的实验研究[J]. 药学学报,54(4):670－677.
刘佳星,王彦礼,杨伟鹏,等,2019. 四神丸对 IBS－D 大鼠肠道屏障影响的实验研究[J]. 中药药理与临床,35(3):24－28.
刘俊卿,2018. 天士力:中药国际化“叩门”20 载[J]. 中国工业和信息化(11):66－70.
刘琦,刘克辛,2015. 代谢酶和转运体介导的中药-西药相互作用的药动学机制研究进展[J]. 药学学报,50(4):406－412.
刘然,申丽丽,高宇,等,2022. 浅议从“脾胃虚则九窍不通”论治血管性痴呆[J]. 中国民间疗法,30(18):1－3.
罗诗雨,税典奎,陈峭,等,2019. 附子理中汤合四神丸治疗腹泻型肠易激综合征(脾肾阳虚证)的临床疗效及对患者血清 TNF－α、IL－6、IL－8 的影响[J]. 辽宁中医杂志,46(9):1915－1918.
马骏,赵醒村,2013. 医学科研设计方[M]. 北京:北京大学医学出版社.
茂生,周振环,周玉才,等,2023. 杨淑莲教授治疗血液系统疾病血证治验[J]. 中国中医急症,32(3):516－519,564.
孟晓萍,布艾加尔·哈斯木,2011. 动脉粥样硬化[M]. 北京:人民卫生出版社.
闵冬雨,谢思梦,刘勇明,等,2021. 基于“脾主运化”探讨痴呆与肠道菌群的相关性[J]. 中华中医药学刊,39(2):9－12.
潘校琦,阎博华,周杰,等,2020. 中药药源性心脏毒性研究进展[J]. 药学进展,44(10):730－742.
彭成,肖小河,李梢,等,2017. 中药“毒与效”整合分析的研究进展和前沿分析[J]. 中国科学基金,31(2):179－183.
钱程,2022. 基于 PDGF－B/PDGFR－β 探讨丹酚酸 B 调控肿瘤血管及肿瘤转移的作用机制[D]. 南京中医药大学.
乔明琦,高冬梅,魏盛,等,2014. 假说评价与检验:“科学检验,验前与验后评价”,引领中医学假说进入科学假说——现代中医基础理论系列研究(中篇Ⅳ)[J]. 世界科学技术-中医药现代化,16(11):2286－2295.
石莉尧,房蕴歌,陈两绵,等,2022. 麝香保心丸中蟾酥的质量控制标准提升[J]. 中国实验方剂学杂志,28(2):159－165.
世界中医药学会联合会内科专业委员会,2023. 慢性阻塞性肺疾病中西医结合诊疗指南(2022 版)[J]. 中国循证医学杂志,23(10):1117－1128.
苏晓兰,魏茹涵,魏玮,等,2015. 温肾健脾法对腹泻型肠易激综合征大鼠血清 T 细胞亚群表达的影响[J]. 中国中西医结合杂志,35(4):457－460.
孙莉琼,戚进,余伯阳,2013. 多维谱效关系在中药研究中的进展[J]. 中国药科大学学报,44(6):487－493.
唐倩,黄琪,梁凤霞,2022. 肥胖引起的胰岛素抵抗对认知障碍的影响机制研究进展[J]. 华中科技大学学报(医学版),51(5):718－724.
唐旭东,吴皓萌,2022. 基于消化系统疾病现代研究的脾胃理论传承与创新[J]. 中医杂志,63(2):101－105.
田婧卓,刘素彦,高月,等,2022. 论含马兜铃酸中药的风险评估、安全用药与科学监管——马兜铃酸种类不同毒性各异,检控马兜铃酸Ⅰ/Ⅱ是关键[J]. 中国中药杂志,47(14):3693－3700.
仝小林,姬航宇,李敏,等,2009. 脾瘅新论[J]. 中华中医药杂志,24(8),988－991.
仝小林,刘文科,王佳,等,2012. 糖尿病郁热虚损不同阶段辨治要点及实践应用[J]. 吉林中医药,32(5),442－444.
仝小林,2010. 糖络杂病论[M]. 北京:科学出版社.
仝小林,张志远,2002. 中医对代谢综合征的认识和治疗[J]. 中医杂志(9)708－709.
屠呦呦,2016. 抗击疟疾:葛洪的启发,青蒿素的发现与应用[J]. 前进论坛(10):14.

王爱云，韦忠红，余苏云，等，2019. 基于血管新生探讨活血化瘀中药对肿瘤转移的影响[J]. 世界科学技术-中医药现代化，21(9)：1884－1888.
王春，魏伟，2014. 芍药苷药物代谢动力学研究进展[J]. 中国药理学通报，30(12)：1646－1650.
王庆浩，付鲲，2016. 慢性粒细胞性白血病中医药研究进展[J]. 辽宁中医药大学学报，18(10)：5－8.
王卫，王奎龙，单雪，等，2017. 有毒中药的炮制解毒技术及共性解毒机制[J]. 南京中医药大学学报，33(5)：448－462.
王兴丽，杨文华，史哲新，等，2016. 益气养阴解毒祛邪法治疗老年急性白血病经验[J]. 中华中医药杂志，31(8)：3121－3123.
魏伟，2016. 炎症免疫反应软调节[J]. 中国药理学通报，32(3)：297－303.
文世杰，刘克辛，2017. 转运体在药物肾脏排泄中的重要作用[J]. 药物评价研究，40(9)：1216－1222.
吴勉华，石岩，2021. 中医内科学[M]. 北京：中国中医药出版社.
武阳，于漫，张耀尹，等，2020. 基于脾脑相关理论探讨从脾论治老年性痴呆理论基础[J]. 辽宁中医药大学学报，22(10)：134－137.
夏小军，段赟，2016. 中医药治疗急性白血病的思路与方法[J]. 西部中医药，29(4)：41－43.
项耀祖，2022. 中西医结合防治冠心病[J]. 中国科学：生命科学，52(6)：832－839.
谢鸣，2020. 对中医药防治新型冠状病毒肺炎清肺排毒汤制方及运用的思考[J]. 中医杂志，61(13)：1105－1109.
徐瑞华，万德森，2020. 临床肿瘤学[M]. 北京：科学出版社.
闫蓉，张雪，何国荣，等，2016. 中药“毒”与“效”的科学内涵及物质基础探索[J]. 世界科学技术-中医药现代化，18(5)：735－739.
杨冰，杨陆，周滨滨，等，2022. 新世纪 20 年：中药炮制机制研究热点与前沿分析[J]. 中国中药杂志，47(5)：1161－1169.
杨葛俊，邹珏瑶，赵涵，等，2022. 丹参-人参配伍调控 MDSCs 重塑黑色素瘤免疫微环境的研究[J]. 南京中医药大学学报，38(8)：717－726.
杨俏丽，刘尚建，荆鲁，等，2021. 国医大师吕仁和从脾瘅认识代谢性疾病病前状态病机[J]. 辽宁中医药大学学报，23(10)：87－90.
杨诗宏，2017. 2 型糖尿病认知功能障碍中医证候分型及临床研究[D]. 成都中医药大学.
张伯礼，高秀梅，商洪才，等，2003. 复方丹参方的药效物质及作用机理研究[J]. 世界科学技术(5)：14－17.
张伯礼，王永炎，2005. 方剂关键科学问题的基础研究——以组分配伍研制现代中药[J]. 中国天然药物(5)：258－261.
张畅斌，2018. 桂枝汤苯丙烯类系列化合物对 PGE2 合成相关酶家族的作用[D]. 南京中医药大学.
张大庆，黎润红，饶毅著，2017. 继承与创新：五二三任务与青蒿素研发[M]. 合肥：中国科学技术出版社；上海：上海交通大学出版社.
张奉春，栗占国，2015. 内科学风湿免疫科分册[M]. 北京：人民卫生出版社.
张丽兵，孔宪需，2000. 中国石杉属(狭义)蛇足石杉组的分类研究[J]. 植物分类学报，38(1)：13－22.
张利青，张占刚，付岩，等，2015. 桂皮醛药理作用的研究进展[J]. 中国中药杂志，40(23)：4568－4572.
张珊，2023. 基于血管正常化探讨丹参调控肿瘤血管和下肢缺血疾病血管的作用及机制[D]. 南京中医药大学.
张声生，魏玮，杨俭勤，2017. 肠易激综合征中医诊疗专家共识意见(2017)[J]. 中医杂志，58 (18)：1614－1620.
张亭栋，张鹏飞，王守仁，等，1973. “癌灵注射液”治疗 6 例白血病初步临床观察[J]. 黑龙江医药(3)：66－67.
张王宁，李爱平，李科，等，2018. 中药药效物质基础研究方法进展[J]. 中国药学杂志，53(10)：761－764.
张勇，吴献贤，张海莹，等，2017. 三氧化二砷治疗早幼粒细胞白血病和毒性作用研究进展[J]. 中国药理学与毒理学杂志，31(6)：675－681.
郑丹丹，周永明，2016. 周永明治疗急性白血病的临床经验[J]. 中医药信息，33(3)：49－50.
郑雁雪，王圆圆，王琳，等，2023. 中药配伍减毒增效的现代研究及思考[J]. 中草药，54(2)：386－395.
中国医师协会中西医结合分会心血管专业委员会，中华中医药学会心血管病分会，2022. 动脉粥样硬化中西医防治专家共识(2021 年)[J]. 中国中西医结合杂志，42(3)：287－293.
中国医学科学院药物研究所抗菌工作组，1960. 545 种中药的抗菌作用筛选[J]. 中国药学杂志(2)：59－63.
中华医学会风湿病学分会，2018. 2018 中国类风湿关节炎诊疗指南[J]. 中华内科杂志，57(4)：242－251.
中华中医药学会风湿病分会，2018. 类风湿关节炎病证结合诊疗指南[J]. 中医杂志，59(20)：1794－1800.
中华中医药学会内科分会，2021. 新型冠状病毒肺炎中医证候诊断标准(试行)[J]. 中医杂志，62(1)：86－90.
中华中医药学会，2007. 糖尿病中医防治指南[M]. 北京：中国中医药出版社.

中华中医药学会血液病分会,中国民族医药学会血液病分会,中国中西医结合学会肿瘤专业委员会,等,2024. 恶性肿瘤中医维持治疗专家共识[J]. 北京中医药大学学报,47(1):141-148.
周露,欧阳丹,袁秋全,等,2023. 中医药治疗急性髓系白血病研究进展[J]. 江西中医药,54(1):66-70.
周悦,马丽霞,陈军,等,2021. 中药复方口服制剂肠吸收评价方法研究进展[J]. 中成药,43(8):2126-2130.
朱沛文,肖冲,任益锋,等,2023. 基于"证"转归论肿瘤转移器官偏嗜的中医发生学[J]. 中医学报,38(3):511-515.
朱旺喜,王来贵,2014. 基于假说的国家自然科学基金申请[J]. 科技导报,32(12):89,3.
朱文清,吴中平,2014. 张仲景运用桂枝治疗情志疾患规律探析[J]. 中医杂志,55(20):1729-1731.
Anwaier G, Xie T T, Pan C S, et al, 2022. QiShenYiQi pill ameliorates cardiac fibrosis after pressure overload-induced cardiac hypertrophy by regulating FHL2 and the macrophage RP S19/TGF-β1 signaling pathway[J]. Front Pharmacol, 13: 918335.
Barbagallo M, Dominguez L J, 2014. Type 2 diabetes mellitus and Alzheimer's disease[J]. World J Diabetes, 5(6): 889-893.
Boersma M G, van der Woude H, Bogaards J, et al, 2002. Regioselectivity of phase II metabolism of luteolin and quercetin by UDP-glucuronosyl transferases[J]. Chem Res Toxicol, 15(5): 662-670.
Cai G, Liu B, Liu W, et al, 2007. Buyang Huanwu Decoction can improve recovery of neurological function, reduce infarction volume, stimulate neural proliferation and modulate VEGF and Flk1 expressions in transient focal cerebral ischaemic rat brains[J]. J Ethnopharmacol, 113(2): 292-299.
Carmeliet P, 2005, Angiogenesis in life, disease and medicine[J]. Nature, 438(7070): 932-936.
Chen B, Xu Y, Tian F, et al, 2024. Buyang Huanwu decoction promotes angiogenesis after cerebral ischemia through modulating caveolin-1-mediated exosome MALAT1/YAP1/HIF-1α axis[J]. Phytomedicine, 129: 155609.
Ci T, Zhang W, Qiao Y, et al, 2022. Delivery strategies in treatments of leukemia[J]. Chem Soc Rev, 51(6): 2121-2144.
Cortes J, Pavlovsky C, Saussele S, 2021. Chronic myeloid leukaemia[J]. Lancet, 398(10314): 1914 1926.
Cui Y C, Pan C S, Yan L, et al, 2017. Ginsenoside Rb1 protects against ischemia/reperfusion-induced myocardial injury via energy metabolism regulation mediated by RhoA signaling pathway[J]. Sci Rep, 7: 44579.
den Heijer T, Vermeer S E, van Dijk E J, et al, 2003. Type 2 diabetes and atrophy of medial temporal lobe structures on brain MRI[J]. Diabetologia, 46(12): 1604-1610.
Di Matteo A, Bathon J M, Emery P, 2023. Rheumatoid arthritis[J]. Lancet, 402(10416): 2019-2033.
Di Tommaso, Gasbarrini, Ponziani F, 2021. Intestinal barrier in human health and disease[J]. Int J Environ Res Public Health, 18(23): 12836.
Dzirlo L, Richter F, Steinmair D, et al, 2021. Reflective functioning in patients with irritable bowel syndrome, non-affective psychosis and affective disorders-differences and similarities[J]. Int J Environ Res Public Health, 18(5): 2780.
Feng R, Wang H, Wang J, et al, 2004. Forebrain degeneration and ventricle enlargement caused by double knockout of Alzheimer's presenilin-1 and presenilin-2[J]. Proc Natl Acad Sci USA, 101(21): 8162-8167.
Finckh A, Gilbert B, Hodkinson B, et al, 2022. Global epidemiology of rheumatoid arthritis[J]. Nat Rev Rheumatol, 18(10): 591-602.
Fu Y, Yang P, Zhao Y, et al, 2017. *trans*-Cinnamaldehyde inhibits microglial activation and improves neuronal survival against neuroinflammation in BV2 microglial cells with lipopolysaccharide stimulation[J]. Evid Based Complement Alternat Med, 2017: 4730878.
Gao Y, Liang A, Fan X, et al, 2019. Safety research in traditional Chinese medicine: Methods, applications, and outlook[J]. Engineering, 5(1): 76-82.
Goel S, Gupta N, Walcott B P, et al, 2013, Effects of vascular-endothelial protein tyrosine phosphatase inhibition on breast cancer vasculature and metastatic progression[J]. J Natl Cancer Inst, 105(16): 1188-1201.
Gravallese E M, Firestein G S, 2023. Rheumatoid arthritis-common origins, divergent mechanisms[J]. N Engl J Med, 388(6): 529-542.
Greene J A, Loscalzo J, 2017. Putting the patient back together — social medicine, network medicine, and the limits of reductionism[J]. N Engl J Med, 377(25): 2493-2499.
Gu Y, Li Z, Li H, et al, 2024. Exploring the efficacious constituents and underlying mechanisms of sini decoction for sepsis treatment through network pharmacology and multi-omics[J]. Phytomedicine, 123: 155212.

Han C, Li Y, Zhang Y, et al, 2021. Targeted inhibition of GRK2 kinase domain by CP-25 to reverse fibroblast-like synoviocytes dysfunction and improve collagen-induced arthritis in rats[J]. Acta Pharm Sin B, 11(7): 1835-1852.

Han H, Qian C, Zong G, et al, 2022. Systemic pharmacological verification of Salvia miltiorrhiza-Ginseng Chinese herb pair in inhibiting spontaneous breast cancer metastasis[J]. Biomed Pharmacother, 156: 113897.

Han J Y, Li Q, Ma Z Z, et al, 2017. Effects and mechanisms of compound Chinese medicine and major ingredients on microcirculatory dysfunction and organ injury induced by ischemia/reperfusion[J]. Pharmacol Ther, 177: 146-173.

Han J Y, Li Q, Pan C S, et al, 2019. Effects and mechanisms of QiShenYiQi pills and major ingredients on myocardial microcirculatory disturbance, cardiac injury and fibrosis induced by ischemia-reperfusion [J]. Pharmacol Res, 147: 104386.

Hasler W L, Grabauskas G, Singh P, et al, 2022. Mast cell mediation of visceral sensation and permeability in irritable bowel syndrome[J]. J Neurogastroenterol Motil, 34(7): e14339.

He K, Yan L, Lin S Q, et al, 2022. Implication of IGF1R signaling in the protective effect of Astragaloside IV on ischemia and reperfusion-induced cardiac microvascular endothelial hyperpermeability[J]. Phytomedicine, 100: 154045.

Hopkins A, 2008. Network pharmacology: the next paradigm in drug discovery[J]. Nat Chem Biol, 4(11): 682-690.

Hotamisligil G S, Murray D L, Choy L N, 1994. Tumor necrosis factor alpha inhibits signaling from the insulin receptor[J]. Proc Natl Acad Sci USA, 91(11): 4854-4858.

Hou Y C, Lin S P, Chao P D, 2012. Liquorice reduced cyclosporine bioavailability by activating P-glycoprotein and CYP 3A [J]. Food Chem, 135(4): 2307-2312.

Huang G, Yin Z, Wang X, et al, 2023. System analysis of Huang-Lian-Jie-Du-Tang and their key active ingredients for overcoming CML resistance by suppression of leukemia stem cells[J]. Phytomedicine, 117: 154918.

Huang R, Cui Y C, Wei X H, et al, 2019. A novel traditional Chinese medicine ameliorates fatigue-induced cardiac hypertrophy and dysfunction via regulation of energy metabolism[J]. Am J Physiol Heart Circ Physiol, 316(6): H1378-H1388.

Jabbour E, Kantarjian H, 2018. Chronic myeloid leukemia: 2018 update on diagnosis, therapy and monitoring[J]. Am J Hematol, 93(3): 442-459.

Kesic S, 2019. Rethinking the pragmatic systems biology and systems-theoretical biology divide: Toward a complexity-inspired epistemology of systems biomedicine[J]. Med Hypotheses, 131: 109316.

Kojima M, Hosoda H, Date Y, et al, 1999. Ghrelin is a growth-hormone-releasing acylated peptide from stomach[J]. Nature, 402(6762): 656-660.

Levy M, Kolodziejczyk A A, Thaiss C A, et al, 2017, Dysbiosis and the immune system[J]. Nat Rev Immunol, 17(4): 219-232.

Liang Y, Hao H, Kang A, et al, 2010. Qualitative and quantitative determination of complicated herbal components by liquid chromatography hybrid ion trap time-of-flight mass spectrometry and a relative exposure approach to herbal pharmacokinetics independent of standards[J]. J Chromatogr A, 1217(30): 4971-4979.

Li H K, Dai M, Jia W, 2009. Paeonol attenuates high fat diet induced atherosclerosis in rabbits by anti-inflammatory activity [J]. Planta Med, 75(1): 7-11.

Li J S, Liu X F, Dong H R, et al, 2020. Effective-constituent compatibility-based analysis of Bufei Yishen formula, a traditional herbal compound as an effective treatment for chronic obstructive pulmonary disease[J]. J Integr Med, 18(4): 351-362.

Li J S, Xie Y, Zhao P, et al, 2021. A chinese herbal formula ameliorates COPD by inhibiting the inflammatory response via downregulation of p65, JNK, and p38[J]. Phytomedicine, 83: 153475.

Li K, Dong J, Ge D, et al, 2021. The effects of sishen wan on T cell responses in mice models of ulcerative colitis induced by dextran sodium sulfate[J]. Evid Based Complement Alternat Med, 2021: 9957709.

Li K, Mei X, Xu K, et al, 2023. Comparative study of cigarette smoke, Klebsiella pneumoniae, and their combination on airway epithelial barrier function in mice[J]. Environ Toxicol, 38(5): 1133-1142.

Li L, Pan C S, Yan L, et al, 2018. Ginsenoside Rg1 ameliorates rat myocardial ischemia-reperfusion injury by modulating energy metabolism pathways[J]. Front Physiol, 9: 78.

Li Q, Hu K, Tang S, et al, 2016. Anti-tumor activity of tanshinone IIA in combined with cyclophosphamide against Lewis mice with lung cancer[J]. Asian Pac J Trop Med Nov, 9(11): 1084-1088.

Li S, 2009. Network systems underlying traditional Chinese medicine syndrome and herb formula[J]. Curr Bioinform, 4(3): 188-196.

Li S, 2015. Mapping ancient remedies: Applying a network approach to traditional Chinese medicine[J]. Science, 350(6262): S72 - S74.

Li S, Zhang B, 2013. Traditional Chinese medicine network pharmacology: theory, methodology and application[J]. Chin J Nat Med, 11(2): 110 - 120.

Li S, Zhang B, Zhang N, 2011. Network target for screening synergistic drug combinations with application to traditional Chinese medicine[J]. BMC Syst Biol, 5 Suppl 1(Suppl 1): S10.

Liu J, Zhu Y, Yu C, et al, 1986. The structures of Huperzine A and B, two new alkaloids exhibiting marked anticholinesterase activity[J]. Can J Che, 64: 837 - 839.

Liu R H, Runyon R S, Wang Y H, et al, 2015. Deciphering ancient combinatorial formulas: The Shexiang Baoxin pill[J]. Science, 347(6219sppl): S40.

Li W, Guo J, Tang Y, et al, 2012. Pharmacokinetic comparison of ferulic acid in normal and blood deficiency rats after oral administration of angelica sinensis, ligusticum chuanxiong and their combination[J]. I J M S, 13(3): 3583 - 3597.

Li Y C, Liu Y Y, Hu B H, et al, 2012. Attenuating effect of post-treatment with QiShen YiQi Pills on myocardial fibrosis in rat cardiac hypertrophy[J]. Clin Hemorheol Microcirc, 51(3): 177 - 191.

Luo X, Zou W, Wei Z, et al, 2022. Inducing vascular normalization: a promising strategy for immunotherapy[J]. Int Immunopharmacol, 112: 109167.

Lv, C, Chen, L, Fu, P, et al, 2017. Simultaneous quantification of 11 active constituents in Shexiang Baoxin Pill by ultraperformance convergence chromatography combined with tandem mass spectrometry[J]. J Chromatogr B, 1052, 135 - 141.

Martinez K B, Leone V, Chang E B, 2017. Western diets, gut dysbiosis, and metabolic diseases: Are they linked? [J]. Gut Microbes, 8(2): 130 - 142.

Messier C, Awad N, Gagnon M, 2004. The relationships between atherosclerosis, heart disease, type 2 diabetes and dementia [J]. Neurol Res, 26(5): 567 - 572.

Michael J, Veli-Matti L, Pipsa S, et al, 2013. Receptor tyrosine kinase-mediated angiogenesis[J]. CSH Perspect Biol, 5(9): a009183.

Newman D J, Cragg G M, 2020. Natural products as sources of new drugs over the nearly four decades from 01/1981 to 09/2019 [J]. J Nat Prod, 83(3): 770 - 803.

Pan C S, Yan L, Lin S Q, et al, 2021. QiShenYiQi pills attenuates ischemia/reperfusion-induced cardiac microvascular hyperpermeability implicating Src/caveolin-1 and RhoA/ROCK/MLC Signaling[J]. Front Physiol, 12: 753761.

Pimentel M, Lembo A, 2020. Microbiome and its role in irritable bowel syndrome[J]. Dig Dis Sci, 65(3): 829 - 839.

Qian C, Yang C, Tang Y, et al, 2022. Pharmacological manipulation of Ezh2 with salvianolic acid B results in tumor vascular normalization and synergizes with cisplatin and T cell-mediated immunotherapy[J]. Pharmacol Res, 182: 106333.

Qiao J, Lawson C M, Rentrup K F G, et al, 2020. Evaluating blood-brain barrier permeability in a rat model of type 2 diabetes [J]. J Transl Med, 18(1): 256.

Qi Q, Li R, Li H Y, et al, 2016. Identification of the anti-tumor activity and mechanisms of nuciferine through a network pharmacology approach[J]. Acta Pharmacol Sin, 37(7): 963 - 972.

Rahimifard M, Maqbool F, Moeini-Nodeh S, et al, 2017. Targeting the TLR4 signaling pathway by polyphenols: A novel therapeutic strategy for neuroinflammation[J]. Ageing Res Rev, 36: 11 - 19.

Roden M, Shulman G I, 2019. The integrative biology of type 2 diabetes[J]. Nature, 576(7785): 51 - 60.

Samson S L, Garber A J, 2014. Metabolic syndrome[J]. Endocrinol Metab Clin North Am, 43(1): 1 - 23.

Sanz M A, Fenaux P, Tallman M S, et al, 2019. Management of acute promyelocytic leukemia: updated recommendations from an expert panel of the European Leukemia Net[J]. Blood, 133(15): 1630 - 1643.

Schaffer L V, Ideker T, 2021. Mapping the multiscale structure of biological systems[J]. Cell Syst, 12(6): 622 - 635.

Shabab T, Khanabdali R, Moghadamtousi S Z, et al, 2017. Neuroinflammation pathways: a general review[J]. Int J Neurosci, 127(7): 624 - 633.

Sharma A, Menche J, Huang C C, et al, 2015. A disease module in the interactome explains disease heterogeneity, drug response and captures novel pathways and genes in asthma[J]. Hum Mol Genet, 24(11): 3005 - 3020.

Shimizu F, Sano Y, Tominaga O, et al, 2013. Advanced glycation end-products disrupt the blood-brain barrier by stimulating the release of transforming growth factor-β by pericytes and vascular endothelial growth factor and matrix metalloproteinase-2 by endothelial cells *in vitro*[J]. Neurobiol Aging, 34(7): 1902-1912.

Shu W Y, Li J L, Wang X D, et al, 2015. Pharmacogenomics and personalized medicine: a review focused on their application in the Chinese population[J]. Acta Pharmacol Sin, 36(5): 535-543.

Sun D, Guan X, Moran A E, et al, 2022. Identifying phenotype-associated subpopulations by integrating bulk and single-cell sequencing data[J]. Nat Biotechnol, 40(4): 527-538.

Taddei A, Giampietro C, Conti A, et al, 2008. Endothelial adherens junctions control tight junctions by VE-cadherin-mediated upregulation of claudin-5[J]. Nat Cell Biol, 10(8): 923-934.

Tang X, De S, Sugaya K, et al, 1989. Effect of huperzine A, a new cholinesterase inhibitor, on the central cholinergic system of the rat[J]. J Neurosci Res, 24(2): 276-285.

Tao L, Wang S, Zhao Y, et al, 2016. Pleiotropic effects of herbs characterized with blood-activating and stasis-resolving functions on angiogenesis[J]. Chin J Integr Med, 22(10): 795-800.

Tian L, Goldstein A, Wang H, et al, 2017. Mutual regulation of tumour vessel normalization and immunostimulatory reprogramming[J]. Nature, 544(7649): 250-254.

Tong Y, Wang R, Liu X, et al, 2021. Zuojin Pill ameliorates chronic atrophic gastritis induced by MNNG through TGF-β1/PI3K/Akt axis[J]. J Ethnopharmacol, 271: 113893.

Tu L, Pan C S, Wei X H, et al, 2013. Astragaloside IV protects heart from ischemia and reperfusion injury via energy regulation mechanisms[J]. Microcirculation, 20(8): 736-747.

Wang J, Ma A, Chang Y, et al, 2021. scGNN is a novel graph neural network framework for single-cell RNA-Seq analyses[J]. Nat Commun, 12(1): 1882.

Wang J, Wu J, Li X, et al, 2018. Identification and validation nucleolin as a target of curcumol in nasopharyngeal carcinoma cells[J]. J Proteomics, 182: 1-11.

Wang L, Zhou G B, Liu P, et al, 2008. Dissection of mechanisms of Chinese medicinal formula Realgar-Indigo naturalis as an effective treatment for promyelocytic leukemia[J]. Proc Natl Acad Sci USA, 105(12): 4826-4831.

Wang N, Li P, Hu X, et al, 2019. Herb target prediction based on representation learning of symptom related heterogeneous network[J]. Comput Struct Biotechnol J, 17: 282-290.

Wang R, Yan H, Tang X, 2006. Progress in studies of huperzine A, a natural cholinesterase inhibitor from Chinese herbal medicine[J]. Acta Pharmacol Sin, 27(1): 1-26.

Wang Y, Zhu X, Liang Y, et al, 2022. Sishen wan treats ulcerative colitis in rats by regulating gut microbiota and restoring the Treg/Th17 balance[J]. Evid Based Complement Alternat Med, 2022: 1432816.

Wang Z, Shang H, Li Y, et al, 2020. Transporters (OATs and OATPs) contribute to illustrate the mechanism of medicinal compatibility of ingredients with different properties in yuanhuzhitong prescription[J]. Acta Pharm Sin B, 10(9): 1646-1657.

Welty F K, Alfaddagh A, Elajami T K, 2016. Targeting inflammation in metabolic syndrome[J]. Transl Res, 167(1): 257-280.

Wen J, Wu S, Ma X, et al, 2022. Zuojin Pill attenuates Helicobacter pylori-induced chronic atrophic gastritis in rats and improves gastric epithelial cells function in GES-1 cells[J]. J Ethnopharmacol, 285: 114855.

Whiteley A E, Price T T, Cantelli G, et al, 2021. Leukaemia: a model metastatic disease[J]. Nat Rev Cancer, 21(7): 1-475.

Wu X, Jiang R, Zhang M Q, et al, 2008. Network-based global inference of human disease genes[J]. Mol Syst Biol, 4: 189.

Xing C, Ruilin W, Chunmei B, et al, 2020. Palmatine ameliorates Helicobacter pyloriinduced chronic atrophic gastritis by inhibiting MMP-10 through ADAM17/EGFR[J]. Eur J Pharmacol, 2020: 179257.

Yang T, Wang R, Liu H, et al, 2021. Berberine regulates macrophage polarization through IL-4-STAT6 signaling pathway in Helicobacter pylori-induced chronic atrophic gastritis[J]. Life Sci, 266: 118903.

Yang X, Zhang W, Wang L, et al, 2024. Metabolite-sensing GPCRs in rheumatoid arthritis[J]. Trends Pharmacol Sci, 45(2): 118-133.

Yang X Z, Wei W, 2020. CP-25, a compound derived from paeoniflorin: research advance on its pharmacological actions and mechanisms in the treatment of inflammation and immune diseases[J]. Acta Pharmacol Sin, 41(11): 1387-1394.

Yan L, Pan C S, Liu Y Y, et al, 2021. The composite of 3, 4-dihydroxyl-phenyl lactic acid and notoginsenoside R1 attenuates myocardial ischemia and reperfusion injury through regulating mitochondrial respiratory chain[J]. Front Physiol, 12: 538962.

Ye X, Tian S, Tang C, et al, 2023. Cytokine storm in acute viral respiratory injury: role of Qing-Fei-Pai-Du decoction in inhibiting the infiltration of neutrophils and macrophages through TAK1/IKK/NF-κB pathway[J]. Am J Chinese Med, 51(5): 1-36.

Yuan Z, Zhou Q, Cai L, et al, 2021. SEAM is a spatial single nuclear metabolomics method for dissecting tissue microenvironment[J]. Nat Methods, 18(10): 1223-1232.

Yucel O, 2019. Interactions between Helicobacter pylori and gastroesophageal reflux disease[J]. Esophagus, 16(1): 52-62.

Yu F, Yu Y, Tian S, et al, 2021. Quantitative proteomics reveals Shexiang Baoxin Pill exerts cardioprotective effects by preserving energy metabolism in a rat model of myocardial infarction[J]. J Ethnopharmacol, 266: 113460.

Yu X Q, Di J Q, Zhang W, et al, 2023. Bu-Fei Yi-Shen granules reduce acute exacerbations in patients with GOLD 3-4 COPD: a randomized controlled trial[J]. Int J Chron Obstruct Pulmon Dis, 18: 2439-2456.

Zhang H, DiBaise J K, Zuccolo A, et al, 2009. Human gut microbiota in obesity and after gastric bypass[J]. Proc Natl Acad Sci USA, 106(7): 2365-2370.

Zhang L, Wei W, 2020. Anti-inflammatory and immunoregulatory effects of paeoniflorin and total glucosides of paeony[J]. Pharmacol Ther, 207: 107452.

Zhang L, Zhang Z, Fu Y, et al, 2016. Trans-cinnamaldehyde improves memory impairment by blocking microglial activation through the destabilization of iNOS mRNA in mice challenged with lipopolysaccharide[J]. Neuropharmacology, 110(Pt A): 503-518.

Zhang Q R, Zhong Z F, Sang W, et al, 2019. Comparative comprehension on the anti-rheumatic Chinese herbal medicine Siegesbeckiae Herba: Combined computational predictions and experimental investigations[J]. J Ethnopharmacol, 228: 200-209.

Zhang W W, Xu F, Wang D, et al, 2018. Buyang Huanwu Decoction ameliorates ischemic stroke by modulating multiple targets with multiple components: In vitro evidences[J]. Chin J Nat Med, 16(3): 194-202.

Zhang X W, Feng N, Liu Y C, et al, 2022. Neuroinflammation inhibition by small-molecule targeting USP7 noncatalytic domain for neurodegenerative disease therapy[J]. Sci Adv, 8(32): eabo0789.

Zhang Y, Gu X, Zhou Y, et al, 2023. An integrative analysis of Qingfei Paidu Decoction for its anti-HCoV-229E mechanism in cold and damp environment based on the pharmacokinetics, metabolomics and molecular docking technology[J]. Phytomedicine, 108: 154527.

Zhang Y, Gu Y, Ren H, et al, 2020. Gut microbiome-related effects of berberine and probiotics on type 2 diabetes (the PREMOTE study)[J]. Nat Commun, 11(1): 5015.

Zhang Y, Tan P, Zhao Y, et al, 2022. Enterotoxigenic Escherichia coli: intestinal pathogenesis mechanisms and colonization resistance by gut microbiota[J]. Gut Microbes, 14(1): 2055943.

Zhao J, Tian S, Lu D, 2021. Systems pharmacological study illustrates the immune regulation, anti-infection, anti-inflammation, and multi-organ protection mechanism of Qing-Fei-Pai-Du decoction in the treatment of COVID-19[J]. Phytomedicine, 85: 153315.

Zhao Y, Deng H, Li K, et al, 2019. Trans-cinnamaldehyde improves neuroinflammation-mediated NMDA receptor dysfunction and memory deficits through blocking NF-κB pathway in presenilin1/2 conditional double knockout mice[J]. Brain Behav Immun, 82: 45-62.

Zhao Y, Zhan J, Sun C, et al, 2024. Sishen Wan enhances intestinal barrier function via regulating endoplasmic reticulum stress to improve mice with diarrheal irritable bowel syndrome[J]. Phytomedicine, 129: 155541.

Zheng Q N, Wei X H, Pan C S, et al, 2019. QiShenYiQi Pills® ameliorates ischemia/reperfusion-induced myocardial fibrosis involving RP S19-mediated TGFβ1/Smads signaling pathway[J]. Pharmacol Res, 146: 104272.

Zhou W, Liu H, Qiu L Y, et al, 2021. Cardiac efficacy and toxicity of aconitine: A new frontier for the ancient poison[J]. Med Res Rev, 41(3): 1798-1811.

Zhou W, Yang K, Zeng J, et al, 2021. FordNet: Recommending traditional Chinese medicine formula via deep neural network integrating phenotype and molecule[J]. Pharmacol Res, 173: 105752.

Zhu H H, Hu J, Lo-Coco F, et al, 2019. The simpler, the better: oral arsenic for acute promyelocytic leukemia[J]. Blood, 134(7): 597-605.

Zhu Y, Ou Y Z, Du H, et al, 2022. New opportunities and challenges of natural products research: When target identification meets single-cell multiomics[J]. Acta Pharm Sin B, 12(11): 4011-4039.

Zou W, Qian C, Zhang S, et al, 2021. Targeting the Ang2/Tie2 axis with Tanshinone IIA elicits vascular normalization in ischemic injury and colon cancer[J]. Oxid Med Cell Longev, 2021: 7037786.

缩略词表

英文缩写	英文全称	中文全称
15-PGDH	15-hydroxyprostaglandin dehydrogenase	15-羟基前列腺素脱氢酶
5-HT_3R	5-hydroxytryptamine type 3 receptor	5-HT3 受体
5-HT	5-hydroxytryptamine	5-羟色胺
	A	
AA	adjuvant arthritis	佐剂性关节炎
Aβ	amyloid β-protein	β-淀粉样蛋白
ABC	ATP-binding cassette	ATP 结合盒
ACE2	angiotensin converting enzyme2	血管紧张素转化酶 2
ACPA	anticyclic-citrullinated peptide antibody	抗环瓜氨酸肽抗体
ACR	American College of Rheumatology	美国风湿病学会
AD	Alzheimer disease	阿尔茨海默病
AGE	advanced glycation end product	晚期糖基化终末产物
AGS	human gastric adenocarcinoma cells	人胃腺癌细胞
AHR	aryl hydrocarbon receptor	芳香烃受体
AI	artificial intelligence	人工智能
AICD	activation-induced cell death	活化诱导的细胞死亡
ALDOA	fouctose-bisphosphate aldolase A	果糖二磷酸醛缩酶 A
ALL	acute lymphoblastic leukemia	急性淋巴细胞白血病
ALT	alanine transaminase	丙氨酸转氨酶
AML	acute myeloid leukemia	急性髓系白血病
AMPK	amp-activated protein kinase	AMP 活化的蛋白质激酶
Ang-1	angiopoietin-1	血管生成素-1
Ang/Tie	angiopoietin/tyrosine kinase receptor	血管生成素/酪氨酸激酶受体
ANT	adenine nucleotide translocator	腺嘌呤核苷酸转运体

续 表

英文缩写	英文全称	中文全称
APL	acute promyelocytic leukemia	急性早幼粒细胞白血病
ApoE	apolipoprotein E	载脂蛋白 E
APP1	acute phase protein 1	急性期蛋白
AS	atherosclerosis	动脉粥样硬化
AST	aspartate transaminase	天冬氨酸转氨酶
ATF2	activating transcription factor 2	转录激活因子 2
ATO	arsenic trioxide	三氧化二砷
ATRA	all-trans retinoic acid	反式维甲酸
AUC	area under the drug concentration time curve	药时曲线下面积
	B	
BACE	β－site APP cleaving enzyme	β 位点 APP 裂解酶
BAF	B cell-activating factor	B 细胞活化因子
BAF－R	B cell-activating factor receptor	B 细胞活化因子受体
BALF	bronchoalveolar lavage fluid	支气管肺泡灌洗液
BBB	blood brain barrir	血脑屏障
BBR	berberine	小檗碱
BCA	bivariate correlation analysis	双变量相关性分析
Bcr	breakpoint cluster region	断裂点簇集区
BCRP	breast cancer resistance protein	乳腺癌耐药蛋白
bDMARD	biologic DMARD	生物类 DMARD
	C	
CA1	cornu ammonis 1	海马角 1 区
CAG	chronic atrophic gastritis	慢性萎缩性胃炎
CAM	cell adhesion molecule	细胞黏附分子
Cas9	CRISPR associated protein 9	Cas 核酸酶 9
CCA	canonical correlation analysis	典型相关分析
CDK2	cyclin dependent kinase 2	周期蛋白依赖性激酶 2
C/EBP	CCAAT/enhancer－binding protein	CCAAT/增强子结合蛋白
CE	cholesterol ester	胆固醇酯
c－Fos	c－Fos protein	原癌基因

续 表

英文缩写	英文全称	中文全称
cGAS	cyclic GMP - AMP synthase	环状 GMP - AMP 合酶
CG	chronic gastritis	慢性胃炎
CIA	collagen induced arthritis	胶原诱导关节炎
CI	cognitive impairment	认知功能障碍
CL	clearance rate	清除速率
CLL	chronic lymphocytic leukemia	慢性淋巴细胞白血病
*C*max	peak concentration	峰浓度
CML	chronic myelocytic leukemia	慢性粒细胞白血病
COX - 2	cyclooxygenase 2	环氧合酶 2
CP - 25	paeoniflorin - 6′- *O* - benzene sulfonate	芍药苷-6′-*O*-苯磺酸酯
$cPLA_2$	cytosolic phospholipase A_2	胞质型磷脂酶 A_2
CPT1A	carnitine palmitoyltransferase 1A	肉碱棕榈酰转移酶 1A
CRISPR	clustered regularly interspaced short palindromic repeat	集成簇规律间隔短回文重复序列
CRP	C - reactive protein	C 反应蛋白
csDMARD	conventional synthetic DMARD	传统合成 DMARD
CX43	connexin 43	缝隙连接蛋白 43
CYP450	cytochrome P450	细胞色素 P450
CyPD	cyclophilin D	亲环素 D
	D	
DCI	diabetic cognitive impairment	糖尿病认知障碍
DCreg	regulatory dendritic cell	调节性树突状细胞
DL	drug likeness	类药性
DLS	*D* - lys3 - growth hormone releasing peptide - 6	[*D* - lys3]-生长激素释放肽-6
DMARD	disease - modifying anti - rheumatic drug	抗风湿药
Drp1	dynamin-related protein 1	线粒体动力相关蛋白
DTI	drug-target interaction	药物-靶标相互作用
	E	
ECH1	enoyl - CoA hydratase 1	烯酰辅酶 A 水合酶 1
ECM	extracellular matrix	细胞外基质
ECMO	extracorporeal membrane oxygenation	体外膜肺氧合

续 表

英文缩写	英文全称	中文全称
E	envelope	包膜
EGF	epidermal growth factor	表皮生长因子
EGFR1	epidermal growth factor receptor 1	表皮生长因子受体 1
EGFR	epidermal growth factor receptor	表皮生长因子受体
EMOGI	Explainable Multi – Omics Graph Integration	可解释的多组学图整合框架
ENOα	enolaseα	烯醇化酶 α
EP4	prostaglandin receptor 4	前列腺素受体 4
ESR	erythrocyte sedimentation rate	红细胞沉降率
ET – 1	endothelin – 1	内皮肽-1
ETCM	The Encyclopedia of Traditional Chinese Medicine	中医药百科全书
EULAR	European League Against Rheumatism	欧洲抗风湿病联盟
EVI – 1	ecotropic viral integration site 1	异位逆转录病毒整合位点-1
EZH2	enhancer of zeste 2 polycomb repressive complex 2 subunit	增强子蛋白锌指同源物 2
	F	
FBG	fasting blood glucose	空腹血糖
FC	free cholesterol	游离胆固醇
FDA	Food and Drug Administration	美国食品药品监督管理局
Flk – 1	fetal liver kinase – 1	胎肝激酶-1
FLS	fibroblast-like synoviocytes	成纤维样滑膜细胞
FLT3 – ITD	FMS – liketyrosine kinase 3 – internal tandem duplication	FMS 样酪氨酸激酶 3 基因内部串联重复序列
FMT	fecal microbiota transplantation	粪菌移植
FVB/NJ	friend virus b nih jackson	对 Friend 白血病病毒 B 株敏感型
FXR	farnesoid X receptor	法尼酯 X 受体
	G	
GAS	gastrin	胃泌素
GC – MS	gas chromatography-mass spectrometry	气相层析-质谱联用
GFP	green fluorescence protein	绿色荧光蛋白
GHSR	growth hormone secretagogue receptor	生长激素促分泌受体
GOAT	ghrelin o-acyltransferase	Ghrelin -酰基转移酶

续 表

英文缩写	英文全称	中文全称
GPCR	G protein-coupled receptor	G 蛋白偶联受体
GRA	grey correlation analysis	灰色关联度分析
GRK2	G protein - coupled receptor kinases 2	G 蛋白偶联受体激酶 2
GSH	glutathione	谷胱甘肽
GSK3β	glycogen synthase kinase 3β	糖原合成酶激酶 3β
GST	glutathione *S* - transferase	谷胱甘肽 *S* -转移酶
	H	
HCV	hepatitis C virus	丙型肝炎病毒
HDAC1	histone deacetylase 1	组蛋白脱乙酰酶 1
HDL	high-density lipoprotein	高密度脂蛋白
H&E staining	hematoxylin and eosin staining	苏木精-伊红染色
HIBA	α - hydroxyisobutyric acid	α -羟基异丁酸
HLJDT	huang - lian - jie - du - tang	黄连解毒汤
HMGB1	high mobility group box - 1	高迁移率族蛋白 B1
HOMA - β	homeostasis model assessment β	HOMA - β 指数
HPA	hypothalamic-pituitary-adrenal axis	下丘脑-垂体-肾上腺轴
HP	helicobacter pylori	幽门螺杆菌
HPLC	high performance liquid chromatography	高效液相色谱法
HSPB1	heat shock protein family B (small) member 1	热休克蛋白家族 B 成员 1
	I	
IκB	inhibitor of NF - κB	NF - κB 的抑制蛋白
IBS - D	irritable bowel syndrome with diarrhea	腹泻型肠易激综合征
IC_{50}	half maximal inhibitory concentration	半抑制浓度
ICAM - 1	intercellular adhesion molecule - 1	细胞间黏附分子- 1
IFN - γ	interferon - γ	γ 干扰素
IgD	immunoglobulin D	免疫球蛋白 D
IgDR	immunoglobulin D receptor	IgD 受体
IGF - 1R	insulin-like growth factor - 1 receptor	胰岛素样生长因子 1 受体
IgG	immunoglobulin G	免疫球蛋白 G
IKKβ	IκB kinase β	IκB 激酶 β

续 表

英文缩写	英文全称	中文全称
IL－1β	interleukin－1 beta	白介素－1β
IL－6	interleukin－6	白介素－6
IL	interleukin	白介素
imDC	immature dendritic cell	未成熟树突状细胞
iNOS	inducible nitric oxide sythase	一氧化氮合酶
INPUT	An Intelligent Network Pharmacology Platform Unique for Traditional Chinese Medicine	智能网络药理学平台
IP－10	interferon γ－inducible protein－10	γ干扰素诱导蛋白－10
IR	ischemia and reperfusion	心肌缺血再灌注
	J	
JAK/STAT	Janus kinase/signal transducer and activator of transcription pathway	Jak/STAT 信号传导途径
JAM	junctional adhesion molecule	连接黏附分子
JMJD2B	Jumonji domain-containing protein 2B	Jumonji 结构域包含蛋白 2B
	K	
KDM5A	human lysine-specific demethylase 5A	人赖氨酸特异性脱甲基酶 5A
	L	
LC－MS	liquid chromatography-mass spectrometry	液质色谱-质谱法
LC－MS/MS	liquid chromatography tandem mass spectrometry	液相色谱-串联质谱
LDL	low-density lipoprotein	低密度脂蛋白
LPS	lipopolysaccharide	脂多糖
LSC	leukemia stem cell	白血病干细胞
LTB4	leukotriene B4	白三烯 B4
LTP	long-term potentiation	长时程增强
	M	
MAP2	microtubule associated protein 2	微管相关蛋白 2
MAPK	mitogen－activated protein kinase	促分裂原活化的蛋白质激酶
MATE1	multidrug and toxin extrusion transporter 1	多药及毒素外排转运蛋白 1
MCAM	mucosal addressin cell adhesion molecule	黑色素瘤细胞黏附分子
MCL1	myeloid cell leukemia－1	髓样细胞白血病－1
MC	mast cells	肥大细胞

续 表

英文缩写	英文全称	中文全称
MCP-1	monocyte chemoattractant protein-1	单核细胞趋化蛋白-1
MDA	malondialdehyde	丙二醛
mDC	mature dendritic cell	成熟树突状细胞
MDR1	multidrug resistance 1	多药耐药基因 1
MDS	monodansylcadavrine	单丹磺酰尸胺
MIP-2	macrophage inflammatory protein-2	巨噬细胞炎症蛋白-2
MLR	multiple regression analysis	多元回归分析
MLS	macrophage-like synoviocytes	巨噬样滑膜细胞
M	membrane	膜
M/M_{Φ}	monocytes/macrophages	单核细胞/巨噬细胞
MMP-9	matrix metalloproteinase 9	基质金属蛋白酶-9
MMP	matrix metalloproteinase	基质金属蛋白酶
MNNG	1-methyl-3-nitro-1-nitrosoguanidine	*N*-甲基-N′-硝基-*N*-亚硝基胍
MPTP	mitochondrial permeability transition pore	线粒体通透性转换孔
MRP	multidrug resistance-associated protein	多药耐药相关蛋白
MSI	mass spectrometry imaging	质谱成像
mtDNA	mitochondrial DNA	线粒体 DNA
mTOR	mammalian target of rapamycin	哺乳动物雷帕霉素靶蛋白
MTX	methotrexate	甲氨蝶呤
MYD88	myeloid differentiation factor 88	髓样分化因子 88
MYO10	myosinX	肌球蛋白 X
	N	
NADPH	reduced nicotinamide adenine dinucleotide phosphate	还原型烟酰胺腺嘌呤二核苷酸磷酸
NADP	nicotinamide adenine dinucleotide phosphate	烟酰胺腺嘌呤二核苷酸磷酸
NAFLD	nonalcoholic fatty liver disease	非酒精性脂肪性肝病
NDUFA10	NADH：ubiquinone oxidoreudctase subnit A10	NADH：泛醌氧化还原酶亚基 A10
NFATC3	nuclear factor of activated T cell 3	活化 T 细胞核因子 3
NF-κB	nuclear factor κB	核因子 κB
NFT	neurofibrillary tangle	神经原纤维缠结
NK cell	natural killer cell	自然杀伤细胞

续 表

英文缩写	英文全称	中文全称
NLRP3	nucleotide-binding oligomerization domain-like receptor protein 3	核苷酸结合寡聚结构域样受体蛋白 3
NMDAR	*N* – *methyl* – *D* – *aspartate receptor*	*N* –甲基– *D* –天冬氨酸受体
N	nucleocapsid	核壳
NO	nitric oxide	一氧化氮
Nrf2	nuclear factor – erythroid 2 – related factor 2	核转录因子红系 2 相关因子 2
NTCP	Na^+ – taurocholate cotransporting polypeptide	钠牛磺胆酸共转运多肽
	O	
OAT	organic anion transporter	有机阴离子转运体
OATP	organic anion transporting polypeptide	有机阴离子转运多肽
OB	oral bioavailability	口服生物利用度
OCT	organic cation transporter	有机阳离子转运体
OPA1	optic atrophy 1	视神经萎缩蛋白 1
OPN	osteopontin	骨桥蛋白
OP	osteoporosis	骨质疏松症
ox – LDL	oxidized low density lipoprotein	氧化低密度脂蛋白
	P	
p38 – MAPK	p38 mitogen-activated protein kinase	p38 促分裂原活化的蛋白质激酶
P70S6K	p70 ribosomal protein S6 kinase	70kDa 核糖体蛋白 S6 激酶
Pae	paeoniflorin	芍药苷
PA	pyrrolizidine alkaloid	吡咯里西啶生物碱
PBMC	peripheral blood mononuclear cell	外周血单个核细胞
PCA	principal component analysis	主成分分析
PDGF – B	platelet derived growth factor – B	B 型血小板衍生生长因子
PDGFR – β	platelet – derived growth factor – β	血小板衍生生长因子受体– β
PDH	pyruvate dehydrogenase complex	丙酮酸脱氢酶复合物
PD	Parkinson disease	帕金森病
PepT1	peptide transporter 1	肠寡肽转运蛋白 1
PepT2	peptide transporter 2	肠寡肽转运蛋白 2
PFK	phosphofructokinase	磷酸果糖激酶

续 表

英文缩写	英文全称	中文全称
PGC－1	PPARγ coactivator 1	PPARγ 共激活因子
PGE_2	prostaglandin E_2	前列腺素 E_2
P－gp	P－glycoprotein	P 糖蛋白
PG	prostaglandin	前列腺素
PI3K	phosphoinositide 3 kinase	磷脂酰肌醇 3 激酶
PLSR	partial least squares regression analysis	偏最小二乘回归分析
PML	promyelocytic leukemia	早幼粒细胞白血病
PPARα	peroxisome proliferator－activated receptor alpha	过氧化物酶体增殖物激活受体 α
PPI	protein-protein interaction	蛋白质-蛋白质相互作用
PR8	A/Puerto Rico/8/1934（H1N1）	流感病毒
PRAM－1	PML－RARα regulated encoding an adaptor molecule－1	PML－RARα 目标基因编码适配器分子－1
pro NGF	nerve growth factor and its precursor	神经营养因子前体
PS1/2	presenilin 1/2	早老蛋白 1/2
PSD95	postsynaptic density protein 95	突触后密度蛋白 95
PTCM	pharmacology of traditional Chinese medicine	中药药理学
PTEN	phosphatase and tensin homolog deleted on chromosome ten	第 10 号染色体上缺失与张力蛋白同源的磷酸酶
PXR	pregnane X receptor	孕烷 X 受体
	R	
RAGE	receptor for advanced glycation end product	晚期糖基化终末产物受体
RANKL	receptor activator of NF－κB ligand	NF－κB 受体激活蛋白配体
RA	rheumatoid arthritis	类风湿关节炎
RARα	retinoic acid receptor α	维甲酸受体 α
Ras	rat sarcoma	大鼠肉瘤
RBD	receptor binding domain	受体结合域
RF	rheumatoid factor	类风湿因子
RhoA	Ras homolog gene family member A	Ras 同源基因家族成员 A
RhoGDI1	Rho GDP dissociation inhibitor 1	Rho GDP 解离抑制因子 1
RNAi	rna interference	RNA 干扰
RNF4	ring finger protein 4	环指蛋白 4

续　表

英文缩写	英文全称	中文全称
ROCK1	Rho associated coiled-coil containing protein kinase 1	Rho 相关卷曲螺旋蛋白激酶 1
ROCK	Rho-associated coiled-coil containing pntein kinase	Rho 相关卷曲螺旋蛋白激酶
ROS	reactive oxygen species	活性氧类
RPS19	ribosomal protein S19	核糖体蛋白 S19
RT - PCR	reverse transcription - polymerase chain reaction	逆转录聚合酶链反应
RYR2	ryanodine receptor 2	兰尼碱受体 2
	S	
SARS - CoV - 2	severe acute respiratory syndrome coronavirus 2	新型冠状病毒
SCFA	short chain fatty acid	短链脂肪酸
SLC	soluble carrier	可溶性载体
SLE	schisandra lignans extract	五味子木脂素提取物
SLL	small lymphocytic lymphoma	小淋巴细胞淋巴瘤
SMAD	Sma-and Mad-related protein	Sma 和 Mad 相关蛋白
SOD	superoxide dismutase	超氧化物歧化酶
$sPLA_2$	secretory phospholipase A_2	分泌型磷脂酶 A_2
SP	substance P	P 物质
S	spike	刺突
STAT6	signal transducer and activator of transcription 6	转录激活蛋白 6
STZ	streptozotocin	链脲佐菌素
SULT	sulfotransferase	磺基转移酶
SVZ	subventricular zone	脑室下区
SYP	synaptophysin	突触小泡蛋白
	T	
TCA	trans-cinnamaldehyde	桂皮醛
TCMID	Traditional Chinese Medicine Integrated Database	中医药综合数据库
TCM - PTD	Traditional Chinese Medicine - Potential Target Database	中药潜在靶标数据库
TCMSP	Traditional Chinese Medicine Systems Pharmacology Database and Analysis Platform	中药系统药理学数据库与分析平台
TC	total cholesterol	胆固醇
Tfh	follicular helper T cell	滤泡 B 辅助性 T 细胞

续 表

英文缩写	英文全称	中文全称
Tfr	T follicular regulatory cell	滤泡调节性 T 细胞
TGF－β1	transforming growth factor－β1	转化生长因子－β1
TGP	total glucosides of paeony	白芍总苷
TGR5	takeda G protein-coupled receptor 5	胆汁酸 G 蛋白偶联受体 5
TG	triglyceride	甘油三酯
Th17	T helper 17 cell	辅助细胞 17
Th1	T helper 1 cell	辅助 T1 细胞
Th2	T helper 2 cell	辅助 T2 细胞
TJ	tight junction	紧密连接
TKI	tyrosine kinase inhibitor	酪氨酸激酶抑制剂
TLR－4	Toll-like receptor 4	Toll 样受体 4
T_{max}	time to peak	达峰时间
TM	memory T cell	记忆 T 细胞
tnDMARD	traditional Chinese medicine and natural medicine DMARD	中药和天然药物的 DMARD
TNF－α	tumor necrosis factor－α	肿瘤坏死因子－α
TNF	tumor necrosis factor	肿瘤坏死因子
tPA	tissue plasminogen activator	纤溶酶原激活剂
Treg	regulatory T cell	调节性 T 细胞
TRPV1	transient receptor potential vanilloid 1	瞬时受体电位香草醛亚家族 1
tsDMARD	targeted synthetic DMARD	靶向合成 DMARD
TTX－R	tetrodotoxin-resistant	河豚毒素不敏感型
	U	
UC	ulcerative colitis	溃疡性结肠炎
UGT	uridine diphosphate glucuronosyl transferase	尿苷二磷酸葡萄糖醛酸基转移酶
UNIQ	Using Network target for Intelligent and Quantitative analysis on drug action	基于网络靶标的网络药理学智能和定量分析系统
USP7	ubiquitin specific peptidase 7	泛素特异性肽酶 7
	V	
VCAM－1	vascular cell adhesion molecule－1	血管细胞黏附分子－1
V_d	apparent volume of distribution	表观分布容积

续 表

英文缩写	英文全称	中文全称
VE－cadherin	vascular endothelial cadherin	血管内皮钙黏蛋白
VEC	vascular endothelial cell	血管内皮细胞
VEGF	vascular endothelial growth factor	血管内皮生长因子
VIPER	virtual inference of protein activity by enriched regulon analysis	通过调节子富集测定进行的蛋白质活性的虚拟推断
VIP	vasoactive intestinal peptide	血管活性肠肽
VMR	visceromotor response	内脏运动反应
VSMC	vascular smooth muscle cell	血管平滑肌细胞
	W	
WBC	white blood cell count	白细胞计数
WGCNA	weighted gene co-expression network analysis	加权基因共表达网络分析
	Z	
ZO－1	zonula occludens－1	紧密连接蛋白－1